权威·前沿·原创

皮书系列为
"十二五""十三五"国家重点图书出版规划项目

印度尼西亚蓝皮书
BLUE BOOK OF INDONESIA

印度尼西亚经济社会发展报告（2018）

REPORT ON ECONOMIC AND SOCIAL DEVELOPMENT OF INDONESIA (2018)

趋势与挑战

Trends and Challenges

主　编／隋广军
副主编／左志刚

社会科学文献出版社
SOCIAL SCIENCES ACADEMIC PRESS (CHINA)

图书在版编目（CIP）数据

印度尼西亚经济社会发展报告．2018．趋势与挑战／隋广军主编．－－北京：社会科学文献出版社，2018.12
（印度尼西亚蓝皮书）
ISBN 978－7－5097－2402－6

Ⅰ.①印… Ⅱ.①隋… Ⅲ.①经济发展－研究报告－印度尼西亚－2018 Ⅳ.①F134.24

中国版本图书馆 CIP 数据核字（2018）第 274992 号

印度尼西亚蓝皮书
印度尼西亚经济社会发展报告（2018）
——趋势与挑战

主　　编／隋广军
副 主 编／左志刚

出 版 人／谢寿光
项目统筹／陈晴钰
责任编辑／陈晴钰

出　　版／社会科学文献出版社·皮书出版分社（010）59367127
　　　　　地址：北京市北三环中路甲 29 号院华龙大厦　邮编：100029
　　　　　网址：www.ssap.com.cn
发　　行／市场营销中心（010）59367081　59367083
印　　装／三河市龙林印务有限公司

规　　格／开　本：787mm×1092mm　1/16
　　　　　印　张：24.5　字　数：368 千字
版　　次／2018 年 12 月第 1 版　2018 年 12 月第 1 次印刷
书　　号／ISBN 978－7－5097－2402－6
定　　价／98.00 元

皮书序列号／PSN B－2017－675－1/1

本书如有印装质量问题，请与读者服务中心（010－59367028）联系

▲ 版权所有 翻印必究

《印度尼西亚蓝皮书》
编　委　会

主　　编　隋广军　广东外语外贸大学党委书记，教授
副 主 编　左志刚　广东外语外贸大学印尼研究中心主任，教授
学术顾问　（以音序排名）
　　　　　　蔡金城　广东外语外贸大学东语学院，教授
　　　　　　何传添　广东外语外贸大学副校长，教授
　　　　　　王子昌　暨南大学国际关系学院，教授
　　　　　　许利平　中国社会科学院东南亚研究中心主任，研究员
　　　　　　阳爱民　广东外语外贸大学副校长，教授
　　　　　　余鹏翼　广东外语外贸大学会计学院院长，教授
　　　　　　张玉安　北京大学外国语学院，教授

撰稿成员　（以音序排名）
中　　方

　　　　　　陈　和　常　亮　邓颖彤　黄莎莎　刘　胜
　　　　　　刘效阳　肖莉娴　张　燕　左志刚
印 尼 方

　　　　　　Bambang Suprayitno　Henry Wijaya　I Ketut Budarma
　　　　　　Kiromim Baroroh　Sukirno

研究机构简介

本报告由广东外语外贸大学印尼研究中心组织编写，该中心是由教育部备案的国别研究中心，是由广东外语外贸大学牵头，联合其他研究机构力量共同建设的高校智库。

广东外语外贸大学是国际化特色鲜明的广东省高水平大学重点学科建设单位，学校高度重视区域与国别研究，牵头建设了21世纪海上丝绸之路协同创新中心、广东国际战略研究院、太平洋岛国研究中心等一系列高级别智库，是外交部政策研究基地、中国—东盟思想库网络广东基地、广东省软科学研究基地等。同时，学校是全国最早培养印尼语专业人才的高校之一，为国内外培养了大批专业骨干。

广外印尼研究中心集合了中国和印尼两国相关研究力量，融合了经管、语言、政治相关学科力量，聚焦于印尼政治、经济和社会发展动态，贯通宏微观分析，以服务"一带一路"建设、推动两国经贸合作和人文交流为目标，强调为政府部门和相关企业提供具体实用的信息。中心定期出版印尼蓝皮书，2017年推出了国内首本印尼蓝皮书，本书是国内第二本关于印尼的蓝皮书。除了蓝皮书之外，中心还对印尼重点产业和企业进行跟踪研究，为企业提供决策咨询服务。同时，发挥学校的经管学科和语言学科优势，为业界培养商科和小语种复合的专业人才。中心网站：cis.gdufs.edu.cn。

主要编撰者简介

隋广军 经济学博士，教授，博士生导师，享受国务院特殊津贴专家，广东外语外贸大学党委书记，兼任广东国际战略研究院常务副院长，是教育部工商管理类专业教学指导委员会委员，中国工业经济学会常务副会长，广东省政协常委，广东省社科联兼职副主席，广东省、广州市政府决策咨询顾问委员会专家委员，广东省、广州市经济社会发展研究中心特约研究员，广东省、广州市应急管理专家，广州市新型城市化发展决策咨询专家，广东经济学会理事会副会长，广东省低碳发展促进会副理事长，广东省贸促会（广东国际商会）特邀顾问，广东公共外交协会常务理事。曾任广东省第四届学位委员会学科评议组成员。

主要研究领域：产业经济学、创新与危机管理、战略管理。结项或在研科研项目有国家社科基金重点项目、一般项目三项，教育部创新团队项目、教育部中欧合作项目各一项，外交部委托课题三项，各类省部级项目和横向课题共40余项。出版《广东处于转折点》、《广东产业发展研究报告》、*Typhoon Impact and Crisis Management*、《台风灾害评估与应急管理》等学术著作10余部，在《管理世界》、《经济学动态》、《改革》等学术刊物发表论文90余篇。

左志刚 经济学博士，教授，国际注册管理会计师（CGMA、CIMA），毕业于中国人民大学财政金融学院，现任广东外语外贸大学印尼研究中心主任，会计学院副院长，印尼与华商研究创新团队学术带头人，主要研究方向为跨国投资、并购和产业经济问题，近年在《外国经济与管理》、《财经研究》等刊物上发表论文20余篇，出版著作2部，主持国家社科基金项目和省部级项目6项。

摘　要

2017～2018年上半年，印度尼西亚（以下简称印尼）经历了不平凡的一年半，地方首脑直选、总统选举预热、亚运会举办、"印尼制造4.0"计划出台、货币急跌、贸易环境改变等，印尼政治经济和社会各方面取得了一系列成就，也面临重大风险和挑战。本报告由印尼与中国两国学者合作，从多个维度，分析了印尼经济社会发展趋势和挑战，以及对中印尼合作的一些启示。

全书共分为五部分，分别是总报告、政治与法律篇、宏观经济篇、产业与工商篇，以及社会与人文篇。

总报告，系统总结了印尼一年来取得的成就和面临的挑战。在经济方面，主要成就是实现了连续三年经济稳定增长、基础设施得到改善、居民就业和收入趋稳，政府经济职能得到强化，但2018年以来，宏观经济面临重大挑战，货币大幅贬值，汇率已高于1998年东南亚金融危机时的水平，经常账户赤字已超过GDP的3%，引资难度增加，先行指标（CLI）显示下行信号等。工商领域，"印尼制造4.0"计划、重振油气投资、大力提升物流效率成为热点。社会人文领域，反腐纵深发展、减贫工作和教育投入加大是主要成就，但也面临教育质量提高困难、长效脱贫机制缺乏、权力核心的反腐阻力、伊斯兰政治化倾向增强等挑战。国际关系上，与欧美的贸易摩擦增加，但与美国加强了军事合作；与中国关系在实用主义导向下深化发展，经贸关系更加密切；印尼正在加大力度拓展南亚和非洲市场，并加强了与印度的海事合作，旨在谋求成为区域大国和海洋强国。

政治与法律篇，首先，分析了印尼伊斯兰的政治化趋势及其对选举的影响问题。伊斯兰教的政治影响在印尼曾一度被边缘化，但民主化改革后，政治伊斯兰日渐升温，呈现从边缘向中心进发的态势。虽然伊斯兰政党在历年竞选中的得票率呈下降趋势，但地方自治和代议制度为伊斯兰政治化提供了天然土壤，各种政治势力为了竞选利益而主动迎合伊斯兰族群诉求，"世俗领袖+宗教领袖"式总统组合将成为常态。其次，系统分析了印尼劳工法律环境，指出其法律设定倾向于推动长期固定劳动关系，偏向于保护劳动者利益而在一定程度上对劳动效率管理形成掣肘，同时对外籍劳工限制较多，外籍劳工比例极低，仅为0.07%。再次，分析了印尼的土地法律环境问题，总结了外资在印尼可持有的土地权类型及差异，并剖析了存在的相关风险问题，主要是土地权益来源和确权依据多样化，存在重叠，有明显交易风险；林地与非林地管理冲突，土地规划不完整且有随意性，用地合规性风险明显。

宏观经济篇，首先，对印尼近一年多来的宏观经济表现和趋势进行了系统分析。2017~2018年上半年，印尼经济整体保持了持续增长，物价稳定，政府收支平衡改善。但也面临经济增速落后于其他主要东盟国家、贸易盈余连续下滑至赤字、经常项目赤字扩大到占GDP比率3%的水平、货币大幅贬值等问题。从趋势上看，经济下行压力较大，短期内仍会出现资本外流。其次，专门针对印尼对外经贸问题进行了剖析，总体上佐科政府采取了扩大开放的对外经贸政策，但长期积累的一些贸易障碍依然存在，贸易保护主义也不容忽视。中美贸易摩擦对印尼将产生溢出影响，受冲击的商品品类主要是橡胶、棕榈油、鞋类、煤、铝和钢等。

产业与工商篇，涉及印尼基础产业和近年的工商热点。在交通运输产业，政府推出了一揽子交通基础设施建设项目，但总体进展较为缓慢，尤其是公路和铁路方面，相关代表性企业的资产收益率逐年降低，但海运与航空企业营业收入提升较为明显。其次，能源产业方面，油气资源潜力巨大，但由于投资不足，探明的可开采储量和实际产能呈下降趋势，石油储产比为9.2，远低于世界储产比50.2的水平。中印尼能源合作空间较大，但也面临印尼国内"资源民族主义"情绪和其他国家的干扰。另外，政府推出了"印尼制造4.0"计划，数字技术是"印尼制造4.0"计划的重点领域，也是整个计划的关键支撑。报告从发展电子政务和电子商务两个渠道探讨数字技术的应用和发展问题，人口红利、移动互联网的普及是印尼发展电子商务和互联网金融最主要的有利因素，政府也出台了相关激励措施，而物流不便、科技相对落后、监管体系不成熟、人才匮乏等则是其主要挑战。

社会与人文篇，首先，指出印尼中小学入学率较高，师生比也比较理想，表明印尼政府为学龄人口提供了较充分的受教育机会。但从教育质量角度看，印尼基础教育质量存在明显短板，国际排名靠后，尤其是数学科评分很低。政府教育投入已占政府预算支出约20%的比重，但相对于社会需求仍明显不足，制约了教育质量提高。其次，分析了印尼支柱产业之一的旅游业的环境和人文影响问题，指出旅游业发展为当地经济注入活力的同时也带来了文化和环境的挑战，一是旅游企业大部分是由外地资本控股，相关管理岗位也主要由外岛籍人士担任，导致当地居民的获得感不强；二是旅游开发已经对宗教环境、自然环境和人文环境产生负面影响。

目 录

Ⅰ 总报告

B.1 印尼经济社会发展形势总报告 …………………… 左志刚 / 001

Ⅱ 政治与法律篇

B.2 印尼伊斯兰政治化现象分析及其对选举形势的影响…… 张　燕 / 056
B.3 印尼劳工法律环境及其对外商投资的影响…………… 邓颖彤 / 105
B.4 印尼土地法律变革和存在问题分析…………………… 左志刚 / 130

Ⅲ 宏观经济篇

B.5 印尼宏观经济趋势分析………………………………… 左志刚 / 139
B.6 印尼贸易政策走向研究………………………………… 刘　胜 / 166
B.7 中印尼经贸合作现状及中美贸易摩擦的外溢影响
　　　……… 〔印尼〕Bambang Suprayitno　〔印尼〕Kiromim Baroroh / 201

001

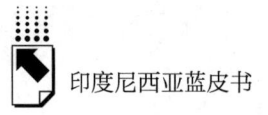

Ⅳ 产业与工商篇

B.8 印尼交通基础设施发展及中—印尼交通基建合作研究
　　　　　　　　　　　　　　　　　　陈　和　刘效阳 / 227

B.9 印尼能源产业及中—印尼能源合作研究……………………常　亮 / 265

B.10 "印尼制造4.0"与数字技术应用…………〔印尼〕Sukirno / 294

B.11 印尼电子商务与互联网金融问题研究……………………黄莎莎 / 310

Ⅴ 社会与人文篇

B.12 印尼基础教育发展问题比较研究
　　　　　　　……………………〔印尼〕Henry Wijaya　肖莉娴 / 338

B.13 旅游业对经济社会的双向影响
　　　　——以巴厘岛旅游业为例…………〔印尼〕I Ketut Budarma / 353

　Contents ……………………………………………………………… / 363

总报告

General Report

B.1 印尼经济社会发展形势总报告

左志刚*

摘　要： 本文从宏观经济、工商产业、社会人文以及国际关系方面对印尼2017~2018年上半年的发展成就和面临的挑战进行了系统分析。总体来说，印尼经济取得了持续增长、基础设施改善、居民就业和收入趋稳、政府经济职能强化等成就，但也面临货币走弱、经常账户赤字扩大、引资难度增加和宏观经济下行等重大挑战。在工商领域，"印尼制造4.0"计划、重振油气投资、大力提升物流效率成为热点。社会人文领域，教育投入加大、反腐纵深发展、减贫成效显著等是主要成就，但仍然面临教育质量不高、缺乏长效脱贫机制、反腐阻力增大、伊斯兰政治化倾向增强等主要挑战。国际经贸关系方面，

* 左志刚，博士，广东外语外贸大学教授，印尼研究中心研究员。

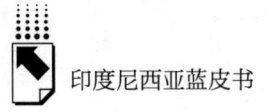

与欧美的贸易摩擦增加,与中国经贸关系更趋密切,在缓解棕榈油出口危机的努力中得到中国协助,中国内地和香港合计成为第二大 FDI 来源地,同时印尼也在积极拓展中南亚和非洲市场。国际政治上,第四次当选安理会非常任理事国、与美国密切军事合作、与印度加强海事合作等都是佐科政府追求成为区域大国和海洋强国的策略行动,而中印尼关系仍是在实用主义导向下深化。

关键词: 宏观经济　工商产业　社会人文　国际关系

一　印尼经济形势分析

(一)经济建设成就

1. 实现了经济持续增长和物价的有效控制

在本届政府的积极作为下,印尼经济增速在 2016 年扭转了连续下滑的势头,实现了 5.03% 的实际增长率,2017 年延续了这一势头,实现了 5.07% 的实际增长率。2018 年前两季度以不变价格计算的季度增长率分别为 1.25% 和 1.28%,上半年合计实现了约 2.53% 的增长率(见图 1),略好于上年同期,2017 年前两季度的实际增长率分别为 1.25% 和 1.26%。由此可以说明,印尼经济处于持续稳定增长中,尤其是在国际环境出现严重负面冲击、国内因进入选举年而存在大量干扰因素的背景下,能够维持经济增速稳定是当局的一项重要成绩。

另外,在经济增长的同时,本届政府也实现了对物价的有效控制。如图 2 所示,印尼核心 CPI 指数月度波动近两年基本维持在 0.1% 到 0.4% 之间,2018 年 7 月为全年最高,月度涨幅 0.41%,4 月最低,仅为 0.15%。包含食品和油气价格因素在内的整体 CPI 波动幅度相对较大,月度波动在

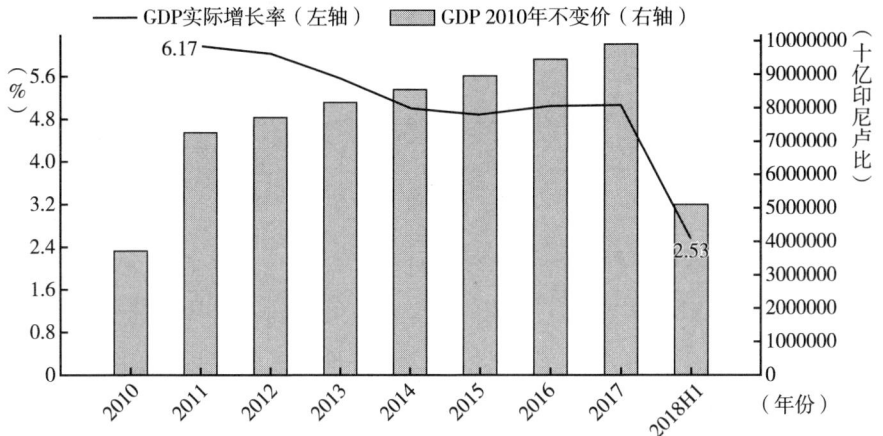

图 1　印尼 GDP 实际增速

资料来源：BI。

-0.45%到1%之间。2017年CPI全年涨幅为3.61%，2018年截至9月的涨幅为1.94%，从趋势上看全年涨幅很有可能低于上年。

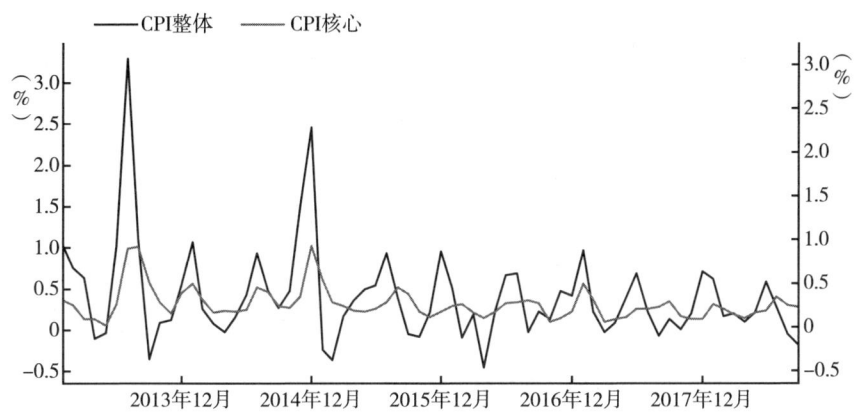

图 2　印尼物价指数同比变动趋势

资料来源：BI。

同时，我们也注意到，印尼实现的经济增速低于政府目标。2017年政府规划目标是5.2%，实际只有5.07%；2018年政府目标是5.4%，上半年

003

未能实现该目标的一半。此外，印尼经济增速低于国际组织预期和邻国水平。国际货币基金组织（IMF）的预期是2017年增长5.15%，2018年增长5.3%。东盟五国2017年平均水平是5.34%，越南为6.81%，菲律宾为6.67%，马来西亚为5.90%，均明显高于印尼，这意味着印尼经济尚未驶入经济快速发展的通道。

2. 基础设施建设取得显著成就

大力加强基础设施建设，夯实印尼经济发展基础，以基建带动经济增长是佐科施政的基本方针之一。佐科上台之初就推出了宏大基建蓝图，2015~2019年的五年规划中设定的投资目标高达5500万亿印尼卢比。与前任相比，本届政府预算支出中，用于基建的资金显著增加。2014年中央政府预算中资本支出只占12.24%，2015年提高到18.21%，2017年也达到16.49%。如图3所示，政府预算资金用于基建的部分已由2014年200万亿印尼卢比的水平增长到2017年接近400万亿印尼卢比的水平，将近翻番。

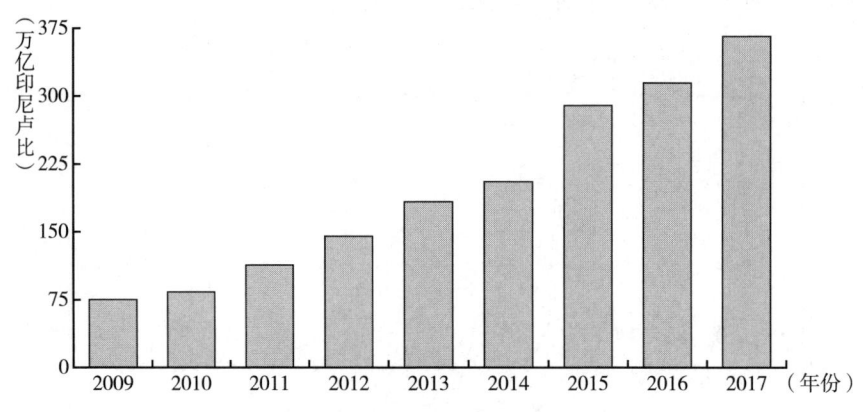

图3　政府基础设施建设预算投入

资料来源：BPS。

在政府的基建蓝图中，最引人注目的是国家战略性基建项目（PSN）。在2017年底，PSN项目列表中包含245个项目，计划投资4197万亿印尼卢比，涉及公路、铁路、桥梁、电厂、供水、港口、机场等众多关系到经济基础和民生的重大项目。在项目推进过程中，政府遇到了资金不足、征地困难、技术准备缓慢等众多挑战,在2018年还取消了其中的14个项目,目前完成的项目仅为10%左右。鉴于基建项目推进中的重重困难,我们认为佐科本期任内所取得的基建成就仍然是十分显著的,世界经济论坛编制的《全球竞争力报告》显示,印尼交通基础设施评价在全部137个参评国家中的排名已由上年的第36位上升至第30位(见表1),在1~7级评分中得分4.7分。依据基础设施建设促进委员会(KPPIP)的数据,到2017年底,已有26个PSN项目完工投入运营,其中2016年底前完成的是20个。这些项目的总投资达46.5万亿印尼卢比。除了已完成的项目外,大部分项目也已经启动,其中41项交通基础设施项目已有20项在建设之中,35000兆瓦的电力项目截至2018年1月已建成约1358兆瓦的发电能力,在建的还有17096兆瓦[①]。

表1 印尼交通基础设施世界排名

单位:位

国家	世界竞争力报告交通基础设施排名		名次变化
	2017~2018年度	2016~2017年度	
新加坡	1	2	1
马来西亚	14	11	-3
印度尼西亚	30	36	6
泰国	34	37	3
文莱	63	70	7
越南	64	63	-1
菲律宾	90	90	0
柬埔寨	108	102	-6
老挝	109	110	1

资料来源:World Economic Forum。

3. 政府收支平衡改善,经济职能进一步强化

2017年,印尼财政赤字率为2.51%,较上年上升了0.02个百分点,但该数字明显优于国际机构的预测,国际货币基金组织(IMF)之前预测为2.67%,经合组织(OECD)之前预测为2.80%。2018年政府计划将赤字

---

① PWC, "National strategic project evaluation: More selective & realistic", 2018.

率收窄为2.1%。前两季度实际赤字率分别为2.45%和0.67%，上年同期分别为3.27%和2.07%，显示出今年收支平衡得到进一步改善，尤其是今年第二季度赤字率为0.67%，是2016年第四季度以来的最好水平。收支平衡改善主要得益于：一是支出结构继续优化，进一步削减了补贴支出；二是税收征管质量提高，保证了收入计划的实现。

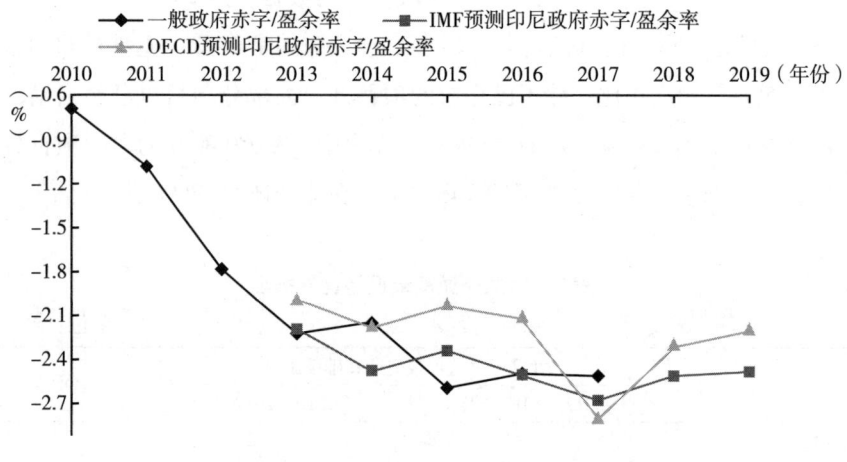

图4　印尼政府赤字率变动趋势

资料来源：BI，OECD，IMF。

从政府支出结构看（见表2），财政支出的主体是中央政府，约占全部政府支出的六至七成，但近年来地方政府支出规模扩大速度超过中央政府支出的增长速度，这与中央政府通过DAK等转移支付计划提高地方政府可用财力有关。观察中央政府支出规模和支出结构变化，可以看出本届政府在经济职能方面得到了一定程度的加强。首先，中央政府支出规模大幅扩大，2017年中央财政支出1265.36万亿印尼卢比，较2016年的1154.02万亿印尼卢比增长9.6%。其次，资本支出占比提高，表明政府将更多资源分配到基础设施建设、民生工程和国有企业发展方面。资本支出占中央政府全部支出的比重由2016年的14.69%提高到2017年的16.49%，2017年资本支出绝对值达到208.66万亿印尼卢比，较2016年增长23.1%。最后，利息支出占比逐年提高，这是政府更大规模融资发展基础设施的结果。

表2 印尼财政支出结构

单位：十亿印尼卢比，%

项目	2013年	2014年	2015年	2016年	2017年
中央政府支出	1137163	1203577	1183304	1154018	1265359
其中：人员支出占比	19.49	20.25	23.76	26.44	24.71
商品和服务支出占比	14.93	14.67	19.71	22.50	23.03
资本支出占比	15.90	12.24	18.21	14.69	16.49
利息支出占比	9.94	11.09	13.18	15.84	17.12
补贴支出占比	31.22	32.57	15.72	15.10	13.15
地方实际支出	513260	573703	623140	710257	741992

资料来源：BI。

4. 总体就业和收入水平趋于稳定

在本届政府的努力下，印尼经济发展有所起色，就业市场也有良好表现。近两年失业率保持在相对较低水平，且呈下降趋势，2018年2月统计显示登记失业人数为687万人，失业率为5.13%，较前期（2017年8月）下降了0.37个百分点。本届任内的平均失业率水平约为5.58%，较上任政府约低0.7个百分点（见图5）。

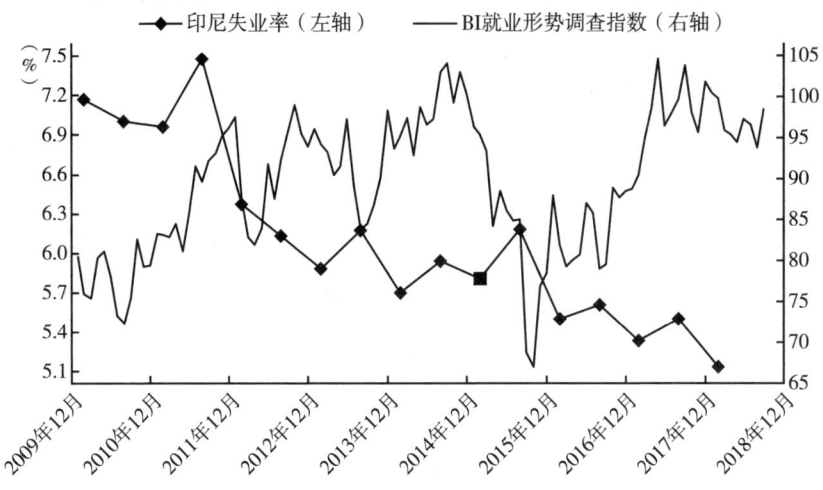

图5 印尼就业形势

资料来源：BI，BPS。

同时,居民收入水平有所提高,以收入最不稳定的农民阶层为例,在经历了2016年前后收入明显下跌之后,已开始回升(见图6)。本届政府上台之初,农民平均日实际报酬(以不变价格计算)为39000印尼卢比以上,截至2017年2月之前,一直呈下降态势,最低为2017年1月的37064印尼卢比。佐科政府调整地方财政和农业发展政策,例如,通过国企Bureau of Logistics(BULOG)扩大了大米的保护价收购规模,同时严控大米进口,从而提升粮食价格使农民增收;再如,截至2017年底在全国开设了1000余家农产品直购商场,通过减少流通环节提高农民销售农产品的收入;另外,政府为农民提供大量化肥补贴,化肥补贴是农业支持计划最重要的一部分,约占政府农业发展预算的一半。2016年,化肥补贴达到30.1万亿印尼卢比(约合22.7亿美元),比2014年增加25%。在2017年之后,随着补贴增加和农产品价格回升,农民收入水平开始回升,2018年8月达到日均37863印尼卢比,较前期低点回升了2.2%。

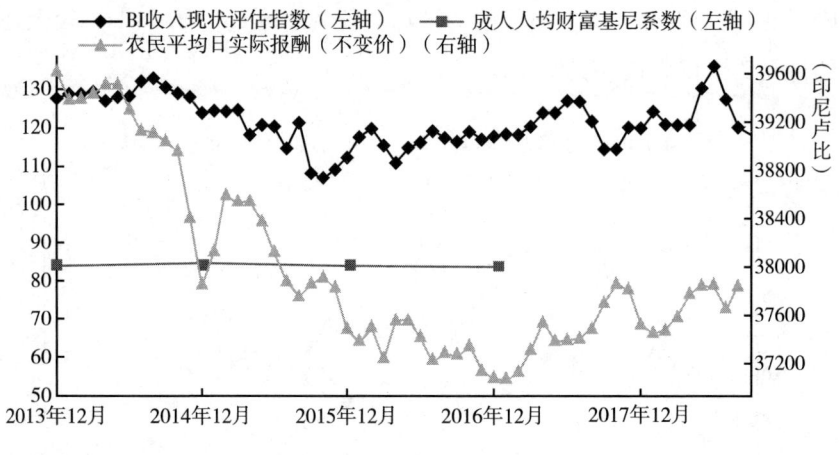

图6 印尼居民收入状况

资料来源:BPS,瑞银全球财富报告。

而以城市居民为主要调查对象的BI收入现状评估指数显示,居民整体收入水平处于稳中略升状态,但2018年6月至8月呈现下跌势头,它与当前印尼面临的经济下行压力有关。另外,从收入分配公平性角度看,依据瑞银全球财富报告计算的以成人人口为基数的基尼系数，2014~2016年系数连续下降，2014年为84.7，2015年下降为84，2016年进一步下降为83.7，说明印尼收入分配在微幅改善，这是社会公平发展的一种积极信号。

（二）主要经济风险和挑战

1. 货币走弱是重大宏观经济风险，引发市场的担忧

近期，印尼宏观经济所面临的不确定性因素显著增加，其中关键因素之一是货币持续贬值，创出历史新低。印尼卢比兑美元已由年初13288：1（2018年1月25日）贬值到15133：1（2018年10月4日），是1998年东南亚金融风暴以来的新低（见图7）。

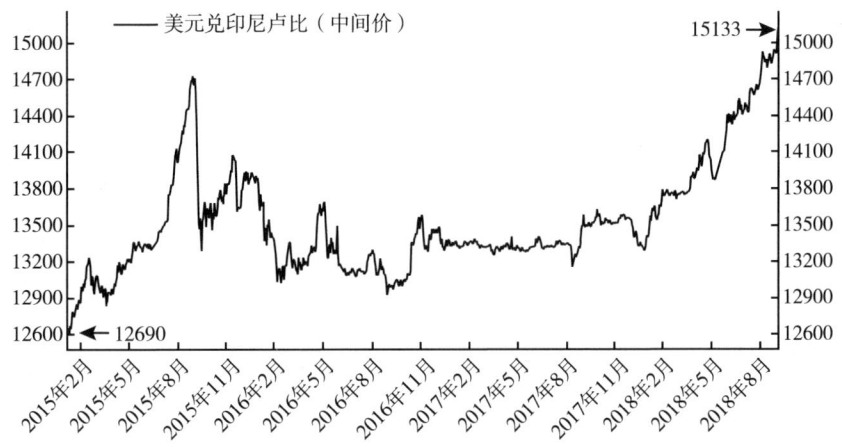

图7 印尼货币汇率走势

资料来源：BI。

货币走弱给印尼金融体系和整个宏观经济带来了重大风险，尤其在土耳其出现货币危机之后，也引发了市场对印尼卢比会否会步里拉后尘的担忧，投资者大量抛售印尼资产，即使是在许多新兴市场国家资产均遭受抛压情况下，印尼市场的抛售仍显得非常突出。股票市场，已由2018年初高点6693点下跌到10月初的5793点，在9月5日出现单日跌幅3.8%，是2016年底

以来的最大单日跌幅,十年期政府债券收益率上升到2016年1月以来的新高,达8.49%。

货币走弱也对实体经济领域造成了直接影响,尤其是那些需要从外部融资或从国外进口设备的基础设施建设项目,此时外部融资将面临更高的实际利率和较大的汇率风险。另外,新增国外融资还会推高印尼外债水平,使印尼货币承受更大压力,形成恶性循环。为此,2018年9月,能矿部部长宣布数项电厂项目推迟,延长期限最高的达4年,目的是减少从外部融资和暂时减少进口。这项推迟并非个案,实际上货币贬值对众多以美元计价的投资合同落地有着广泛影响。目前,印尼外债中美元外债占绝对主体(见表3),印尼对美元的大幅贬值增大了境外融资和资本品进口的成本和风险,相关开发方不得不推迟项目落地。

表3 印尼外债币种结构

单位:%

各币种外债占比	2016年12月	2017年3月	2017年6月	2017年9月	2017年12月	2018年3月	2018年6月
美元外债	47.55	46.7	45.2	45.0	45.9	46.0	47.5
印尼卢比外债	31.37	32.9	34.3	34.5	34.2	33.8	32.1
日元外债	11.19	10.9	11.0	10.3	9.9	10.1	10.2
欧元外债	5.78	5.5	5.7	6.4	6.4	6.6	6.8
特别提款权外债	3.05	2.9	2.8	2.8	2.7	2.6	2.6
英镑外债	0.10	0.1	0.1	0.1	0.1	0.1	0.1
其他币种	0.95	0.9	0.9	0.9	0.9	0.8	0.8

资料来源:BI。

货币走弱的直接原因是美元加息、印尼外债以美元计价居多、印尼国内实际利率较低、经常账户赤字扩大和财政赤字等。为了预防系统性金融风险,印尼应当选择执行稳健的财政政策和货币政策,通过提高印尼资产收益率和降低美元债务来稳定印尼卢比币值,可采取的措施包括提高基准利率、控制通胀、改善贸易平衡、优化国际收支结构、控制政府赤字等。然而,稳定货币所需的稳健财政政策和货币政策,与国内政治经济发展形势所需要的政策导向不一致，使当局的政策选择面临两难局面，换言之，为稳定币值，需要付出更大的经济和社会成本。

具体挑战解析如下：

其一，国内经济发展仍需要扩大信用，制约了印尼央行抬高基准利率的空间。印尼国内经济发展的三大驱动力中，消费增长仍然乏力，出口增长面临较大困难，投资增速也有所减缓，因此政府长期以来希望扩大信用来激发消费和投资。本届政府在2018年以前，一直采取降低基准利率的政策。但2018年，印尼央行已经累计5次提高基准利率，2018年9月27日印尼央行第五次加息，基准利率已提高至5.57%的水平。提高国内利率水平虽然能够为印尼卢比提供支撑，但同时也意味着国内流动性的收缩，给宏观经济造成压力，货币政策处于两难之中。并且，5.57%的基准利率水平已属高位，央行继续抬高基准利率的经济成本会越来越高。

其二，在选举年大背景下，佐科政府更倾向于实施亲民的财税政策，包括更强调维持物价稳定，在削减政府支出和增加税收方面也会有更多顾忌，政府赤字收窄困难，具体表现为：一是国际油价走高，控制国内物价的困难增加；二是考虑选票因素，继续削减能源和非能源补贴的困难增加。佐科政府8月提交的2019年政府预算草案显示，政府计划的能源和非能源补贴为220.9万亿印尼卢比，比2018年预算数228.1万亿印尼卢比减少了3.2%。政府2018年和2019年预算编制依据的国际原油价格设定为70美元/每桶，而实际上2018年原油平均价格已达75美元/每桶，国际咨询机构费雪（FITCH）的预测是2019年将上升为82美元/桶。我们估计政府不会在大选前提高国内油价和电价，因此减少补贴的难度较大。

其三，改善贸易平衡的关税政策与加强基础设施建设和外资引进的政策需求形成冲突。佐科政府施政方针的核心之一是加强基础设施建设，并强调内外资合作落实基建所需要的资金。基建项目的铺开和内外资合作必定会带来资本品进口的增加，但政府为抑制进口，改善贸易平衡，采取了提高商品关税的政策。截至2018年9月，印尼政府已提高了约1100类商品的进口关税，消费类商品关税提高幅度最为明显，最高达原来的4倍。

目前商品进口税率为7.5%~10%,之前为2.5%~7.5%。关税提高使得许多项目的落地成本增加,因为项目所需配套进口物资和设备须缴纳更多的关税。

2.经常账户赤字扩大,美国挑起的贸易战对印尼出口的负面影响还将加深

印尼政府长期以来把引进外资和推动出口作为繁荣经济的两项基本策略。在2016年和2017年,印尼出口取得了一定的增长,但进入2018年后出口压力陡增,同时,进口价格提升导致进口金额提高,经常项目赤字扩大,净出口对GDP的贡献显著下滑。经常账户赤字至今年第二季度已连续六个季度扩大(见图8),2018年第二季度,经常项目赤字占GDP比重为3.04%(现价计算),是佐科执政以来的最差水平。与此同时,资本项目中外国直接投资(FDI)流入也无明显增长,2018年上半年流入额为89.9亿美元,与上年同期基本持平(见图9)。

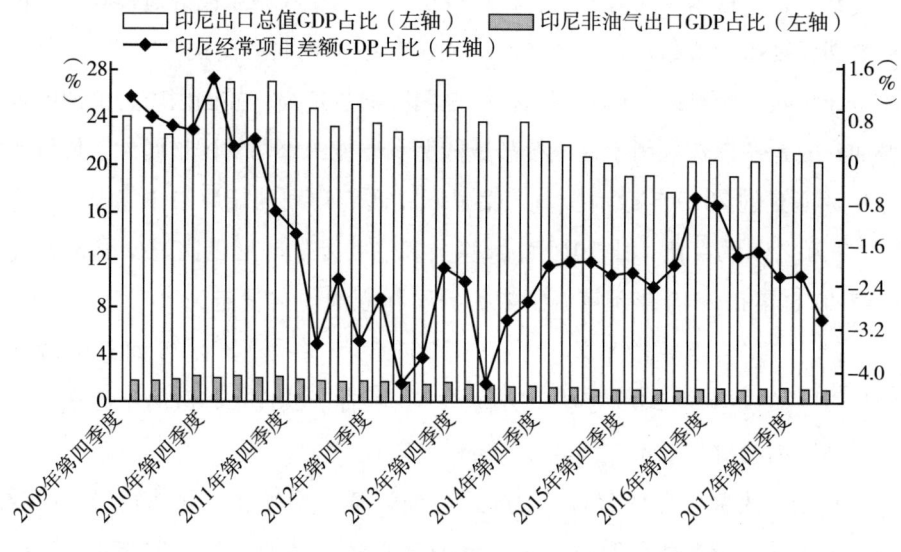

图8 印尼出口与经常项目赤字走势

资料来源:BI。

在国内消费增长乏力的背景下,出口的经济拉动作用减弱将会成为印尼宏观经济另一重大风险,经常项目赤字扩大会使货币承受巨大压力。印尼出

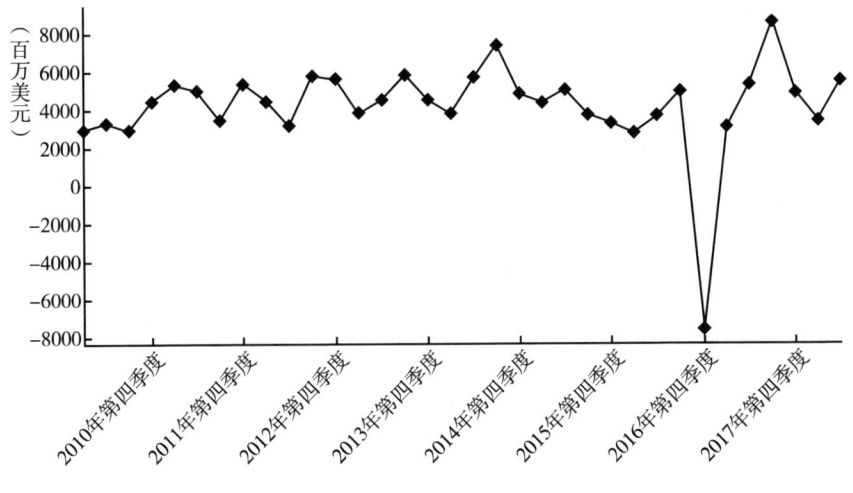

图9 印尼FDI流入走势

资料来源：BI。

口面临的外部压力主要是美国单边主义行为挑起世界贸易冲突所致，既包括美国发起的与中国的贸易战，也包括美国对印度、印尼及其他发展中国家发起的贸易调查和制裁。

美国发动的贸易战，对印尼产生的危害，既有直接方面，也有间接方面。直接影响包括：第一，美国增加了对印尼的贸易审查、关税和非关税壁垒。美国政府目前已在开展针对印尼商品是否仍适用于普惠制（GSP）的系统评估，正在评估的印尼商品大约有124类，包括纺织品、棉花和渔业产品，如虾和蟹等。这将增加印尼商品出口美国的难度和成本。目前印尼对美国出口的商品主要有七大类别，包括针织服装、梭织服装、橡胶、电机、鞋类、鱼类和海鲜，而从美国进口的主要是杂粮、种子、水果、飞机、航天器、机械、食品废料、动物饲料和棉花。第二，中美贸易摩擦的溢出效应，使全球大宗商品出现止升回跌，例如，铝、铅、锡、钢材、稻米等在2018年都出现了明显的跌幅。印尼相应产品的国外需求下降，出口价格下跌。

间接影响包括：第一，美国对中国的贸易壁垒影响印尼出口。印尼出口大量原材料到中国,如初级矿产品和农产品,中国企业加工后再出口到美国等国家,中美贸易摩擦使中国减少对美国的出口,自然也降低了对相应原材料的进口需求。从表4可以看出,2018年第二季度印尼对美国出口下降幅度高达6.4%,同时对中国和新加坡的出口也显著下降,内在原因是该两国是印尼中间品输出的主要渠道。第二,投资者普遍担心新兴市场国家的宏观经济稳定性,出现抛售新兴市场资产,转向美元资产的浪潮。这种资本抽离加大了印尼宏观经济风险,对出口部门的投资减少也将在长期内削弱印尼出口行业的竞争力。

表4 印尼与主要国家贸易环比增长率

单位:%

项目	2016年第四季度	2017年第一季度	2017年第二季度	2017年第三季度	2017年第四季度	2018年第一季度	2018年第二季度
非油气出口增长	15.9	0.1	-2.8	10.8	4.2	-2.3	-2.6
出口中国增长	49.4	-13.1	-5.7	22.9	24.0	-6.1	-6.0
出口欧洲增长	17.3	2.9	-4.0	4.5	0.6	3.6	0.2
出口美国增长	10.2	4.8	-4.8	9.2	-3.1	2.4	-6.4
出口日本增长	18.8	-8.5	-1.8	18.6	4.4	-0.3	-1.5
出口新加坡增长	5.0	0.1	-0.3	12.2	-1.4	2.8	-14.7

资料来源:BPS。

3. 基础设施建设需求与实现能力存在矛盾,内源性经济增长动力还未夯实

印尼与基础设施相关的建筑业在2017年实现了6.79%的实际增长率,较上年的5.22%增长了1.57个百分点,对GDP的贡献率为10.37%。根据国际咨询机构费雪(FITCH)的估计,建筑业在2018年实际增长率可达到6.6%,较上年略有下降,但高于GPD增速,与区域内其他主要国家基本持平。该机构估计2019~2027年印尼建筑行业能维持约7.1%的增长率[1]。此乐观估计,我们认为是基于印尼长期的基建欠账和本届政府庞大的基建蓝图

---

[1] BMI research, "Indonesia Infrastructure Report", 2018.

而做出的，以基建现实需求为支撑，这些支撑因素包括以下两方面。

一是城市化和工业化的趋势还在延续，基础设施缺口问题仍然非常严重，在一些地区还会变得更严重。例如，依据国际汽车制造商协会的数据，印尼近3年汽车销量年均增长15000台左右，在爪哇等发达地区，这种增长进一步加剧交通拥堵，制约物流和供应链效率提高。

二是佐科总统推出的5500万亿印尼卢比的基建计划还在实施，245个战略性项目虽有所调整，但大部分项目已经开动，目前完成的部分只有10%左右，未来5~10年仍会是印尼基建的高峰期。在2018年，就有一批大型项目在落地和推进。例如，4月，国有公用事业公司Perusahaan Listrik Negara（PLN）成立子公司PLN Gas and Geothermal专门负责开发印尼地热项目，目前计划开发的有八个地热项目，预计装机容量为300兆瓦。3月，通用电气、三星C&T和Meindo Elang Indah联合体签署了一项价值9亿美元的工程，与Jawa Satu Power签订采购和建设合同（EPC），为装机容量1800兆瓦的Java 1号发电厂提供服务。印尼最大的燃煤电厂规划投资40亿美元的爪哇中部2000兆瓦的Batang发电厂，在经历多年延滞之后，也已开工建设，由日本和印尼组成的财团负责建设。

但同时，我们也应注意到印尼庞大基建蓝图的实现面临着巨大挑战，真正实现的能力还存在明显缺口，原因有以下三点。

一是征地困难。印尼实行土地私有制，并且地权登记体系不完善，容易产生权属纠纷。重大基建项目推出后，相关土地业主往往哄抬地价，而且出现同一块土地有多个权利主张人的情况。

二是官僚体系效率不足，规划、环评、投资协议安排、征地、用工等各个环节协调成本大、时滞长。

三是印尼政府自身并不能为这些基建项目落地提供足够融资，计划中政府预算只能解决其中约50%的资金，其余均需向社会和境外投资者筹集。由于内源筹资不足，外源筹资也存在困难，佐科政府不得不推迟和取消了一些重大基建项目。例如，2018年4月政府从245个国家战略性基建项目中移除了14项，2019年的部分发展目标也被调低，将国有电力公司2019年新增产能由原来的 35000 兆瓦目标降至 19000 兆瓦，雅万高铁、环苏门答腊铁路和新 Priok 港等原定 2019 年完工的项目也被推迟。

4. 引资难度加大，投资环境仍需大力改善

外资是印尼经济发展的重要贡献力量，引进外资是印尼政府的重要工作，2017 年末印尼 FDI 余额相当于 GDP 的 27%。但当前面临新兴市场资产遭大量抛售的情况，引资难度显著增大。从图 10 可以看出，FDI 在 2016 年末出现大幅外流。2017 年 FDI 维持正的净流入，但与前期平均水平相比没有明显增长，2018 年前两季度 FDI 净流入为 89.9 亿美元，与 2017 年同期基本持平。

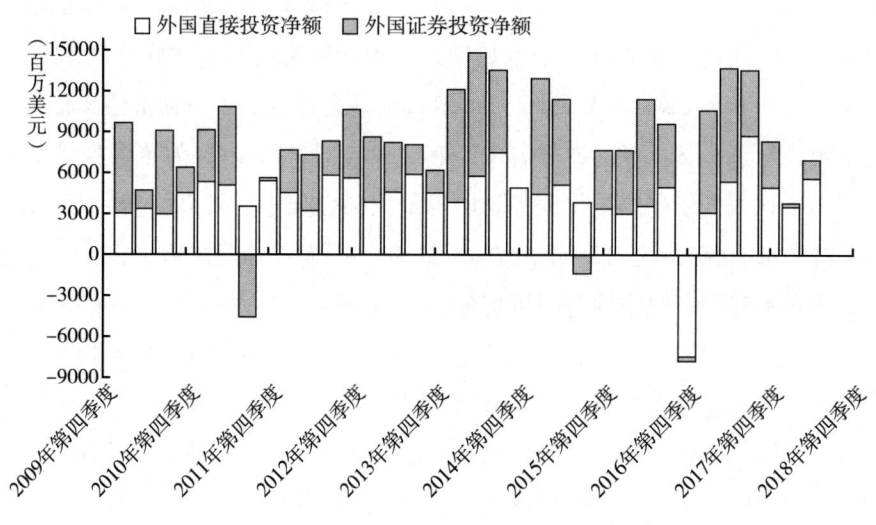

图 10　印尼外国投资流入变动情况

资料来源：BI。

东南亚域内其他发展中国家如越南在同样环境下仍然实现了 FDI 流入的稳定和小幅增长，因而印尼引资困难除了外部环境的客观原因外，也有其国内原因。根据世界经济论坛（WEF）的营商环境问卷调查结果，投资者认为妨碍在印尼投资的主要因素如图 11 所示，腐败问题仍是投资者最大的担心，随后是政府行政效率问题和融资问题，另外还包括政策稳定性、税率、劳动力、外汇等问题。

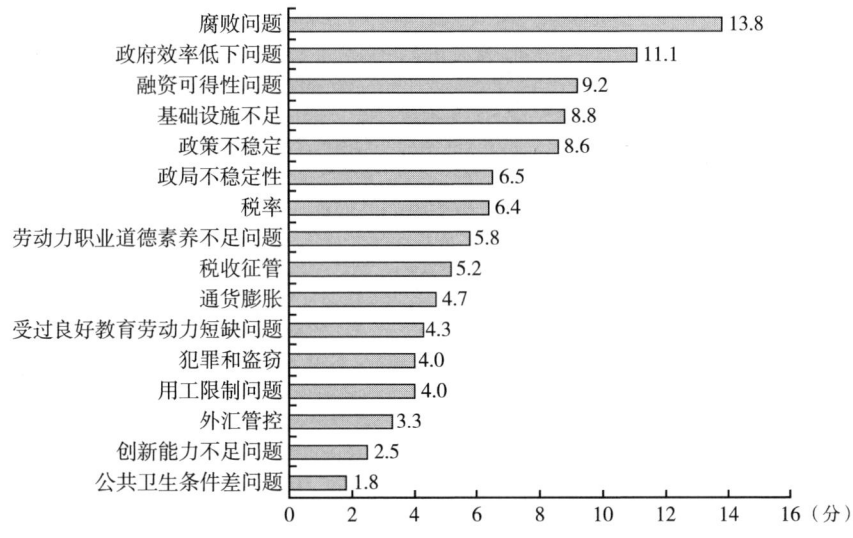

图 11 印尼营商环境调查

注：图中数值为评分，数值越高反映问题越严重。
资料来源：Global Competitiveness Report 2017-2018。

5. 领先监测指标显示宏观经济面临较大下行压力

OECD复合领先指标（CLI）由一系列对经济周期敏感的经济指标复合而成，它所揭示的经济趋势信号通常领先实际波动6~8个月。印尼的复合领先指标由金融市场指标、消费市场指标、产业先行指标三大类因素构成，其中金融市场指标主要是股市价格走势、央行贴现率、印尼卢比兑美元汇率三项；消费市场指标主要是批发价格指数、消费者信心指数两项；产业先行指标选择的是景气敏感度较高的旅游产业指标和造纸工业指标。

图12揭示了印尼复合指数的最新走势，从图中可以看出，自2015年9月之后，基于佐科政府相关经济发展政策逐步明朗，基础设施投资力度加大、出口市场环境改善、国内投资增加、CLI指数逐步走高，这意味着6~8个月后经济会出现向上势头。事后看，印尼经济在2016年和2017年确实出现了上升，GDP实际增长率由2015年的4.88%提高到2016年的5.03%，再到2017年的5.07%。但在2017年7月领先指标CLI达到顶峰101.1之

后，一路下滑，到2018年5月降至98.8，该信号提示印尼经济在半年后可能会出现下行。与此相反，同期经合组织成员国及6个非成员国的整体经济发展趋势平稳，中国的CLI指数则从2018年1月开始回升，说明在一定程度上中国前期的经济下行压力已有所舒缓，若非中美贸易摩擦因素，中国经济通过结构性调整和产业升级努力已开始走出下行通道。

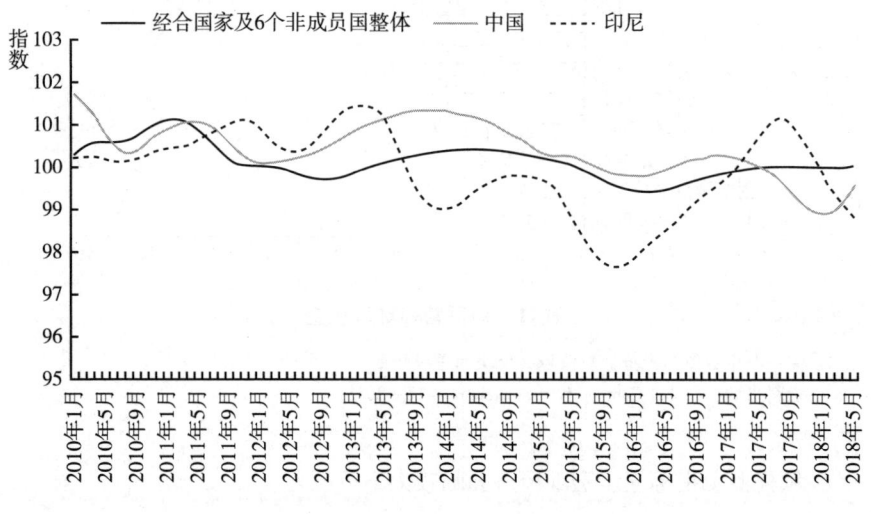

图12　OCED发布的经济趋势领先指标（CLI）

注：6个非成员国指金砖五国及印尼。
资料来源：OECD。

二　印尼工商热点

（一）"印尼制造4.0"计划出台

1."印尼制造4.0"计划的战略意义

2018年4月，印尼政府正式推出了"印尼制造4.0"（Making Indonesia 4.0）计划及其路线图，这是印尼响应世界范围内的以数字技术、生物科技、物联网和自动化为主要特征的第四次工业革命所做的战略性布局。佐科认为世界范围内的工业变革是印尼经济发展的重大机遇，他希望把握这一机会，调整印尼工业布局，到2030年把印尼带入全球十大最大经济体行列。

"印尼制造4.0"计划是印尼一项国家战略，由印尼工业部具体领导和推行。工业部部长Hartarto表示，要使印尼经济变得更有竞争力，提高工业增加值，发展高科技产业是关键方向。"印尼制造4.0"计划设置了五个优先发展行业：食品和饮料、汽车、纺织、电子和化工。在这五个产业部门印尼已具备一定的发展基础，在经济发展中所占份额较大，且国际市场空间较大，对推动印尼就业、出口和未来科技发展都有重要意义。政府设想通过实施"印尼制造4.0"战略，能够为经济增长贡献1~2个百分点，即在2018~2030年，实现GDP增速达每年6%~7%，制造业在GDP中的贡献率达到21%~26%，创造就业机会700万~1900万个。目前制造业在GDP中的贡献呈逐年下降趋势（见图13），因此，"印尼制造4.0"计划也是印尼的工业提升计划。

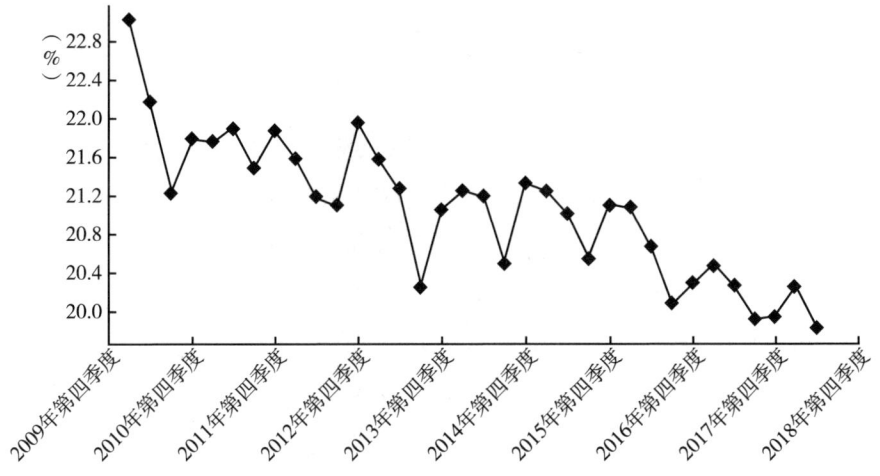

图13　印尼制造业增加值占GDP比重

资料来源：BPS。

2. "印尼制造4.0"计划创造的商业机会

"印尼制造4.0"计划目前设定的重点技术领域是自动化和机器人技术、物联网、先进制造技术、人机交互和人工智能技术。优先支持能实现以下目的的技术研发和应用：一是提高国内原料加工能力；二是提高对电动汽车产业和可再生能源产业等全球趋势性新兴产业的参与程度；三是以新技术为中小企业发展提供支持；四是完善全国性信息网络和数字经济的基础设施。规划的优先发展产业包括食品和饮料、汽车、纺织、电子和化工五个产业部门。

（1）食品和饮料加工领域。印尼人口庞大，食品饮料的消费需求基数大，并且农业是目前印尼支柱产业之一，对就业和GDP的贡献大，因此，政府将与农产品加工相关的食品和饮料工业作为技术升级的优先行业之一。"印尼制造4.0"计划对食品饮料工业技术升级的定位是提高深加工能力，强化印尼食品饮料的区域出口中心地位，提出该领域的技术发展重点是自动化生产线、工业机器人技术，以及相关传感器技术和仓库监管技术。

（2）汽车制造领域。当前印尼汽车人均保有率还较低，随着中产阶层人数快速增长，大规模基础设施建设带来的道路通行条件改善，印尼对汽车的消费需求将明显上升。目前东盟十国中，只有泰国的汽车产量超过印尼，印尼每年生产近200万辆汽车和600万辆摩托车，丰田、本田和三菱等公司都在印尼建立了生产基地。"印尼制造4.0"计划将汽车工业作为未来工业发展的支柱产业之一，确定的发展目标是将印尼打造成为区域的主要汽车生产和出口中心，同时，要成为电动汽车生产的区域领导者。为此，需要大量应用工业机器人技术和人机交互技术，这为相关技术服务商提供了商业机会。

（3）消费电子领域。一些全球性电子制造商已选择将印尼作为生产基地，政府仍在试图吸引更多外资企业进入该领域，也在致力于提高本土企业竞争力。"印尼制造4.0"计划在该领域确定的优先发展技术是3D打印技术等。

（4）化工领域。随着食品和饮料、汽车以及纺织服装行业的发展，相关化学原料和化工处理技术已不能满足行业的需求，相关材料严重依赖进口，因此发展化工行业至关重要。"印尼制造4.0"计划确定的化工行业技术发展要点包括：提高基础化工生产效率、发展高效资源管理系统、提高化工原料利用率、培育生物化学领先企业等。

（5）服装行业。纺织服装业是印尼传统产业，是解决就业问题的支柱产业。按照产值，印尼已是世界第十大纺织品生产国，"印尼制造4.0"计划继续做大做强该产业，确定的目标是提高印尼服装业在全球价值链中的位置，技术革新的重点包括：增强上游原材料制造效率和技术水平，发展运动服等功能性服装制造，在生产领域发展基于传感器的废物控制系统，发展数字化的原型设计制作平台，实时生产监测系统，等等。

当然，预计"印尼制造4.0"计划在实施中会遇到不少挑战，目前来看主要是：在基础设施方面，缺乏必要的数字基础设施，如高速光纤和支持新技术的云解决方案；在劳动力方面，熟练工人短缺、劳动效率低下是制约企业竞争力提高的关键因素；在企业技术水平方面，目前制造业企业数量的主体是中小企业，技术水平较低，技术革新动力和资源不足；在融资方面，政府难以提供足够资金激励、支持企业的技术革新和满足相关技术基础设施的投资需求；在产业体系方面，中上游企业原材料供应能力和供应品质相对落后，导致许多原材料仍然依赖进口。

（二）油气产业重回投资热点

1. 油气产业的投资不足问题

众所周知，印尼油气资源丰富，油气产业曾一度是印尼经济支柱，是出口创汇的主力。进入21世纪后，印尼政府力图调整经济结构，降低经济对油气资源的依赖，使得油气产业对经济的整体贡献呈下降趋势（见图14）。

作为经济发展战略调整的后果，油气产业在印尼经济中的份额下降，同时也带来了对油气资源勘探和油井建设的投资不足，后续产能增长面临瓶颈。从图15可见，印尼原油资源丰富，但目前探明储量的油田显著减少，由20世纪80年代的超过90亿桶的水平降至目前40亿桶左右，其原因是苏哈托执政后期只重开采，不重勘探投入，因此，不解决勘探投资不足问题，就难以恢复油气经济的繁荣。

2. 印尼政府拟重振对油气产业的投资

本届政府上台之初，仍未对油气产业给予足够重视，油气产业经济增加绝对值和在GDP中的相对份额仍然持续下降。但随着国际油价上升，以及印尼扩大出口目标的实现存在困难，尤其是2017年以来面临一般商品

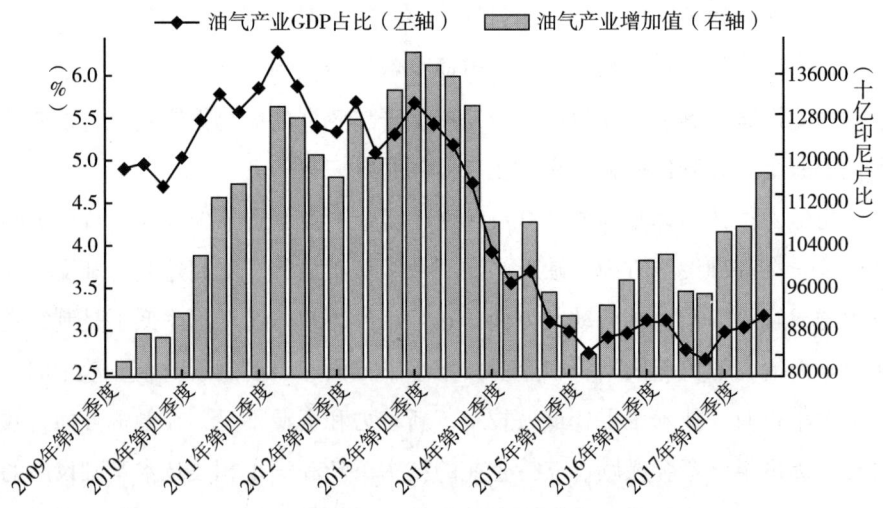

图 14　印尼油气产业增加值在 GDP 中的份额

资料来源：BPS。

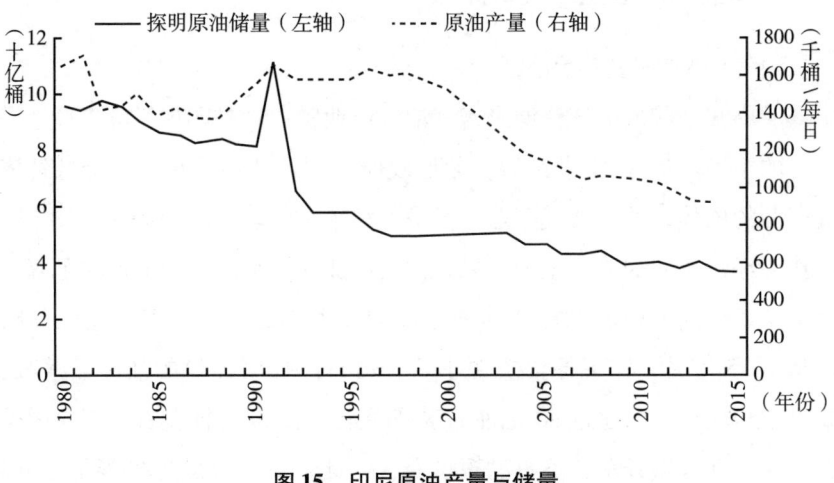

图 15　印尼原油产量与储量

资料来源：EIA。

出口压力显著增加，政府从 2017 年开始对油气政策有所调整，在 2018 年加大了对油气产业的支持力度，并特别重视对油气上游产业的投资，例如，2018 年印尼政府在欧美等国推出多场油气项目招标路演，以吸引外国投资者。

重要的政策改变包括以下两个方面。

其一,2017年8月推出新的利益分享合约机制(PSC)替代原来的成本补偿后收益分享合约机制。政府希望借此吸引更多投资者进入油气上游项目投资。PSC机制是一种基于毛收入的收益分成办法,计算规则大体如下:

项目承包商收益=基准分成比例+/-项目特征调整比例+/-累进因素调整项

政府收益=政府分成比例+项目分红收入+承包商上缴税收

其中,基准分成比例是:(a)石油项目,政府57%,承包商43%;(b)天然气项目,政府52%,承包商48%。

项目特征调整比例是考虑到项目区域位置、基础设施条件等项目发展难易程度而给予承包商分成比例的增减,主要考虑:(a)油田的位置,陆上或海上,深海或浅海;(b)支持性基础设施状态;(c)油田是否含有重油,或石油规格是否会因高浓度二氧化碳或硫化氢而产生额外处理费用;(d)项目所需设备和货物的国内供应情况;(e)该项目的发展阶段,是属于初次开发还是后期建设等。对于初次开发的项目,有可能增加承包商5%的分成比例。

累进因素调整项是考虑到油价和产量因素而对分成比例所做的调整。在油价方面,当国际原油价格降至每桶70美元以下时,承包商的分成比例将以2.5%一阶的累进方式逐步增加,当油价低于40美元时,承包商分成份额最多增加7.5%;相反,当油价高于每桶85美元时,承包商分成比例将以2.5%一阶的累退方式逐步减少,当油价超过115美元时,承包商分成比例最多减少7.5%。但实际如何计算并未明确。在产量方面,当油田首次生产时,承包商分成比例可调增,随着油田的累计产量增加,分成比例会被调回。

PSC机制对于投资者的利好是:一方面,油气项目的分成比例可以一项一议,分成比例确定中考虑了项目本身的经济和技术特征,使合约存在更大的协商空间。例如，有一个已达成协议的成熟油田项目，PSC 合约设定的分成比例为政府42.5%，企业57.5%。更加灵活的合约机制提高了项目投资的经济可行性和吸引力，尤其是提高了新油田、边远地区油田项目的投资吸引力。另一方面，剔除原来的成本扣除环节后，承包商有更大的经营支出自主权。原来采用成本扣除后再分成的办法，政府是为了确保自身利益不受损，但会对企业成本支出项目进行监管，在一定程度上限制了企业的经营自主权。

其二，放开了对油气企业雇用外籍员工的限制。2018 年 2 月之前在石油和天然气行业若要雇用外籍工人，必须满足非常严格的要求（例如年龄等），新政策已放松这些限制，只要符合人力资源部规定的外籍员工雇用的一般性要求即可。

（三）优先发展物流和交通基础设施

印尼交通基础设施投资长期欠账，公路路况较差，拥堵严重，铁路发展严重滞后，港口和机场也无法满足日益增长的旅客和物流需求。落后的交通基础设施导致了高昂的物流成本，依据世界银行的估计，在 2016 年，印尼全国物流成本占国内生产总值的比重高达26%。在 2016 年世界银行的物流绩效指数中，印尼在 155 个国家中排名第 63 位。仅雅加达的拥堵估计每年造成的效率损失超过 30 亿美元。贸易商抱怨从印尼国内贩运橙子往往比从中国进口还要慢。

有鉴于此，印尼本届政府将交通基础设施建设作为重中之重，制定了到 2019 年的五年基础设施建设规划，总计金额达 5500 万亿印尼卢比。在 2017 年国家预算中，基础设施项目拨款就达 337 万亿印尼卢比，其中大部分用于交通设施建设。发展计划涵盖所有交通领域，包括高速公路、铁路、机场扩建和新建计划、"海上高速公路"项目等。具体来讲：①高速公路建设是陆路交通建设的主体，政府目标是到 2019 年全国高速公路由原来的 950 公里增加到 1850 公里以上，重点是爪哇岛和苏门答腊岛，主要项目是环爪哇岛高速公路、环苏门答腊岛高速公路。②铁路项目主要包括位于苏门答腊南部的 Tanjung Enim-Bandar Lampung 铁路，预计投资 20 亿美元；雅加达—万隆高速铁路，预计投资 50 亿美元，与中国企业合作；雅加达—泗水铁路升级项目，计划投资 30 亿美元，与日本企业合作。③"海上高速公路"项目，计划投资 554 亿美元，用于开发 24 个商用海港和 1000 多个通用港口，及相关船只的采购。目前，在联合国贸发会议的港口连通性指数中，印尼港口在 14 个亚洲国家中排名第 13 位。

尤其值得注意的是，在 2017~2018 年的经济政策中，政府把发展物流摆在十分优先的位置，并在一些重要项目上取得了进展，包括如下方面。

1 月，政府宣布国有港口运营企业 Pelindo II 将与一家日本公司组建合资企业，在西爪哇省建设和运营设计能力为 750 万标准集装箱吞吐能力的 Patimban 海港，投资总额 40.3 万亿印尼卢比（约合 31 亿美元），其中由日本贷款 2270 亿日元（22 亿美元）。

2 月，政府宣布在巴厘岛北部开发第二个海上机场（即北巴厘岛国际机场，印尼文为 Bandara Internasional Bali Utara），项目将耗资 20 亿美元，已获得了加拿大投资公司 Kinesis Capital 的支持。

3 月，印尼最长桥梁——北加里曼丹主岛连接塔拉坎岛的桥梁——项目获得推进，建设方已与中国路桥公司签署谅解备忘录，该项目将耗资约 12 万亿印尼卢比。

4 月，在"一带一路"倡议框架下，印尼和中国公司签署了五份项目合同，合计价值达 233 亿美元，涵盖电力、交通基础设施和工业项目。

（四）征地难题及其改革

征地难问题是困扰在印尼投资尤其是外商投资的典型难题，雅万高铁等众多基础设施建设项目出现工期延后，主要原因就是碰到征地困难。导致征地难的关键原因是印尼私有地权存在权利不清和管理复杂问题。

印尼独立后的土地权改革经历了五个阶段，目前仍处于改革进程中。印尼现行土地基本法律框架是以 1960 年颁布的《土地基本法》（Basic Agrarian Law，简称 BAL）为基础，该法的基本原则包括：①只有印尼公民才能拥有土地的完整产权；②限制个人可拥有土地的数量，承认习惯法下族居土地的共同权益。习惯法下的地权是印尼特有的土地问题，它是一个习俗群体（adat law community，如原始部落或族群）长期居住并按其特有习俗管理某一地域而形成的对该土地的共同权益（communal right of avail）。BAL颁布后，为政府统一登记和管理土地提供了法律依据和框架，但土地统一登记工作阻力重重，根据印尼土地事务局（BPN）的数据，截至2014年仍只有48.6%的非林业用地进行了产权登记。

根据BAL的规定，外国人和外资企业不能拥有印尼土地的完整产权（即所有权，印尼语为Hak Milik），而只可能获得以下四类土地产权，即耕种权（印尼语为Hak Guna Usaha，简称HGU）、建筑权（印尼语为Hak Guna Bangunan，简称HGB）、使用权（印尼语为Hak Pakai，简称HP）和租赁权（印尼语为Hak Sewa，简称HS）。它们都不是土地所有权，而是土地的次级产权，即对土地的使用和获益的权利，对地上附着物的所有权和收益权等。四类产权在土地来源类型、土地用途、批准和登记主体、最长期限、可转让抵押程度等方面存在一些差异。其中，建筑权与使用权的主要区别在于后者适用范围更广，前者一般涉及大型项目用地，多是与BPN打交道；使用权与租赁权的主要区别在于规范程度不同，租赁权的形成是纯粹的民间行为，无政府登记和权证，受保护程度相对较低。

1. 外商投资项目在征地时面临的主要风险

（1）土地权益来源和确权依据多样化，存在重叠，有明显交易风险。依据现行法律规定，印尼居民（组织或自然人）土地权益的来源有三种可能：一是习惯法下习俗土地所有权（adat land）；二是殖民统治时期根据西方（荷兰）法取得了官方土地登记证书或其他有效凭证而形成的所有权；三是长期的事实占据（squatting land）。实践中上述三种来源土地都获得了官方不同程度的所有权确认，并规定了多种多样的具体确权凭证，产生了产权重叠的问题。确权依据包括：（a）对于习惯法下形成的土地所有权，有两条确权路径：一是通过将群体确认为习俗群体而获得共有权益（right of avail）或共有产权（communal right）；二是个人若持有税务机关对该土地及其上建筑征税的凭证（PBB），则也可以证明该土地归其所有，有些地方还要求同时加上所在社区（村）负责人开出的证明文件（SKT）。(b) 对于长期事实占据形成的土地所有权，如果土地占用者持有 PBB，再加上 SKT 则可以证明其对土地拥有产权。

（2）林地与非林地管理冲突，种植用地存在合规风险。虽然 BAL 作为土地基本法从法理上讲管辖范围包括全国土地，然而政治博弈的结果是林地不受 BAL 约束，而是受 1967 年《林业基本法》和 1999 年《林业法》调整，由林业部主管，颁发相关权证和开采许可，形成了土地二元管理体制。二元体制导致了实践中的一些冲突，包括：(a) 林地与非林地界定的冲突。印尼政府一直缺乏一个完整有效的全国林地区划图，具体管理中常会出现某一地块是否属林地的争议。(b) 居住在林区范围内的习俗群体的地权认定冲突。国土部门的规定中对习俗群体的认定包括林区中居民（许多传统部落坐落在林区），满足条件时可申请 BAL 下的土地权证，这就与林业部现行管辖权形成交叉。

（3）土地规划不完整且容易变动，用地风险明显。印尼于 1992 年和 2007 年两次颁布了《土地使用规划法》（spatial planning law），但至今没有一份完整有效的全国土地规划图，多数情况下不同区域的边界并不精确，不同地方政府甚至使用不同的地图。许多地块的使用缺乏具体规划，导致最终由一些政府官员个人决定地块用途，随意性较强，容易出现前后不一致和因官员更迭而变动。1999 年地方自治法颁布后，不少地方政府以土地规划为博弈工具谋求更多自然资源控制权，这种博弈加剧了土地用途易变问题和各部门"扯皮"问题。

（4）土地司法一致性不强，土地风险消除的法律渠道不畅。对土地权属纠纷案件，不同法院的判定依据可能不一致。例如，对各种土地权属凭证的优先等级会有不同判断，BAL 土地证作为现政府颁发的土地产权凭证理应具有最高优先级，但有时法官会接受殖民时期的土地租金凭证作为证据而否定政府颁发的 BAL 土地证。这种现象的根源是印尼法律体系属复合性法律体系，以大陆法系（civil law）为主体，但融入了许多习惯法、伊斯兰法元素，在BAL的第五条就声称其基于习惯法，从而导致法官有时更看重历史证据而不是现时的官方法律凭证。

2. 土地制度改革动向

新一届政府上台后，为加快经济建设，加大了土地管理体制改革和立法工作力度，取得的进展包括以下方面。

（1）在林地方面，2014年，印尼住房部、林业部、公共工程部和国家土地事务局四部门共同发文协调林地管理问题，明确把地方政府作为林地划界和确权的主导部门，并由国家土地事务局牵头成立专业机构IP4T，负责摸清相关土地使用和实际控制的情况，并承接土地确权的相关诉求及将处理建议递交给林业部。

（2）扩大并升级了习惯法下的地权认定。2015年国土部第9号部长令引入了共有产权（communal right）概念，而之前只有共同受益权（right of avail），共有产权概念使得习惯法下的地权有了完整的财产权，可以获得土地所有权登记证。同时，该规定还扩大了可申请共有产权的对象范围，除了习俗群体外，还包括任何在特定土地上共同谋生10年以上的群体。

（3）2014年颁布了《新村庄法》（Village law），在该法中，允许一个村庄经地区政府批准被认定为是一个习俗群体，即习俗村庄（adat village），这就打开了一条通道让一个村庄可能对辖内土地拥有共同产权和实现自治，但由于国土部2015年第9号令中规定的习俗群体认定标准仍然较高，实际上通过习俗村庄认定获得土地共有产权仍然难以实现。

（4）正在起草新的《土地法》，对原《土地基本法》进行补充。2015年11月发布了新《土地法》的草案稿，该草案再次强调注重对贫民的保护，限制土地投机，限制土地持有数量，设置单个居住和工业项目用地上限为200公顷、种植园上限为50000公顷，土地权益应与土地规划相协调，土地完整权益仅为印尼公民所持有，并提出在5年内完成各类土地权登记等。目前该法案仍在讨论和立法程序中。

三 社会与政治要点

(一) 教育事业发展成就与面临的挑战

提升人力资本是佐科政府的基本发展战略之一,为此,政府在教育改革方面做出了一系列规划,目标包括:①加强产业部门与职业组织、专业团体之间的联系和协作;②发展儿童早期教育事业;③在教育事业发展导向上强调对学生职业技能、协作能力的培养,打造学校的业界影响力,而不单纯是以学位教育为导向。

印尼教育体系由超过25万所的各类学校组成,以公立学校为主,尤其是在小学和初中层次。私立学校也占据重要份额,在中小学层次占到学校数量的48%,学生数量的31%,教师数量的38%;在高等教育层次,私立学校占据学校数量的96%,学生数量的63%。公立学校一般是非宗教性的,并不隶属于宗教团体,而私立学校则主要是宗教导向的,隶属于印尼的两个主要伊斯兰组织 Muhammadiyah 和 Nahdlatul Ulama,当然也有一些营利性的私立学校。一般认为,公立教育机构质量高于私立教育机构,具体教育质量因学校而异,差异比较明显。

本届政府上台伊始,就对教育体系存在的问题有清醒的认识,例如2014年12月,当时的教育和文化部部长 Anies Baswedan 就曾公开称印尼教育体系痼疾甚深,亟须变革。政府提出的一系列教育改革计划中,设想在2025年要使印尼教育体系变得具有国际竞争力,尤其是增加进入世界前500名的大学数量。为此政府采取了一系列措施,取得了一些成就,但一些深层次问题仍未得到解决。

1. 政府的主要措施和建树

(1) 加大政府投入,中央政府超过20%的预算资金投向教育领域

自2015年始,中央政府的预算资金安排中就有超过20%的资金用于公共教育投入,较上届政府18%左右的投入水平有明显提升,与苏哈托时代

不到8%的投入水平相比更是有质的飞跃。中央预算投入金额在2017年达到了419.8万亿印尼卢比，2018年的预算更是达到444.1万亿印尼卢比。公共预算教育投入比重与邻国马来西亚持平（20.64%）。

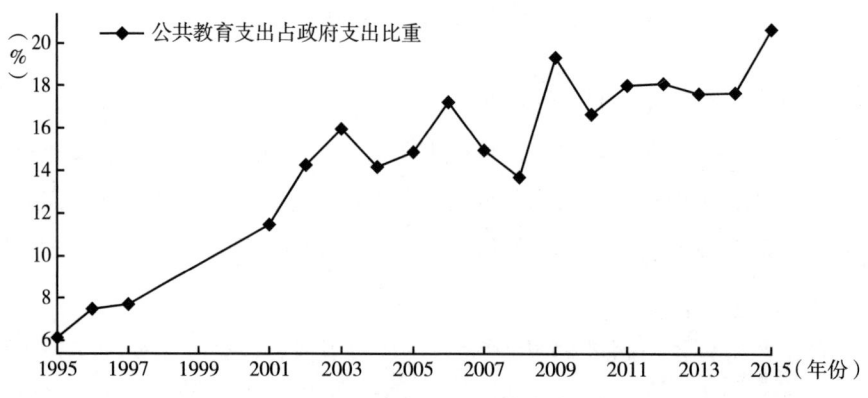

图16　印尼政府教育投入规模

资料来源：BPS。

政府的教育投入除了以往的经费支出项目和拨付渠道外，本届政府的新增经费还主要用于以下方面：一是通过援智项目（Indonesia Smart Program，印尼语简称KIP）对低收入家庭子女上学提供援助，截至2018年，累计受援助学生人数达到1970万人，总计金额达到10.8万亿印尼卢比；二是大学生奖学金项目，2018年计划为40万名学生提供奖学金；三是新建校舍，2018年的目标是新增6.12万间校舍；四是教师津贴计划，2018年为43.6万名非公务员编制、25.7万名国家公务员编制和120万名地方公务员编制的教师提供津贴。

（2）受教育人数呈上升趋势

随着政府教育投入的加大，以及政府将教育发展责任下移，教育基础条件有所改善。例如，提高了农村170万名教师和自治区4.1万名教师的福利待遇，仅2018年地方所属学校就增加了1351间新教室，减免了4660万名学生的学费和560万名幼儿的学费等。在这一系列因素的刺激下，各层次学龄人口中，学生入学比率有所提升，将2017年与本届政府前的2013年相比，小学的净入学率由95.52%提高到97.14%；初中的净入学率由73.73%提高到78.3%；高中的净入学率由54.12%提高到60.19%，提高幅度最大；大学的净入学率由18.08%提高到18.62%（见图17）。相应的，人口中的文盲比率趋于下降，2017年15岁以下人口中的文盲比率已降至4.5%，而在上届政府时期曾超过7%（见图18）。

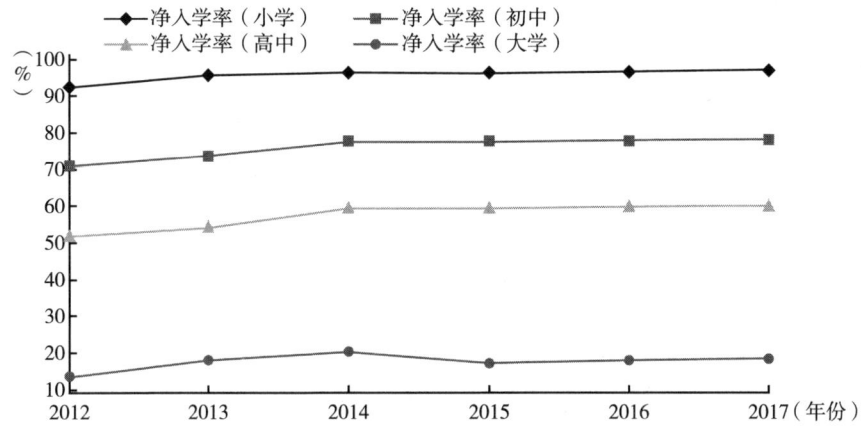

图17　印尼各阶段教育入学率

资料来源：BPS。

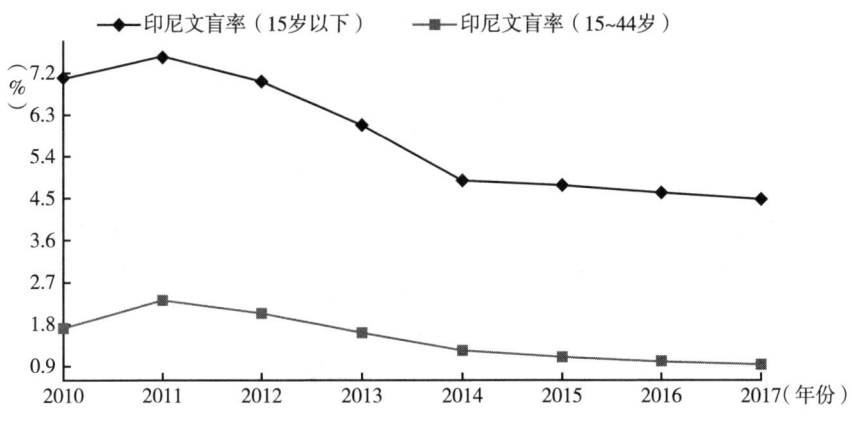

图18　印尼文盲率

资料来源：BPS。

2. 面临的主要问题

（1）国内教育质量未能普遍提升，海外求学的学生人数上升

按照世界银行最近的一次评估，印尼高校教育质量还存在明显短板，所培养的毕业生在职业能力、管理技能以及创新所需的研究能力方面存在不足。纵向来看，如表5所示，根据世界银行所做教育质量科别评分，印尼教育质量未有明显改善。另外根据最近的世界银行PISA体系评价，印尼36%的女孩和46%的男孩在科学、数学和阅读能力方面都不达标，他们的得分远远低于邻国泰国、马来西亚和越南。

表5 世界银行对印尼教育质量的评分

单位：分

科目\年份	2000	2003	2006	2009	2012	2015
数学	367	360	391	371	375	386
阅读	371	382	393	402	396	397
科学	393	395	393	383	382	403

注：采用PISA评价，以15岁学生为样本，评分值在360~435分，得分越高质量越好。
资料来源：World Bank。

随着经济发展，居民的教育消费需求上升，在国内教育质量未能同步提高的情况下，有一定经济能力的家庭越来越倾向于将子女送出国求学。联合国教科文组织的数据显示，过去十年中，印尼出国留学的学生人数增加了35%，在2016年，有42000名印尼留学生在国外高等教育机构学习，留学目的地主要是澳大利亚、美国和马来西亚，其中留学澳大利亚的学生接近一半。出国留学人数的增加虽然对个体来说是件好事，但从教育经济学角度，它使得具有较高教育消费能力家庭的教育支出流向国外，如果能够将这些教育消费留在国内，则有利于国内高校质量提升，形成教育发展的良性循环。

（2）资金投入和师资不足制约印尼教育质量提高

虽然政府拿出约20%的预算用于教育支出，公共教育支出占GPD比重较苏哈托时代有了明显提高，但目前也只在3.58%（2015年）左右，处于中低收入国家的一般水平，与邻国比较，只高于菲律宾3.41%（2013年）

的水平,但明显低于邻国马来西亚 4.83% (2016 年)、泰国 4.12% (2013 年) 和越南 5.65% (2013 年) 的水平,也低于印度 3.84% (2013 年) 的水平。

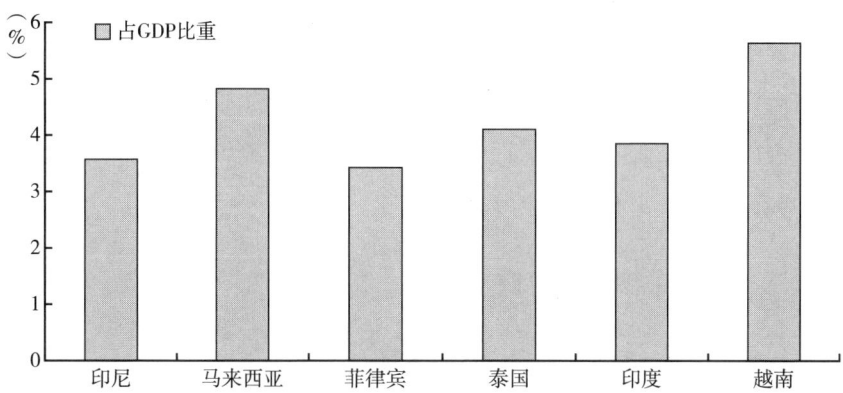

图 19　印尼教育投入水平国际对比

资料来源：World Bank。

教育投入不足的后果,一方面,使质量相对较低的私立学校吸纳了更多的学生,拉低了整体的教育质量水平;另一方面,使公立学校的硬件建设、教材建设和科研投入等方面都受到明显制约,教师工资待遇缺乏竞争力,对优秀毕业生的吸引力不足,教师队伍的补充存在困难,长此以往将导致师资明显不足。根据印尼高等教育与科技部数据,自 2012 年开始,印尼引入了教师职业能力考试体系,在 2015 年,接受考试的教师接近 300 万人,平均得分 53.02 分,低于 55 分的合格线。而世界银行的数据显示,在印尼高等教育领域,超过三分之一的教师是本科及以下学历,拥有博士学位的教师仅为 10% 左右[①]。

(3) 管理和体制因素从根本上限制了印尼教育质量的提升

一方面,较低的薪酬使得不少教师通过其他渠道谋取收入,对教学的时

---

① World Bank, "Tertiary Education in Indonesia", *Working paper #35*, 2014.

间投入减少;另一方面,印尼学校管理中,存在较多的任人唯亲现象,教职岗位的提供和晋升经常受到裙带关系影响。此外,政府对公立学校的管理体制严重限制了学校的自主发展。分权改革前,公立学校的管理比照政府机关进行,学校没有独立的决策和财务权力;分权改革中,中央政府把公立学校的管理权限下放到地方政府,并于近年来提出将更多决策权力下放到学校,但目前尚没有多少实质性改变。对于处于公务员体制内的公立学校,用人和财务自主决策权力受限,学校管理也表现出一定的官僚气息,从根本上制约了教师提高教学质量和学术能力的积极性。

(二)减贫工作成就与挑战

1. 减贫工作成效明显,贫困率持续下降

按照印尼本国的贫困线标准,印尼贫困率已从2010年的13.3%下降到2017年的10.6%,下降了2.7个百分点,脱贫人口约700万人,减贫成效明显,若与民主改革初期24%的贫困率相比,则成效更为显著。目前印尼的贫困率在东南亚国家中处于中间水平,高于马来西亚(0.6%,2014年)、越南(9.8%,2016年),与泰国持平(10.5%,2014年),显著低于菲律宾(21.6%,2015年)。

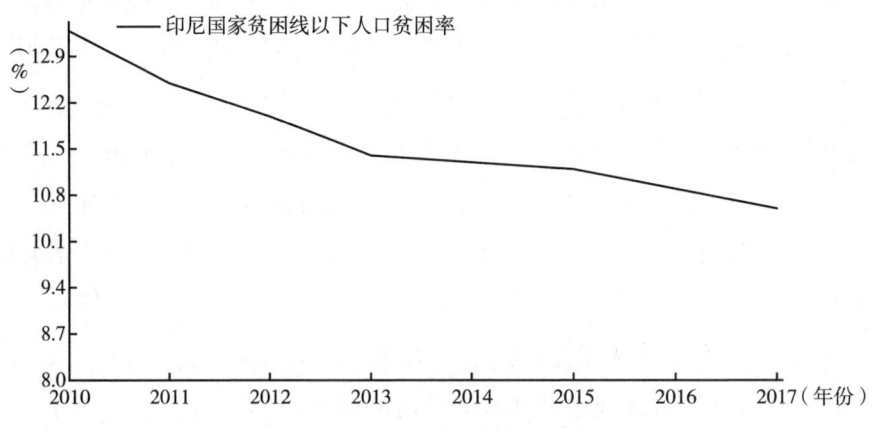

图20 印尼贫困人口比率(国家标准)

资料来源:BPS。

2. 面临的挑战

（1）贫困人口基数仍然巨大，减贫工作任重道远

按照印尼的国家贫困线，10.6%的贫困率意味着仍有近2800万人口生活在贫困线以下。如果按照国际上的人均每天3.2美元的生活支出标准计算，贫困人口比率则仍高得惊人，即尚有30.9%的人口生活在贫困线以下。

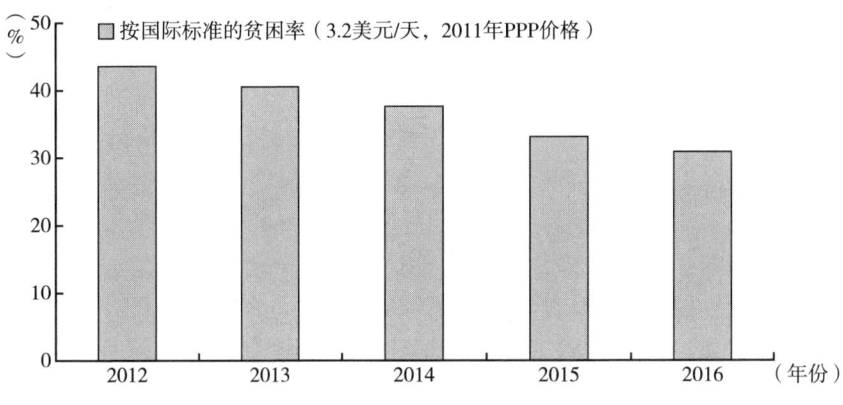

图21 印尼贫困人口比率（国际标准）

资料来源：World Bank。

（2）减贫的长效机制较为缺乏

一方面，许多减贫工作仍是传统的补贴和其他经济援助形式的"输血"式减贫，这种方式虽然容易在短期取得成效，但从长期看，将受到公共财力的约束；另一方面，在贫困高发的农业领域，由于从事农业生产活动的收入普遍很低，农业人口脱贫的最好方式是向其他产业部门转移，例如向服务业转移，服务业通常是劳动密集型产业，转移空间相对较大，但农业人口向服务业转移过程受到一个关键要素制约，即他们普遍没有正式的学历文凭，缺乏服务业所需的必要职业技能，而印尼的教育体系尚无法为这些人口的就业转移提供有效的职业培训支撑。

（3）农业保护关税政策与减贫工作的两难冲突

贫困线以下的人口，其生活支出的绝大部分是食品消费，食品支出约占他们收入的70%以上，因而食品价格的上升是他们难以承受之"重"。例如

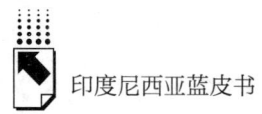

2015年大米价格飙升时,约100万印尼人重回贫困线以下。但食品价格恰好是近些年价格涨幅比较明显的领域。缓解食品价格上涨压力,从供给侧角度看,常用的调节手段是增加农产品进口,但印尼目前采取的贸易政策中,农业是重点保护领域,农产品进口受到许可证、进口配额以及各种关税或非关税壁垒的限制。有研究机构测算,如果印尼能够从邻国或发达国家进口基本生活所需的食品,居民支出可节约大概24美元/月,这对于印尼低收入家庭月均约100美元的收入而言无疑是一个巨大的数额[1]。

(三) 政府治理成就与面临的问题

1. 主要举措与成就

（1）努力对商事管理进行整合和简化

本届政府上台不久,从第三轮经济政策包（economic policy packages phase III）开始,政府就致力于通过减少企业不必要的负担来促进经济发展,政府商事管理改革是其中重要内容。政府商事管理改革的最终目标是为企业和投资者提供一站式的、耗时短、中央与地方政策相协调的商事登记、检验和许可体系。对此,本届政府采取了一系列措施,包括:成立专门力量对商事管理中的问题进行识别和评估;对经济开发区（Special Economic Zones,印尼语简称KEK）、自贸区（Free Trade Zones）、工业园（Industrial Zones）和旅游开发区（Tourist Zones）这类重点发展区域内的商事管理设立检查清单;推进不同政府部门间的数据共享;推动机构改革,加强中央和地方政府协调,理顺管理关系;开发一站式的登记管理系统等。

2017年,政府颁布了第91/2017号总统令（Presidential Regulation No. 91/2017）,要求加快对商事管理流程的提速工作;2018年又颁布了第24/2018号令,对电子化整合商事管理服务进行了具体规定;2018年7月,一站式网上商事登记许可系统（online single submission, OSS）开始投入运营。这些制度和系统的推出,切实表明了本届政府在商事管理改革方面取得

---

[1] CIPS, "Indonesia's Biggest Challenges", *atlas news*, 2017.

了实际进展。以 OSS 系统为例，它集合了不同政府部门的许可服务，包括国家单一窗口服务系统（INSW）、司法和人权部的法务管理系统、内政部的人口管理信息系统等，新办一个企业所需的办公场所许可、环保许可和建筑许可等可在提交所有必要数据后一小时内获得。有了这些许可，投资者即可在等待正式许可证的同时筹备开业。但是能矿部和金管局（OJK）尚未接入该系统，因而涉及采矿和金融领域的投资项目仍不能通过 OSS 系统进行申请。

借助这些改革，印尼的营商环境改善得到了国际社会的认可，在世界银行的营商环境评估中，印尼在过去 3 年的评分进步了 45 分，最新一期即 2017 年评分为 72 分，而 2014 年评分为 117 分，在东盟五国中是进步最为明显的，已从原来落后于菲律宾转变为优于菲律宾（见图 22）。

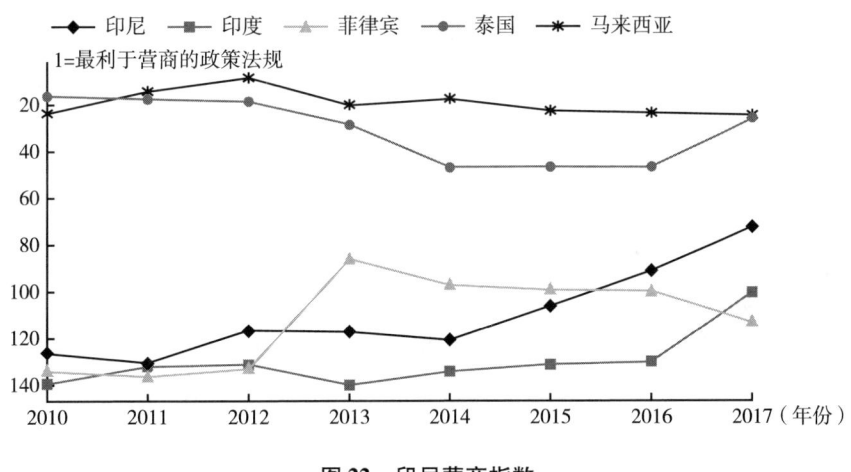

图 22　印尼营商指数

注：得分越低越好。
资料来源：World Bank。

（2）对地方立法进行清理，增强中央和地方法律的一致性

印尼 1999 年颁布了地方自治法，从此走上了地方分权治理的道路，地方政府在资源分配、宗教和人口管理、教育发展等众多社会事务中拥有较大的权力和利益。地方立法作为地方治理的一种工具和形式，各地自 1999 年后颁布了大量地方条例，但由于民主体制的制度基础和民众基础尚不太成

熟，在地方立法中也存在一系列问题，包括：一是立法能力不足，未经充分调研和论证就出台一些法律，使法律脱离实际；二是法律用语不规范，界定不清晰，未能有效体现政府政策意图；三是许多地方立法片面地强调增加地方财政收入，而未能充分考虑经济的发展和税源的培育，有的也未考虑所在地区的社会经济特征和承受能力，对社会和谐和经济发展产生了不利影响；四是一些地方立法在民主程序上存在瑕疵，例如未做到充分的信息透明，未进行充分的意见征询和社会讨论，尤其在一些涉及民生的社会公共事务上；五是存在一些地方照搬其他地方法律的做法，而忽略了本地的特点。

地方法规的不完善一方面增加了居民和投资者法律遵从的成本；另一方面也导致一些中央精神未能得到有效贯彻。为此，印尼法律和人权事务部对地方立法进行了大量的评估，截至2018年上半年，本届政府撤销了约4000个地方法规，以此增强法律体系的协调性。

（3）反腐工作持续推进

印尼在2002年就成立了独立的反贪委员会（印尼语简称KPK），本届政府任内，KPK的工作取得了令人瞩目的成效。在2018年4月，前议长Setya Novanto因在电子身份证腐败案中受贿造成约1.7亿美元的国家损失而被法院判处15年有期徒刑，同时罚没730万美元的受贿所得，刑期结束后，还将在5年内禁止担任任何公职。KPK在该案件上的突破在社会上引起普遍反响，体现了印尼反腐工作向纵深推进，KPK也赢得了更多的信任。

2018年，反腐工作的一些重要推进还包括：9月，将东爪哇省玛琅市45名议员中的41名议员列为重大贿赂案件嫌疑人，最终有21名议员被捕，他们被指控接受前市长Mochamad Anton的850~3350美元不等的贿赂，以作为通过当地政府2015年预算的回报。7月，逮捕了亚齐省省长Irawandi Yusuf，指控其在超过5亿美元的政府预算资金分配和国家建设项目资金分配中收取好处和谋取不当利益。由于Yusuf是前亚齐分裂组织领导人，又是亚齐省首位直选省长，在2017年重新当选为第二任省长，其身份背景具有一定的政治敏感性，KPK的这次行动也充分表明了印尼当局反腐的决心。

尽管反腐形势仍然严峻，但印尼的反腐工作在一定程度上得到了国际认可，世界银行编制的国别腐败指数显示，印尼本届政府以来的评分已有所提升，已由2013年的32分提高到2017年的37分①，超过了菲律宾，与柬埔寨持平。

2. 面临的主要挑战

（1）反腐工作能否取得系统性胜利仍面临重要挑战

虽然印尼近年来反腐力度较大，但受制于官僚体制下的系统性腐败问题以及其他社会经济环境因素，印尼反腐形势仍然十分严峻。在世界银行编制的2017年腐败指数中，印尼在180个国家中排名第96位，仍然比较落后，弱后于其邻国马来西亚、新加坡和文莱等。

印尼的腐败问题是几十年集权统治体制长期积累的结果，具有系统性，它不仅存在于经济和社会管理领域，也存在于政治和司法领域，后者的根除是治理腐败问题的根本，也是阻力最大的领域。KPK自2002年成立以来，虽成绩斐然，但工作力度越大，目标越高，阻力也越大。归纳起来，印尼反腐工作的主要挑战包括以下几方面。

一是来自立法和司法体系的阻力。随着电子身份证腐败案调查的深入，国会高层议员的涉案，KPK经常面临议员的公开批评，甚至被削减预算。国会甚至通过决议，拟发起对KPK的调查。对司法体系高官的调查也直接导致相关部门的反弹和压力，例如，在2015年，KPK对三星将军Budi Gunawan的涉嫌腐败调查使其成为国家警察总长的愿望落空，随后，KPK的两名高级官员就受到警方的指控和调查。更值得关注的是，近期国会拟对刑法进行修改，刑法修正案在上半年发布讨论稿后，一些条款引起了社会争论，其中涉及反腐问题的条款具有减轻对腐败犯罪处罚力度的倾向，不仅KPK对此提出了批评意见，印尼民间组织"National Alliance for Criminal Code Reform"也认为此次修法将"严重破坏根除腐败的努力"，佐科总统在2018年7月也要求对此草案进行重新审议。

---

① 分值越高，腐败程度越低。

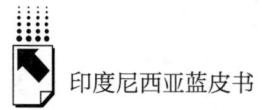

二是竞选筹资制度的缺陷造就了腐败的温床。印尼现行竞选筹资制度允许政党及其参选者从三种渠道获取资金：党费、企业或个人捐赠、政府补贴。由于党费收入与政党的党员人数直接相关，而政府补贴自2005年开始降低了近90%，由每选票1000印尼卢比降到108印尼卢比，这与竞争成本费用大幅上升的现实形成巨大反差，因此政治献金成为竞选者筹资的重要渠道，也就刺激了权力和金钱的交易①，出现竞选者依附于富人的现象，或承诺竞选胜利后利用公权力给予利益回报。

三是公务人员待遇较低，建设清廉政府的困难较大。印尼现有约446万公务员，在雅加达，公务员基本工资最低仅为1486500印尼卢比/月（约合人民币750元/月），最高的为5620300印尼卢比/月（约合人民币2880元/月），除基本工资外，还会有一些公务津贴和交通津贴，以及年终的双薪，少数人还能拿到一定的绩效工资，有时仅依靠工资收入难以维持在城市的日常开支②。

（2）伊斯兰力量的政治化倾向增强

伊斯兰政治化问题是指以宗教信仰为基础，在政治或经济诱因下进行政治动员的现象，它能够把穆斯林民众的宗教虔诚引向政治轨道、转化为政治行动。

民主化改革后，政治伊斯兰日渐升温，呈现出从边缘向中心进发的态势，具体表现为温和伊斯兰政治参与和极端伊斯兰政治行动两种类型。在当前代议政治制度下，虽然伊斯兰政党在历年竞选中的得票率呈下降趋势，但不可否认，伊斯兰力量已经成为政治竞争中的关键争取对象，各种政治势力为了竞选利益而主动迎合伊斯兰族群诉求，进而不断加深伊斯兰政治化。

伊斯兰政治化大体来讲有两种表现类型，一种是温和政治化，是在

---

① Mietzner M, "Dysfunction by Design: Political Finance and Corruption in Indonesia", *Critical Asian Studies*, 2015 (4): 587–610.
② BUDIARTI UTAMI PUTRI, "Lowest Salary of Civil Servants in Jakarta Below Rp1.5 Million", *TEMPO news*, 2018.

现有潘查希拉精神和宪法框架内谋求政治参与和社会管理参与程度的提高。例如，伊斯兰教士联合会就以其温和的文化性"努山塔拉伊斯兰"（Islam Nusantara）与政府保持着较好的关系，其咨询委员会主席 Ma'ruf Amin（兼任 MUI 总主席）更是参与到重大决策当中，并最终成为佐科的竞选搭档。再如，2015 年 2 月，由伊斯兰教士理事会（MUI）召开的印尼伊斯兰教徒大会（印尼文为 Kongres Umat Islam Indonesia，KUII）以"为实现印度尼西亚的公正文明，加强伊斯兰信徒的政治、经济和社会文化影响"为主题，主张印尼穆斯林用以下方式增强政治伊斯兰：强调关涉伊斯兰利益的实质性教义，规范化伊斯兰政治诉求（哈里发和沙里阿法），强化伊斯兰教义在日常生活中的基础性地位，在潘查希拉、45 年宪法、多元一体、统一的印尼共和国框架内行使伊斯兰权力，为了实现伊斯兰利益，印尼穆斯林应该团结在伊斯兰政党、组织和领袖周围努力参与现实政治[1]。

另一种表现类型是强硬的甚至极端的政治化，典型事例是钟万学事件。雅加达省长钟万学（Basuki Tjahaja Purnama）属于印尼政坛的华裔和基督徒"双重少数"，因其政绩优异而广受拥护。2016 年 10 月，社交媒体上出现指控钟万学亵渎《古兰经》的视频，引起轩然大波。2016 年 10 月至 12 月，以伊斯兰解放组织（HTI）和伊斯兰捍卫阵线（FPI）为代表的强硬派伊斯兰团体发起"印尼长老理事会维护教令全国运动"（GNPF-MUI），组织三次大规模游行示威，并多次在法院门前示威施压。进入第二轮投票后，竞选对手发动"宗教信仰"攻势，大肆宣传"穆斯林不要投票给非穆斯林候选人""选举异教徒将被打入地狱"。2017 年上半年，FPI、HTI 和伊斯兰论坛（FUI）等多次组织大规模游行示威，胁迫政府重判钟万学。最终，钟万学不敌伊斯兰强硬派支持的阿尼斯，并被判亵渎宗教罪获 2 年徒刑，即时入狱。2017 年 12 月 2 日，强硬派伊斯兰团体在民族纪念碑广场集会纪念反钟

---

[1] Politik Islam Indonesia, 2015 – 02 – 10, https://www.republika.co.id/berita/koran/opini-koran/15/02/10/njjkog20-politik-islam-indonesia.

万学一周年，FPI流亡头目甚至号召在印尼实施伊斯兰教法，建立伊斯兰教国。另外的例子是，2018年4月，印尼首任总统苏加诺之女苏克玛娃蒂（Sukmawati Soekarnoputri）因为其一首诗歌 Ibu Indonesia 中提及伊斯兰教晨祷 adzan、妇女面罩等伊斯兰象征，而被多方指控涉及亵渎宗教，伊联东爪哇分会向东爪哇警区提出控诉，印尼捍卫学者组织（TPUI）和印尼伊斯兰大学生运动（GMII）也将其告到警察总部刑侦司。FPI又在警局门前举行游行示威，要求严肃处理此事。总体而言，虽然部分伊斯兰团体强硬甚至激进的政治表达并不代表普遍民意，但会影响民主转型的顺利推进，造成社会分裂，是政府社会治理的关键挑战。

（3）种族和谐和宗教包容问题

种族和谐、宗教包容是维持社会稳定、促进经济发展的必要条件，本届政府在施政方针中也强调要维护人权，促进社会和谐。但依据世界人权组织的观察，目前印尼在这方面还面临着两个比较重要的挑战。

其一是巴布亚冲突问题。在印尼，巴布亚问题由来已久，现在的巴布亚省和西巴布亚省是在1969年才完全交由印尼政府管辖。但由于存在一些争议，当地原住民与政府间的冲突时有发生，其中的主要反政府组织是自由巴布亚运动（印尼文为Organisasi Papua Merdeka，OPM），OPM时常以游击战的形式袭击军队、警察，甚或绑架移民定居者和外国人①，他们的基本目标是追求巴布亚的独立。虽然佐科曾宣称将采用新机制来寻求巴布亚的和平稳定，但至今为止，冲突仍然时有发生，尚看不到巴布亚问题从根本上得以解决的前景。例如，2018年6月27日，几名据称是分裂组织的武装人员向载有选民的船只开火，造成包括两名警察在内的3人死亡。近期发生的冲突还包括：2017年10月22日，一名警察机动部队官员在Freeport Grasberg矿区附近被反政府武装TPNPB枪杀；11月9日，Banti和Kimbeli村的外来工人被TPNPB扣为人质；11月15日，又有一名警察机动部队官员被枪杀；11月17日，警方和政府军从Banti和Kimbeli村撤离外来工时与TPNPB交火；

---

① Pike, John, "Free Papua Movement". *Federation of American Scientists*. 2009（4）.

3月28日，一名反叛武装领导人被警方击毙；2016年5月，支持西巴布亚联合解放运动的大规模示威活动持续整个月，警方累计逮捕了数千名示威者①。

另外，佐科总统在2014年上台后曾承诺放宽对巴布亚的媒体限制，但实际上当局对外媒进入巴布亚省仍然高度戒备，不少外媒记者被要求离开或干脆禁止进入。例如，在2018年2月，一名报道巴布亚省健康和营养状况的BBC记者被强制要求离开；一位曾在雅加达担任记者的澳大利亚学生洛佩兹计划参观巴布亚的巴列姆旅游节，但到达巴厘岛机场后被移民局拒绝入境。2018年6月18日，印尼政府还拒绝联合国人权事务高级专员进入巴布亚②。

其二是部分伊斯兰教徒对少数宗教团体不包容的现象。印尼是宗教信仰多元化的国家，法律规定民众须信仰神道，但信仰何种宗教有自由权利，官方宗教就有六种，但伊斯兰教徒占绝对主体。一直以来，不时发生少数派宗教群众受到攻击的事件。例如，国际人权观察组织（HRW）指出印尼官方2016年在东加里曼丹和西加里曼丹共强行驱逐了7000多名Gafatar宗教团体的成员③。印尼的国家人权委员会（Komnas HAM）在其年度报告中披露，西爪哇省被认为是宗教不容忍问题最为严重的省份，该评价一方面是因为在西爪哇省发生了一系列针对雅加达原省长钟万学所谓亵渎神灵的穆斯林团体大规模示威活动；另一方面是因为西爪哇省近期出现了大约21起宗教不包容事件。

此外，对历史上的大屠杀事件仍不能进行有效的历史反思也是阻碍种族和谐的关键因素。2016年4月，政府放开长达数十年的禁锢，允许召开了一次由1965~1966年大屠杀事件的幸存者和受害者家属参与的讨论会，根据国际人权观察组织（HRW）的报告，大屠杀事件中遇害人数估计多达100万人，他们被指控为试图推翻政权的印尼共产党人或其支持者而惨遭有

---

① Radio New Zealand, "More mass demos in West Papua", *Radio New Zealand*, 2016-05-31.
② FIND, "Indonesia Hopes to Flex Diplomatic Muscle With Security Council Seat", *Voice of America News*, 2018-6-20.
③ Human Rights Watch, "World Report 2017: Indonesia", 2018.

官方力量支持的武装力量或暴徒杀害,这次研讨会要求政府清查历史,还原真相。但自那次研讨会后,事情并无进展,政府没有启动相关调查程序,也无相关的议程安排。也有一些团体和独立组织发起了要求对1998年大骚乱中华人惨遭杀戮事件进行调查的静坐,国家人权委员会(Komnas HAM)也向检察机关提起过相关诉讼请求,但均以证据不足被退回①。

四 国际关系动态要点

(一)国际经贸关系动态

1. 对外经贸关系发展动态

(1) 与中国经贸关系更加密切

2018年下半年以来,国际贸易冲突加剧,印尼商品出口面临较大压力。在此过程中,不同国家贸易伙伴关系的重要性出现变化。中国不仅是印尼的第一大出口对象国,而且也是印尼出口增长最快的对象国。2017年下半年印尼出口中国非油气商品达到121.95亿美元,比2017年上半年的91.27亿美元提高了33.6%,尤其是第四季度创出了新的高点。2018年上半年虽有季节性波动,但出口仍高达122.96亿美元,不仅超过上年同期,还超过上年下半年的水平。由此导致中国在印尼出口市场中的重要性提升,由原来占印尼非油气出口10%~12%的份额提升到15%~16%(见图23)。同期,印尼从中国进口的增速明显较低,2017年下半年进口较上半年环比增长25.3%,2018年上半年环比增长4.1%。相反,印尼对美国的出口在2018年上半年为85.58亿美元,较2017年下半年下降了约2个百分点,在印尼非油气出口中的份额由11%~13%的水平下降到10.5%左右的水平,而从美国进口货值自2017年下半年以来每季度环比均有提高。

---

① Jessica Damiana. "Twenty years on, victims of 1998 Indonesia violence still seek justice". REUTERS, 2018-5-20.

同期下降比较明显的还有对新加坡的出口，由原来的7%左右的水平下降到5%~6%。

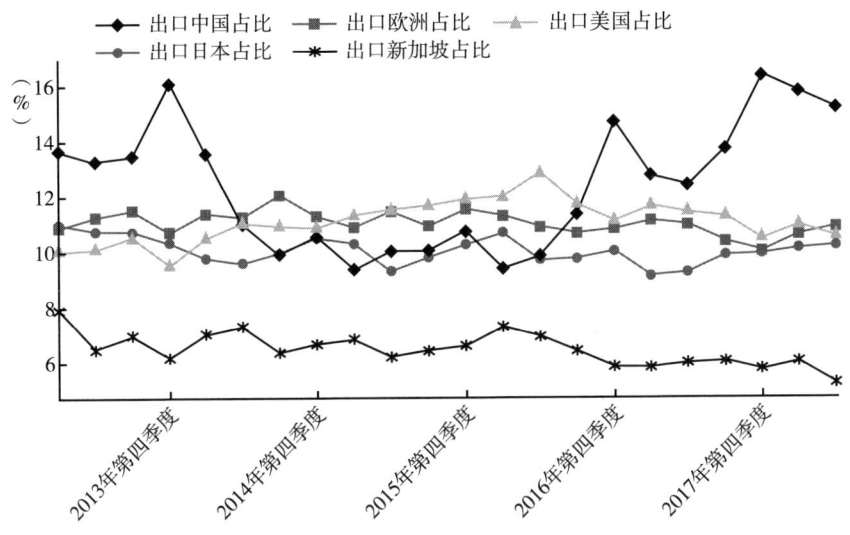

图23 印尼前五大出口对象国所占份额

资料来源：BPS。

（2）中美韩对印尼直接投资增加，中国成为第二大FDI来源国

依据联合国贸发会议（UNCTAD）的数据，印尼是全球最受FDI投资者青睐的对象国之一。近两年，FDI不同来源国的占比情况发生明显变化。其一，来自中国的投资大幅增加，2016年来自中国内地的落地FDI为26.65亿美元，占比8.8%，2017年增加到33.61亿美元，增幅达26.1%，占比上升到10.4%（见图24），排名第三位。如果把来自中国香港的FDI也包括在内，则占比为17%，超过日本1.5个百分点，排名第二位。与中国对印尼的投资增长趋势不同，新加坡和日本在2017年对印尼的投资金额均有下降，日本下降了7.5%，新加坡下降了8%。2018年上半年，流入印尼的FDI总体上较上年同期无明显增长，其中，来自中国内地的投资为13.44亿美元，中国香港的投资为10.99亿美元，日本的投资为23.88亿美元，新加坡的投资为50.44亿美元。其二，来自美国的投资大幅增长，2017年增长了71.6%，由11.6亿美元增加到19.9亿美元，但在2018年上半年只有6.5

亿美元,全年有回落的可能。其三,来自韩国的投资几近翻番,由2016年的10.65亿美元增加到2017年的20.24亿美元,并且在2018年保持增势,2018年上半年投资为11.5亿美元。

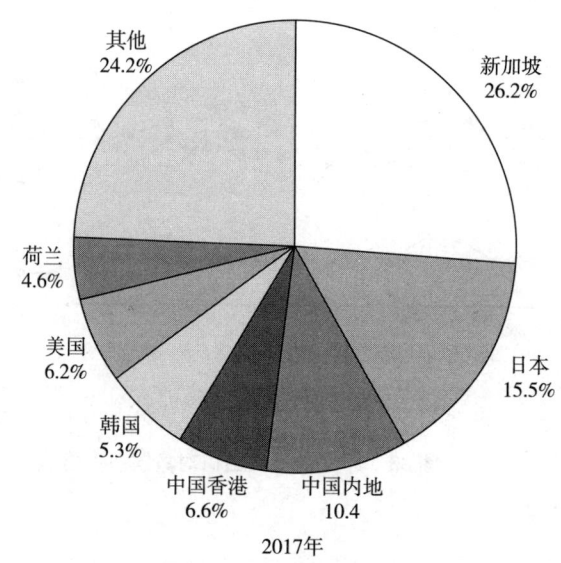

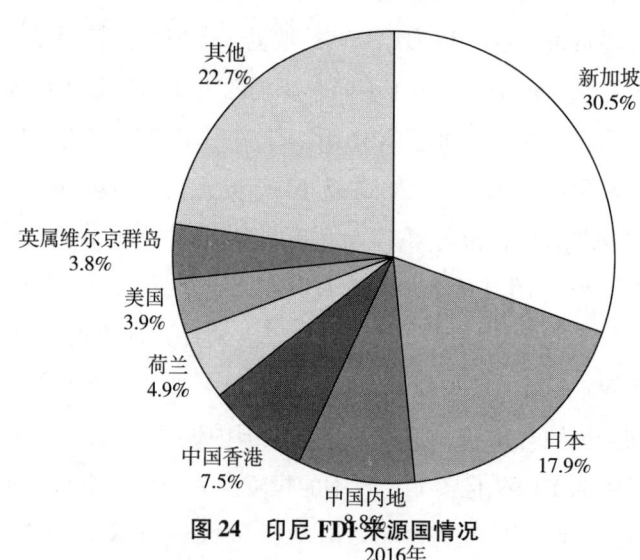

图24　印尼FDI来源国情况

资料来源:BKPM。

（3）大宗商品棕榈油出口承压

印尼是世界上最大的棕榈油生产国家，印尼与马来西亚合计占全球棕榈油产量的85%左右，棕榈油除了食用外，还用于上千种产品的生产，也可生产生物燃料。棕榈油是印尼第三大出口创汇产品，对印尼出口经济和维持国际收支平衡有着十分重要的意义。

欧盟则是这两个国家棕榈油出口的最主要市场之一，但2017年4月4日欧洲议会在斯特拉斯堡举行的全体会议上通过了关于棕榈油和雨林砍伐的决议案，要求欧盟国家为进入欧盟市场的棕榈油生产商设定单一认证体系，到2020年逐步淘汰会加剧对森林乱砍滥伐的植物油进口，包括在欧盟国家范围内禁止使用由棕榈油生产的生物柴油、油脂化学品等。印尼政府与欧盟进行了多次磋商，但目前未有实质进展。由于欧盟市场占据印尼棕榈油出口份额的15%左右，欧盟的禁令对棕榈油的需求产生了较大负面影响。2017年至今，印尼棕榈油市场价格持续走低，截至2018年9月27日，价格已较2017年初高点下跌了32.9%，出口量在2017年全年下降了2.3%（见图25）。2018年5月的数据显示出口仍在下降，月度环比下降3%。但市场估计2018年全年出口可能较2017年略有回升，主要依据之一是中美贸易摩擦及中印尼加强经贸合作背景下，中国将增加从印尼进口棕榈油。中国目前每年约消费500万吨棕榈油，2017年从印尼进口了373万吨，是印尼棕榈油出口的第三大目的地。2018年5月，李克强总理访问印尼期间，两国达成了加强经贸合作的众多共识，其中包括增加从印尼进口50万吨棕榈油。

2. 积极的经济外交

印尼政府从2015年开始便积极推动海洋强国战略，构筑海洋外交框架，试图体现印尼作为区域大国、中等强国和海洋强国的三种外交身份。在实际推行中，佐科政府基于印尼国情，仍坚持以东盟为基石，以亚太为优先区域，在发展与大国关系的同时，积极拓展非传统市场。非传统市场主要指非洲、南亚、中亚和南美洲市场。非传统市场的拓展成效显著，例如，2016年印尼与马达加斯加的贸易增加了112%，与乍得增加了207%，与津巴布韦增加了223%，与加蓬增加了562%，与刚果增加了566%，与赞比亚增加

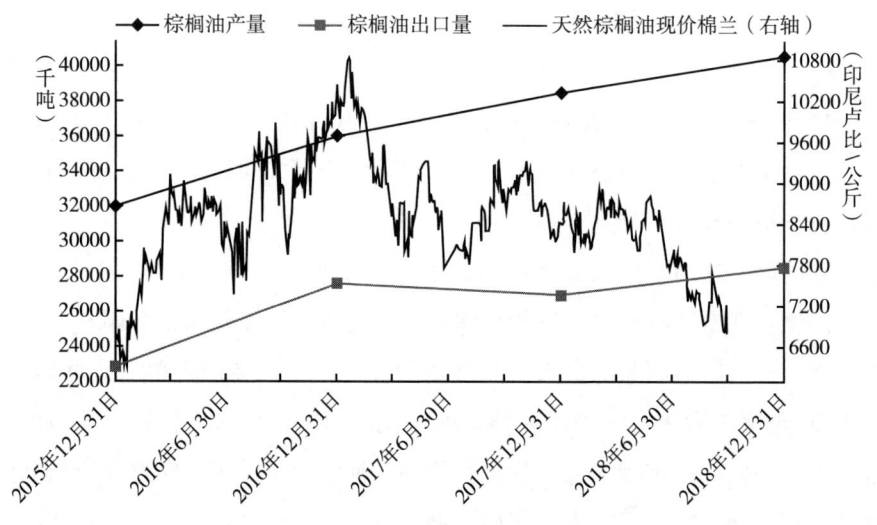

图25 印尼棕榈油生产和出口走势

注：2018年产量和出口量为美国农业部估计数据。
资料来源：美国农业部，印尼商品期货管理委员会。

了637%，与卢旺达增加了17倍。市场的拓展支撑了出口增长，并取得了一些标志性商业成就，例如成功出口印尼国产的列车和飞机，包括向孟加拉国出口400辆铁路车厢，向非洲国家出口CN235飞机等。

为了促进出口，印尼政府展开了一系列经济外交活动，例如，印尼一直在自由贸易协议（FTA）框架内与非洲主要国家进行贸易谈判以降低双边关税。再如，2017年，印尼与不同国家和地区共展开了11轮全面经济伙伴关系（CEPA）的谈判；印尼的外交人员在各个场合宣传和鼓励外国企业参加印尼的贸易博览会（TEI），2017年TEI交易额达到近10亿美元。2017年，印尼共签署78项投资、贸易、金融和避免双重征税等方面的国际协议（见表6）。经济外交的优先拓展地区是非洲、中亚、南亚及拉美，合作重点为基础设施建设、能源和装备制造业。2018年4月10日，首届印尼—非洲论坛在印尼巴厘岛成功举办，来自非洲大陆的46个国家约500名代表参加会议。会后还举办了印尼产品展览会。这些活动充分表明了印尼政府拓展非传统市场的努力。

表6 印尼参与双（多）边贸易协定情况

序号	协定	涉及国家（地区）	基本情况
1	《东盟自由贸易区》	东盟10国	签署并已生效
2	《大洋洲自由贸易协定》	印尼、澳大利亚和新西兰	签署并已生效
3	《东盟—印度全面经济合作协定》	东盟、印度	签署并已生效
4	《东盟—日本全面经济合作关系》	东盟、日本	签署并已生效
5	《东盟—中国全面经济合作协定》	东盟、中国	签署并已生效
6	《东盟—韩国全面经济合作协定》	东盟、韩国	签署并已生效
7	《印尼—日本自由贸易协定》	印尼、日本	签署并已生效
8	《伊斯兰八国优惠关税协定》	印尼、埃及、伊朗、尼日利亚、马来西亚、孟加拉国、土耳其和巴基斯坦	签署并已生效
9	《伊斯兰国家贸易优惠机制》	伊斯兰会议组织	签署尚未生效
10	《东盟—中国香港自由贸易协定》	东盟、中国香港	谈判启动
11	《印尼—印度全面经济合作安排》	印尼、印度	谈判启动
12	《印尼—澳大利亚全面经济伙伴关系协定》	印尼、澳大利亚	谈判启动
13	《印尼—智利自由贸易协定》	印尼、智利	谈判启动
14	《印尼—欧盟自由贸易协定》	印尼、欧盟	谈判启动
15	《东盟"10+6"区域全面经济伙伴关系》	东盟10国、中国、日本、韩国、澳大利亚、新西兰、印度	谈判启动

深化与大国的经贸合作关系仍是当前印尼政府经济外交重点。早在2015年，印尼就宣布与美国关系取得"突破性"进展，声明两国要发展长期伙伴关系，加强在海洋、国防、经济发展、能源、全球与地区事务、人员交流七个方面的合作，佐科还宣布印尼有意加入TPP（《跨太平洋战略经济伙伴关系协定》）。2017年，美国副总统彭斯访问印尼时再次强调两国将"增强战略伙伴关系，专注合作和投资"。但美国推行的"美国优先"单边主义政策，不仅给中国制造了"麻烦"，也给印尼等发展中国家带来了困难，例如导致印尼货币跌至历史新低，对外引资出现困难，FDI增长乏力，因此如何既处理好与美国的关系，又实现印尼自身扩大出口利益诉求成为印尼经济外交的重要难题之一。

印尼也一直视欧盟为重要战略合作伙伴。2016年4月，佐科访欧期间双方就印尼—欧盟全面经济伙伴关系协定所涉及范畴达成共识，计划于

2019年完成谈判并签署协议。2018年，印尼—欧盟进行了第三轮谈判，进展比较顺利，但欧洲议会在2017年基于环保考虑提出限制进口棕榈油，影响印尼1700多万农民的生计，引起印尼方强烈抗议。

3. 自由港股权事件引起政治连锁反应

自由港公司（PT Freeport Indonesia corporation）是位于印尼巴布亚省的采矿企业，公司拥有世界上最大的金矿Grasberg，金含量价值估计为400亿美元到800亿美元，除黄金外，该矿区也是世界第三大铜矿和银矿产区。2014年，该矿生产出大约33000公斤黄金及超过6亿磅铜。该公司由美国财团自由港—麦莫兰（Freeport-McMoRan）控股，目前拥有49%的股权，另外三家股东分别是英澳合资控股的Rio Tinto、原由印尼专业集团党领导人巴克利（Bakrie）控制的印尼本地企业PT Indocopper，以及印尼国有矿企Inalum，目前Inalum只拥有9%的股权。

2017年佐科政府要求将自由港公司51%的股权收归国有，经过一年多的艰难谈判和博弈，2018年7月，双方达成了一个框架性协议，拟将第二、第三股东的股份转让给国企Inalum，但具体执行细节仍需讨论。自由港公司的采矿权按原协议2021年到期，但佐科政府通过采矿权制度改革，以普通矿业许可证（IUP）、民间矿业许可证（IPR）、特别矿业许可证（IUPK）替代原合约，目前以IUPK形式赋予自由港公司采矿权，但并非长期权利，公司需要每月到能矿部申请延期。

虽然在表面上，自由港公司股权国有化只是一个经济事件，是佐科政府强化印尼经济自主独立性的一项具体行动，但由于自由港公司掌握的金矿所具有的特殊政治经济意义，以及自由港公司美国控股方在印尼长达半个多世纪的政治经营，该事件有着复杂的政治影响。美国财团自由港—麦莫兰自20世纪60年代荷兰殖民者将巴布亚交还印尼政府之初就进入该地区，并在长达半个多世纪的时间内垄断着世界最大金矿的开采权。佐科政府将其国有化的举动无疑触动了美国财团及利益相关者的既得利益，后者也在通过各种渠道寻求对佐科政府决策的影响，给印尼政局和佐科连任增加了不确定性因素。典型的反应是，在2017年佐科政府宣布要收回自由港控股权后，美国副总统迈克·彭斯（Mike Pence）立即飞往雅加达与佐科进行会谈；美国自由港集团的最大股东之一，同时也是特朗普顾问的卡尔·伊坎（Carl Icahn）就公开指责印尼政府的行为是一种"作弊"。印尼国内的一些亲美政治人物如普拉博沃（Prabowo）就曾公开维护美国利益，前国军总司令Gatot Nurmantyo在2018年7月自由港股权事件敏感时期出访美国并出席特朗普大厦活动也透露出政治意味。

除了自由港外，佐科政府还计划将美国能源巨头雪佛龙（Chevron）公司经营的苏门答腊最大油田国有化，该项目原合同将于2021年到期，佐科政府已宣布到期不再续约。将资源和能源等影响国民经济命脉的关键产业和企业纳入政府控制之下符合印尼经济独立自主的需要，也符合印尼人民的期待，能够赢得印尼民众的信任，但触动国内外既得利益集团所引起的连锁反应也不能轻视，政治和经济的风险都必须充分估计和积极应对。

（二）国际政治关系要点

1. 再次当选安理会非常任理事国，欲借此平台发挥更大国际影响力

2018年6月8日，在联合国安理会非常任理事国的例行换届中，印尼等五国当选2019~2020年度的非常任理事国。这是印尼第四次当选非常任理事国，上次当选是在2007~2008年度。这次当选被印尼本届政府视为一项重要的外交成就，因为它为佐科政府提升国际影响力提供了又一个重要平台，契合了佐科政府打造区域大国和海洋强国的战略构想。

虽然近年来印尼政府把国内经济发展作为头等大事，但追求成为区域大国和海洋强国也是佐科施政蓝图中的重要组成部分，佐科在2014年就职演说中就重提"海上统帅"精神，该思想由印尼第一任总统苏加诺提出，也在一定程度上反映了印尼的地理位置和历史特征。因此，在发展经济的同时，印尼在国际事务中也积极作为。例如在联合国维和任务方面，2017年在人数上印尼是第八大贡献国，目前已派遣2800多名各类人员参与联合国维和任务。

根据印尼外长等官员的表态，借助安理会非常任理事国这一平台，印尼

欲重点在三个领域有所作为。一是区域事务，如缅甸罗兴亚（Rohingya）问题；二是世界范围内的伊斯兰相关国家的相关议题，如巴勒斯坦问题；三是海洋权益和安全问题，在2019年届内的安理会非常任理事国中，印尼海岸线最长，这为它在海盗、走私、难民、划界等海洋问题上发声提供了便利。

2. 强化与印度关系，追求海洋强国梦

"全球海洋支点（global maritime fulcrum）"战略是佐科政府上台后不久即提出的全球视野下的国家发展战略。为了践行这一战略构想，印尼一方面加强国内经济建设，大力发展交通基础设施、船舶工业和海运行业；另一方面在国际上积极寻求战略盟友。2018年5月30日，印度总理莫迪访问印尼，两国决定建立海事和防务合作关系，并计划在印尼印度洋侧建设一个战略性军港。同时，双方还决定在马六甲海峡印度洋入口位置的沙邦岛（Sabang Island）和安达曼群岛（Andaman Islands）合作进行基础设施建设和经济区开发。由于马六甲海峡是世界上最繁忙的商道之一，每年约有3万亿美元的货物经此运输，因此此次印尼印度间合作协议具有显著的战略意义。印尼与印度关系的走近，对印度而言，主要是担忧中国在该区域影响力上升而做的反制措施；对印尼而言，则更多地意在加强区域内联盟，既提升自身的区域影响力，又在中国与南亚、东南亚伙伴间寻求合作平衡。考虑到近年印尼在纳土纳群岛领海分歧问题上态度愈发强硬，并增加了在附近海域的军事存在，此项合作意味深长。

3. 积极维护在东盟中的主导地位，但东盟区域协调功能有所边缘化

印尼是东盟发起国之一，也是东盟秘书处所在地。印尼对外关系发展的总体框架是立足区域，拓展全球，因而一直重视维护和加强在东盟国家的主导作用和发挥关键影响。例如，当马来西亚和菲律宾在苏禄（Sulu）海域争端上局势趋于紧张时，印尼积极发起三方会谈；当菲律宾的Marawi城出现严重的武装冲突时，印尼举行次区域会议，积极协助菲律宾处理局势。

但随着环境变化，现今东盟的区域协调作用受到严重挑战，出现功能弱化倾向，尤其是在缅甸罗兴亚事件爆发后，东盟失声在一定程度上反映了该区域性组织面临的困境。东盟于1967年由印尼等五国发起成立，目前有10

个成员国，东盟设有三个机制分别处理政治、经济和社会文化共同事务，即政治与安全共同体（ASEAN Political-Security Community，APSC）、经济共同体（ASEAN Economic Community，AEC）和社会文化共同体（ASEAN Socio-Cultural Community），显然，政治与安全、经济两类事务是各方利益关切的重点，然而这两个机制当前已面临较大现实掣肘，协调作用弱化。

首先，就政治与安全合作机制APSC而言，如今东盟成员国间的政治差异明显扩大。从政治制度上讲，有一党制国家，有实施民主制度但尚未进入正常状态的国家，也有伊斯兰教国家，印尼则是世俗民主制但又以伊斯兰人口占主体的国家，成员国间政治制度和权力格局差异较苏哈托独裁时期扩大，再加上东盟明确了一条"不干预成员国内政"的行为准则，导致在区域政治和安全事务上常常难以达成一致认识，无法形成东盟一致政策，在国际社会面前无法发声。例如，在这次罗兴亚危机中，虽然印尼积极提供人道主义援助，并协助缅甸与孟加拉国之间的沟通，也向缅方提出了具体建议，但在国际社会对罗兴亚危机相关方面做出罪行谴责，期望印尼领导的东盟对此能有具体行动时，东盟未能发挥作用。例如，联合国独立调查小组（UN's Independent International Fact-Finding Mission）在2018年9月19日发布罗兴亚事件调查报告指控事件中的种族灭绝罪行，并提醒东南亚国家应对此关注，国际刑事法庭也展开了相关调查，但直到目前东盟除了人道主义援助外，未能就此做出决议。其次，就经济合作机制AEC而言，由于有东亚峰会（East Asia Summit）和《跨太平洋伙伴关系协定》（Trans-Pacific Partnership Agreement）等更高层面的合作机制在该区域发挥影响，因而其作用也被弱化。

4. 与美国的经济分歧增加，但军事合作关系趋近

虽然印尼与美国近年来多次强调要增强战略伙伴关系，加强双边经贸合作，但美国奉行"美国优先"的单边主义是本届政府对外经贸政策的基调，这必将导致印尼经济利益受损，与美国产生经济分歧，其结果已反映在近期的经济数据中。例如，印尼卢比对美元跌至历史新低，在印尼整体出口增加的情况下对美国出口无明显增长，对美国出口在全部出口的占比明显下降。

除了因前述自由港股权事件引起的两国隔阂之外，2017 年，美国和新西兰还针对印尼对食品、植物和动物产品的进口管制而向世贸组织提起诉讼，产品对象包括苹果、葡萄、土豆、洋葱、鲜花、果汁、干果、牛、鸡和牛肉等，印尼败诉。世贸组织 2018 年 8 月 6 日公布的文件显示，美国估算 2017 年因印尼的进口管制措施导致美国食品等相关产品出口商约 3.5 亿美元的损失，从而向世贸组织申请对印尼进行相同金额的贸易制裁。

然而经济上的分歧并不阻碍两国在军事上合作的推进。相较于 2005 年及之前，印尼与美国的军事合作关系已有了进一步的推进。在 1991～2005 年期间，美国以印尼武装部队侵犯人权事由冻结了与印尼的军事交流和合作。在奥巴马政府亚太再平衡战略等因素作用下，两国军事关系重新获得发展。如今，美国和印尼每年要举行 170 多场双边军事活动，包括命名为雄鹰盾牌（Garuda Shield）的东爪哇年度联合军事演习。2018 年度的演习为第十二届，于 7 月 30 日在东爪哇西都文罗县举行。除了合作军事演习之外，美国还在军事训练、国防科技等领域与印尼展开合作，印尼也从美国采购武器装备，包括阿帕奇直升机和 F-16 战斗机等。两国军事关系趋近的重要标志之一是美国国防部部长马蒂斯 2018 年 1 月访问雅加达期间表示美国将继续加强与印尼的军事合作，包括与印尼陆军特种部队（Kopassus）的合作，由于 Kopassus 的人权侵害事件是导致 20 世纪 90 年代美国对印尼制裁的主要原因，也是美国印尼军事合作的禁区，此次表态放开具有明显的象征意义。

5. 与中国的合作关系在实用主义导向下持续推进，但部分精英阶层仍视中国为威胁

印尼与中国关系近年来有着加速发展的势头，尤其是经贸领域取得了长足的进步，中国已连续 7 年成为印尼最大贸易伙伴。在政治和安全领域，两国合作也不断取得进展。例如，两国自 2000 年起开始举行联合军事训练，2007 年建立双边防务磋商论坛，2011 年确定国防工业合作。自 2013 年习近平主席访问印尼，两国关系提升为全面战略伙伴之后，双方军队高层互访频繁，人员培训合作日益密切，装备技术合作不断加强，联演联训向多领域多层次拓展。2016 年，印尼国会最终批准了已搁置数十年之久的《中—印尼

防务合作协议》（The Indonesia-China defense cooperation agreement）。2018年7月25日，中国驻印尼使馆举行招待会庆祝中国人民解放军建军91周年，印尼国防部秘书长哈迪延空军中将代表国防部到场祝贺，并表示了密切两国防务合作的意愿，同时对8月举行的首届中国—东盟联合军演给予积极评价。

2018年5月，李克强总理访问印尼时，提出希望双方加强发展战略对接，尽快签署"一带一路"倡议与"全球海洋支点"构想合作备忘录，打造一批示范性项目，表示中方愿与印尼等相关东盟国家一道，打造东盟东部增长区"4+1"合作新平台，加快次区域发展，助力东盟一体化进程。因而可以预期中印尼的全方位合作关系仍将继续推进。

不可否认，历史上两国关系曾出现过严重波折，印尼曾视中国为最主要的外部威胁。自苏哈托政权后期开始，印尼政府采用"实用主义"政策，积极发展与中国的合作关系，在各领域都取得了显著进展，但在认知上，部分精英阶层仍抱着陈旧的错误观念，视中国为威胁。实践中，两国合作仍有不少分歧和限制，尤其是在纳土纳海域，两国安保力量时有摩擦发生，印尼在该海域加强了军事存在以挑战中国的"九段线"划界，并多次向其他东盟国家提议在中国南海与各国相邻海域执行联合巡逻。因此，印尼在中国南海问题上的平衡战略将走向何方，中印尼两国在经济合作加深的同时如何增强政治互信，如何增进民心相通等，都是影响两国关系发展的关键因素。

政治与法律篇

Politics and Law

B.2
印尼伊斯兰政治化现象分析及其对选举形势的影响

张 燕[*]

摘　要： 印尼建立的是世俗制政体，但拥有世界上最多的穆斯林人口。印尼伊斯兰政治化是指以宗教信仰为基础，在政治或经济诱因下进行政治动员的现象，它能够把穆斯林民众的宗教虔诚引向政治轨道、转化为政治行动。在印尼历史上，伊斯兰教的政治影响一度被边缘化。民主改革后，政治伊斯兰日渐升温，呈现从边缘向中心迸发的态势，具体有温和式伊斯兰政治参与和极端式伊斯兰政治手段等类型。在当前代议政治制度下，虽然伊斯兰政党在历年竞选中的得票率呈下降趋势，

---

[*] 张燕，博士，信息工程大学印尼语专业教师。
注：本文括号中除非特别注明外，均为印尼文。

但不可否认，伊斯兰力量已经成为政治竞争的关键争取对象，各种政治势力为了竞选利益而主动迎合伊斯兰族群诉求，进而不断加深伊斯兰政治化，这对 2019 年总统选举局势有重大影响。了解印尼伊斯兰政治化动态，对维护我国与印尼的合作有重大意义。

关键词： 印度尼西亚　伊斯兰　政治化　选举

一　引言

印尼是东南亚地区面积最大的群岛国家，被誉为"赤道上的翡翠"。印尼大约有 88% 的居民信奉伊斯兰教，是世界上穆斯林人口最多的国家，大多数穆斯林属于逊尼派。印尼《四五年宪法》以及建国五项基本原则即潘查希拉（Pancasila）的第一条"至高无上的神道"（Ketuhanan Yang Maha Esa）规定，印尼奉行多元平等的宗教信仰政策，所以印尼属于世俗制政体，伊斯兰教并不是印尼的国教。总体而言，印尼的伊斯兰教与政治的关系既不同于中东激进国家，也不同于东南亚其他伊斯兰国家，呈现伊斯兰教弱政治化特征。从制定宪法时删除"有义务对穆斯林实行伊斯兰教法"[①] 的规定，到苏加诺总统取缔伊斯兰教的"马斯友美党"，再到苏哈托总统将所有伊斯兰政党组合成为"建设团结党"，并将所有伊斯兰组织置于政府控制之下，印尼伊斯兰教的政治作用一直受到抑制。民主化改革开始后，印尼伊斯兰教的政治影响开始逐步凸显，"呈现从边缘向中心进发的趋势"[②]。2018 年和 2019 年，印尼分别举行地方首长选举和总统选举。在政治大选年背景下，印尼伊斯兰政治化演变趋势愈发引人注目。印尼是我国"一带一路"沿线

---

① 印尼文原文为"dengan kewajiban menjalankan syari'at Islam bagi pemeluk-pemeluknya"。
② 范若兰等：《伊斯兰教与东南亚现代化进程》，中国社会科学出版社，2009，第 266 页。

重要合作伙伴，在基础设施、互联互通、人文交流等方面与我国合作紧密。为了确保我国"21世纪海上丝绸之路"与印尼"全球海洋支点"战略顺利对接，保障我国海外利益安全，本文将对印尼伊斯兰政治化现状及其对选举形势的影响进行分析。

（一）印尼伊斯兰政治化问题的重要性

印尼伊斯兰政治化现象具有复杂的社会历史背景和曲折的动态演变历程，在民主改革时期呈现从边缘向中心发展的态势。尤其是2016年以来，出现了反钟万学事件、伊斯兰教士理事会教令事件、反2017年第2号社会组织法令事件、苏加诺之女苏克玛娃蒂（Sukmawati Soekarnoputri）被控亵渎宗教事件、伊斯兰组织示威声援巴勒斯坦行动等一系列以伊斯兰教为工具和载体表达政治诉求的事件，以及以2016年雅加达萨利纳爆炸案、2017年5月雅加达巴士站自杀式攻击案、2018年2月激进伊斯兰分子攻击弥撒人群案、2018年5月机动警察部队监狱暴动、2018年5月泗水连环爆炸案为代表的一系列由伊斯兰激进组织策划实施的、具有明确政治目的的恐怖袭击案件，引发社会各界对于伊斯兰政治化问题导致建国五项基本原则和多元一体精神遭受严峻挑战的担忧。

（二）伊斯兰政治化的本质

伊斯兰政治化不能等同于伊斯兰教问题，但与伊斯兰教有着密切关系。从温和派和极端派伊斯兰政治思想家①的理念可以看出，他们都强调"伊斯兰包罗万象"（ash-shumuliyya）的原则，认为科学、政治、经济、社会都是伊斯兰的衍生部分，反对"政教分离"；强调伊斯兰教具有最高权威，推崇

---

① 温和派伊斯兰政治思想家以哈桑·胡代比（Hassan Hudaybi）和优素福·格尔达维（Yusuf al-Qaradawi）为代表，极端派伊斯兰政治思想家以赛义德·库特布（Sayyid Qutb）和穆罕默德·阿卜杜·赛莱姆·法拉吉（Muhammad Abd al-Salam Faraj）为代表。详见王晋《对立与暴力：伊斯兰极端主义的特质刍议》，《阿拉伯世界研究》2018年第4期，第31~43页。

《古兰经》和"圣训",推崇先知和四大正统哈里发时期,反感"世俗主义";"异教徒"成为政治"保护民"(Ahl Dhimmah)后能够在以伊斯兰教为主体的"伊斯兰国家"获得保护;往往将建立坚信"万物非主,唯有真主"的"乌玛"(穆斯林共同体)为最高理想,否定一切非伊斯兰的法律和信仰。总而言之,"伊斯兰是真主规范人类生活的一切启示,包含信仰原则,组织和司法原则,道德原则和人际关系原则,知识和学科原则"①。

当然,在"政教合一"的共同前提下,温和派与极端派伊斯兰政治理念之间存在巨大分歧。温和派主张伊斯兰政治思想融入并改造世俗政治体系,极端派主张暴力反抗现代政治制度,强调武装圣战的合理性与合法性。温和派主张顺应时代潮流,通过"创制"(Ijtihad)对伊斯兰教法进行修订和补充,极端派倾向于严格遵循伊斯兰传统样式。无论如何,政治伊斯兰是伊斯兰教的必要组成部分,强调在社会上应推行伊斯兰制度,在律法上应实施伊斯兰教法,在政治上应建立伊斯兰政权,这一过程中所有的政治主张和相关活动都属于伊斯兰政治化,即以伊斯兰教为理由实施的政治行为。

二 印尼伊斯兰政治化形势分析

(一)印尼伊斯兰政治化现象回顾

印尼群岛位于东西方贸易的主要通道之上,便于各种宗教文化的传播融合。在伊斯兰教到达印尼以前,本土信仰、印度化信仰在群岛地区占据强势地位。根据学术界的普遍观点,东南亚海岛地区最早信奉伊斯兰教的国家须文达那·巴赛王国建立于13世纪,所以伊斯兰教最迟于13世纪传入印尼。伊斯兰教在印尼的传播顺序大致是由西向东,从苏门答腊沿海商业区到群岛东部;传播人员包括穆斯林商人、穆斯林传教士以及改宗伊斯兰教的本土居

---

① Sayyid Qutb, Milestones, p.107. 转引自王晋:《对立与暴力:伊斯兰极端主义的特质刍议》,《阿拉伯世界研究》2018年第4期,第35页。

民；传播方式包括经商、通婚、自上而下的改革以及局部战争等。本土居民接受伊斯兰教的原因有多方面，从外部因素看，伊斯兰教充当了反抗麻喏巴歇印度教王朝的思想武器；从内部因素看，伊斯兰教沙斐仪派包容性强，容忍和尊重本土习惯法，与本土神秘主义理念相呼应，主张社会公正、平等、正义，容易为本土居民接受。所以，麻喏巴歇印度教王国被淡目伊斯兰王国击败后，又陆续出现了马打兰王国、万丹王国、亚齐王国、马辰王国等伊斯兰王国。16世纪初，葡萄牙、西班牙、荷兰、英国等西方殖民者陆续抵达印尼群岛，其扩张遭到一系列伊斯兰王国的抵抗。在反殖民斗争中，伊斯兰教"被当地人认为是一种能抗衡西方征服者对东南亚海岛主要部分的无情侵略的强大精神力量"① 和 "维护马来民族文化的盾牌，用来抵御西方文化的侵蚀"② 而进入迅速发展的阶段。"到17世纪时，印尼基本完成了伊斯兰化"③。

总体而言，印尼伊斯兰政治动员方式大致分为两类：①温和派伊斯兰政治参与，即利益集团依附或利用伊斯兰宗教理念参与政治竞争，实现政治理想，呈现较为温和的政治面貌；②极端派伊斯兰政治手段，即利益集团利用伊斯兰宗教理念，诉诸暴力或恐怖手段实现政治目标，表达激进和极端的政治诉求。

1. 温和派伊斯兰政治参与回顾

温和派伊斯兰政治参与是伊斯兰团体谋求国家政治话语权的主要途径。民族觉醒之后，伊斯兰教在政治生活中发挥了重要作用。成立于1912年的"伊斯兰教联盟"（前身是1911年成立的"伊斯兰商业联盟"）宣扬本土利益，短期内迅速扩张到印尼诸岛，具有广泛的社会影响力。成立于1912年的"穆罕默迪亚"表面上是非政治组织，但致力于宣扬现代主义伊斯兰思想。成立于1926年的"伊斯兰教士联合会"（NU）作为传统伊斯兰组织，其社会影响和反殖民倾向使其成为民族主义运动的重要组成力量。然而，由

---

① 尼古拉斯·塔林：《剑桥东南亚史》，贺圣达等译，云南人民出版社，2003，第276页。
② 梁志明等：《古代东南亚历史与文化研究》，昆仑出版社，2006，第200页。
③ 唐慧等：《印度尼西亚概论》，世界图书出版公司，2017，第108页。

于内部分裂和外部打击,伊斯兰势力并不是争取独立的主导力量。

印尼独立前夕,"独立筹备调查委员会"任命苏加诺等九人负责制宪工作。1945年6月1日,苏加诺发表演说《潘查希拉的诞生》,根据印尼多元社会的现实提出建国五项基本原则"潘查希拉",即民族主义、人道主义、民主、社会繁荣和至高无上的神道。6月22日草拟的宪法序言中纳入了经过修改的"潘查希拉",即至高无上的神道、公正和文明的人道、印尼的统一、协商和代表制指导下的民主以及印尼全体人民的社会公正。伊斯兰势力为了增加伊斯兰教在社会政治中的权重,要求通过加入"有义务对穆斯林实行伊斯兰教法"(ketuhanan serta keharusan menjalankan syariat-syariat islam bagi pemeliknya)规定的《雅加达宪章》。然而,最后成文的宪法却没有相关内容,从而埋下了伊斯兰势力对民主主义者不满的隐患,成为伊斯兰族群进行政治动员的根本动机,并于20世纪50年代引发多起打着伊斯兰旗号进行的地方叛乱和分离运动。

苏加诺统治前期(1950~1959年议会民主时期)活跃于政坛的两个伊斯兰政党分别是马斯友美党(Masyumi,成立于1945年)和伊斯兰教士联合会(NU,成立于1926年)。马斯友美党的宗旨是"在个人生活、社会和印尼共和国实现伊斯兰原则和法律"。伊斯兰教士联合会的宗旨是:"坚持伊斯兰教法;将伊斯兰原则引入印尼社会。"[1] 在1955年大选中,赢得席位的28个政党中有4个伊斯兰政党,即马斯友美党、伊斯兰教士联合会、伊斯兰教联盟党(PSII)和白尔蒂党(Perti),共获得43.5%的选票。伊斯兰集团并没有真正接受"潘查希拉",认为应以伊斯兰为国家意识形态,致力于增加伊斯兰政治话语权。由此可见,虽然当时印尼政治生活的主流是民族主义,但伊斯兰势力也处于政治舞台的中心,体现出伊斯兰政治化的缩影。从1959年开始,苏加诺施行"有领导的民主",取缔马斯友美党。"马斯友美党的垮台,作为一支政治力量来说,对伊斯兰教是一个决定性的挫折。在

---

[1] B. J. Boland, "The Struggle of Islam in Modern Indonesia (1950–1955)", in Readings on Islam in Southeast Asia, p. 140. 转引自范若兰等《伊斯兰教与东南亚现代化进程》,中国社会科学出版社,2009,第258页。

制宪会议中，穆斯林各政党的联合力量已不足以实现一个伊斯兰教国的意图，苏加诺也不再担心伊斯兰的挑战了。"①

苏哈托于1965年上台后，印尼进入长达32年的"新秩序"时代。苏哈托认为伊斯兰教可能造成政治不稳定，为了牢牢控制政权、压制伊斯兰教，他简化政党，将伊斯兰教士联合会（东爪哇）、穆斯林党（Parmusi，现代教派）、白尔蒂党（Perti，根据地在苏门答腊）和伊斯兰教联盟党（PSII）四个以伊斯兰教为宗旨的政党组成建设团结党（PPP），并通过立法形式将"潘查希拉"确立为思想基础，弱化伊斯兰色彩。随着20世纪80年代伊斯兰复兴运动的兴起，印尼虔诚穆斯林的人数不断增加。为了争取选民支持，伊斯兰教突然成为所有政党的口号之一，正如穆罕默迪亚领袖鲁克曼·哈伦（Lukman Harun）指出："非政治化后，突然伊斯兰教不再属于任何单一的政党，而是被所有政党所提倡。"② 虽然仍然受到重重限制，但伊斯兰的政治参与度在苏哈托政权后期不断上升，苏哈托也转而部分利用伊斯兰集团。新秩序政权末期印尼政府的决策环节中，世俗民族主义的影响力逐渐衰弱，而伊斯兰教团体的影响力逐渐上升③。在1998年政治危机中，虽然伊斯兰集团参与了推翻苏哈托政权的群众运动，但并没有打出伊斯兰旗号。

民主化改革初期，印尼国家一度失序，政府职能下降、权力斗争严重。哈比比总统时代废除了"潘查希拉"为政党和团体唯一思想的规定，与伊斯兰教相关的政党纷纷建立，解除压制的伊斯兰教在新形势下重新登上印尼政治舞台。其中，星月党（PBB）、建设团结党（PPP）、公正福利党（PKS）属于奉行伊斯兰意识形态的政党，民族觉醒党（PKB）和国民使命党（PAN）以"潘查希拉"为指导思想，但与伊斯兰教密切相关。在1999年大选中，与伊斯兰密切相关的参选政党有国民使命党、民族觉醒党、建设

---

① J. D. 莱格：《苏加诺政治传记》，第320页。转引自范若兰等《伊斯兰教与东南亚现代化进程》，中国社会科学出版社，2009，第260页。
② Ed. By Robert W. Hefner and Patricia Horvaticb, *Islam in an Era of Nation-States: Politics and Religious Renewed in Muslim Southeast Asia* (Boston University, 1998), p. 89.
③ R. William Liddle Regime, "The New Order", in Donald K. Emmerson, *Indonesia Beyond Suharto* (New York: M. E. Shape, 1999), pp. 104 - 105; p. 65.

团结党、公正福利党和星月党,共获得36.3%的选票。民族觉醒党主席、伊斯兰教士联合会主席瓦希德当选了印尼第三任总统。梅加瓦蒂接任总统后,为了平衡伊斯兰势力,选择了建设团结党主席哈姆扎·哈兹(Hamzah Haz)为副总统。在2004年全国直选中,参加国会选举的伊斯兰政党包括民族觉醒党、建设团结党、公正福利、国民使命党、星月党、改革之星党(PBR)、乌拉玛国家觉醒党(PKNU),共获得41%的选票。所有的总统竞选组合都是"民族主义领袖+伊斯兰领袖",当选的苏西洛总统与伊斯兰教士联合会领袖之一尤素福·卡拉搭档,充分说明伊斯兰势力是印尼政坛中的重要力量。在2009年直选中,世俗政党获得大量选票,获得选举资格的伊斯兰政党,即公正福利党、国民使命党、民族觉醒党、建设团结党共获得29.2%的选票,出现大量下滑,乌拉玛国家觉醒党、星月党、改革之星党甚至没有进入议会门槛。公正福利党等一些宗教政党淡化了伊斯兰主张,转而努力展示其多元化形象。连任成功的苏西洛总统选择技术型官员布迪约诺(Boediono)出任副总统,并没有延续"民族主义领袖+伊斯兰领袖"的习惯。从历次选举可以看出,虽然印尼穆斯林人口占世界首位,宗教意识一度反弹,但并不是左右选情的主要力量。以穆斯林为主体的广大选民更重视政党的历史表现和施政纲领,而且随着民主化改革的推进,表现得日益理性。

2. 极端派伊斯兰政治手段回顾

极端派伊斯兰政治手段源于激进和极端的伊斯兰政治化诉求。伊斯兰激进主义和极端主义的主要特点是不宽容性和暴力性,即不同程度地排斥异质文化和异教信仰,进而对其拒绝、攻击或毁灭。即便那些具有同质内容的文化或信仰,如果与自身思想观念具有差别,也会遭到排斥和打击。极端派伊斯兰政治手段主要形式包括暴力冲突和恐怖袭击。

(1) 暴力冲突

印尼伊斯兰暴力冲突问题由来已久。印尼独立初期,西爪哇地区活跃着一些激进的伊斯兰教徒,他们通常被称为"伊斯兰之家"(Darul Islam)。他们不仅反抗卷土重来的荷兰殖民者,还于1949年移交主权后,拒不加入印尼正规军,宣布成立"印尼伊斯兰国",持续以游击战的形式与共和国政府对抗，影响国家整合进程。印尼宣布独立后，主张建立"伊斯兰国"的马斯友美党（Masyumi）不满世俗民族主义者删除宪法中"有义务对穆斯林实行伊斯兰教法"的规定，以伊斯兰教代言人自居，不断制造宗教狂热、族群纠纷与排华浪潮，并在苏门答腊和西爪哇获得极大支持。由于担心影响政权稳定，1960年马斯友美党被苏加诺下令禁止。苏哈托政权晚期宗教冲突日益激化，出现了伊斯兰教内部教派冲突和伊斯兰教与非伊斯兰教之间的冲突。如西爪哇"圣战军"（Laskar Jihad）主张在印尼进行圣战，对抗异教徒。1995年开始有许多以基督教徒为主的村落遭到伊斯兰教徒攻击。1996年"伊斯兰教士联合会"成员袭击东爪哇基督徒，焚毁超过25间教堂[1]。

东南亚金融危机后，宗教冲突更是此起彼伏，主要集中在伊斯兰教徒和基督徒之间，伊斯兰教内部教派也时有冲突。据印尼人权全国委员会（Komnas HAM）统计，2010年发生了84起宗教不宽容事件，2011年发生了83起宗教不宽容事件，2012年发生了68起宗教不宽容事件，类型包括破坏宗教场所、对异教徒使用暴力、教派内部冲突等[2]。印尼东部马鲁古和安汶地区的宗教冲突是最具代表性的伊斯兰教徒与基督教徒之间的冲突。从1999年初至2000年初共造成1135人死亡和2300人受伤，另外还有超过8500处建筑物遭到焚毁[3]。2000年1月雅加达数万名穆斯林示威游行，声援马鲁古穆斯林。极端分子号召对马鲁古进行圣战，派人员运送武器到冲突地区，严重影响了社会文化的多元性和印尼民族的团结。

就伊斯兰教内部教派冲突而言，最具代表性的是阿赫莫迪亚（Ahmadiyya）少数派遭受歧视。阿赫莫迪亚教派不认为穆罕默德是封印使者，故而被主流教派视为异端。早在独立以前，一些伊斯兰教团体就已经针对其发布限制教令（fatwa）。2005年"伊斯兰教士理事会"（MUI）发布教

---

[1] Kerusuhan Situbondo, https://id.m.wikipedia.org/wiki/Kerusuhan_Situbondo, 2018-10-25.
[2] Bernardino Rakha Adjie Brata, *Toleransi dan Intoleransi Umat Beragama di Indonesia*, 2016-09-21, https://www.qureta.com/post/toleransi-dan-intoleransi-umat-beragama-di-indonesia.
[3] 韦红：《印尼宗教冲突的前因后果》，《东南亚研究》2000年第4期，第7~11页。

令，要求政府限制阿赫莫迪亚教派传播，禁止其宗教活动，查封所有宗教建筑。2008 年，宗教部、内政部等做出联合判决，剥夺阿赫莫迪亚教派传教权利。2010 年 7 月，大批暴民围攻西爪哇一个阿赫莫迪亚清真寺。2011 年 2 月，极端分子围攻一个万丹省阿赫莫迪亚信徒村庄，导致 3 人死亡，5 人受伤，大批村民流离失所。时任总统苏西洛不仅没有采取任何措施，地方法院反而还判决一个阿赫莫迪亚受害者 6 个月监禁，而对施暴者仅判处 3~6 个月监禁。2013 年，地方政府三次封闭勿加西（Bekasi）地区的阿赫莫迪亚礼拜堂等。"各宗教教徒之间的冲突而引起的暴力、破坏、无政府主义和民族分裂是社会现实，令人担忧。丑化其他宗教，甚至攻击其他宗教，煽动各宗教之间的仇恨，这是宗教狂热和极端行为，是印尼民族所不能容忍的。在民族宗教冲突中，印尼有 81.6 万难民流离失所，造成民族悲剧。"① 这些宗教冲突的成因复杂，1965 年亵渎神明法、1969 年和 2006 年有关祭祀场所建筑的内阁命令，及 2008 年颁布的有关禁止伊斯兰少数教派阿赫莫迪亚教传教的法令等起到了推波助澜的作用。

(2) 恐怖袭击

伊斯兰极端主义是伊斯兰恐怖袭击的根源，企图在伊斯兰教的名义下使用或威胁使用恐怖手段攻击特定的对象，以实现其政治目的，本质上完全丧失了宗教的特性。伊斯兰极端主义者在伊斯兰教名义的掩盖下，利用伊斯兰教从事暴力恐怖等极端主义活动，是政治问题而不是宗教问题。发生在印尼的伊斯兰恐怖袭击就是由伊斯兰极端主义者为了制造政局混乱、推翻现行政府、进而建立伊斯兰国家而实施的政治性行为，具有明确的政治目的。

2001 年 "9·11" 事件后，美国主导的反恐战争使基地组织遭到严重打击，其残余势力转而渗透到安全措施相对宽松的东南亚，支持当地恐怖组织进行活动。其中影响最大的是"伊斯兰祈祷团"（Jemaah Islamiyah）。伊斯兰祈祷团的前身是成立于 20 世纪 40 年代的伊斯兰组织"伊斯兰之家"

---

① 温北炎：《印尼伊斯兰教与基督教冲突的根源》，《东南亚研究》2001 年第 2 期，第 14~18 页。

（Darul Islam），曾在独立后继续为建立"政教合一"的伊斯兰国家反抗共和国政府，苏哈托时期，其残余分子在马来西亚成立了"伊斯兰祈祷团"，并不断扩大规模，决心通过发动圣战在本地区建立伊斯兰国家（Daulah Islamiyah）。为了实现这一目标，"伊斯兰祈祷团"在东南亚各国实施了多起恐怖袭击，其中针对印尼的恐怖袭击包括：2000年对菲律宾驻雅加达大使馆进行炸弹袭击、2000年12月圣诞夜前夕针对印尼多个城市的基督教堂进行爆炸袭击、2002年10月在巴厘岛策划实施了震惊世界的爆炸案、2004年9月澳大利亚驻雅加达大使馆外发生汽车自杀炸弹攻击、2005年5月中苏拉威西省丁那直（Tentena）的市场遭到双炸弹袭击、2009年7月雅加达丽思卡尔顿酒店和万豪酒店遭到自杀炸弹袭击等。随着政府的打击措施日益强硬，伊斯兰恐怖袭击有所减少。

（二）印尼伊斯兰政治化的现时表现

印尼属于第三波民主化转型国家，随着2014年佐科当选印尼总统，印尼民主基本进入常态化时代。印尼拥有多元化族群。美国政治学者罗斯柴尔德（Joseph Rothschild）在《族群政治》（Ethnopolitics）中指出："与传统国家不同，在现代国家和转型国家中，政治化的族群问题（Politicized ethnicity）已经成为体制、国家、统治集团和政府取得或丧失其政治合法性的一个决定性的原则问题。与此同时，它也已经成为对于权力、身份和财富的社会竞争中得到世俗利益的一个有效工具。"[①] 在某种程度上，当前印尼政治化的伊斯兰族群问题已经成为政治合法性的一个决定性的原则问题，成为获得世俗利益的有效工具，通过以下渠道和形式对政治和社会发挥影响。

1. 温和派伊斯兰政治参与

（1）伊斯兰政党竞争

伊斯兰政党竞争是指伊斯兰性质的政党参与印尼民主选举竞争。总体而言，当前与伊斯兰有关的印尼政党主要包括：①建设团结党（PPP），始建于

---

① Joseph Rothschild, Ethnopolitics (New York: Columbia University Press, 1981), p. 2.

苏哈托简化政党时期，现在被视作民族主义的伊斯兰政党，奉行潘查希拉基础和伊斯兰民主，即希望在民主的框架下，将伊斯兰教原则应用在公共政策上；②民族觉醒党（PKB），成立于1998年，奉行潘查希拉基础、保守主义和多元主义，成员以伊斯兰教士联合会（NU）为基础，其主席瓦希德曾于1999~2001年担任印尼总统；③国民使命党（PAN），成立于1998年，奉行潘查希拉基础和伊斯兰民主，由现代派穆斯林成立，倡导温和伊斯兰主义，被视作民族主义穆斯林政党；④星月党（PBB），是遭到苏加诺取缔的马斯友美党的延续，正式成立于1998年，奉行伊斯兰主义和民族主义伊斯兰；⑤公正福利党（PKS），成立于2002年，奉行伊斯兰保守主义；⑥伊斯兰教觉醒党（PKU），成立于1998年，奉行潘查希拉、伊斯兰六大信仰（Aqidah）和伊斯兰逊尼派（Islam Ahlussunnah Wal-Jama'ah），由一些与PKB政见不同的NU长老成立，只参加了1999年选举；⑦联合正义党（PNU），成立于1998年的小规模政党，奉行保守主义、伊斯兰民主和潘查希拉，只参加了1999年选举。

在2014年国会选举中，建设团结党（PPP）获得6.53%的选票和39席（共560席），比2009年选举多1席；民族觉醒党（PKB）获得9.04%的选票和47席，相比2009年有大幅提升；国民使命党（PAN）获得7.59%的选票和49席，比2009年选举多3席；公正福利党（PKS）获得6.79%的选票和17席；星月党（PBB）获得1.46%的选票，没有获得席位。在2014年总统选举中，PPP、PAN和PKS与大印尼行动党（Gerindra）、从业党（Golkar）和民主党（Demokrat）联合推举Prabowo-Hatta为总统，失利后组成反对党联盟。此后，PPP和PAN先后脱离红白反对党联盟，加入执政党联盟。所以，目前印尼国会中的伊斯兰政党分属两方阵营，即PKB、PPP、PAN属于执政党联盟，PKS属于反对党联盟。

从历次大选情况看，伊斯兰政党获得的选票呈现递减的趋势。有观察家认为，伊斯兰政党对于选民的吸引力下降，印尼选民日趋理性，在进行政治选择的时候不易受到宗教因素影响，伊斯兰不再是印尼政治中的重要影响因素。但是，从伊斯兰政党支持率下降是否能够得出政治伊斯兰影响力降低的结论？伊斯兰政党和政治伊斯兰是不同的两个概念，虽然政党支持率下降，但种种迹象表明，政治伊斯兰影响力在印尼不断上升。

(2) 伊斯兰组织的政治化

在印尼存在几十个伊斯兰组织，影响较大的包括伊斯兰教士联合会、穆罕默迪亚、伊斯兰教士理事会等。伊斯兰教士联合会（NU）成立于1926年，是印尼最大的伊斯兰群众组织，代表广大底层农村伊斯兰力量，以保守和传统而闻名。其教育基地是分布在印尼全国的数万个伊斯兰学堂（pesantren），培养了大批宗教人才，对印尼政治、文化和宗教发展具有重要意义。穆罕默迪亚（Muhammadiyah）成立于1912年，是印尼第二大伊斯兰群众组织，代表城市伊斯兰力量，属于伊斯兰现代派。在穆罕默迪亚创办的西式学校中培养了不少学者、政治家和军官，在军政界和文化界具有很强的影响力。印尼伊斯兰教士理事会（MUI）成立于1975年苏哈托"新秩序"时期，是印尼伊斯兰教法最高机构，由伊斯兰教士联合会、穆罕默迪亚、伊斯兰联盟等团体的穆斯林长老和学者组成，负责协调印尼政府与伊斯兰教士（ulama）的关系，管理伊斯兰教事务，解释伊斯兰教义，根据伊斯兰律法发布教令（Fatwa）等，自认为是正统伊斯兰教的代言人，曾多次指责异端。

目前，伊斯兰教在印尼社会政治生活中发挥的作用越来越大。2015年2月，由MUI召开的印尼伊斯兰教徒大会（Kongres Umat Islam Indonesia，KUII）以"为实现印度尼西亚的公正文明，加强伊斯兰信徒的政治、经济和社会文化影响"（Penguatan Peran Politik, Ekonomi dan Sosial Budaya Umat Islam Untuk Indonesia Yang Berkeadilan dan Berperadaban）为主题，主张印尼穆斯林用以下形式增强政治伊斯兰：强调关涉伊斯兰利益的实质性教义，规范化伊斯兰政治诉求（哈里发和沙里阿法），强化伊斯兰教义在日常生活中的基础性地位，在潘查希拉、45年宪法、多元一体、统一的印尼共和国框架内行使伊斯兰权力。为了实现伊斯兰利益，印尼穆斯林应该团结在伊斯兰政党、组织和领袖周围努力参与现实政治[①]。其中，伊斯兰组织在加强伊斯

---

① Politik Islam Indonesia, 2015 - 02 - 10, https://www.republika.co.id/berita/koran/opini - koran/15/02/10/njjkog20 - politik - islam - indonesia.

兰的政治、经济和社会文化影响中担任主角。

伊斯兰教士联合会以其温和的文化性"努山塔拉伊斯兰"（Islam Nusantara）获得政府支持，受到世界关注。2016年钟万学事件中，佐科总统与NU迅速靠近，相互支持。此后，佐科总统多次莅临NU活动，向NU表示尊重，其咨询委员会主席Ma'ruf Amin（兼任MUI总主席）更是参与到重大决策当中，并最终成为佐科的总统竞选搭档。NU与政党之间的关系也颇具争议。NU成立之初规定其成员不能同时在NU和政党中兼任行政职务，也阻止鼓动其成员支持某个政党。"新秩序"时期结束后，以NU成员为基础成立了政党PKB，但还是谨慎地避免公开支持。即便如此，在NU的支持下，PKB在1999年和2004年选举中仍表现亮眼（得票率分别为12.6%和10.6%），但在2009年选举中却降至5%以下。2014年选举之前，PKB总主席穆海敏（Muhaimin Iskandar）为了争取NU支持，发动全党为NU提供资产支持，并利用行政权力确保NU推行其社会宗教计划。此外，PKB获得华裔富商Rusdi Kirana（担任PKB副主席）的资金支持，在NU总部东爪哇和中爪哇开展竞选活动。这些措施获得了NU高层Said Aqil、Ma'ruf Amin以及诸多长老的支持，使PKB在竞选中获得约9%的选票，再次位列伊斯兰政党首位。在2015年NU大会上，两者关系进一步紧密，不仅人员和职务相互交织，而且还出现了双方高层相互联姻的现象①。

相比NU，Muhammadiyah与MUI则表现出更多的独立性。Muhammadiyah曾威胁向宪法法院控告佐科的税务特赦计划；其司法与人权委员会副主席Maneger Nasution近期发声指责佐科仍未解决写入"九大理念"（Nawa Cita）中的人权问题②；其中央委员会主席Haeder Nashir声称"2019年换总统"（Gerakan#2019ganti presiden）行动符合民主规范，强调"Muhammadiyah不涉

---

① Greg Fealy, Nahdlatul Ulama dan Jebakan Politik, 2018 - 07 - 19, https://www.kiblat.net/2018/07/19/nahdlatul-ulama-dan-jebakan-politik/.
② Reza Jurnaliston, Muhammadiyah Pertanyakan Janji Nawa Cita Jokowi soal HAM, 2018 - 06 - 07, https://nasional.kompas.com/read/2018/06/07/23535291/muhammadiyah-pertanyakan-janji-nawa-cita-jokowi-soal-ham.

及任何现实政治行动,无论现在还是2019年"①。

MUI作为建设和管理伊斯兰事务的组织,曾多次发布教令干涉政治,如2005年发布教令宣布"阿赫莫迪亚"教派为异端,明确反对宗教多元主义、世俗主义和自由主义;2016年圣诞节前夕,MUI发布教令,禁止穆斯林使用含有圣诞节特征的物品,导致FPI等极端分子借机寻衅滋事,冲击购物中心和娱乐中心,到处"扫荡"非穆斯林标志和圣诞节标志。更加匪夷所思的是,西爪哇勿加西和日惹特区戈隆布罗科县两地警署以MUI教令为执法依据,要求社会各界按照教令行事。此举遭到总统和国警总长的严厉批评,因为伊斯兰教令不能凌驾于法律之上。在反钟万学事件中,Muhammadiyah虽表态维护"潘查希拉",但却没有明令禁止成员参加示威游行,其青年分支甚至成为指控钟万学的活跃力量②。而MUI则发布教令,裁决钟万学亵渎《古兰经》和穆斯林,禁止穆斯林投票给非穆斯林参选人,对民情民意和司法公正造成冲击。

除此以外,印尼还活跃着一批强硬派伊斯兰组织,目前最有影响力的是伊斯兰捍卫阵线(FPI),它是成立于1998年的极右翼逊尼派伊斯兰政治组织,成立初衷是充当伊斯兰道德警察。FPI明确反对自由主义、多元文化和多元宗教,曾于2008年发起攻击全国宗教信仰自由联盟(AKKBB)的"莫纳斯事件"(Monas Incident),暴力关闭茂物Yasmin教堂和勿加西HKBP教堂、袭击阿赫玛迪亚教派、抗议所谓共产主义威胁、抗议LGBT③等。在2016年反钟万学事件中,FPI与伊斯兰解放组织(HTI)、伊斯兰论坛(FUI)、穆斯林兄弟会(Parmusi)、伊斯兰联盟(Syarikat Islam)等强硬派

---

① Edzan Raharjo, Muhammadiyah: Deklarasi #2019gantipresiden Gerakan Politik Wajar, 2018-05-06, https://news.detik.com/jawatengah/4007567/muhammadiyah-deklarasi-2019 gantipresiden-gerakan-politik-wajar.

② Haeril Halim, Jokowi goes extra mile in wooing Muhammadiyah, 2017-02-25, http://www.thejakartapost.com/news//02/25/jokowi-goes-extra-mile-in-wooing-muhammadiyah.html.

③ LGBT:女同性恋者(Lesbians)、男同性恋者(Gays)、双性恋者(Bisexuals)与跨性别者(Transgender)的英文首字母缩略。

伊斯兰组织以及若干伊斯兰政党和政客都坚称钟万学亵渎伊斯兰教，要求重判钟万学，并利用伊斯兰"街头政治"对政府和选民施加压力。此后，FPI不断向反对派团体和政党靠拢，以政治反对派自居，并提出在 2019 年总统选举中组建第三股轴心政治联盟——宗教信仰联盟①，共同挑战佐科联盟。

（3）部分伊斯兰教义进入立法层面

民主改革后，印尼中央和地方通过了一些涉及宗教保守议程的法律法规，如 2003 年教育法（Undang-undang Republik Indonesia Nomor 20 Tahun 2003 tentang Sistem Pendidikan Nasional）、2008 年反色情法案（Undang-undang Republik Indonesia Nomor 44 Tahun 2008 tentang Pornografi）；地方政府还通过了许多蕴含浓厚宗教色彩的地方法，如禁酒令、禁赌令等，说明伊斯兰影响已经涉及公共立法层面。

就 2003 年教育法而言，在第 5 章第 12 条中规定，每个教育机构中的每名受教育者有权"获得与其信仰匹配的宗教教育，并由同一信仰者教授"（mendapatkan pendidikan agama sesuai dengan agama yang dianutnya dan diajarkan oleh pendidik yang seagama）。由于伊斯兰教是印尼的优势宗教，且官方只承认伊斯兰教、天主教、基督教、佛教、印度教、孔教六大宗教，未获承认的宗教或教派可能面临教育资源歧视，引起社会广泛争议。2008 年反色情法案涉及个人态度、行为、衣着和外表，蕴含非常复杂的内容。由于在伊斯兰教中早已写入关于"风化"（kesusilaan）的要求，并对穆斯林女性着装具有明确规定，在非穆斯林看来，反色情法以伊斯兰伦理为依据，涉嫌宗教歧视，引起了广泛的争议，反对的声音集中出现在巴厘岛和巴布亚地区②。

在地方层面，关于地方自治的 1999 年第 44 号法令和 2000 年第 25 号政府令给予了地方制定沙里阿法（syariat）的空间，很多穆斯林占主体的地区都出台了伊斯兰化的地方法令，如亚齐省发布的实施沙里阿法的地方令、禁

---

① 《2019 年总统选举基于宗教信仰的第三股轴心政治联盟能否成形？》，http：//www.shangbaoindonesia.com/？p=217081，2018 年 6 月 5 日。
② Rahmani Timorita Yulianti, *PRO DAN KONTRA UNDANGUNDANG ANTI PORNOGRAFI DAN PORNOAKSI*, Al-Mawarid Edisi XV Tahun 2006, pp. 35 – 42.

赌令、禁酒令、天课令；北苏门答腊省发布的禁止闲荡、乞讨并加强风化管制令；西苏门答腊省的禁止不道德行为（Maksiat）令、加强学生古兰经读写令、穿着伊斯兰服装令；廖内省的社会秩序令、天课令、使用马来阿拉伯姓名令；南苏门答腊省的禁止卖淫令；朋古鲁省的禁止卖淫令、增进宗教虔诚令；西爪哇省的禁止卖淫令、禁赌令、禁酒令、伊斯兰着装令、读写古兰经令、禁止不道德令、天课令等。① 这些地方法令很大程度上强化了伊斯兰教的社会影响力，使其成为约束民众日常生活的规范。

（4）伊斯兰街头民主

民意表达通常被视作民主有效运转的必要条件，街头民主是表达民意的重要方式之一。街头民主可以分为两类，即"公共型街头民主"和"政治型街头民主"。街头民主的方式包括罢工、集会、抗议、游行等，极端的街头民主会导致暴力冲突。在印尼出现的伊斯兰街头民主也可以分为"公共型"和"政治型"。

①公共型伊斯兰街头民主

"公共型"表现为"对事不对人"，不针对国家政治领域的特定人物，表达人民的正常诉求，如穆斯林集会抗议美国将大使馆迁往耶路撒冷，或者讨论民主法治建设，如抗议2017年第2号民间社会组织取缔法令事件等。

2017年7月，印尼政府出台2017年第2号民间社会组织取缔法令（Perppu Ormas），授权政府查禁任何违反"潘查希拉"建国基础意识形态的民间团体。强硬派伊斯兰组织称此举将抹黑和边缘化穆斯林，是民主的倒退，并多次举行示威游行，比如7月28日在宪法法院前"印尼长老理事会维护教令全国运动"（GNPF-MUI）等发起的大规模示威游行；9月29日，FPI等在国会大厦前发起大规模示威游行，反对共产主义思想在印尼复苏，要求政府取缔关于管制社团的条例，抗议政府歧视穆斯林等。法令于10月正式生效后仍遭到若干强硬派伊斯兰团体的抵制。激进组织HTI因涉嫌违

---

① DAFTAR PERDA SYARIAH DI SELURUH INDONESIA, 2018 - 07 - 23, http://www.pustakaguru.com/2012/08/daftar-perda-syariah-di-seluruh.html.

反"潘查希拉"意识形态、宣扬在印尼共和国境内建立哈里发国（Negara Khilafah）而遭到司法人权部解散。此后，HTI 通过向国家行政法院（PTUN）提起诉讼的方式表达诉求。2018 年 5 月，国家行政法院按照社会组织法规定，认为 HTI 属于与"潘查希拉"相抵触的群众组织，其法团地位可被撤销，判决解散 HTI 符合法律程序。这显示出印尼当局维护"潘查希拉"精神的决心。

2017 年 12 月，美国宣布将驻以色列大使馆从特拉维夫迁至耶路撒冷，引发包括印尼在内世界各地的抗议。印尼强硬派阿拉伯组织在雅加达举行大规模抗议，要求与美国切断外交关系、驱逐美国大使。穆斯林团体 FPI 在美国驻印尼大使馆前焚烧美国和以色列国旗，以及美国总统肖像，抗议此举威胁中东地区乃至整个世界的安全和稳定。2018 年 1 月，FPI 与其他社会组织成员在雅加达 Facebook 总部举行"1·21"和平示威，抗议 Facebook 封锁其账户，涉嫌歧视穆斯林。

②政治型伊斯兰街头民主

"政治型"表现为"对人不对事"，直指政治权力争夺，如反钟万学事件等。雅加达省长钟万学（Basuki Tjahaja Purnama）属于印尼政坛的华裔和基督徒"双重少数"，因其政绩优异而广受拥护，但其政敌却想方设法阻止其竞选连任。2016 年 10 月，在社交媒体上出现指控钟万学侮辱伊斯兰教的视频，引起轩然大波。2016 年 10 月至 12 月，以伊斯兰解放组织（HTI）和伊斯兰捍卫阵线（FPI）为代表的强硬派伊斯兰团体发起"印尼长老理事会维护教令全国运动"（GNPF-MUI），组织三次大规模游行示威，抗议钟万学亵渎伊斯兰教，并多次在法院门前示威施压。进入第二轮投票后，竞选对手发动"宗教信仰"攻势，大肆宣传"穆斯林不要投票给非穆斯林候选人""选举异教徒将被打入地狱"。2017 年上半年，FPI、HTI 和伊斯兰论坛（FUI）等多次组织大规模游行示威，胁迫政府重判钟万学。最终，钟万学被判亵渎宗教罪获 2 年徒刑，即时入狱。2017 年 12 月 2 日，强硬派伊斯兰团体在民族纪念碑广场集会纪念反钟万学一周年，FPI 流亡头目甚至号召在印尼实施伊斯兰教法，建立伊斯兰教国。

2018年4月，印尼首任总统苏加诺之女苏克玛娃蒂（Sukmawati Soekarnoputri）因为其一首诗歌被多方指控为涉及亵渎宗教。苏克玛娃蒂在其诗歌 Ibu Indonesia 中提及伊斯兰教晨祷 adzan、妇女面罩等伊斯兰象征，被视为侮辱伊斯兰教。此后，伊联东爪哇分会向东爪哇警区提出控诉，称诗歌内容不尊重伊斯兰教，希望警方尽快查办此事，以免引发社会波动。印尼捍卫学者组织（TPUI）和印尼伊斯兰大学生运动（GMII）也将其告到警察总部刑侦司。FPI还在警局门前举行游行示威，要求严肃处理此事。

总体而言，这些伊斯兰街头民主是伊斯兰族群争取利益的一种手段，也在不同程度上受到了伊斯兰极端主义的影响，并不一定代表普遍民意，但可能会影响民主转型的顺利推进，造成社会分裂。

2. 极端派伊斯兰政治手段

伊斯兰教本身是崇尚和平与发展的宗教，但假借伊斯兰教名义从事暴力恐怖活动的现象愈发频繁，背后的重要推手是伊斯兰极端主义。伊斯兰极端主义是出于政治功利主义动机对伊斯兰教进行曲解的结果，其特点是用极端、片面和武断的观点随意解释伊斯兰教法，鼓吹伊斯兰"圣战"以达到政治图谋，大肆宣传宗教神权，企图通过泛化沙里亚（真主之道）建立"伊斯兰教国"，替代世俗国家政体。伊斯兰极端主义和暴力行动相结合，成为印尼伊斯兰政治化中最危险的一部分。

（1）暴力冲突

"宗教暴力就是以宗教为名义所行使的暴力。"[①] 宗教暴力并不是伊斯兰教所独有的现象，基督教也出现过所谓"正义战争"的号召。虽然所有宗教都劝人向善，但参与暴力的个体，都将其政治认同维系在宗教上，宗教暴力者时常引经据典，为其行为寻求正当性。总体而言，宗教暴力并不等同于恐怖主义，并不是所有宗教暴力活动都可以被列为恐怖主义。

印尼伊斯兰暴力冲突通常与宗教不宽容现象和伊斯兰街头政治伴生，给

[①] 范可：《宗教暴力、恐怖主义与全球化》，《江苏行政学院学报》2016年第6期，第54~63页。

社会稳定造成严重影响。民主转型后发生的典型的大规模宗教冲突事件有导致数百上千人伤亡的马鲁古穆斯林和基督徒冲突、中苏拉威西穆斯林和基督徒冲突、加里曼丹达雅族和马都拉族冲突等。目前，虽然大规模伊斯兰暴力冲突有所缓解，但据印尼人权全国委员会统计，2014~2016年，违反宗教和信仰自由（KBB）的案件数量呈上升趋势。2014年发生了74起，2015年发生了89起，2016年上半年发生了34起①，其中，西爪哇地区发生的相关案件数量最多。宗教不宽容最引人注目的表现是针对阿赫莫迪亚教派。阿赫莫迪亚教派遭受恐吓、歧视和虐待的事件已经在印尼各地多次发生，尤其是1998年民主改革开始后。2014年佐科总统上台后，对于宗教少数派的攻击呈直线下降，但人权观察组织称至少7座阿赫莫迪亚教派的礼拜堂仍处于关闭状态。2018年5月，西努沙登加拉阿赫莫迪亚教派居民的房屋遭到破坏，居民四散逃亡②。国际特赦组织执行主席Usman Hamid称：对于阿赫莫迪亚教派社区的袭击由于警方对袭击事件的不作为而愈演愈烈，导致袭击者认为他们凌驾于法律之上。此外，歧视性法律也助长了这样的行为③。

与伊斯兰街头政治伴生的暴力冲突主要发生在穆斯林游行示威中。2016年11月4日晚抗议钟万学亵渎伊斯兰教游行示威后，部分示威者在总统府前制造骚乱，导致多辆汽车被焚毁，数百人受伤。当局表示，制造骚乱的人包括FPI、HTP、伊斯兰大学生协会（HMI）等强硬伊斯兰组织成员，甚至可能还混入了IS成员。2017年1月，印尼下层群众运动（Gerakan Masyarakat Bawah Indonesia）多处工作驻地遭到FPI成员纵火焚烧④。当月，

---

① Uni Lubis. Jumlah aduan kasus intoleransi agama di Indonesia meningkat, 2016 – 07 – 01, https：//www.rappler.com/indonesia/138315 – kasus – intoleransi – agama – indonesia – meningkat.
② Di Hadapan Polisi, Jemaat Ahmadiyah NTB Dirusak Rumahnya, 2018 – 05 – 20, https：//www.jpnn.com/news/di – hadapan – polisi – jemaat – ahmadiyah – ntb – dirusak – rumahnya.
③ Sarah Yuniarni, Why Are Ahmadiyah Followers in Indonesia Attacked?, 2018 – 05 – 29, http：//jakartaglobe.id/news/ahmadiyah – followers – indonesia – attacked/.
④ GlobalIndo, Massa FPI Bakar Markas Gerakan Masyarakat Bawah Indonesia (GMBI) di Bogor, 2017 – 01 – 13, http：//globalindo.co/massa – fpi – bakar – markas – gerakan – masyarakat – bawah – indonesia – gmbi – di – bogor.

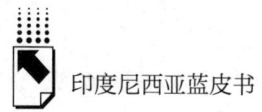

斗争民主党一名干部在其住宅遭到 FPI 成员围殴①。当 FPI 头目里齐克（Habib Rezieq Shihab）因涉嫌侮辱"潘查希拉"而被传召至警局接受调查时，FPI 成员多次在警局前游行示威，并与警察发生对峙冲突，造成恶劣影响。

（2）恐怖袭击

恐怖主义是指为了达到震慑的后果制造恐怖事件，其袭击目标集中在民用"公共空间"，以便在民众心目中造成恐惧。恐怖主义具有强烈的象征意义，因为"当今的恐怖主义活动并不以重创地方的武装力量为目的，而在于彰显自我，吸引舆论和媒体的注意力，追求精神胜利"②。近年来，由伊斯兰极端组织发动的恐怖袭击占据了媒体宣传的中心，造成恐怖主义活动都是穆斯林所为的印象。实际上，武断地将恐怖主义与伊斯兰联系在一起是错误的。这种"污名化"伊斯兰的现象不仅恶化了对立倾向，还为极端主义提供"圣战"口实。

源自中东的极端思潮和恐怖力量进入东南亚后，与本土极端势力结合，在 2016 年以后发动了新一轮恐怖袭击。国警总长迪托认为，目前印尼最为活跃的恐怖组织是神权游击队（Jamaah Ansharut Daullah，JAD）③。神权游击队成立于 2015 年，由几十个印尼极端伊斯兰团体组成，是伊斯兰国（IS）支持者在印尼最大的恐怖派系，已被美国列为恐怖组织。2016 年 1 月 14 日，JAD 在雅加达中心某商场实施连环恐怖袭击案，导致包括恐怖分子在内的多人伤亡。7 月 5 日，一名 JAD 成员在梭罗发动自杀式爆炸袭击，导致一名警察受伤。2017 年 5 月 24 日，JAD 在雅加达东区某公交站实施自杀式爆炸袭击，造成多人伤亡，三名警察殉职。6 月 25 日，JAD 在北苏门答腊棉兰袭警，导致一名警察殉职。此外，警方还挫败多起 JAD 成员袭击总统和

---

① FaktaPers, Kader PDIP Dikeroyok FPI, Novel: Bukan Pengeroyokan, Tapi Satu Lawan Satu, 2017 - 10 - 07, https://www.faktapers.com/kader - pdip - dikeroyok - fpi - novel - bukan - pengeroyokan - tapi - satu - lawan - satu.html.

② Lewis, Bernard, "The Revolt of Islam: A New Turn in a Long Way with West", 转引自范可《宗教暴力、恐怖主义与全球化》，《江苏行政学院学报》2016 年第 6 期，第 54~63 页。

③ SinarHarapan, JAD Kelompok Teroris Paling Aktif di Indonesia, 2017 - 06 - 27, http://sinarharapan.net/2017/06/jad - kelompok - teroris - paling - aktif - di - indonesia/.

政府要害部门的企图，抓获多名恐怖犯罪嫌疑人。2018年5月8日，在西爪哇省德博（Depok）的警察防暴机动部队总部拘留所爆发恐怖分子囚犯骚乱，导致五名88反恐特遣队（Densus 88）警员被残忍杀害，一名囚犯也在冲突中死亡。5月13日，一个包括十几岁青少年和两名儿童的六人家庭恐怖分子对泗水三座教堂进行自杀式袭击，造成超过18人死亡，数十人受伤。14日早晨，一家六口又对东爪哇泗水警察总部发动了自杀炸弹攻击。16日上午，五名恐怖分子携带利器袭击廖内省警察总部，造成一名警察殉职，多人受伤。22日，占碑警察局也遭到不明身份歹徒袭击。据印尼警察总长迪托称，这些恐袭人员都隶属神权游击队，效忠"伊斯兰国"①。除JAD外，在印尼还活跃着若干个伊斯兰激进组织（西印尼圣战士、东印尼圣战士、真主游击队等）或受到极端主义洗脑的独狼分子。2018年2月，一名曾经到苏拉威西波索（Poso）接受恐怖训练并试图到叙利亚参加伊斯兰国组织（ISIS）恐怖活动的恐怖分子持刀闯入日惹一间天主教堂，袭击神父和教徒，就属于独狼式恐袭。

始于2016年的新一轮恐袭出现了一些新变化：手段不断现代化、人员不断本土化、出现了家庭式作案、袭击对象由西方人变为本国异教徒和警方，且受到伊斯兰国的统一指挥等。警察总长迪托指出，随着中东伊斯兰国的节节溃败，极端恐怖势力正在向东南亚转移，甚至菲律宾的基地组织也在考虑将基地转到印尼②。有人认为，印尼伊斯兰恐怖分子产生于贫穷与无知，也有人认为是反政府势力为了夺取政权与极端伊斯兰组织合作，利用伊斯兰问题打击政府。无论如何，伊斯兰极端主义和恐怖主义都具有非常复杂的成因，不能单一化、简单化对待，对政府执政能力是重大考验。

---

① Abi Sarwanto, Kapolri: Bom Surabaya Instruksi ISIS yang Sedang Terdesak, 2018 – 05 – 14, https://www.cnnindonesia.com/nasional/20180514124922 – 20 – 298017/kapolri – bom – surabaya – instruksi – isis – yang – sedang – terdesak.

② Audrey Santoso, Kapolri: Ada 2.000 teroris eks Afganistan dan Filipina di RI, 2018 – 05 – 08. https://news.detik.com/berita/4009917/kapolri – ada – 2000 – teroris – eks – afganistan – dan – filipina – di – ri.

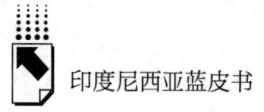

（三）印尼伊斯兰政治化成因

印尼当前的伊斯兰政治化是在族群内聚力量和外部影响的共同作用下形成的。

1. 内聚力量

民主时期印尼伊斯兰政治化的内聚力量首先是基于伊斯兰教的归属感，其次是基于现实利益的选择。

（1）伊斯兰教的归属感

涂尔干在《宗教生活的基本形式》中指出，宗教为人们提供意义、认同和社区①。由此可见，宗教帮助人们认识自我的存在，以宗教为区隔的群体拥有意义建构和凝聚力的坚实基础。除提供意义、认同和归属感外，伊斯兰教还是"政教合一"的宗教，是宗教信条、道德伦理、社会架构、政治法律的总和，涵盖社会文化生活的方方面面，天然具有强烈的政治诉求。鉴于伊斯兰教强烈的入世性，印尼伊斯兰族群政治既能够促进政治整合、建构民族国家，又可能导致族群冲突、阻碍国家整合。

在现代民族主义兴起之前，伊斯兰教是唯一能够最大范围整合荷属东印度殖民地的精神力量，对于殖民统治的反抗在很大程度上促使伊斯兰族群的生成、巩固和政治动员。在民族国家初创时期波澜壮阔的民族运动中，伊斯兰族群的政治影响力不断增强，主张现代改良的现代派和强调回归正统的传统派都使用伊斯兰教宣传民族主义，为整合人民提供精神认同，成为民族主义政治集团的成员。当反殖民的合作基础消失后，伊斯兰主义者与世俗民族主义者在伊斯兰教宪政地位问题上体现出尖锐对立，其本质就是双方对于印尼民族认同的想象存在差异。这种"国家已然建立，认同尚未形成"的状态导致心存不满的伊斯兰族群成员不断试图凭借族群原始情感动员族群团体，希望重建共同体内部关系（如伊斯兰群体在议会民主时期和数次修宪中试图把伊斯兰教法写入宪法），甚至打破共同体关系（如西爪哇"伊斯兰

---

① 爱弥尔·涂尔干：《宗教生活的基本形式》，商务印书馆，2011，第56页。

教国"叛国运动)。虽然苏加诺和苏哈托政府都采取既限制又利用的手段将穆斯林的原始情感束缚在世俗民族认同框架内,使其呈现弱政治化的特征,但是印尼毕竟拥有世界上最多的伊斯兰教徒,伊斯兰教作为重要的政治制衡力量对于印尼国家发展具有深远的影响,并可能随着伊斯兰教意识形态化过程的加剧而不断寻求伊斯兰政治化的突破口。在民主化推进阶段,伊斯兰力量从边缘向中心迸发,以更为复杂的面貌影响民主政治进程,为国家安全带来巨大的不确定性。

(2) 族群的现实利益选择

"族群"(Ethnic Group)可以指称现代社会中有着共同背景与认同(出身、文化或故乡等)的人口集团①。英国民族学家安东尼·D. 史密斯认为,当一群人基于主观相信,根据共有的种族、语言、宗教或历史经验等而结合,可以称其为一个族群团体。这种团体包括宗教、地域、种族等不同实体的组合②。本文认为,族群的存在必须基于主观认定和客观事实,主观认定包括共有的种族、语言、宗教或历史经验等相同的价值观,客观事实包括种族、宗教、地域等不同实体。

"族群政治"产生在"族群"基础上。根据 J. Rothschied 的观点,当族群团体因为对各种社会价值与资源分配不满而产生政治意识,并以所属的族群作为基本政治动员(ethnic political mobilization),以打破社会价值与资源分配的不满关系时,就产生了族群政治③。印尼的"族群"分为三类实体组合:①以地域(Regionalism)为区隔的实体,主要体现为爪哇族、巽达族、马都拉族、马来族等部族;②以宗教(Religion)为区隔的实体,主要体现为伊斯兰教、基督教、天主教、印度教、佛教、孔教等宗教团体;③以人种(Race)为区隔的实体,即以"外貌"(pheotypical)、"基因"(genotypical)特征为基础,主要体现为"印尼原住民"与"非原住民"、"本地种族"与

---

① 关凯:《族群政治》,中央民族大学出版社,2007,第2页。
② Anthony D. Smith, *The Ethnic Origins of Nations* (Oxford: Blackwell, 1986), pp. 21-31.
③ J. Rothschied, *Ethnopolitics: A Conceptual Framework* (New York: Columbia University Press, 1981), p. 2.

"外来移民"等。在这三类族群实体组合中产生了相应的族群政治问题。其中,地域实体中爪哇岛部族与外岛部族的关系较为复杂;宗教实体中伊斯兰教与其他宗教的关系较为复杂;人种实体中华裔等少数族裔与主体族裔之间的关系较为复杂。在现实生活中,这些族群现象时常相互交织,共同影响国家政治生活。

在印尼历史上,曾多次发生族群性(包括宗教、地域、人种)冲突、叛乱和分离事件。在民主转型时期,传统族群意识仍然具有深厚的社会影响力。印尼族群政治常被统称为SARA,即Suku(部族)、Agama(宗教)、Ras(人种)和Antar Golongan(派别)。当族群成员对社会价值与资源分配不满时,就可能凭借族群原始情感动员族群团体,借由政治力重建共同体内部关系,甚至打破共同体关系。印尼属于第三波民主化国家,面临着既要完成国家制度的现代化,又要实现民众参与国家治理制度的民主化的双重挑战。虽然民主制度日益完善,并且获得民众普遍支持,但是深厚的族群基础加以特定的政治动员依然能够挑战现行民主体制。

族群团体在本质上是利益群体。从这种角度上看,印尼伊斯兰族群政治具有基于情感的工具属性,是在综合考虑成本和收益的基础上通过族群认同轻易地进行政治动员,用最小的付出换来极大的补偿。在反钟万学事件中,极端伊斯兰团体利用街头政治的微小代价进行政治动员,争取穆斯林支持,最终不仅阻止钟万学竞选连任,还将其以亵渎伊斯兰教的罪名投入狱中。由此可见,在拥有多元族群的印尼,以族群为基础争取政治权力的伊斯兰政治化几无可免。

2. 外部环境:国际伊斯兰复兴运动

伊斯兰教复兴和"重新伊斯兰化"是穆斯林社会的主题①,体现为宗教意识的加强和宗教激进主义的兴起,是非西方社会中反对西方化最强有力的表现。伊斯兰复兴运动是伊斯兰教的一种固有特征和传统,曾在历史上周期

---

① 塞缪尔·亨廷顿:《文明的冲突与世界秩序的重建》,周琪等译,新华出版社,1998,第91页。

性出现。当代伊斯兰复兴是"一种动员和组织群众的惯用手段,其真实目的则在于托古改制、自我更新,通过复古的主张和要求,达到自我调节、自我完善,以适应发展了的社会生活的需要"①。当代伊斯兰复兴运动已经成为超民族、超国家的伊斯兰世界范围内的宗教复兴运动。随着20世纪70年代末伊斯兰复兴运动的发展,从印尼"新秩序"政权末期开始,印尼伊斯兰教团体的影响力逐渐上升②,展现出一种伊斯兰化趋势,不仅穆斯林中产阶级扩大,新建了许多清真寺,而且使用头盖的女性也日益增多。

印尼伊斯兰激进化和极端化的重要根源是中东极端伊斯兰主义和经济全球化。正如费孝通所言,全球化不仅是经济的全球化,也是问题的全球化③。在印尼存在数量众多的伊斯兰激进组织,比如伊斯兰捍卫阵线(FPI)和被取缔的伊斯兰解放组织(HTI)。这些高度组织化的网络不断利用伊斯兰教的思想认同影响吸收新成员,进行政治动员,影响民主政治的实施,甚至为实施伊斯兰教法、建立伊斯兰教国进行圣战。近期印尼国家反恐局和国家情报局宣称,有多所大学和清真寺受到宗教激进思想甚至极端思想的影响。佐科总统表示,有报道称激进主义和恐怖主义已经渗透到各阶层教学机构,必须采取措施清理宗教极端思想和暴力恐怖主义在校园的毒瘤。在使用硬实力打击恐怖主义的同时(比如铲除恐怖集团、制定严格的法律等),现在需要"结合软实力",聚焦于前恐怖分子的去激进化,还需净化幼儿园、小学、初中、高中、高校和公共场所④。因为相关思想潮流不仅可能为域外极端势力提供策应,导致极端行为或恐怖袭击,还可能扩及社会政治领域,影响民主转型的巩固,动摇多元一

---

① 金宜久:《伊斯兰与国际政治》,中国社会科学出版社,2013,第46页。
② R. William Liddle, "Regime: The New Order" in Donald K. Emmerson, *Indonesia beyond Suharto* (New York: M. E. Shape, 1999), pp. 104 – 105.
③ 费孝通:《经济全球化和中国"三级两跳"中对文化的思考》,《理论参考》2002年第3期,第3~5页。
④ Ardhabilly, Presiden Jokowi: Bersihkan SD hingga Perguruan Tinggi dari Ideologi Terorisme, 2018 – 05 – 23, https://news.baldatuna.com/presiden – jokowi – bersihkan – sd – hingga – perguruan – tinggi – dari – ideologi – terorisme/.

体的建国理念。

3. 国内政局的变化

当前印尼伊斯兰政治化还具有深刻的政治利益博弈背景，与国内政治局势变化密切相关。印尼穆斯林大部分属于逊尼派。在逊尼派传统流行的地区，伊斯兰复兴的含义体现为"国家的宪法和法律建立在教法基础上，使教法在社会生活中起着更大的作用，在国家政治生活中、在立宪和立法过程中，应使乌里玛阶层有更大的发言权，在议会中处于更受尊重的地位，选举更多的乌里玛参加议会的立法工作，这也就是使社会立足于伊斯兰教的基础之上"①。1998年苏哈托倒台以后，民主化进程的发展给宗教诉求提供了方便，使穆斯林日益希望伊斯兰教在社会公共事务中发挥更大的作用。尽管将伊斯兰教法导入国家理念层面的努力都遭遇失败，但伊斯兰教在印尼社会生活中的影响日益上升。

印尼民主化改革开始后，大量伊斯兰政党如雨后春笋般出现，参与政坛角逐。虽然从历次选举来看，伊斯兰政党的得票率不断下降，但这并不意味着伊斯兰教对于印尼社会和政治的影响在降低。德国政治和宗教专家安德里亚·尤凡（Andreas Ufen）指出，印尼阿班甘（开放穆斯林）的数量在减少，而桑特里（虔诚穆斯林）的数量在增加，因为印尼很多阿班甘转变为桑特里。伊斯兰和社会研究中心（PPIM）2001年的一项调查显示，"宗教的和保守的选民在印尼社会是普遍存在的。2001年和2002年分别有57.8%和67%的印尼人认为伊斯兰政府（也就是基于伊斯兰教义的政府）是印尼最好的选择。这些调查结果表明，当印尼人在评定政府和领导人当前或未来的作为时，宗教符号和特征是重要因素"。PPIM 2007年的一项调查显示，在被调查者中，"41.3%的人认为宗教是他们的首要认同"②。印尼民调机构LSI调查结果显示，在过去的13年间，支持"潘查希拉"的民众减少10%，从2005年的85.2%减少到2018年的75.3%，低收入人群下降最多。而支

---

① 金宜久：《伊斯兰与国际政治》，中国社会科学出版社，2013，第52页。
② 桑尼·塔鲁韦达加：《印尼政治伊斯兰和伊斯兰政党——伊斯兰政治衰退证据的批判性评价》，《南洋资料译丛》2010年第3期，第35页。

持实施伊斯兰法（syariah）的民众增加了 9%，从 2005 年的 4.6% 增加到 2018 年的 13.2%，其根源是贫富差距悬殊和社群隔离。其中，支持"潘查希拉"的穆斯林群体从 2005 年的 85.6% 下降到 2018 年的 74%①。穆斯林日益虔诚的后果导致在印尼这样的民主社会中，政治精英需要表现出对于宗教问题的关注和倾斜，以适应选民的需求和意愿，争取选民支持，而印尼人民则日益倾向于不宽容的、反多元的行为和规则，且宗教激进主义和极端主义的影响日益增强。

当前，2018 年地方首长选举和 2019 年总统选举也成为印尼伊斯兰政治化的直接诱因。虽然佐科总统任内取得了较大政绩，但依然存在基础设施水平较低、司法制度不健全、法治手段不完善、贪腐和官僚问题猖獗的痼疾。随着印尼经济发展出现疲软态势，无法满足理想预期的穆斯林可能对世俗主义产生不满，进而产生回归伊斯兰传统、增强伊斯兰政治参与度的诉求。在选举年来临之际，利益集团为了实现政治目的，与伊斯兰集团进行利益交换，共同将施政议题从经济社会问题简化为族群政治问题，将族群分歧打造成为政客争取选票的利器，同时进一步加深了印尼伊斯兰政治化程度。

（四）印尼伊斯兰政治化未来趋势

虽然学界有人认为从社会进化论出发，族群将会日渐式微，因为现代性的力量将会消除对先赋的族群类型的需要，所以同化过程不可避免②。但事实表明，族群认同依然存在，在某些地区还表现得日益强劲。就印尼而言，作为经济发展较为迅速、民主改革较为顺利的最大伊斯兰国家，其伊斯兰教虽然长期遭受压抑，但笔者认为，要完全将印尼的伊斯兰教定位在文化层面

---

① Radar Kontra, Survei LSI：Warga Berpenghasilan Rendah Paling Mudah Terpapar Paham Anti Pancasila, 2018 – 07 – 18, https：//radarkontra.com/survei – lsi – warga – berpenghasilan – rendah – paling – mudah – terpapar – paham – anti – pancasila/.

② Gordon, M. *Assimilation in American Life*；Oxford University Press：NewYork, 1964. 2. Park, R. E. *Race and Culture*；The Free Press：Glencoe, 1926/1950. 3. Warner, L.；Srole, L. *The Social Systems of American Ethnic Groups*；Yale University Press：New Haven, 1945.

而非政治层面是相当困难的。金宜久教授认为，当代"伊斯兰复兴"有两类不同的表现形式：一类采取官方与民间相结合的形式，当官方自上而下地推行社会生活的伊斯兰化，强化并发展伊斯兰教时，或多或少地受到民众自下而上的支持和拥护；另一类采取反官方的或非官方的形式，自下而上地推行"伊斯兰复兴"①。沿此思路，本文认为印尼伊斯兰政治化存在以下两方面趋势。

1. 官方与民间结合的伊斯兰强化

对于印尼国内官方与民间结合的伊斯兰强化可以分为两个领域，一是民主选举领域内伊斯兰政党竞争以及以伊斯兰为号召进行选举政治动员；二是社会生活领域的伊斯兰化。前者将在本文第三、第四部分进行分析，本部分着重分析印尼社会领域的伊斯兰化。

随着实力和信心的增长，印尼等非西方社会越来越伸张自身文化价值，用自身特色文化抵抗西方的影响。其中，宗教，尤其是普遍存在于后发国家中的伊斯兰教成为民族文化的特定符号。

印尼社会生活的伊斯兰化有许多表现，包括各级政府出台的带有伊斯兰倾向的法令、规章和制度；大力兴建、改建和修缮清真寺、宗教学校和其他宗教设施；普遍建立伊斯兰或泛伊斯兰的组织结构；伊斯兰团体和组织的社会影响力和政治号召力增强；通过各种形式的宣教会、讨论会传播伊斯兰教等。

就兴建清真寺而言，据印尼清真寺委员会副主席 Syafruddin 称，目前在印尼至少有 80 万座清真寺，若算上在建未完工的，印尼清真寺数量应超过 100 万座。其中，90% 的清真寺由社会自发筹建，数量居全世界首位②。就成立伊斯兰组织而言，2017 年 12 月，"2·12"反钟万学游行集会运动发起者成立了印尼清真寺经济委员会（DEMI），将"2·12"游行激发的群众力

---

① 金宜久：《伊斯兰与国际政治》，中国社会科学出版社，2013，第 44~45 页。
② Redaksi Aceh OKE, Ada 800 Ribu Masjid di Indonesia, Begini Reaksi Imam Masjidil Haram, 2018 - 07 - 05, https://acehoke.com/3830/ada - 800 - ribu - masjid - di - indonesia - begini - reaksi - imam - masjidil - haram/.

量转变为持续动能,通过发展全印尼清真寺的经济实力进而整合全印尼穆斯林[①]。就伊斯兰团体和组织的社会影响力而言,前任总统瓦希德将伊斯兰教士联合会"去政治化"(depoliticisation),定位为社会与宗教组织而非政治组织,推行伊斯兰教文化,设立伊斯兰教学堂,采取务实原则,在印尼传播伊斯兰教思想,宣传以"文化的伊斯兰教"取代"政治的伊斯兰教",反而加速促成印尼社会的伊斯兰化,许多世俗穆斯林转而成为虔诚穆斯林,虔诚穆斯林的人口比例反而比过去增加[②]。另外,伊联、穆联等温和阿拉伯组织已经成为佐科总统政府的参政者。由此看来,印尼社会生活中的伊斯兰元素日益显著,印尼社会领域的伊斯兰化可能日益增强。

2. 反官方或非官方的伊斯兰发展

在印尼,以反官方或非官方形式推行的"伊斯兰复兴运动"表现为群众性街头政治,或是从事伊斯兰暴力活动。

就街头政治而言,首先,源于伊斯兰世界对于西方世界的抵制,因为在后现代世界里,寻求族群认同逐渐成为身份政治中心。穆斯林需要在宗教社会中寻找他们的基本认同和忠诚。其次,经济发展迟缓、法治建设无力、贫富差距加大、贪污腐败盛行等社会问题也可能成为伊斯兰力量使用街头政治的理由。街头政治从某种程度上看属于印尼民主建设的进步,因为公民可以借助族群力量参与到国家建设之中,提供公民的政治表达水平,培养日益健全的公民社会和日益强劲的政治表达能力。但伊斯兰街头政治也可能被某些利益集团利用,进而使族群成为实现集体诉求的政治工具。实际上,印尼民主化改革后的历次选举都曾不同程度地出现以族群为基础的政治动员,基本都随着选举的结束而归于沉寂,所以这种性质的伊斯兰街头政治一般周期性出现,并可能随着民主的发展和法治的健全而日趋理性。

就印尼的伊斯兰暴恐行为而言,首先,源于政治偏见和宗教不宽容,宗

---

① Djony Edward, Selamat Datang Dewan Ekonomi Masjid Indonesia, 2017 - 12 - 15, https://nusantara. news/selamat - datang - dewan - ekonomi - masjid - indonesia/,.
② Leo Suryadinat, "Suharto's Indonesia in the mid - 1980's," in Leo Suryadinata, *Interpreting Indonesian Politics* (Singapore: Institute of Southeast Asian Studies, 1998), p. 180.

教间和宗教内暴力冲突上升。若政府不从法治层面解决宗教歧视问题，那么这种类型的宗教暴力将长期存在。可喜的是，2017年11月，印尼宪法法院全体一致通过决议，认为将公民标示在身份证上的信仰限制在伊斯兰教、天主教、基督教、印度教、佛教和孔教范围内属于违宪行为。法院建议可以列入"有信仰者"为第七类。这一行为可视作印尼这个最大的伊斯兰国家宗教自由的重大进步①。因为除上述六大宗教外，在印尼还存在约400种不同的信仰，没有受到法律保护。然而，被视作异端的教派（如阿赫莫迪亚教派）是否也将受到保护，还需要继续观察。其次，随着中东进入"后伊斯兰国"时代，其东南亚成员纷纷返回，妄图在菲律宾、印尼、马来西亚和文莱建立新哈里发国。印尼88反恐特遣队最近宣布，约705名印尼公民曾加入伊拉克、叙利亚和菲律宾的国外武装恐怖组织，其中部分已经回国②。这些人员很可能成为印尼伊斯兰恐怖袭击的潜在诱因。最后，部分散落在居民区和大学校园中的清真寺已经成为激进主义和不宽容现象的温床，而地方政府缺乏有效的去激进化措施③。社会和伊斯兰学堂发展组织（P3M）曾在雅加达100座政府性清真寺中进行调查，发现41座清真寺表现为低、中、高度的激进倾向④。部分高等学府也受到激进主义影响，国家情报局（BIN）局长布迪古纳宛（Budi Gunawan）上将透露，近四成大学生已受激进主义的影响⑤。此外，民主与和平研究机构（Setara Institute）指出，印尼日益增长

---

① Paul Marshall, Indonesia's Constitutional Court Strikes Major Blow Defending Religious Freedom, 2017 - 11 - 07, https：//providencemag.com/2017/11/indonesia - constitutional - court - religious - freedom/.
② CNN Indonesia, 705 WNI Terkait Terorisme di Irak, Suriah, Filipina, 2017 - 09 - 20, https：//www.cnnindonesia.com/nasional/20170919155113 - 12 - 242732/705 - wni - terkait - terorisme - di - irak - suriah - filipina/.
③ CNN Indonesia, Setara：Masjid Kompleks & Kampus di Depok Sarang Radikalisme, 2017 - 11 - 01, https：//www.cnnindonesia.com/nasional/20171101195852 - 20 - 252835.
④ Muhammad Adib, Masjid Pemerintah Diduga Radikal, Ini Kata Wakil Ketua Dewan Masjid Indonesia, 2018 - 7 - 10, http：//deras.co.id/2018/07/11/masjid - pemerintah - diduga - radikal - ini - kata - wakil - ketua - dewan - masjidindonesia/.
⑤《国家情报局局长称近四成大学生受激进主义影响》，http：//www.shangbaoindonesia.com/? p = 213662，2018年7月13日。

的宗教不宽容现象是产生恐怖袭击的诱因之一①。随着 2018 年 5 月新《反恐法》的通过和一系列军警合作制度的建立和实施，伊斯兰暴力恐怖行为会受到政府日益强硬的打击。

三　印尼选举制度与形势

选举制度的确立只是巩固民主制度的条件之一，并不代表现代国家的各种基本制度已经完善。尤其是对于第三波民主国家而言，是在建立基本现代国家制度（如法治和公民社会）之前引入自由选举，既要实现国家现代化，又要实现政治民主化，被称为反向民主化②。印尼属于第三波民主化国家。在独立初期印尼曾仿效西方民主进行选举，后进入长期威权统治时代，选举的象征意义大于实际意义。1998 年民主化改革后，印尼的民主选举制度才逐步完善。

（一）印度尼西亚选举制度

印尼于 1955 年举行了历史上首次大选，获胜的政党包括代表民族主义的印尼民族党（PNI），代表右派伊斯兰的马斯友美党（Masyumi），代表保守伊斯兰的伊斯兰教士联合会（NU），代表民族主义伊斯兰的印尼伊斯兰联盟（PSII）和代表共产主义的印尼共产党（PKI）。由于意识形态和政治利益悬殊，内阁频繁更迭。1959 年苏加诺宣布开始"有领导的民主"后，印尼第一次西方式选举民主宣告失败。

1965 年"9·30"事件后，苏哈托逐渐掌握大权，颁布简化政党条例，将以伊斯兰教为思想基础的印尼穆斯林党、伊斯兰教士联合会、印尼伊斯兰教联盟党、白尔蒂党合并组成建设团结党（Partai Persatuan Pembangunan），

---

① Detik News, Intoleransi Titik Awal Aksi Terorisme, 18 Januari 2016, 2017 - 12 - 17, https://news. detik. com/foto - news/3121206/intoleransi - titik - awal - aksi - terorisme.
② Richard Rose, Doh Chull Shin:《反向的民主化：第三波民主的问题》,《开放时代》2007 年第 3 期，第 95~114 页。

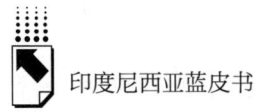

以民族主义为思想基础的印尼民族党、印尼基督教党、印尼独立维护者联盟、天主教党、平民党合并组成印尼民主党（Partai Demokrasi Indonesia），以及以军人和国家公职人员为主、成员遍及各行各业的政党性组织专业集团（Golongan Karya）。在苏哈托和专业集团的掌控下，印尼 1971 年、1977 年、1982 年、1987 年、1992 年和 1997 年大选都沦为形式选举。

1998 年进入民主改革后，哈比比宣布解除党禁，通过三项选举法，包括组织政党的条件、选举制度、全国和地方代表会议的组成，并于 1999 年 7 月 7 日举行人民代表会议（DPR，简称国会）和地方人民代表会议（DPRD）选举。竞选阶段包括：登记审查参选政党资质并确定顺序；选民登记；确定国会、地方人民代表会议候选人；选举、统计选票、确定选举结果；获选人宣誓就职。有 48 个符合条件的政党参加此次过渡性选举，获得席位的 6 个政党有印尼斗争民主党（PDI-P）、专业集团党、建设团结党、民族觉醒党（PKB）、国家使命党（PAN）和星月党（PBB）。根据当时宪法规定，印尼总统由人民协商会议（MPR，500 名国会议员 + 135 名地方人民代表会议议员 + 65 名功能团体代表）间接选出。

经过四次修宪后，印尼初步确立了民主政治框架，印尼总统由人协选举变为全民直选。在《四五年宪法》第 VIIB 章第 22E 条中对于选举进行了详细规定：选举每 5 年举行一次，遵循直接、普遍、自由、保密、诚实和公正的原则；选举对象为国会（DPR）、地方代表会议（DPD）、总统和副总统，以及地方人民代表会议（DPRD）；国会（DPR）和地方人民代表会议（DPRD）参选者为政党，地方代表会议（DPD）参选者是个人；选举由独立机构即选举委员会主持。2004 年大选是印尼首次总统直选。

选举制度最重要的两个技术向度为选举公式和选区规模。选区规模是一个选区应选的名额①。选区规模一般分为单一选区和复选区，单一选区指每个选区每次选举产生一名议员的制度，复选区指每区每次选举产生两名或两

---

① 〔美〕阿伦·李帕特：《选举制度与政党体系：1945~1990 年 27 个民主国家的研究》，张慧芝译，桂冠图书出版有限公司，2003，第 14 页。

名以上议员的制度。选举公式的基本形式是多数代表制和比例代表制,其他方式基本都是由这两种形式演化而成。印尼国会(DPR)和地方人民代表会议(DPRD)选举采用的是"复选区制+名单比例代表制"(Proporsional Daftar),即每个选区产生两名以上议员,政党所获选票与其在议会中席位比例相匹配;地方代表会议(DPD)选举采用"单一选区+单记名不可转让投票制"(SNTV),即每个选区都可产生一名议员,每位选民只能投一票,选票不能在候选人间转移,由得票数最高的4个人当选。总统选举采用两轮的"过半数+相对多数选举制"(Mayoritas/Pluralitas dengan varian Two Round System),绝对多数选票方可当选,如果所有候选人都未能获得半数以上的选票就举行第二轮选举,只需获得相对多数选票即可当选。

2004年大选中共有24个符合条件的政党参加国会(DPR)和地方人民代表会议(DPRD)选举,争夺DPR中的550个席位。共有5组竞选组合获准参加总统选举,两轮投票后苏西洛—卡拉组合战胜梅加瓦蒂—哈希姆组合,当选首任印尼直选总统和副总统,标志着印尼民主化进程的重大进展。2009年大选时国会(DPR)席位增至560人,地方代表会议(DPD)席位增至132人,共有38个政党参加了DPR选举。在总统选举环节,苏西洛组合首轮过半数超过梅加瓦蒂组合,成功竞选连任。2014年立法选举中,根据2012年第8号选举法,国会参选门槛提高,共有12个政党参加DPR选举。在总统选举环节仅出现了两对候选人,佐科—卡拉组合超过普拉博沃—哈达组合,当选为现任印尼总统和副总统。

就国会选举而言,1999年印尼国会大选中,48个政党中只有6个政党取得了2%以上的选票,获得DRP席位;2004年大选中,24个政党中仅7个达到2%的门槛;2009年大选,38个政党参选,仅9个政党取得超过2.5%的选票门槛获得席位。在2014年大选中,12个政党参与DPR竞选,政党进入门槛提高到3.5%,9个政党获得席位[①]。总统选举门槛也发生了

---

① 笔者根据https://id.wikipedia.org历次选举结果整理。

变化,在2004年大选中,规定在上轮选举中至少获得全国票数的5%或DPR议席3%的政党才有资格推举候选人,最终有5对候选人进入总统选举。2009年大选依据2008年修订的《选举法》,规定政党或政党联盟必须在上轮选举中获得全国票数的25%或DPR议席的20%以上才有资格推举候选人,由此催生了政党联盟,并推出3对候选人进入总统选举。2014年大选依然依据2008年《选举法》,导致产生两支政党联盟,推出两对总统候选人,佐科—卡拉组合胜选。

(二)印度尼西亚选举形势

2018年地方首长选举已于6月27日在17个省、115个县和39个市同时举行,现场气氛和平、有序、安全。而印尼国会选举和总统选举将于2019年4月17日同步举行,大选气氛日益热烈。

1. 地方首长选举

目前印尼有34个省,414个县,93个市。在2015年之前,地方政府首长是由地方人民代表会议(DPRD)选举产生。2015年改由地方居民一次性直接选举产生,属于"单一选区+多数代表制"选举,虽然选举中也会出现钱权交易、徇私舞弊等违法现象,但该做法更符合民意。2018年6月27日地方首长同步选举是选举制度改革以来的第三次,需要选出17名省长、115名县长、39名市长(第一次是2015年12月的269个地方,包括9名省长、224名县长、36名市长;第二次是2017年2月的110个地方,包括7名省长、76名县长、18名市长,其中发生了钟万学事件)。2018年地方首长选举被视为2019年总统选举的前哨站,因为选举涉及的选民占全国的78%。值得一提的是,全国大型省份如西爪哇、东爪哇、中爪哇、北苏门答腊省和南苏拉威西(总人口超印尼人口半数)都是保障总统大选获胜的兵家必争之地。此次选举参与支持候选人的全国性政党有12个,亚齐特区地方性政党有3个,选举秩序总体和平顺畅。选举结果如表1所示。

印尼伊斯兰政治化现象分析及其对选举形势的影响

表1 2018年地方首长选举结果

单位：%

编号	省份	省长	所属政党	副省长	所属政党	所获选票	支持政党
1	巴厘 Bali	Wayan Koster	PDI-P	Tjokorda Oka Artha Ardhana Sukawati	PDI-P	57.68	PDI-P Hanura PAN PKPI
2	西爪哇 Jawa Barat	Ridwan Kamil	无党派	Uu Ruzhanul Ulum	PPP	32.88	NasDem PKB PPP Hanura
3	中爪哇 Jawa Tengah	Ganjar Pranowo	PDI-P	Taj Yasin Maimoen	PPP	58.78	PDI-P Demokrat NasDem PPP Golkar
4	东爪哇 Jawa Timur	Khofifah Indar Parawansa	PKB	Emil Elestianto Dardak	无党派	53.55	Demokrat Golkar PPP NasDem PAN Hanura
5	西加里曼丹 Kalimantan Barat	Sutarmidji	PPP	Ria Norsan	Golkar	51.55	Golkar NasDem PKB PKS Hanura
6	东加里曼丹 Kalimantan Timur	Isran Noor	PKPI	Hadi Mulyadi	PKS	31.33	Gerindra PKS PAN
7	楠榜 Lampung	Arinal Djunaidi	Golkar	Chusnunia Chalim	PKS	37.78	Golkar PKB PAN
8	马鲁古 Maluku	Murad Ismail	PDI-P	Barnabas Orno	PDI-P	40.83	PAN PPP PKPI PKB Hanura Gerindra PDI-P NasDem
9	北马鲁古 Maluku Utara	Ahmad Hidayat Mus	Golkar	Rivai Umar	PDI-P	31.91	PPP Golkar
10	西努沙登加拉 Nusa Tenggara Barat	Zulkieflimansyah	PKS	Sitti Rohmi Djalilah	NasDem	31.80	PKS Demokrat

续表

编号	省份	省长	所属政党	副省长	所属政党	所获选票	支持政党
11	东南苏拉威西 Sulawesi Tenggara	Ali Mazi	NasDem	Lukman Abunawas	Hanura	43.68	NasDem Golkar
12	南苏门答腊 Sumatera Selatan	Herman Deru	NasDem	Mawardi Yahya	Golkar	35.96	PAN NasDem Hanura
13	北苏门答腊 Sumatera Utara	Edy Rahmayadi	Gerindra	Musa Rajekshah	企业家	57.58	Gerindra PKS PAN Golkar NasDem Hanura
14	南苏拉威西省 Sulawesi Selatan	Nurdin Abdullah	无党派	Andi Sudirman Sulaiman	无党派人士	43.87	PDIP PKS PAN
15	东努沙登加拉 NTT	Viktor Bungtilu Laiskodat	NasDem	Josef Adreanus Nae Soi	Golkar	35.6	Hanura Golkar NasDem
16	巴布亚 Papua	Lukas Enembe	Demokrat	Kleme Tinal	Golkar	67.54	Demokrat PKS PPP PKPI PAN NasDem PKB Hanura Golkar
17	廖内 Riau	DRS. H. Syamsuar, M. SI	PAN	H. Edy Nasution			PKS NasDem PAN

资料来源：作者根据新闻报道整理。

竞选结束后，第一大省西爪哇胜选省长 Ridwan（NasDem）立即宣布支持佐科（西爪哇曾是大印尼行动党的票仓，参与诬蔑佐科）。第二大省东爪哇当选省长、前社会部长科菲法（Khofifah Indar Parawansa）获胜后立即表态将在 2019 年选举中支持佐科，甚至表示乐意成为佐科竞选总统的助选团成员，这无疑给民主党"泼冷水"，提高了佐科的竞选实力。中爪哇胜选省长属于 PDI-P，历来属于梅加瓦蒂的票仓，支持佐科毫无悬念。伊斯兰保守派代表、卸任西努沙登加拉省长 Tuan Guru Bajang（TGB）宣称将支持佐科蝉联总统。南苏门答腊省卸任省长 Alex Noerdin 也表达支持佐科连任。

单从地方首长选举结果看，支持佐科的联盟政党获得选民人口超总人口半数的选区，佐科总统连任几无悬念。但联盟政党在地方首长选举中的实力对比发生了变化，尤其是 Golkar 和 Nasdem 获得耀眼成绩后，可能会对权力分配产生影响；反对党获得人口大省北苏门答腊，对于佐科竞选连任不算利好消息；伊斯兰政党 PKB、PPP、PAN 和 PKS 在选举中显示出一定的实力，但全国穆斯林选民更加偏好政绩而非穆斯林政党，打击了穆斯林极端主义者日益增长的信心，减轻了佐科总统在 2019 年大选前的压力，但仍值得持续关注。

在此次地方首长选举中，政党的影响力似乎有所衰退，而候选人的个人魅力、声望、专业程度和既往业绩成为衡量标准。年轻有为、充满活力、锐意变革的形象受到选民欢迎，比如西爪哇获选省长 Ridwan（46 岁）具有美国伯克利大学教育经历，在担任万隆市长期间政绩突出；东爪哇获选省长 Khofifah（53 岁）曾担任政府部长，政绩良好；南苏拉威西省获选省长 Nurdin（55 岁）曾获得"改革之星"奖。而带有裙带关系色彩的竞选人则大多落选，如南苏门答腊省长 Alex Noerdin 的儿子 Didi Reza 竞选南苏拉威西省长落选；西加里曼丹省长 Drs Corniles 的女儿 Karolin Margret Natasa 竞选西加里曼丹省长落选；南苏拉威西省长 Syahrul Yasin Limpo 的弟弟 Ichsan Yasin Limpo 竞选南苏拉威西省长落选。由此可见，印尼的选民已经日趋理性，更加重视候选人本身的能力和政绩。这一结论也与 SMRC 民调结果相一致[①]。

另外，2018 年地方首长同步选举顺利安全举行，基本没有出现大规模街头政治和暴恐行为，显示出政府治理的不断完善和民主建设的不断进步。总统府幕僚长穆尔多科（Moeldoko）对此表示赞赏，认为"全国

---

① Faisal Abdalla, Survei SMRC: Pemilih di Jabar Rasional, 2017 – 07 – 13, http://pilkada.metrotvnews.com/read/2017/07/13/728921/survei – smrc – pemilih – di – jabar – rasional.

各地民众均保持冷静,没有严重事件发生","印尼人民对民主选举的认知及态度已非常成熟,民众参与度也很高,这是印尼成功进行民主改革的成果"。①

2. 议会和总统选举

2018年地方首长选举圆满结束后,2019年议会选举和总统选举马上来临。根据普选委员会2017年第7号条例规定,2019年国会选举和总统选举的阶段和计划时间具体如表2所示。

表2 2019年国会和总统选举时间

序号	内容	日期
1	国会选举登记	2018年7月4日至17日
2	总统选举登记	2018年8月4日至10日
3	普委会宣布正副总统候选人	2018年9月20日
4	普委会宣布正副总统候选人参选序号	2018年9月21日
5	国会选举和总统选举竞选活动	2018年9月23日至2019年4月13日
6	平静日	2019年4月14日至16日
7	同步举行国会选举和总统选举	2019年4月17日
8	国会选举和总统选举总结	2019年4月25日至5月22日
9	总统和副总统宣誓就职	2019年10月20日

在国会和总统选举中,选民将一次性投票选出:总统、国会议员(575)、省议员、县/市议员、地方代表。提名已经于7月17日结束。目前印尼国会共计10个政党拥有席位,分别是2014年选举中的NasDem、PKB、PKS、PDI-P、Golkar、Gerindra、PD、PAN、PPP、Hanura。2019年有14个全国性政党和4个亚齐地方政党参加国会席位竞选。新增政党有神鹰党(Partai Garuda)、工作党(Partai Berkarya)、印尼团结党(Partai Solidaritas Indonesia),其中,2个政党与苏哈托家族密切相关。为竞选国会议员,每

---

① Pilkada Serentak 2018 Lancar, Moeldoko Puji KPUD, 2018 - 07 - 03, https://www.liputan6.com/pilkada/read/3577145/pilkada - serentak - 2018 - lancar - moeldoko - puji - kpud.

个政党在 80 个选区里共需推出 575 个国会议员候选人，16 个政党共推出 8438 个候选人。34 个省中共有 2207 个省议员（如雅加达 106 人、西爪哇 100 人、中爪哇 100 人、东爪哇 100 人、邦加 45 人等），414 个县 96 个市共计选出 17610 个县/市议员。所以 16 个政党共提名各类候选人近 20 万人。选举委员会今年规定贪污犯不能参加竞选，现在正在审查阶段。根据 2017 年第 7 号《选举法》规定，2019 年选举获得议会席位门槛是得票率不低于 4%，总统提名门槛是一个政党或一个政党联盟在上轮选举中必须有 20% 的议会席位或 25% 的全国合法选票才能够推举总统和副总统。目前没有一个政党可单独推举候选人，必须组成政党联盟。

由于寻求竞选连任的佐科总统亲民务实，着重发展印尼经济，加强基础设施建设，所以 Populi Center、Charta Politika、Political Communication (Polcomm)、LSI Denny JA 等多方民调显示佐科获得较高支持率，遥遥领先于普拉博沃。目前宣布支持佐科总统连任的政党和组织包括斗争民主党 (PDI-P)、建设团结党（PPP）、民族民主党（NasDem）、专业集团党（Golkar）、民心党（Hanura）、民族复兴党（PKB）、印尼穆斯林学者协会 (ICMI)、伊斯兰青年学者力挺佐科组织（Solidaritas Ulama Muda Jokowi, Samawi）等。2018 年地方首长选举后，已表态支持佐科的万隆市前市长 Ridwan 成功当选拥有 4700 万选民的西爪哇省长。中爪哇省斗争民主党候选人 Ganjar 顺利当选中爪哇省长；在东爪哇省，前社会部长 Khofifah 顺利当选，并立刻宣布支持佐科竞选连任。爪哇三省都明确表态将力挺现任总统，大大提升佐科连任可能。此外，民主党高层理事会成员之一、伊斯兰保守派代表、西努沙登加拉前省长 Tuan Guru Bajang（TGB）宣称将在 2019 年大选中支持佐科蝉联总统，能够拉近和强化佐科与穆斯林的关系、争取西努沙登加拉省选票。南苏门答腊省当选正副省长 Herman Deru 和 Mawardi Yahya 举行新闻发布会并宣布支持 2019 年总佐科蝉联总统。

2018 年 8 月 9 日和 10 日，佐科与普拉博沃分别宣布选择伊斯兰教士联合会总主席马鲁夫（Maruf Amin）和雅加达前副省长富商桑迪加（Sandiaga Uno）为竞选搭档。马鲁夫是印尼伊斯兰教代表性人物，属于伊斯兰保守

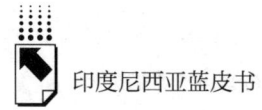

派，主张建立"伊斯兰法经济"（Ekonomi Syariah），一度是反对阿赫莫迪亚教派的主要人物，并发起指控钟万学亵渎伊斯兰教的教令。马鲁夫对于佐科获得穆斯林选民的支持、防范对手使用信仰攻击具有重大意义，更进一步加强了佐科的胜选把握。桑迪加不是伊斯兰领袖，从政时间尚短，但胜在年轻富有，能够提供大量资金助选。

四 当前选举中印尼伊斯兰政治化的影响

（一）伊斯兰政党对于选举的影响

虽然世俗主义认为，"宗教权威所影响的领域在缩小"[1]，但事实证明，宗教因素在现代社会的演变非常复杂。从意识形态看，目前印尼几大政党中，斗争民主党（PDI-P）属于拒绝迎合伊斯兰议题的世俗政党，专业集团党（Golkar）和民主党（PD）属于在某种程度上迎合伊斯兰议题的世俗政党，它们都反对建立伊斯兰政权。国家使命党（PAN）和民族觉醒党（PKB）以"潘查希拉"为思想基础，但与伊斯兰力量关系密切；公正福利党（PKS）、星月党（PBB）、建设团结党（PPP）以伊斯兰为思想基础，支持建立伊斯兰政权。20世纪50年代失败的民主经历让印尼政坛势力认识到原生社会多样性的潜在威胁，大都主张超越固有的族群地域，表现出温和包容的特色，使印尼政党关系呈现竞争而非敌对的状态。

就印尼2019年总统大选而言，佐科总统坚持多元包容的治国理念，不愿表现出过分明显的宗教特色，所以反对派推翻佐科的胜算很可能集中在族群政治上，比如诬蔑佐科是共产党、是华裔、反对伊斯兰、出卖国家利益等。从2004年、2009年和2014年总统大选结果分析，伊斯兰政党的选举支持率不断下降。按照日前印尼科学院（LIPI）政治研究中心民调显示的支持率看，一些政党的支持率并不高，具体民调支持率PDI-P为24.1%、

---

[1] Chaves, M. Secularization as declining religious authority (Soc. Forces 1994, 72), p.750.

Golkar 为 10.2%、Gerindra 为 9.1%、PKB 为 6%、PPP 为 4.9%、PD 为 4.4%，而 PKS 为 3.7%、PAN 为 2.3%、Nasdem 为 2.1%、Hanura 为 1.2%，一些政党可能达不到议会门槛标准[1]，表明伊斯兰政党的支持率可能进一步降低。目前看来，虽然反对派希望用宗教政治动员的方式打击佐科，但伊斯兰界领袖马鲁夫作为佐科的竞选搭档，可以有效规避极端伊斯兰势力的挑衅。普拉博沃虽然没有挑选教界领袖作为搭档，但仍获得极端伊斯兰组织的支持，其实力依然不能小觑。

（二）社会伊斯兰化对于选举的影响

由于印尼的民主制度日益发展，对民意的响应成为政党发展的关键因素之一。在这种背景下，政党和政党联盟为了谋求议会席位和政府职位的目的都需要寻求伊斯兰族群的支持。总体而言，执政党向温和伊斯兰群体寻求政治支持，必然不断扩大其社会影响力。比如，选择 MUI 总主席马鲁夫为副总统候选人，NU 在对政府的支持中实现了自身快速发展，其纲领"努山塔拉伊斯兰"得到官方承认，成员达到历史巅峰（4000万～4500万人，两倍于穆罕默迪亚），多位高层领袖担任中央或地方政府以及国有企业战略性行政职务。

反对党为实现政治目的，利用伊斯兰强硬派的社会号召力量，将国家发展建设议题简化为族群政治议题，将社会矛盾简化为族群分歧。2016～2017年强硬派阿拉伯组织"伊斯兰捍卫者阵线"（FPI）发起的反钟万学运动最终成功阻止其连任，并导致其以亵渎宗教罪被判处两年徒刑。目前，反佐科势力在社交媒体上发起名为"2019年换总统"运动，该运动号召人马达尼（Mardani Ali Sera）是保守派伊斯兰政党议员，他坦言其运动的大部分追随者来自伊斯兰政党以及之前反钟万学的组织。伊斯兰捍卫者阵线（FPI）宗教领袖诺维尔表态支持"2019年换总统"运动，他指责佐科"出卖国家"

---

[1] Andre Sastro, Survei LIPI: Enam Partai Lolos Parlementary Treshold, 2018 - 07 - 20, https://www.tajuktimur.com/pemilu/survei - lipi - enam - partai - lolos - parlementary - treshold/.

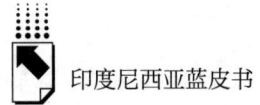

"让共产党人和邪教势力扩大",并表示"撤换出卖国家和宗教的现任总统是穆斯林的责任"。虽然印尼选举法禁止宗教场所进行竞选拉票活动,但清真寺也是教学场所,可以举行政治讨论会。印尼宗教事务部发言人马斯图基坦承:"如果有传教士利用清真寺来实现政治目的,最好是由公众来劝阻他们。宗教事务部没有权力指认或制止他们。"①

反对派炒作佐科的信仰问题已不是首次。在2014年的总统选举时,他们就造谣佐科不是穆斯林而是基督教徒甚至有华人血统,以此来误导选民。这一次的不同之处在于,强硬派伊斯兰势力迅猛崛起,威胁到印尼的包容性世俗国家形象。2018年地方首长选举中,反对派支持率的表现不容小觑,显示出印尼的世俗政治依然面对强大的挑战。

(三)伊斯兰街头民主对于选举的影响

有学者认为,高度政治动员的公众,如果置身于制度化程度很低的政治体系,结果往往是不稳定、失序甚至暴力②。从公共型街头民主看,声援缅甸罗兴亚穆斯林、抗议美国承认耶路撒冷是以色列首都并将使馆迁至耶路撒冷都将不断加强外部"他者"的对照和刺激,增强伊斯兰群体的反西方化意识和族群认同意识,提升其政治存在感,甚至为强硬反对派所利用以达成其政治目的(如FPI借声援罗兴亚人的示威冲击婆罗浮屠佛塔)。从政治型街头民主看,最典型的事例是一系列反钟万学游行示威运动,以及FPI领袖里齐克回国后可能发动的一系列族群政治动员。

当然,民主运行一段时间后,政党、政党联盟和政治人物的言行风格与政绩表现日益明了,选民也趋于成熟,越发不易受到族群话题的蛊惑,而更重视民生政绩。佐科政府上台后,大力发展基础设施建设,稳定经济增长,提高民众福利,并于2018年3月底将印尼贫困人口比率降至9.82%,创历

---

① Kanupriya Kapoor and Agustinus Beo Da Costa, 2018 - 6 - 26, Indonesian election season is a gauge of rise of political Islam, https://www.yahoo.com/news
② 〔美〕塞缪尔·P. 亨廷顿:《变化社会中的政治秩序》,王冠华、刘为等译,上海人民出版社,2008。

史新低①。最近印尼科学院（LIPI）发布的民调显示，佐科的支持率达到58.2%，远高于普拉博沃的26.6%。LIPI 高级分析员 Syamsuddin Haris 表示，佐科的高支持率与民众对其政绩的满意程度密切相关②。

（四）伊斯兰暴恐行为对于选举的影响

印尼群众性宗教暴力事件集中出现在民主化改革初期的马鲁古、安汶等地区，随着民主化推进，大规模宗教暴力事件已经鲜有发生，但零星小规模的、涉及伊斯兰教和其他宗教以及伊斯兰教内部不同派别的暴力行为依然时有发生，有些甚至已经具有恐怖袭击的特点。如2018年5月，西努沙登加拉阿赫莫迪亚教派居民遭到暴徒冲击破坏；2018年初，印尼国内伊斯兰教士、宗教学校和清真寺频频遭到不明袭击，紧张局势持续升高。印尼情报人员和伊斯兰宗教官员认为，这些袭击背后隐藏着一股不明的政治力量，制造佐科总统任内伊斯兰遭攻击的假象，意图煽动穆斯林的敌对情绪。此外，2016年初以来在印尼发生了多起震惊世界的恐怖袭击，破坏社会秩序，造成了民众恐慌。

在印尼发生的宗教暴力行为一般与社会矛盾具有密切联系，或者是机会主义政治家沿着社会裂痕进行动员的产物，可能随着社会矛盾的解决或利益分配的妥协而缓解。如果佐科政府能够稳步推进国家建设，大力加强法制建设和治安维稳，伊斯兰暴力行为应该不足以威胁其竞选连任和印尼多元化的建国方针。而恐怖袭击作为伊斯兰极端势力在宗教名义下、通过传播极端主义思想而实施的恐怖行为，其目的和动机从表面上看似乎是为了宗教信仰，但实际上与具有政治经济图谋的野心家、阴谋家密不可分。虽然恐怖袭击与总统竞选没有直接关系，但也对政府执政能力提出重大挑战。

---

① Samawi: Baru di Era Jokowi Angka Kemiskinan Takluk, 2018 – 07 – 20, https://www.ucnews.id/news/Samawi – Baru – di – Era – Jokowi – Angka – Kemiskinan – Takluk/2022767710863345.html.

② Eidi Krina Jason Sembiring, Elektabilitas 58, 2%, LIPI: Posisi Jokowi Aman di Pilpres 2019, 2018 – 07 – 20, https://nasional.sindonews.com/read/1323684/12/elektabilitas – 582 – lipi – posisi – jokowi – aman – di – pilpres – 2019 – 1532099969.

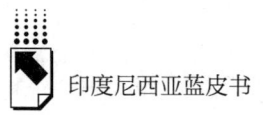
印度尼西亚蓝皮书

五 政府应对措施及中印尼合作的风险关注

(一) 印尼政府的应对措施

佐科政府为了维护多元包容的建国理念采取多种措施,比如于2017年成立"潘查希拉意识形态总统培训工作组"(UKP-PIP),并于2018年升级为"潘查希拉意识形态培训局"(BPIP),用以在国家生活和公民思想中普及"潘查希拉"意识形态,对抗社会中日益严重的不宽容、激进化和反"潘查希拉"倾向。为避免被反对派描述为不亲近伊斯兰的国家领导人,佐科不断拉近与伊斯兰团体的关系,例如,选择伊斯兰领袖为副总统候选人;与印尼国内各宗教领袖加强沟通,维护"潘查希拉"建国基础;频频拜会印尼第一大温和伊斯兰组织"伊斯兰教士联合会"和第二大温和伊斯兰组织"穆罕默迪亚",参加其全国性大会①,肯定其温和伊斯兰理念的价值②,以期形成共识,获得支持;任命著名宗教人士担任宗教和谐使者③;主持"温和"伊斯兰世界峰会,强调印尼是在"潘查希拉"建国基础上具有多元化民族和宗教的国家,能够通过宽容和互相尊重的协商方式解决任何纷争④;各宗教领袖举行跨宗教与文明对话合作会议,呼吁自我克制,避免散播仇恨与极端言论,恶意煽动和激化族群矛盾,破坏来之不易的社会和谐,重视不同文化交融与文明对话,

---

① Haeril Halim, Jokowi goes extra mile in wooing Muhammadiyah, 2017 - 02 - 25, www.thejakartapost.com/news/2017/02/25/jokowi - goes - extra - mile - in - wooing - muhammadiyah.html.
② Jokowi praises NU's roles in building peace, tolerance, 2017 - 11 - 23, http://www.thejakartapost.com/news/2017/11/23/jokowi - praises - nus - roles - in - building - peace - tolerance.html.
③ Anton Hermansyah, Jokowi appoints Din Syamsuddin as special envoy for religious harmony, 2017 - 10 - 24, www.thejakartapost.com/news/2017/10/24/jokowi - appoints - din - syamsuddin - as - special - envoy - for - religious - harmony.html.
④ 《佐科威支持温和伊斯兰全球运动,总统在茂物行宫主持"温和"伊斯兰峰会开幕式》,http://www.shangbaoindonesia.com/? p = 213746,2018年5月1日。

以善意理性表达不同的政治意见，共同营造互相包容和尊重的社会氛围①。

佐科誓言要维护印尼的多元化，捍卫温和伊斯兰。为应对伊斯兰激进主义和暴恐行为，高等教育和技术研究部（Kementerian Riset Teknologi dan Pendidikan Tinggi）、国家反恐局（BNPT）、印尼警察和印尼国民军等政府机构与印尼教士理事会、伊斯兰教士联合会和穆罕默迪亚等宗教组织合作，共同对抗教育机构与宗教场所的激进思想②；国家反恐局启动全国反激进主义运动（GEMAR），给前恐怖主义囚犯进行辅导，让他们真正回归社会③；政府将在伊斯兰学堂设立工作训练所（Balai Latihan Kerja）和微型公益银行，以提高学堂人力资源素质，改善底层民众福利，对抗激进思想的影响④；解散极端伊斯兰组织 HTI，宣判 FPI 领袖里齐克侮辱"潘查希拉"；破获散布 SARA 仇恨言论的 Saracen 网络团伙和"穆斯林网军"（MCA）；利用"我们的眼睛"（Our Eyes）多国情报合作计划交换与分享彼此搜集的武装组织活动情报，开发极端分子信息共同数据库，联合应对恐怖主义和激进主义⑤；判处恐怖组织"神权游击队"（JAD）领袖阿曼（Aman Abdurrahman）死刑；重新激活国军联合特种作战司令部（Koopsusgab），以协助警方开展反恐行动⑥。在反恐领域中，最实质的进展是于 2018 年 5

---

① 《2019 年总统选举在即 宗教领袖呼吁民众避免散播仇恨》，http：//www. shangbaoindonesia. com/？p=219465，2018 年 7 月 10 日。

② Soal Radikalisme dan Terorisme di Kampus, Pemerintah Akan Buat Regulasi Baru, 2018 – 06 – 07, https：//nasional. kompas. com/read/2018/06/07/11275781/soal – radikalisme – dan – terorisme – di – kampus – pemerintah – akan – buat – regulasi – baru.

③ 100 Mantan Napi Terorisme Berkumpul untuk Gemar NKRI, 2017 – 12 – 20, https：//www. idntimes. com/news/indonesia/uni – lubis/100 – mantan – napi – terorisme – berkumpul – untuk – gemar – nkri – 1/full.

④ Robi Setiawan, Jokowi akan Bangun 1.000 Balai Latihan Kerja di Pesantren, 2018 – 07 – 20, https：//finance. detik. com/berita – ekonomi – bisnis/d – 4125760/jokowi – akan – bangun – 1000 – balai – latihan – kerja – di – pesantren.

⑤ "Our Eyes" Melawan Terorisme di Kawasan ASEAN, 2018 – 01 – 25, https：//legaleraindonesia. com/our – eyes – melawan – terorisme – di – kawasan – asean/.

⑥ Marguerite Afra Sapiie, Jokowi agrees to revive Koopsusgab special forces, 2018 – 05 – 18, http：//www. thejakartapost. com/news/2018/05/18/jokowi – agrees – to – revive – koopsusgab – special – forces. html.

月25日国会批准对2003年第15号《反恐法令》的修订案,对监管内容增加许多补充,如关于预防恐怖主义的章节,以及对违反执法规定的官员进行刑事处罚、对恐怖主义受害者提供全面保护等①。最近,印尼国警总长迪托在国会法律委员会工作会议上称,警察防暴机动部队总部恐怖分子囚犯骚乱和泗水恐怖爆炸袭击后,警方已经逮捕约270名恐怖犯罪嫌疑人②。

由于警察和国民军是保障社会稳定和选举顺利进行的重要力量,印尼警察部队多次表示,将在政治大选年中保持中立,全力保卫社会治安。印尼国民军表示将全力协助警方维持治安和公共秩序,军警也将全面配合相关地方政府或机构妥善处理或将发生的社会冲突。此外,国民军评估了易发生冲突地区(冲突指数:巴布亚省3.4、马鲁古3.26、西加省3.04、苏北省2.06、中苏省2.01;Mimika市3.43、Paniai县3.4、Jayawijaya县3.4、Puncak Jaya县3.28、Konawe 3.07),能够为维护社会治安设置有效预案③。最近陆军总部再次提醒,退役将领不要动员现役军人参与2019年大选活动④。也须注意到,由于不少清真寺仍然被强硬派伊斯兰力量掌控,再加上财力限制和利益纠葛,去激进化措施在深入社会底层方面存在局限,宗教不宽容和激进现象难以根除。这些矛盾与经济现代化和全球化、贫富分化、族群意识上升等有关,所以印尼不仅需要应对伊斯兰政治化诸多层面的挑战,更需要提升民主治理的有效性。

---

① Teras Lampung, UU Anti-Terorisme Disahkan, Korban Bom Dapat Kompensasi, 2018－05－25, https：//www.teraslampung.com/uu-anti-terorisme-disahkan-korban-bom-dapat-kompensasi/.
② Budiarti Utami Putri, Polri Telah Tangkap 270 Terduga Teroris Pasca-Rusuh Mako Brimob, 2018－07－19, https：//nasional.tempo.co/read/1108543/polri-telah-tangkap-270-terduga-teroris-pasca-rusuh-mako-brimob.
③ Fabian Januarius Kuwado, Ini 10 Provinsi dan Kabupaten/Kota yang Rawan Saat Tahun Politik, 2018－03－08, https：//nasional.kompas.com/read/2018/03/08/11410741/ini-10-provinsi-dan-kabupatenkota-yang-rawan-saat-tahun-politik.
④ Bangun Santoso, KSAD：Purnawirawan Jangan Libatkan Prajurit Ikut Berpolitik, 2018－07－24, https：//www.suara.com/news/2018/07/24/143459/ksad-purnawirawan-jangan-libatkan-prajurit-ikut-berpolitik.

（二）中印尼合作中要关注相关风险

随着印尼在"一带一路"沿线国家中的重要外交地位和典型示范意义日益凸显，关注印尼伊斯兰政治化趋势及其对选举形势的影响，能够有的放矢地制定对外政策，保障并促进两国战略合作深入推进。

一是关注选举竞争中对中国问题的炒作。近年来，反对派大肆炒作中国相关问题以攻击现任政府（如中国劳工问题、中国经济殖民问题、中国辣椒是生化武器问题等），鉴于此，2019 年选举年可能会出现对两国加深政治、经济合作的一些不利影响，甚至影响到一些项目的推进。日前发生的"西加里曼丹 Ketapang 警察分局与中国江苏省苏州度假村公安局联合警察局事件"① 就是一例，该事件虽然只是误会，但不仅遭到国会质询，还牵连涉事警察分局长被免职。

二是中国政府或企业在印尼投资合作时，要关注合作方的宗教诉求和民族情感，不要触碰伊斯兰红线。要预先评估项目对于伊斯兰族群的影响或可能引发伊斯兰族群反弹的争议内容，按照伊斯兰规范进行风险规避；要尽量低调处理两国合作项目，缩小扩散范围，降低周边影响，避免遭到歪曲；人文交流项目要尽量避免可能掺杂的意识形态，多倡导民间、低层次、公益性、人道性交流。

三是要关注马鲁夫作为佐科的总统竞选搭档，其提倡的"伊斯兰法经济"的政策含义，深入了解其内涵、外延和禁忌，并与中国已有的经贸合作项目进行对比调适，或者培育对方需要、中国适合的潜力项目。与此同时，中国应注重普及伊斯兰经贸知识、储备伊斯兰经济人才，助力两国经贸合作持续推进。

另外，我国政府与企业在对印尼开展合作时，不仅需要关注大型基础设施工程和项目，还需要多关注短期见效、惠及民生的中小型经济合作项目，

---

① Kapolda Kalbar Soal Kasus Kantor Polisi Bersama Kapolres Ketapang, 2018 – 7 – 14, https：// nasional. tempo. co/read/1106789/kapolda – kalbar – soal – kasus – kantor – polisi – bersama – kapolres – ketapang

改善民意，减少族群煽动的民间基础。目前，印尼国会通过《工业 4.0 预算修正案》，依靠物联网、大数据、云计算等数字技术和应用驱动，发展食品加工、纺织和服装、汽车、电子、化学五大先导产业，提高中小企业竞争能力，培养具有国际竞争力的高素质工业人才。在这些领域里，日本国际协力机构（JICA）的案例可供我国参考。印日双方自 2013 年启动"基于改进服务交付的中小型工业发展项目"（SMIDeP），在许多地区成功发展了具有潜力的中小企业园区，如北苏门答腊省的传统编织产品、中爪哇省的金属部件产品、中苏拉威西省的农产品、东爪哇省的鞋类产品和西加里曼丹省的芦荟加工产品，真正实现双方共赢，不仅提高了印尼中小企业的生产力和竞争力，改善当地民生，还为日本深耕印尼市场奠定了良好的基础。2018 年印尼政府选定东爪哇、南苏拉威西和巴布亚作为实施改善中小工业发展的重点区域，我国可以在充分调研的基础上积极展开相关合作。

B.3
印尼劳工法律环境及其对外商投资的影响

邓颖彤*

摘　要： 近年来，印尼外商投资逐渐增加，外企劳工纠纷也呈增长之势，如薪酬问题、工作时间制度问题、管理问题等。印尼本土企业管理中也会出现这些问题，但外资企业因法律不熟、处理不善而引发纠纷，甚至导致罢工，在社会上造成了一些负面影响。本文对印尼劳工法进行了系统分析，指出印尼劳工法律具有推行长期固定劳动关系的倾向，对外籍劳工限制较多，外籍劳工比例极低，仅为0.07%。由于法律和文化的差异，外企在印尼容易出现劳工纠纷，企业应采取尊重法律、尊重工会和积极主动的方式妥善处理。

关键词： 印尼　劳工法律　外商投资　法律适应

一　印尼劳工法律发展历程回顾

（一）独立初期

被殖民统治350年后，印尼于1945年8月17日宣布独立。印尼独立后，根据1945年宪法过渡规则第2条规定，荷兰东印度群岛民法典在被新

---

* 邓颖彤，女，浙江越秀外国语学院东方语言学院印尼语专业教师。
注：文中括号中未特别注明的均为印尼文。

法取代之前应继续有效。荷兰东印度群岛民法典可以说是印尼民法的母体。殖民时期，根据工作的类别以及劳动关系，荷兰殖民政府把工人分成三种类别：第一类是政府管理部门的公务员；第二类是荷属公司种植园的工人；第三类是散工。独立初期，这套分类系统也继续沿用，具体有四种类别：第一类是公务员；第二类是军人；第三类是国有企业的工作人员；第四类是私营企业的工人以及散工。当然，独立后工人与雇主之间的关系是平等的，雇主根据工人工作表现双方协商来确定工人的工资。

在印尼争取独立的过程中，工人运动发挥了很重要的作用，因此工人阶级在印尼有影响力、有地位。1945年9月19日，印尼工人阵线（Barisan Buruh Indonesia）成立了，很多工会都属于印尼工人阵线。工人阶级直接参与了印尼独立的斗争。1945年11月，印尼工人阵线内部思想发生分歧，分裂成两个阵营，其中一个想改变性质成为政党；另一个仍然想保持社会团体性质。1946年5月印尼工人阵线在马笛韵（Madiun）举行了会议，重新成立了印尼工人组织联合会（Gabungan Serikat Buruh Indonesia）。该组织旨在提高工会成员的生活水平。此后1946年11月29日该组织又与垂直工会联合会（Gabungan Serikat Buruh Vertikal）合并，并改名为全印尼工会联盟（Sentral Organisasi Buruh Seluruh Indonesia）。

1945~1949年建国初期，国内各方政治力量博弈，在相当长的一段时期内政局不稳，工人频频举行罢工运动，以争取权益，如要求提高工资等。这一时期，印尼政府也颁布了一系列的政府条例。

1947年临时政府出台第33号条例即关于工作安全的规定，1948年第12号条例即关于工人保护的法令，1948年第23号条例即关于劳工监察的规定。这些法律构建了劳工保护的基本框架，如禁止性别歧视、40小时法定工作制、每周六天工作日、提供宿舍房屋等设施、禁止聘用14岁以下的儿童、保障妇女的权利、两天经期休息假、怀孕或分娩后可以休三个月产假。可以说这些法律法规在当时的亚洲是非常进步的，也成为印尼劳工法律的基础。

20世纪50年代印尼工人运动仍然相对活跃，大约产生了150个国家级的工会，数以千计的当地工会以及七个工人联合会。它们的基础和宗旨各不相同，但是主要活动都集中在政治领域，与保护和提高工人群体利益的初衷背道而驰。1955年出台了一项新规定，即1955年第90号关于工会注册的劳工部部长令，1956年国际工人组织的第98号关于集会结社的权利条约也获批准生效，给了工会法律的地位。当时成立工会的门槛很低，只要基本规章制度、管理章程、成员名单、范围、领域等条件符合要求即可成立。很多政党把工会作为分支机构，以期吸收尽可能多的成员和选票。

1954年，第21号法令即劳动合同法正式生效，该法律承认工会在订立劳动合约中的地位和作用。1957年颁布了第22号关于劳工纠纷处理的法令。1964年第12号法令对私营企业解除劳动关系做出了规定。随着政局趋稳，当局在出台规范劳动关系法令的同时，也开始限制工人政治运动。例如，1963年第7号法令禁止在政府机关以及其他重要机构举行罢工或封锁，1960年第4号法令规定对于重要公司成立公司委员会以防止被工人把持。

（二）"新秩序"时期

1965年"9·30事件"彻底改变了印尼的政治格局，从此进入长达33年的"新秩序"时期。在"新秩序"时期，政府权威不断被加强，劳工法律表现出更多的禁锢倾向，强调管控工人组织活动，而不是争取工人的利益。在这个时期出台的法律法规包括：①1969年第14号关于劳动力法规；②1970年第1号劳动安全法；③1971年第2号关于劳动事故处理的规定；④1992年第3号社会保障法。

苏哈托政府为了防止在旧秩序政府时期经常发生的、大规模激进的工人运动，借助军队等力量加强管控，减少工人运动的左翼影响，工会组织活动衰落。工会合并成全印尼工人工会（Serikat Pekerja Seluruh Indonesia）。军队参与社会生活的程度非常高，有时插手劳资纠纷。另外，1971年印尼成立了国家薪酬委员会，其职责是在劳动合同签订中就工资问题向公司提出建议和意见。除了国家级薪酬委员会外，也有地方薪酬委员会。

进入第三个五年建设计划时期，政府为了维护劳资关系和谐，提出潘查希拉劳资关系原则（Hubungan Perburuhan Pancasila）。潘查希拉劳资关系是在印尼民族、文化的基础上产生并发展起来的。根据潘查希拉的原则以及1945年宪法的精髓，在生产和服务过程中，工人、公司以及政府之间的劳资关系要符合以下原则：①劳资关系中的伦理道德规范都是从潘查希拉原则而来，不可分割；②雇主、公司以及工人不能够因为种族信仰、政治、观念、流派、宗教、民族或性别的差异而受到区别对待；③存异求同，通过协商的方式解决纠纷。现在的劳资关系其实是潘查希拉劳资关系的延续，2003年第13号劳工法对此有涉及。

1992年，部分工人活动家成立了印尼繁荣工人协会（Serikat Buruh Sejahtera Indonesia）。这在当时是得不到政府法律上承认的。1994年全印尼工人工会进行机构重组，又将组织性质改为联合性质，更名为全印尼工会联合会（Federasi Serikat Pekerja Seluruh Indonesia）。1998年国际劳工大会前夕，政府出台了1998年第5号关于成立除了全印尼工人联合会以外的工会的部长决定，放松了对设立工会的限制，由此印尼繁荣工人协会得到承认。

（三）改革时期

1998年5月21日，苏哈托总统下台，标志着"新秩序"时期结束，掀起了改革的浪潮。副总统哈比比宣誓成为总统，建立改革内阁，召开人民代表协商会特别会议。1999年就发布了12个改革决定，政治改革运动也刺激了工人组织的改革。印尼工人重新获得了自由成立团体的权利，工人组织的数量迅速增加。2004年就有超过80个工人组织登记在移民与劳动力部，另有100个组织存在但没有登记。

该时期出台了现今劳工法律体系的四项基础性法律，即：①2000年第21号工人组织/工会法；②2003年第13号劳工法；③2004年第2号劳资纠纷处理法令；④2004年第39号境外劳工保护与管理法令。

2000年工人组织/工会法改善了印尼工会生存状况，印尼工会重新走向多元化。根据该项法律，只要10名工人就能在公司成立一个工会。根据2007年数据，印尼有4个工会联盟、86个联合会以及1000多个工会。2014

年达到6个工会联盟、100个联合会、6808个工会，2017年达到15个工会联盟、112个联合会①。工会数量的增长，也使工人活动趋于活跃，工会在劳动关系中作用凸显，从表1的数据中可见一斑。

表1 2017年1月到3月印尼罢工数据

月份	罢工案件数(件)	涉及的劳动力数(人)	罢工总计时数(天)	投诉(个)
1	9	3059	13	16
2	9	4400	21	14
3	7	939	7	12
总计	25	8398	41	42

资料来源：基于印尼劳工部信息与数据中心（Pusdatin）数据，由作者统计所得。

二 印尼劳工法律的一般规定

印尼现行的劳动法律法规主要有：①1961年第3号关于商业与办公室每周休息时间的国际条约生效的法令；②1992年第2号关于社会保障的法令；③2000年第21号工会法；④2003年第13号劳工法；⑤2004年第2号劳资关系纠纷处理规定；⑥2004年第40号关于国家社会保障体制的法令；⑦2010年第21号劳动监察法；⑧2011年第24号社会保障机构规定；⑨2015年第78号关于工资的政府令；⑩2018年第10号关于职业认证机构的政府令。依据劳动法律涉及的主要方面，相关内容归纳如下。

（一）雇佣关系的确立

根据2003年第13号劳工法，雇员和雇主间的劳动合约（即劳动关系确立）应当具备以下基础：第一，双方一致同意；第二，双方应当拥有完全民事行为能力；第三，双方一致认可的工作内容；第四，该项工作不存在违

---

① Menaker Keluhkan Jumlah Organisasi Buruh Terlalu Banyak, Suara.com, 2017-4-26.

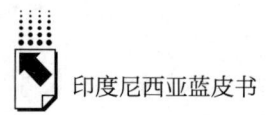

背公序良俗或现行法律法规的情形。劳动合同既可以是有期限的，也可以是无期限的。既可以是书面的，也可以是口头形式的。一份有合法效力的书面合同应当包含以下要素：企业的名称、地址以及行业类别；职业或工作的类别；工人姓名、性别、年龄和住址；工资数额以及支付方式；劳动合同双方权利与义务；签订日期以及地点；生效的日期以及有效期限；当事人签名。

（二）雇佣关系的终止

一般情况下的合同终止有四种情形：①员工去世；②合同约定的履行期限届满；③法院判决应当终止；④公司章程、集体劳动合同或当事人约定终止的其他情形，如合同期满、合同约定任务达成等。

雇主单方面终止劳动合同的情形，按照1964年第12号关于私营企业解雇的法律规定，应当得到政府的许可。若雇员提出解除劳动合同，一是要协商后得到雇主同意；二是要发出提前终止劳动合同的声明。在劳动合同生效期间，雇主若要更改合同条文，在协商不成的情况下，工人可以向法官提出申请终止该劳动合同，若法官认为公司该项变更已经严重损害工人利益，将会核准终止合同。

根据2003年第13号劳工法第12章第153条规定，企业不能因为以下原因解雇员工：①员工按照医嘱因病而不能工作不超过12个月；②员工因履行国家法律法规的国家义务而不能工作；③员工履行宗教义务而不能工作；④员工结婚；⑤员工因怀孕生产、流产或哺乳婴儿；⑥员工与同一个企业的员工有血缘或婚姻关系，除非在集体劳动协议或公司章程中有所规定；⑦员工加入工会或成为工会负责人，在工作时间外得到企业的允许或者根据劳动协议、公司章程、集体劳动协议规定参加工会活动；⑧员工向有关部门报告犯罪行为；⑨因宗教信仰、禁忌倾向、种族、肤色、性别、生理状况或者婚姻状况的不同；⑩员工因为工伤或者永久残疾或受伤，或者在患病期间医生不能确定其康复时间。

雇主在发生以下情形时可以单方解除劳动合同：①员工自动提出辞职，

此时员工没有权利要求得到遣散费、工龄奖励金。如果该名员工按照规定提前30天提出辞职的申请，可要求得到一个月工资的补偿金。②因劳动合同到期而决定终止劳动关系，可得到离职补偿。③因达到退休年龄而终止劳动关系。在劳动合同当中应当由双方共同协商关于退休年龄的规定，也可由公司的章程规定，退休的年龄是根据员工的年龄以及工作的年限决定的。④员工有以下行为：偷窃或者夹带公司产品或资料；提供虚假信息或伪造信息，造成公司损失；在工作场所醉酒或饮烈酒，吸食或贩卖毒品、精神药品或者其他能上瘾的药品；有不道德或下流猥亵行为、在工作场所赌博；殴打胁迫恐吓其他员工；教唆其他员工违法犯罪；有意或过失破坏公司财产，并导致公司损失；在工作场所有意或过失使其他员工处于危险境地；泄露公司的机密；其他会判五年或以上有期徒刑或无期徒刑的犯罪行为。⑤被司法部门拘留的员工，公司可以提出终止劳动合同关系。如果该名员工因正处于司法程序中持续超过六个月不能工作，此种情况下终止劳动关系不需要劳资纠纷调解部门的决议书，但如果司法部门在六个月内判决该案，并且该名员工被判决无罪，则该公司应当把该名员工重新聘请回来。⑥公司亏损。公司因连续两年亏损而破产倒闭并裁员，应当提供通过独立审计的两年财报证明，同时应当给予相应遣散费以及补偿金。⑦该名员工连续旷工五天以上，没有附上合法正当的书面解释，并且两次书面传召均不到岗，公司可以终止劳动合同，此情形之下该名员工被视为已经自动辞职。所谓正当传召，是指通知书最迟三天之内送达该名员工在公司登记的住址。⑧员工死亡。⑨员工违反规章制度、违反劳动合同，公司给予三次警告后再犯的，可以直接解雇，但此项应在劳动合同、公司章程中约定。⑩公司合并或兼并、所有权变更时，员工不愿意履行劳动合同，可以终止劳动合同。⑪公司效能改革裁员。公司应当支付相关遣散费和补偿金。

（三）工资福利规定

1. 最低工资规定

印尼各省最低工资标准每年制定一次，由省长按照工资调查和地方劳动与社会保障委员会的建议，一般在上年最末两个月内制定。各市县最低工资是指某市实施的最低工资标准。各市的最低工资标准通常比省标准高，一般在年前40天内制定。最低工资制定充分考虑每年的生活费用水平、职工平均工资水平、经济发展水平的变化。

表2 2017～2018年印尼各地区最低工资

单位：印尼卢比，%

省份	2017年	2018年	涨幅
亚齐	2500000.00	2717750	8.71
北苏门答腊	1961354.69	2132188	8.71
西苏门答腊	1949284.81	2119067	8.71
廖内	2266722.53	2464154	8.71
占碑	2063948.63	2243718	8.71
南苏门答腊	2388000.00	2595995	8.71
明古鲁	1737412.50	1888741	8.71
楠榜	1908447.50	2074673	8.71
邦加勿里洞	2534673.75	2755443	8.71
廖内群岛	2358454.00	2563875	8.71
雅加达特区	3355750.00	3648035	8.71
西爪哇	1420624.29	1544360	8.71
中爪哇	1367000.00	1486065	8.71
日惹特区	1337645.25	1454154	8.71
东爪哇	1388000.00	1508894	8.71
万丹	1931180.00	2099385	8.71
巴厘	1956727.00	2127157	8.71
西努沙登加拉	1631245.00	1825000	11.88
东努沙登加拉	1525000.00	1660000	8.85
西加里曼丹	1882900.00	2046900	8.71
中加里曼丹	2227307.00	2421305	8.71
南加里曼丹	2258000.00	2454671	8.71
东加里曼丹	2339556.37	2543331	8.71
北加里曼丹	2354800.00	2559903	8.71
北苏拉威西	2598000.00	2824286	8.71
中苏拉威西	1807775.00	1965232	8.71
南苏拉威西	2435625.00	2647767	8.71

续表

省份	2017年	2018年	涨幅
东南苏拉威西	2002625.00	2177052	8.71
哥伦打洛	2030000.00	2206813	8.71
西苏拉威西	2017780.00	2193530	8.71
马鲁古	1925000.00	2222220	15.44
北马鲁古	1975152.00	2320803	17.50
西巴布亚	2421500.00	2667000	10.14
巴布亚	2663646.50	2895650	8.71
平均	2074151.08	2266326	9.27

资料来源：Ditjen PHI dan Jamsos, Pusdatinaker。

2. 辞退福利

员工被辞退或劳动合同终止其得到的经济补偿包括：遣散费、工龄奖励金、补偿金以及离职补偿费（见表3至表5）。

表3　终止劳动合同经济补偿一览

劳动关系终止的原因	遣散费	工龄奖励金	补偿金	离职补偿费	2003年劳工法依据
自动自愿协商一致离职			1X		第162条第1款
提前30天通知辞职			1X	1X	
没有通过试用期					第154条
固定期限劳动合同履行期届满			1X		第154条b款
员工达到法定退休年龄	2X	1X	1X		第167条
员工去世	2X	1X	1X		第166条
员工违法犯罪			1X	1X	第158第4款
员工违反劳动合同、公司章程以及集体劳动合同	1X	1X	1X		第161条第3款
员工因雇主的违法行为而要求解除劳动合同	2X	1X	1X		第169条第1款
公司状态变更、合并、兼并而员工不愿意重新签合同	1X	1X	1X		第163条第1款
公司状态变更、合并、兼并而新公司不愿意重新签合同	2X	1X	1X		第163条第2款
公司因亏损而倒闭	1X	1X	1X		第164条第1款

续表

劳动关系终止的原因	遣散费	工龄奖励金	补偿金	离职补偿费	2003年劳工法依据
公司效能裁员	2X	1X	1X		第164条第3款
公司破产	1X	1X	1X		第165条
员工连续旷工五天并经两次正当书面通知仍不到岗			1X	1X	第168条第1款
员工因长时间生病而无法到岗或因工伤而残疾	2X	2X	1X		第172条
员工被司法部门拘押		1X	1X		第160条第7款

注：X代表下文方法计算得到的标准。
资料来源：印尼2003年劳工法。

表4 遣散费折算方法

工作年限	遣散费
工作不到一年	1×月工资
工作不到两年	2×月工资
工作不到三年	3×月工资
工作不到四年	4×月工资
工作不到五年	5×月工资
工作不到六年	6×月工资
工作不到七年	7×月工资
工作不到八年	8×月工资
工作八年以上	9×月工资

资料来源：印尼2003年劳工法。

表5 工龄奖励金折算方法

工作年限	奖励金
工作三年到六年	2×月工资
工作七年到十年	3×月工资
工作十一年到十二年	4×月工资
工作十三年到十五年	5×月工资
工作十六年到十八年	6×月工资
工作十九年到二十一年	7×月工资
工作二十二年到二十四年	8×月工资
工作二十五年及以上	10×月工资

资料来源：印尼2003年劳工法。

3. 社会保障制度

印尼的社会保障制度涵盖几个方面：工伤保障、死亡保障、社保养老保障、退休保障、健康保障。有关法律法规包括：2004年第40号国家社会保障制度法，2011年第24号关于社会保障制度的法令，2015年第44号关于执行死亡保障以及工伤保障制度的政府令，2015年第45号关于执行退休保障制度的政府令，2015年第46号关于社保养老金制度的政府令。

从2014年1月开始，由印尼劳动力社会保障局负责实行职工养老金制度（Jaminan Hari Tua），养老金发放给超过56岁的员工。退休年龄在2019年7月1日将要提高到57岁，政府计划将退休年龄每三年提高1岁，直到65岁为止。养老金缴纳标准是个人缴纳月工资的2%加上公司缴纳所支付月工资的3.7%（见表6）。如果该名员工的储蓄账户超过5000万印尼卢比，可以自行选择退休时间。

表6 职工养老金缴纳一览

内容	有工作单位	个体户、自由职业
月缴纳额	月工资的5.7%=（2%+3.7%） 其中，2%由员工缴纳；3.7%由公司缴纳	自行选择缴纳的档次
计算基础	基本工资+固定津贴	无
缴纳方式	由公司统一缴纳 最晚是下个月15日前	自行通过机构缴纳 最晚是下个月15日前
罚款	滞纳金2%	无

资料来源：BPJS Ketenagakerjaan，2016年。

社会养老与保障金制度按照2015年第45号关于执行退休保障制度的政府令的规定开始实行，目的是为了维持参保人或其遗产继承人在参保人退休、永久性残疾、死亡后的正常生活。不论是国有企业还是私营企业的员工、个体户都可参保，保费缴纳标准见表7，其发放办法和条件见表8。

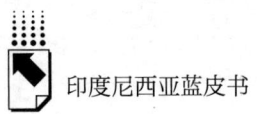

表7 社会养老与保障金缴纳标准一览

内容	有工作单位的
月缴纳额	月工资的3% =（2% +1%） 其中,1%由员工缴纳;2%由公司缴纳
计算基础	基本工资+固定津贴
缴纳方式	由公司统一缴纳 最晚是下个月15日前
滞纳金	2%

资料来源：BPJS Ketenagakerjaan。

表8 社会养老与保障金的发放规定

形式	发放时间	条件
退休金（Manfaat Pensiun Hari Tua）	每月现金发放到死亡	至少缴纳15年或180个月
残疾金（Manfaat Pensiun Cacat）	每月现金发放到死亡或重新工作	永久残疾; 参保至少一个月; 保费缴纳至少达80%; 确诊为残疾一个月后开始享受
丧偶金（Manfaat Pensiun Janda/Duda）	每月现金发放至死亡或再婚	在社会保障管理登记在册的遗产继承人; 至少参保一年,参保少于15年按15年计算; 保费缴纳至少达80%
子女金（Manfaat Pensiun Anak）	每月现金发放至23岁或工作、结婚	最多两名子女登记在册的遗产继承人; 至少参保一年,参保少于15年按15年计算; 保费缴纳至少达80%且没有配偶继承; 保费缴纳至少达80%且继承遗产的配偶也死亡或再婚
父母金（Manfaat Pensiun Orang Tua）	每月现金	未婚无子女参保人的遗产继承人是父母, 至少参保一年,参保少于15年按15年计算; 保费缴纳至少达80%
总付金（Manfaat Lumpsum）	一次性发放个人缴纳的月费	达到退休年龄时参保不足15年; 永久性残疾,但保费缴纳不足80%且参保不满一个月; 参保人去世,保费缴纳不足80%且参保不满一个月; 参保人世去,保费缴纳不足80%且参保不足一年

资料来源：BPJS Ketenagakerjaan。

4. 其他福利规定

（1）节日津贴的规定

节日津贴是公司要付给员工的、为了庆祝宗教节日一定金额的津贴。宗教节日是指伊斯兰教的开斋节、基督教天主教的圣诞节、印度教静居日、佛教的佛诞节或浴佛节。2016年第6号关于公司给员工发放宗教节日津贴的移民与劳动力部部长令中第3条第2款对节日津贴做了详细的规定，公司应根据员工的工作年限发放相当于2~3个月工资的节日津贴，并确定了津贴最低标准。非穆斯林员工能否得到开斋节的节日津贴，取决于合同的规定。根据每个员工各自的宗教节日，津贴一年发放一次，且最晚应在节日七天前发放。

（2）女性保障

印尼的劳工法律也对女性保障做了相应规定。关于工作时间，禁止雇用18岁以下的女员工在晚上11点到早上7点之间工作；为了避免伤害或者影响怀孕的员工以及胎儿的健康，禁止雇用孕妇在晚上11点到早上7点之间进行工作；雇用女性在晚上11点到早上7点之间工作，雇主应该提供充足营养的食物以及饮品，保持工作场所的庄重与安全；企业有义务为晚上11点到早上5点之间工作的女性员工提供往返交通工具。除此以外，女性员工在例假期间感到疼痛难忍，可以在通知雇主之后，在例假的第一天和第二天不来上班。这个请假的特权应当在劳动合同、公司章程或者集体劳动合同当中写明，企业可以不支付这两天的工资，但该规定在实际中难以实现。女性员工有产前一个月和产后一个半月的休假，在流产之后可以休养一个半月。如果女性员工在工作期间需要为婴儿哺乳，企业必须为其提供条件。

三 涉及外籍员工的主要法律规定

（一）印尼外籍员工的基本情况

据印尼劳动部公布的数据，2017年印尼的外籍员工数量已经达到85970人，与上年相比增长6.97%。其中来自中国的员工数已经达到24804人，主要是技术人员，有23870人左右。相对于印尼12000多万的劳动力，在印尼的外籍员工数量仅占比0.07%。与邻国相比，印尼的外籍员工占比是非常低的。马来西亚外籍员工的占比已经达到了12%，大约有外籍员工180万人。新加坡的外籍员工数量已经达到了140万人，占劳动人口比重接近1/3。2016年越南外籍员工的占比是0.14%，泰国外籍员工占比是4.5%[1]。根据2011年第24号关于社会保障制度的法令规定，在印尼工作超过六个月的外国人都应当参加印尼国家社会保障制度。根据社会就业保障管理局的数据，获批的外籍员工雇用许可总数2015年有77149人，2016年有80375人，2017年有85974人。

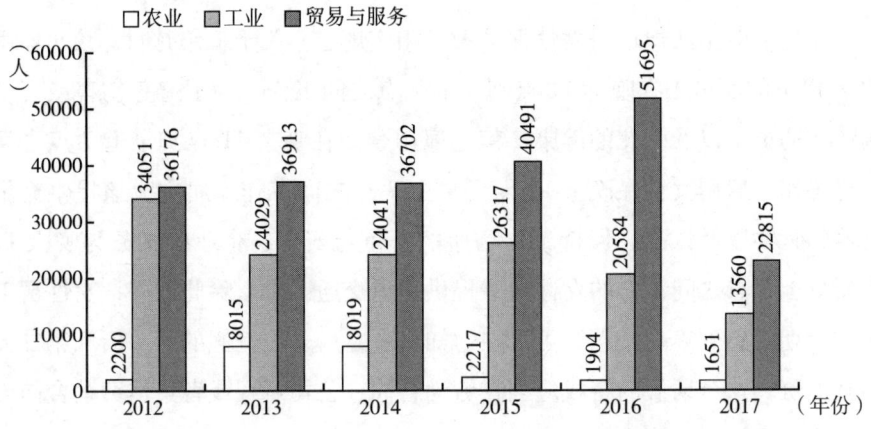

图1　2012年至2017年4月按就业领域分外籍员工雇用许可批准数

资料来源：Direktorat PPTKA-Ditjen Binapenta，2017。

持续增长的外籍员工数量与日益增长的外商投资有密切关系。根据印尼投资协调委员会的数据显示，2017年外来投资在印尼投资已经达到了692.8万亿印尼卢比，这个数字与前期相比增长了13.1%，已经超过了设定的目标678.8万亿印尼卢比[2]。越来越多的外籍员工到印尼工作越发考验印尼政

---

[1] Perbandingan Jumlah TKA di Indonesia dengan Negara Lain，Detik. com，2018 - 4 - 26。

[2] Realisasi Investasi PMDN dan PMA Tahun 2017 Melampaui Target，BKPM. go. id，2018 - 1。

府的管理能力。此前雇用外籍员工需要先申请外籍员工雇用计划,通过后再提交推荐信,得到工作签证后才能去申请雇用许可,继而办理居留许可等证件,不仅耗时长,程序复杂,证明材料也要求严格。2018 年颁发的总统令简化了外籍员工的雇用程序、许可机制。

外籍员工从事的行业领域逐步在发生变化。根据印尼劳动力管理与就业总局 2016 年的数据,在大约 7.4 万多外籍员工中约有 5.1 万人在从事贸易与服务业相关工作,占比约为 70%;其次是大约 2 万人从事工业相关工作,占比约是 28%;剩下 2.6% 的人主要从事农业生产活动(见图 2)。与 2015 年相比,贸易与服务业的人数增长最多,增加了 27.67%;工业领域的外籍员工数量下降了 21.78%,农业领域的外籍员工数量下降了 14.12%。

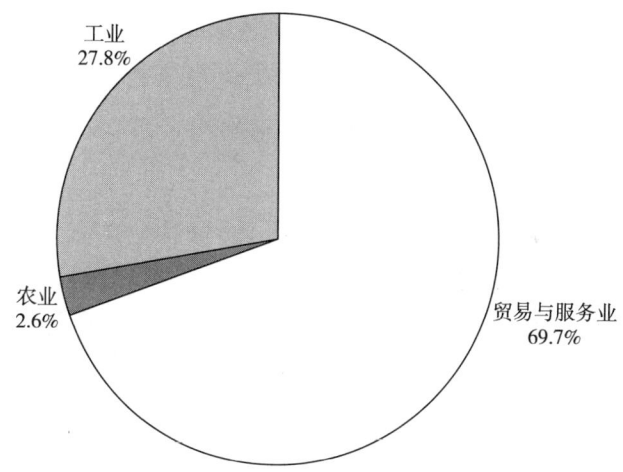

图 2 2015~2016 年印尼外籍员工三大就业领域分布比例

资料来源:印尼劳工部。

从外籍员工的来源国看,2017 年来自中国的外籍员工数量达到了 24804 人,位居第一。紧接着是来自日本的员工,达到 13540 人,韩国员工 9521 人,印度员工 6237 人(见图 3)。按照在印尼从事的职业和担任的岗位来看,担任专家顾问职务的有 23869 人,担任经理等管理职务的有 20099 人,担任董事的有 15596 人(见图 4)。

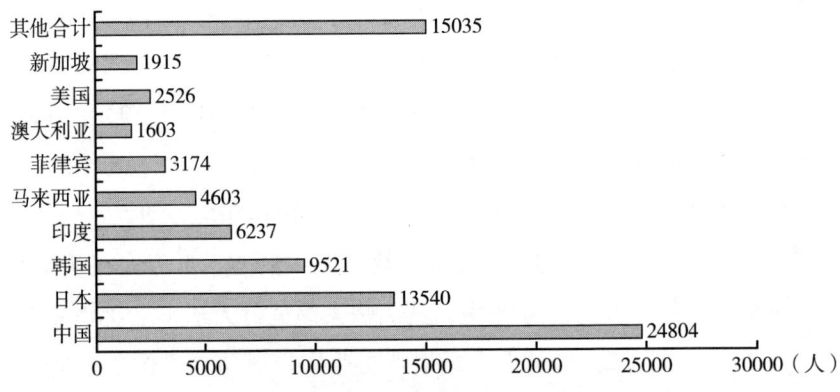

图3 2017年按照国别分印尼外籍员工

资料来源：印尼劳工部。

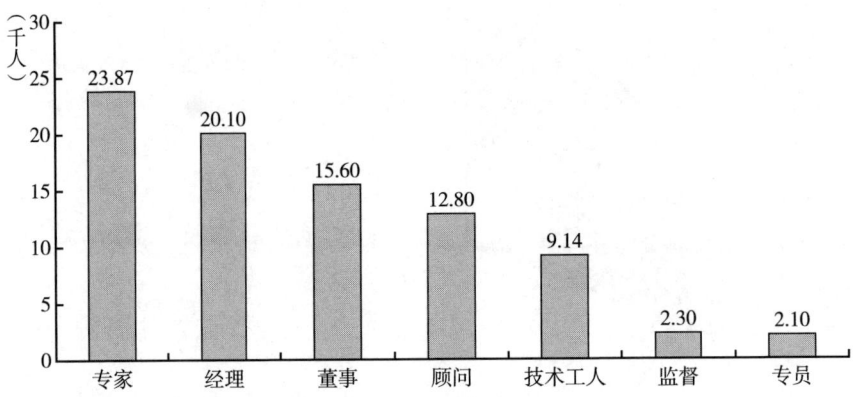

图4 2017年印尼外籍员工担任不同岗位的人数

资料资源：印尼劳工部。

（二）印尼有关外籍员工的法律规定

印尼劳工法律体系中关于外来劳工管理的主要法律法规有以下几部：2003年第13号劳工法，2007年第25号投资法，2015年第16号关于外籍员工雇用规则的部长令，2018年第20号关于外籍员工雇用的总统令以及一系列劳工部出台的关于禁止外国人担任某些岗位的部长令。

1. 外籍员工雇用的基本原则

印尼雇用外籍员工的基本原则是：第一，雇主雇用外籍员工必须从相关政府部门得到书面许可。第二，雇主不能以个人名义雇用外籍员工。第三，外籍员工只能在特定岗位或特定期限内工作，主要指技术性较强的工作，且须指定一名印尼籍员工作为外籍员工的搭档。2018年之前，雇用外籍员工要先走外籍员工雇用计划申请程序，然后再走外籍员工雇用许可申请程序，2018年新的总统令简化了程序，外国代表机构聘请外籍员工可以直接申请外籍员工雇用许可。

2018年第20号总统令新规定，能够雇用外籍员工的单位包括：政府机构、外国代表机构、国际组织、国际机构、国际委员会；外商代表办事处、外企代表办公室以及在印尼活动的外国新闻社办公室；在印尼从事经贸活动的外国私企；根据印尼法律法规在印尼成立的法人组织，以有限公司或基金会的形式在印尼登记在册的外国企业、机构；社会机构、宗教机构、教育机构、文化机构、文艺演出服务公司。

2. 临时雇用许可与紧急雇用许可

根据2015年第35号劳工部部长令的规定，以下几种情形可以获得外籍员工临时雇用许可：第一，商业电影制作并且该电影制作已经获得相关部门的许可。第二，商品质量管控工作或在印尼分公司进行不长于一个月的巡查。第三，该项工作属于机器安装、电力、售后服务或产品试用。目前很多中国工人来到印尼从事机器安装工作，安装仪器是属于购买仪器的售后工作，这类来自中国的外籍员工雇用许可的有效期只能是六个月。

对于紧急情况下需要雇用外籍员工的，根据2018年第20号新规，雇用者可以直接聘请该名外籍员工，不需事先提出申请外籍员工雇用许可。当该名外籍员工开始工作的两天之内，再向有关当局提交外籍员工雇用许可。但对于紧急情况的定义，新规未做具体规定。

3. 岗位限制

为了保护本地就业，印尼对外籍员工雇用做了详细规定和限制。2015年第16号劳工部部长令第36条规定：第一，具有与该职位相当的知识与文化水平的外籍员工才能进入印尼,可以转移知识与技能,促进经济发展,推动印尼籍劳动力素质进一步提高。第二,应当具有能力证书或具有至少五年该岗位工作经验。第三,应当做出知识和技能的转移声明。外籍员工能够将技术和技能传递给印尼籍员工,对印尼籍员工进行教育和培训,直到其可完全胜任该外籍员工的岗位。据2018年BMI研究公司的调查显示,印尼本土劳动力的综合评分在国际劳动力市场上仍属于较低水平,劳动力的教育水平刚刚达到亚洲平均水平,因此还需要进一步提高劳动力的质量。有技能的外籍员工到印尼工作可以实现劳动技能的转移。

劳工部规定某些特定岗位不允许外籍员工担任,例如禁止外籍员工担任人事主管、劳资关系经理、人力资源经理、员工发展主管、招聘主管、人员安置主管、员工职业发展主管、人事部门工作管理员、首席执行官、人事和职业专家、人事专员、职业顾问、工作顾问、咨询雇员、中介、职业培训管理员、面试官、分析员、工作分析员等。

4. 雇用期限

紧急情况的雇用期限只有一个月,临时雇用许可期限最多是6个月。2013年第12号投资协调委员会规定具有临时性质的工作,如机器安装售后服务等都应该申请外籍员工临时雇用计划,临时雇用许可不能延长。根据2012年第464号移民与劳工部部长决定,外籍员工在服务业一般担任如市场顾问、质监顾问等高级岗位,此类岗位的雇用许可期限是6个月;但对于经理等岗位可以签发12个月的许可。

5. 外籍员工雇用违规的处罚

根据2013年第13号法律规定,雇主违反了法律将面临处罚:第一,无许可雇用外籍员工将会被判处1年到4年的监禁,罚款1亿印尼卢比到4亿印尼卢比不等。第二,该名外籍员工不能胜任岗位或没有指派印尼籍员工作为其指导人,也将被罚以1个月到12个月的监禁,罚款1000万印尼卢比到1亿印尼卢比不等。第三,雇主没有缴纳外籍员工雇用补偿金或在劳动合同结束后外籍员工直接归国,处以取消外籍员工雇用许可的行政处罚。

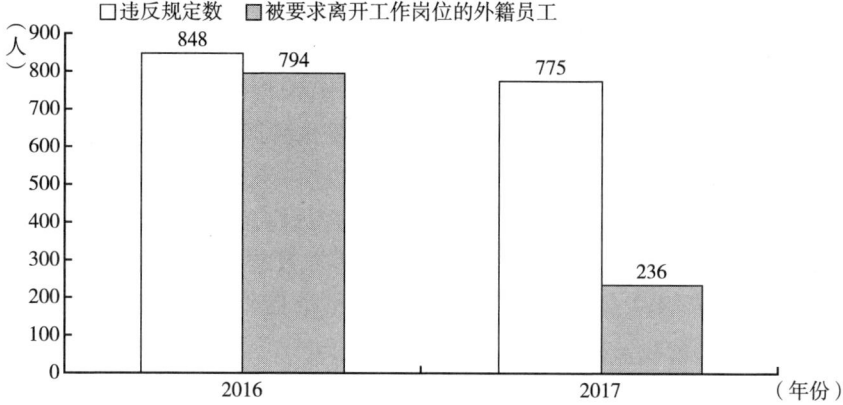

图5 印尼外籍员工雇用违反规定的情况

资料来源：印尼劳工部。

6. 外籍员工雇用补偿金

雇主雇用外籍员工要缴纳外籍员工雇用补偿金。每个岗位每月100美元，按照工作时间每年缴纳一次。该名外籍员工在多个省份进行工作，该笔补偿金上交至国家；该名外籍员工在某省的多个县市工作，该笔补偿金上交省政府；该名外籍员工只在一个县工作，补偿金由该县或市政府收取。

四 外资企业劳资纠纷案例分析

（一）艾尔本食品工业有限公司劳资纠纷案例

1. 案例介绍①

艾尔本食品工业有限公司目前是由艾雪集团控股有限公司（Aice Group Holding Pte，Ltd.）控股的外资企业，而艾雪集团是由蒙牛集团创始人牛根生联合伊利和蒙牛集团的研发、生产、运营、销售精英共同组建的

---

① Perusahaan Ingkar, Pekerja di Pabrik Es Krim AICE Kembali Mogok, KBR, 2017-11-19.

专业冰激凌公司,于2015年3月在新加坡注册。艾雪集团在雅加达通过定向增发收购了印尼艾尔本工厂,并投资5000万印尼卢比进行二次扩建,2018年在泗水建设规模更大的新工厂,占地面积约是贝加西(Bekasi)工业区的两倍,有15个生产线,产品销往印尼、越南、新加坡等国,三年内达到20亿印尼卢比的年销量,计划五年内在中国香港上市。艾尔本食品工业有限公司主要瞄准了印尼中下层消费者,曾经获得"2016年十大最受欢迎品牌""2017年卓越品牌""2017年最佳外国品牌清真食品奖""2017年优秀品牌奖冰激凌行业最高分奖"等奖项。艾雪集团也是2018年雅加达巨港亚运会的赞助商。目前艾尔本公司拥有大约8万个经销点,在雅加达地区就有12000~15000个经销点。艾尔本食品工业有限公司一天可以生产500万个冰激凌,有35种口味,销往全印尼160多个地区,价格从2000印尼卢比到10000印尼卢比不等,产品比起和路雪、坎宾娜(Campina)毫不逊色①。

2017年10月7日到16日,位于西吉卡朗(Cikarang)MM 2100工业区的艾尔本食品工业有限公司与印尼本土工人运动联盟的协商破裂了,于是工人在11月2日到5日进行了罢工。工人罢工有两大诉求:第一,公司要有644名工人签订无固定期限劳动合同,聘请工人成为固定正式员工;第二,重新聘请被解雇的部分员工。依据2003年第13号劳工法规定,工人认为他们负责生产冰激凌工作,属于公司核心部门,因此应当属于固定员工,签订无固定期限劳动合同。在2004年第100号关于执行固定期限劳动合同的部长令中也规定,倘若签订了固定期限劳动合同,一个月工作超过21天,而且此种情况超过三个月,应当签订无固定期限劳动合同。

2017年11月14日,几个工人声称说,艾尔本食品工业有限公司愿意给他们两倍遣散费,让他们放弃罢工。2017年11月15日星期三的下午印尼本土工人运动联盟的主席潘吉·纽凡布利(Panji Novembri)被强行用车带至MM 2100工业区办公室,印尼企业家协会主席、劳工部官员以及工业

---

① 《新加坡艾雪三年印尼崛起》,搜狐新闻,2017年10月5日。

区领导都在那里等着他,要求工会立即停止罢工。此举激起了工人们的不满,于2017年11月17日再次进行了罢工,将近664名艾尔本员工参加了此次罢工行动。公司依然认为此次罢工没有任何法律依据,呼吁工人尽快回到工作岗位。艾尔本为了维持工厂运营,不得不聘请了部分散工。20日公司通告说明将会聘请大约200名工人作为固定的员工,但工人拒绝停止罢工,要求全部罢工者都应该签订无固定期限劳动合同。后来工会组织500多名工人在中国驻印尼大使馆的门口进行示威,要求大使馆出面敦促中国公司遵守印尼法律,同时他们还在运动与青年部办公楼前举牌示威,抵制艾雪集团成为2018年亚运会的赞助商,声称艾雪集团这种违背法律精神和人道主义的行为将会使亚运会蒙羞①。

在协商过程中,一位名叫法拉(Verra)的工人11月30日收到一封解雇信,理由是该名员工在11月23日到11月27日进行了罢工,连续旷工五天以上,信上还有人事主管的签名。按照劳工法关于旷工的规定,予以解雇。12月4日,工会、工人与公司董事张礼、公司的人事主管开会协商。后来这封解雇信被撤回了,张礼表示这是一个行政上的失误,因为法律规定不能解雇参加罢工的工人②。双方商讨进展得很慢,没有什么实质性的进展,新闻媒体对此做了详尽报道,社会负面影响较大。社交网站的传播更是使事件进一步发酵,发布了该公司一系列负面消息。

2017年12月11日,最后,艾尔本食品工业有限公司和工会终于达成了一致的协议。工会和公司发表了共同的声明,665名工人将会签订无固定期限劳动合同,转为固定员工,被解雇的员工被重新聘请回来。公司也将进一步改善工作安全与卫生环境,工人都将注册纳入社会保障计划中,对工伤负全责,会定期进行健康体检。工会则取消第三次从2007年12月12日到2018年1月12日的原计划为期一个月的罢工③。

---

① Ancaman Perusahaan di tengah Mogok Buruh Es Krim Aice, Tirto. ID, 2017-12-4.
② Menagih Janji Pabrik Es Krim Aice Angkat Buruh Jadi Karyawan Tetap, Tirto. ID, 2017-12-6.
③ Akhir Manis Perjuangan Para Buruh Es Krim Aice, Tribunnews, 2017-12-12.

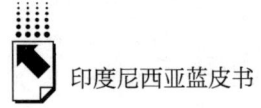

2. 教训

为响应"一带一路"倡议，艾雪集团在印尼投资建厂，四年时间已经在印尼占据一定的市场。为建立良好企业形象，艾雪集团主动为印尼79个城市贫困社区的7万个贫困家庭免费提供7万台冰柜，贫困家庭妇女在家就可以卖雪糕，还可兼顾家庭，赢得了民众和当地政府的一致好评，但因未正确理解印尼劳工法律环境，不熟悉或未正确对待有关法律规定，给企业造成了很大的被动。在这个案例中，企业未严格执行法律规定的员工保障和福利待遇、过度使用第三方雇用、不按规定签订劳动合同、工作时间过长、没有休息时间、安全设备不足等问题都是导致劳资纠纷的导火索；而在出现纠纷后，企业未认清形势，未以正确态度处理纠纷才是导致被动的关键。许多外资企业因文化差异、法律不熟或因印尼劳动力成本较低而对印尼工会地位存在错误认识，往往轻视工会。本案例中，艾雪集团在工人提出诉求、与工会协商不成后，态度不积极，姿态高，敷衍了事，对兑现承诺一拖再拖，结果导致工会发动大型的罢工；罢工暂停后，艾雪集团管理层未吸取教训，未积极沟通解决问题，相关媒体报告显示这一期间工会人员普遍认为公司拒绝进一步协商，甚至出现工会主席都被强行带到办公室商谈，错误解雇罢工工人的情况，引发更严重的示威活动，在社会上造成较大负面影响。

案例中也反映出一些企业出现的劳动违法情形。一是直接解雇工人而没有提前通知。按照法律规定，企业应当至少提前七天通知被解雇工人。二是规避签订长期劳动合同。在企业利益和员工利益之间，印尼法律明显偏向于员工利益，在劳动合同上，倾向于让企业与员工签订长期合同（即无固定期限劳动合同），而固定期限劳动合同最长只有两年，且只能延长一次并最多只能延长一年，延长合同应当在合同终止前七天以书面的形式告知。此种规定虽然不利于企业员工管理和劳动效率提高，但作为法律，企业必须遵守。案例中艾尔本公司为了规避签订长期劳动合同，通过外包方式获得核心生产部门员工，有悖于法律规定。另外，企业多次延长固定期限劳动合同、固定期限合同员工到期后不签订合同仍然使用也不合法。

（二）努沙哈马赫拉矿业公司劳资纠纷案例

1. 案例简介①

努沙哈马赫拉矿业有限公司（Nusa Halmahera Minerals）是在北哈马赫拉（Halmahera）的一家金矿公司，由澳大利亚纽克雷斯特（Newcrest）公司持有75%的股份，印尼安塔姆矿业有限公司（PT Aneka Tambang）持有25%的股份。早在1994年两家就合作对哈马赫拉岛的矿产进行勘探和开采，1997年成立努沙哈马赫拉矿业有限公司，1999年在葛梭旺（Gosowong）开采金矿。公司现有约1300名全职员工，主要聘请当地人，即北马鲁古省籍的印尼员工。当地员工约占50%，全部员工中98%是印尼籍员工，只有不到2%是外籍员工。公司不仅提供了大量就业岗位，还为当地带来了巨大的经济效益。

从2017年4月开始，公司开始陆续解雇部分员工，到当年10月约有60多名当地员工被解雇。有些员工认为公司解雇他们是为了招聘更多外籍员工，2017年10月18日数百名工人在矿业公司举行示威。公司的全印尼工人工会分支（Serikta Pekerja Seluruh Indonesia）的主席认为这次开除事发突然，缺乏明确解释，没有协商的过程，没有正式的通知文件，也没有提前通知，让工人感到愤怒。随后公司又开除了其他几个部门的十几名员工，也没有给出合理解释和正式说明。工会认为公司的这种做法已经违反了劳工法规定。

发生示威事件后，为不影响生产，公司对媒体解释说本次解雇员工是出于精简机构的考虑，矿区的开采时间延长，将面临减产、经济效益下降的困境，因此公司将要对经营活动进行调整。另外还解释说，为了保障本地工人利益，外籍员工裁员更多，2017年共有70多名非当地的印尼籍员工被解雇。

为解决纠纷，2017年10月20日公司与代表工人的三个工会进行了谈

---

① Puluhan Orang Pekerja Tambang di Halmahera Utara Dipecat Sepihak, Tribunnews, 2017 – 10 – 18.

判，哈马赫拉县移民与劳动局官员参与了调解，就解雇一事按照法律规定和集体劳动合同约定的方式进行了协商①。公司全程参与协商谈判，征询了各方意见，按照当地法律办事。在协商中，此前拟解雇的39名员工部分换到其他工作岗位得到安置，但仍有21名工人无法得到安置②。

努沙哈马赫拉矿业有限公司提出的解决方案是：参照提早退休方式给工人以补偿，赔偿按照劳动合同标准的两倍，或第13号劳工法规定赔偿标准的四倍执行。经过协商各方就此方案达成共识，劳资部门也将此次会议成果印发成小册子向员工宣传。由于协商一致和广泛宣传，后续工作进展顺利。2017年11月3日，公司完成了对剩余21名员工的解聘工作。

2. 经验借鉴

努沙哈马赫拉矿业有限公司劳资纠纷的快速、妥善解决为其他外资企业提供了可资借鉴的经验。首先，努沙哈马赫拉矿业有限公司虽然在印尼深耕多年，是当地纳税大户，提供大量就业岗位，但公司在解雇数十名当地员工引起非议后，能够高度重视，利用媒体充分解释解雇背后的原因，以获得民众理解，使事态发展得到控制，社会舆论没有出现一边倒情况，与艾尔本案例形成鲜明反差。其次，努沙哈马赫拉矿业有限公司没有与工会对着干，而是积极与三个工会展开谈判，同时还邀请政府劳工部门官员进行调解。此案例中，工人诉求非常明确，即要求重新聘请此次已解雇员工，并给予正式解释，工会认为公司突然单方解雇员工侵犯了工人合法权利具有法律依据，而公司能按照法律规定进行有效补救，提出适当赔偿，得到各方谅解，从而使事件得到圆满解决。

（三）启示

印尼廉价劳动力无疑是吸引外资的一大因素。出于企业追求利润的天然属性，加上过去劳动力市场不规范，外资企业存在不少违法用工现象，如工

---

① Disnaker Halut Turun Tangan Atasi Kasus PHK Tambang Emas, Beritasatu, 2017 - 10 - 25.
② Perundingan PT NHM dengan Serikat Pekerja Positif, Antaranews, 2017 - 10 - 20.

资偏低、不承担工伤医疗费用、劳动强度大、不签订劳动合同或只签订固定期限劳动合同等现象。随着印尼经济社会发展和劳工法律的不断完善，政府加强了对外资企业用工的规范。当前来看，印尼劳工法律规定的基本精神仍然是对劳动者以倾斜性保护，对劳资关系、社会保障、工资福利待遇、劳动合同、职业培训等都有了较为明确的规定。这对企业的人力资源管理提出了挑战，企业要兼顾效率和合规两大目标有更大难度。外资企业要调整姿态，既要注重处理好劳资关系，又要做好人员选聘、薪酬设计以提升劳动效率。对于劳资关系的处理，企业要完善用工机制、规范管理，从订立规范的劳动合同开始，严格执行法律规定的标准工作时间以及薪资待遇，如加班待遇、节日福利等。处理劳资纠纷，不能采用高高在上的管理者姿态，不能采用非正式手段对待罢工工人，应当依规在平等和互相尊重的前提下与工会谈判协商，尊重工人合理诉求，避免导致事态的扩大化。外资企业也要转变思维，不能够简单依照本国原来处理问题的经验，而是要彻底地融入印尼本土社会。外资企业往往还代表国家形象，外资企业进入印尼市场，应当遵纪守法，对于当地投资环境和法律法规的改变应当适当调整公司的经营策略，而不是采用抵触、浑水摸鱼的态度。另外，企业应当积极走近社会组织，正视工会力量。构建和谐劳资关系是企业成功拓展海外市场的关键要素。

B.4
印尼土地法律变革和存在问题分析

左志刚*

摘　要： 中国是印尼的最大贸易伙伴和第二大投资来源国，长期以来，土地权问题一直是困扰印尼投资的难题之一。本文分析了印尼土地法律和管理体制变革的历程，指出印尼土地管理仍面临的一系列重大问题，这些问题包括：土地权益来源和确权依据多样化，存在重叠，有明显交易风险；林地与非林地管理冲突，土地规划不完整且有随意性，用地合规性风险明显；土地司法一致性不强，土地风险消除的法律渠道不畅等。这些问题成为印尼政府推动改革和经济发展的重要障碍。

关键词： 印尼土地法　权益风险　外商地权类别

在对印尼的投资中，由于经济、文化和制度等方面的差异，产生了许多额外的投资成本和风险，其中，土地权问题就是困扰外资企业对印尼投资的典型难题。本文在梳理相关文献和法律文件的基础上，对印尼土地法律和管理体制变革进行了分析，对外商可投资地权类别进行了辨析，并解析了印尼土地法律仍存在的突出问题，以期为印尼土地改革和外商投资提供有益借鉴。

一　印尼独立后土地法律和土地管理变革解析

土地权是指对土地的所有权、使用权、控制和处置权、收益权等财产权

---

* 左志刚，博士，广东外语外贸大学教授，印尼研究中心研究员。

力（即产权）及国家对土地实行登记注册、使用规划、征用等公共管理权力。印尼独立后的土地权相关的改革大体经历了五个阶段，目前仍处于改革进程中。这五个阶段的改革导向和侧重点与当时的政治局势密不可分。

1. 1945~1949年，是独立政府对土地管理权的确立阶段。这一时期印尼政府的首要任务是实现政治、经济的真正独立，因而在土地问题上主要是废弃殖民土地制度，确立民族政府对土地的真正管辖权力。主要动作有两个：一是印尼独立后的第一部宪法即《1945年宪法》中明确规定陆地、海洋和自然资源归国家所有，并用于满足人民的最大利益需要，从而在根本法层次上宣示了国家对土地的管理权利。二是1949年习俗"法庭"（adat courts）被正式的国家法院系统所取代，意味着土地权利关系的司法调整统一进入国家司法体系，进一步落实了国家的土地管理权。1948年，根据第16号总统令专门成立了土地改革委员会，但由于独立战争等原因，该委员会的工作被严重延滞。在随后的20世纪50年代，印尼土地立法工作基本没有什么进展。

2. 20世纪60年代早期，是初步建立土地基本法律框架的阶段。这一时期土地权改革的主要成就是1960年颁布了《土地基本法》（Basic Agrarian Law，简称BAL），取消了封建和殖民地制，赋予了政府颁布土地权利证书和管理土地使用的权利。重要原则规定包括：①只有印尼公民才能拥有土地的完整产权，即所有权（第9条）；②保证土地使用符合社会利益（social function）是政府的职责（第6条、11条和第13条）；③限制个人可拥有土地的数量（第17条），承认习惯法下族居土地的共同权益（第7条）等，以体现对贫民的保护。习惯法下的地权是印尼特有的土地问题，它是指一个习俗群体（adat law community，如原始部落或族群）长期居住于并按其特有习俗管理某一地域而形成的对该土地的共同权益（communal right of avail），但该法并没有明确特定族群的具体标准和认定程序，因而这类地权的实际认定比较困难。BAL的一个核心目标是希望通过政府统一登记确权来结束印尼土地权属多元和复杂的问题，但实际运作中遇到了许多困难，该目标至今仍未得到有效实现。截至2014年，只有48.6%的非林业用地进行了产权登记（BPN，2014）。

3. 1967~1998年"新秩序"时期，土地管理体制变革中强调政府利益，在建章立制上存在割裂问题。1965年的政变和对共产党的禁令导致了原定土地改革进程的中断，当局谎称土地强占（land squatting）问题是由共产党领导和发动的，而实际上，独立战争后期无地农民就开始占据荷兰殖民者撤退后留下的土地及其他公共土地，土地改革计划也曾试图解决这类地权的确认问题，但政局变动使这一工作难以继续推进。在建章立制方面，这一时期全国土地管理和改革工作缺乏统一规划和专门部门领导，政府基于发展经济和其他现实需求颁布了一些土地法律规定，但主要散见于各部门法律中，这加剧了土地管理体制的复杂性。这些部门法律包括：1967年《林业基本法》(Basic Forestry Act 5/1967)、《矿业法》(Mining Act 8/1967)、1971年颁布的《油气法》(Oil&Gas Act 8/1971)、1972年颁布的《人口迁徙法》(Transmigration Act 3/1972)等。《林业基本法》的颁布使约70%的国土面积脱离土地基本法的管辖范围，导致后来的林业部门和国土部门长期权利争斗。这一时期地权问题上的另一特征是政府更多地谋求土地上的自身权益，减弱了对贫民地权的保护，例如强制性拆迁、增大族居公共地权认定难度、驱逐历史遗留下来的强占土地上的居民等。

4. 1998~2013年民主改革初期，重回土地改革进程，开始进行土地法律协调。2001年印尼人协（MPR）通过IX/MPR/2001号决议，要求继续推进早期设定的土地改革计划，改革目标恢复为最初的强调社会公平和保护贫民利益。具体改革主要有三个方面：①继续推进土地统一登记确权，国土部（Ministry of agrarian affairs）以第5/1999号条例首次明确了习俗群体的认定程序，并将认定权交予地方政府。这是对习惯法（adat law）下地权认定问题的一次突破，但由于实质性标准并没有降低，能借助这一渠道实现地权登记的民众仍然很少。②规范和加速土地购买、征用程序，以满足日益增长的建设用地需求。2005年颁布的第36号总统令对土地购买征用时限做出了严格规定，但由于相关法律、机构权责并未理顺，时限规定无法落实。这就导致2012年颁布了专门的《建设项目土地购买征用法》（Land Acquisition Law），该法明确了相关政府部门职责、建设项目范围、购买征用程序、公众咨询、补偿标准和补偿对象等。③削减林业部权限，完善土地规划管理。1999年颁布了《林业法》，较原《林业基本法》有两点突破，一是允许地方政府颁发一些小面积的伐木权证；二是开展社区林地（community forestry）认定试点，即在原国有林地（state forestry）之外新增一类林地权。另外，宪法法院的两项裁决（45/PUU-IX/2011和35/PUU-IX/2012）进一步限制了林业部的权力。前一项裁决认定林地应指政府意图永久维持为森林状态的土地，从而限制了林业部对规划外林地的管辖权力；后一项裁决认定习俗林地（在林地范围内由习俗群体共同拥有的土地）应与私人林地同等对待，但该项裁决被林业部错误解读，以至于其在2013年第62号和2014年第43号部长令中规定林业部管理的林地仅为国家林地。另外，政府对土地规划管理方面也进行了完善，2007年颁布了《新土地规划法》以替代1992年的版本，该法强调中央政府在规划管理上的主导作用。

5. 2014年至今，是逐步深化土地管理体制改革的时期，重点是加强法律法规和机构体制的整合协调。上一时期的改革虽然取得了一些成效，但土地管理方面存在的问题如土地规划不完整、不一致问题，林业部与国土部及地方政府争权问题，习俗土地权认定难问题仍然较为突出。新一届政府上台后，为加快经济建设，加大了土地管理体制改革和立法工作，取得的进展包括：①在林地方面，2014年，印尼住房部、林业部、公共工程部和国家土地事务局（Ministry of Home Affairs，Forestry，Public Works和National Land Agency）四部门共同发文协调林地管理问题，明确把地方政府作为林地划界和确权的主导部门，并由国家土地事务局牵头成立专业机构（IP4T），负责摸清相关土地使用和实际控制的情况，承接土地确权的相关诉求并将处理建议递交给林业部。②扩大并升级了习惯法下的地权认定。2015年国土部第9号部长令引入了共有产权（communal right）概念，而之前只是共同收益权（right of avail），共有产权概念使得习惯法下的地权有了完整的财产权，可以获得土地所有权登记证。同时，该规定还扩大了可申请共有产权的对象范围，除了习俗群体外，还包括任何在特定土地上共同谋生10年以上的群体。③2014年颁布了新《村庄法》（Village law），允许一个村庄在经地区政府批准之后被认定为一个习俗群体,即习俗村庄(adat village),这就打开了一条通道让一个村庄可能对辖内土地拥有共同产权和实现自治。但由于上述国土部2015年第9号令中规定的习俗群体认定标准仍然较高,实际上通过习俗村庄认定获得土地共有产权仍然难以实现。④起草《土地法》,对原《土地基本法》进行补充。土地法草案中再次强调注重对贫民的保护,限制土地投机,限制土地持有数量,设置单个居住和工业项目用地上限为200公顷、种植园上限为50000公顷,土地权益应与土地规划相协调,土地完整权益仅为印尼公民所持有,并提出在5年内完成各类土地权登记等。

二 外商投资印尼土地的产权类别

根据BAL的规定,外国人和外资企业不能拥有印尼土地的完整产权(即所有权,Hak Milik),而只可能获得以下四类土地产权,它们都不是土地所有权,而是土地的次级产权,即对土地的使用和获益的权利,对地上附着物的所有权和收益权等。四类产权在土地来源类型、土地用途、批准和登记主体、最长期限、可转让抵押程度等方面存在一些差异(见表1)。其中,建筑权与使用权的主要区别在于后者适用范围更广,前者一般涉及大型项目用地,多是与土地事务局(BPN)打交道;使用权与租赁权的主要区别在于规范程度不同,租赁权的形成是纯粹民间行为,无政府登记和权证,受保护程度相对较低。

表1 外商在印尼可能涉及的四类土地产权

类型	适用土地类型	权利内容	符合条件的外商	政府登记或批准部门	最长年限	转让和抵押
耕种权(Hak Guna Usaha,HGU)	国有土地(state land)	在相应土地上进行农业、渔业、畜牧等领域生产活动和获益的权利	依据印尼法律注册的法人,且常住地在印尼境内	由国家土地事务局(BPN)批准、登记和颁证	1. 首次授予不超过30年 2. 可申请展期不超过25年	可转让和抵押

续表

类型	适用土地类型	权利内容	符合条件的外商	政府登记或批准部门	最长年限	转让和抵押
建筑权（Hak Guna Bangunan, HGB）	国有土地或私有土地	在相应土地上建造并拥有建筑物或其他附着物的权利	依据印尼法律注册的法人，且常住地在印尼境内	国有土地由国家土地事务局（BPN）批准；私人土地由交易形成，BPN负责登记和颁证	1. 首次授予不超过30年 2. 可申请展期不超过25年	可转让和抵押
使用权（Hak Pakai, HP）	国有土地或私有土地	在相应土地上进行生产经营或其他合法用途的权利	依据印尼法律注册的法人，且常住地在印尼境内；或外国企业在印尼的代表处	由地方政府批准，BPN负责登记，合同期间私人土地的所有权将暂时转移到国家	1. 首次授予不超过25年 2. 可申请展期不超过20年	可抵押，转让条件按合同约定
租赁权（Hak Sewa, HS）	私有土地	在相应土地进行生产、生活活动的权利	外国人、在印尼注册的外资法人、外国企业在印尼的代表处	无政府部门登记和相关权证，合同期间实际所有人仍为原产权人	按租用合同约定	不可抵押，转让条件按合同约定

资料来源：作者根据文献整理。

三 印尼土地法律和管理体制仍面临的主要问题

（一）土地权益来源和确权依据多样化，存在重叠，有明显交易风险

从法律角度讲，如今印尼居民（组织或自然人）土地权益的根本来源有三个：一是习惯法下习俗土地所有权（adat land），以农村地区为主，这是一种基于特定群体在某一土地上长期生产生活的历史事实而形成的所有权，基本都未经官方正式登记；二是殖民统治时期根据西方（荷兰）法取得的官方土地登记证书或其他有效凭证而形成的所有权。在这两者之外，独

立战争及之后一段时期内,荷兰人遗留的种植园和城市地块,以及大片国家公有土地和林地被周边居民或逃难农民所占据,这种占据大部分持续至今,形成了印尼特有的土地实际占据问题。面对这种长达数十年的事实控制情形,在原始产权人未出现,政府又无力清除的背景下,官方也采取了部分认可的态度,形成了印尼土地产权的第三类来源。

印尼法律和土地管理实践中对上述三种来源土地都给予了不同程度的所有权确认,具体的确权依据又多种多样,这是产权重叠的根源。确权依据包括:①对于第一类权益来源,有两条确权路径:一是通过将群体确认为习俗群体(adat law community)而获得共有权益(right of avail)或共有产权(communal right);二是个人若持有税务机关对该土地及其上建筑征税的凭证(PBB),则也可以证明该土地归其所有,有些地方还要求同时加上所在社区(村)负责人开出的证明文件(SKT)。②对于第二类权益来源,确权依据包括荷兰殖民时期的产权凭证和土地租金凭证。③对于第三类权益来源,如果土地占用者持有 PBB,再加上 SKT 则可以证明其对土地拥有产权。

法律规定的内在不一致性、权益来源的多元性、确权依据的多样化,都容易导致土地权益声索的重叠,事实上这种多重声索在土地交易和征地中经常出现。首先,从权益来源看,第三类很容易与第一、第二类形成重叠。例如,土地长期占据者经政府确权若干年后,特定情形下(如征地)原始产权人可能出来主张权利(如索取征地补偿)。其次,从确权依据看,更容易产生权益重叠。例如,同一地块可能既有人持有殖民时期租金凭证,又有人持土地证;再次,征税凭证 PBB 本身并不与产权挂钩,只是土地实际使用者的完税证明,但在实践中经常被作为产权关键证据,很容易与其他产权证明形成冲突。权益重叠使得土地交易尤其是在公共项目征地过程中,出现多个主体对同一地块主张权利的情形,导致土地购买或征用者成本增加,能否实际获得土地的不确定性也增大,有时导致工程难以推进。

(二)林地与非林地管理冲突,种植用地存在合规风险

虽然 BAL 作为土地根本大法从法理上讲管辖范围包括全国土地,然而

政治博弈的结果是林地不受 BAL 约束,而是受 1967 年《林业基本法》和 1999 年《林业法》调整,由林业部主管,颁发相关权证和开采许可,形成了土地二元管理体制。二元体制导致了实践中的一些冲突,包括:①林地与非林地界定的冲突。印尼政府一直缺乏一个完整有效的全国林地区划图,具体管理中常会出现某一地块是否属林地的争议。例如,一些企业从地方政府手里获得了油棕榈种植园许可证,但林业部认为油棕榈是一种树,因此油棕榈种植园属林地(林业部 2011 年第 62 号令),需要获得林业部许可。这类"林与非林"的冲突在当前许多林地退化为种植用地的背景下显得非常突出,使得种植业主在合规方面无所适从。②居住在林区范围内的习俗群体的地权认定存在冲突。国土部的规定中对习俗群体的认定包括林区中居民(许多传统部落坐落在林区),满足条件时可申请 BAL 下的土地权证,这就与林业部现行管辖权形成交叉。

(三)土地规划不完整且有随意性,用地风险明显

印尼于 1992 年和 2007 年两次颁布了《土地使用规划法》(spatial planning law),但至今没有一份完整有效的全国土地规划图,多数情况下不同区域的边界并不精确,不同的地方政府甚至使用不同的地图。许多地块的使用缺乏具体规划,导致最终由一些政府官员决定地块用途,随意性强,容易出现不一致和变动。1999 年地方自治法颁布后,不少地方政府以土地规划为博弈工具谋求更多自然资源的控制权,这种博弈使土地用途易变、各部门"扯皮"。另外,由于前述的土地二元管理体制,负责全国土地规划工作的国土部无权决定林地规划,而林业部规划与全国土地规划及地方规划存在许多不一致,甚至缺乏一个公认的林地边界线。虽然 2002 年林业部启动了名为 Harmonization 的协调项目,但由于涉及林业与国土、地方政府的利益博弈,协调工作进展非常有限。

(四)土地司法一致性不强,土地风险消除的法律渠道不畅

对土地权属纠纷案件,不同法院的判定依据可能不一致。例如,对各种

土地权属凭证的优先等级会有不同判断。BAL 土地证作为现政府依据现行土地法律颁发的土地产权凭证理应具有最高优先级，但有时法官会接受殖民时期的土地租金凭证作为证据而否定政府颁发的 BAL 土地证。这种现象的根源是印尼法律体系属复合性法律体系，以大陆法系（civil law）为主体，但融入了许多习惯法、伊斯兰法元素，在 BAL 的第 5 条就声称其基于习惯法，从而导致法官有时更看重历史证据而不是现时的官方法律凭证。历史证据重于现时凭证的现象显著增大了土地法律诉讼的不确定性，使得借助法律渠道降低土地交易和土地使用风险的可能性降低。另外，1991 年印尼在法院系统增设行政法院序列之后，土地争端的诉讼变得更为复杂。例如，一宗土地交易后出现另外的产权人主张权利，即土地权属纠纷问题，可能会同时涉及三个法庭，其中的颁证问题要到行政法庭；原土地出售人和购买人会被第三方权利人以侵权为由告到民事法庭；一些律师还会以欺诈或贿赂为由将原土地出售人和购买人告到刑事法庭。

宏观经济篇
Macro – Economic

B.5 印尼宏观经济趋势分析

左志刚*

摘　要： 本文从经济总量、产业结构、对外贸易与投资、货币金融稳定性等方面分析了印尼2017~2018年的宏观经济表现、趋势和政府政策取向。研究表明，2017~2018年上半年，印尼经济整体保持了持续增长，物价稳定，信息通信和运输仓储等产业发展较快，政府收支平衡改善。但也面临经济增速落后于其他主要东盟国家，贸易余额连续下滑至赤字，经常项目赤字扩大到超过GDP 3%的水平，货币大幅贬值等问题。从趋势上看，经济下行压力较大，短期内仍会出现资本外流，金融市场风险增大，但商业景气仍然相对稳健。

---

* 左志刚，博士，广东外语外贸大学教授，印尼研究中心研究员。

关键词： 宏观经济 经济表现 政策导向

一 宏观经济表现

（一）整体经济增长

1. GDP 增速略有攀升，但落后于东盟五国平均水平

印尼经济整体仍然保持向上势头（见图1），2016年是自2010年以来的首次止跌回升，GDP 实际增长率达到 5.03%；2017年维持了这一势头，GDP 继续微幅上升，名义增长率为 9.53%，剔除物价等因素后，实际增长率提高至 5.07%。数据显示，2018年前两季度实际增长率分别为 1.25% 和 1.28%，全年预计可实现增长 5.1% 左右。

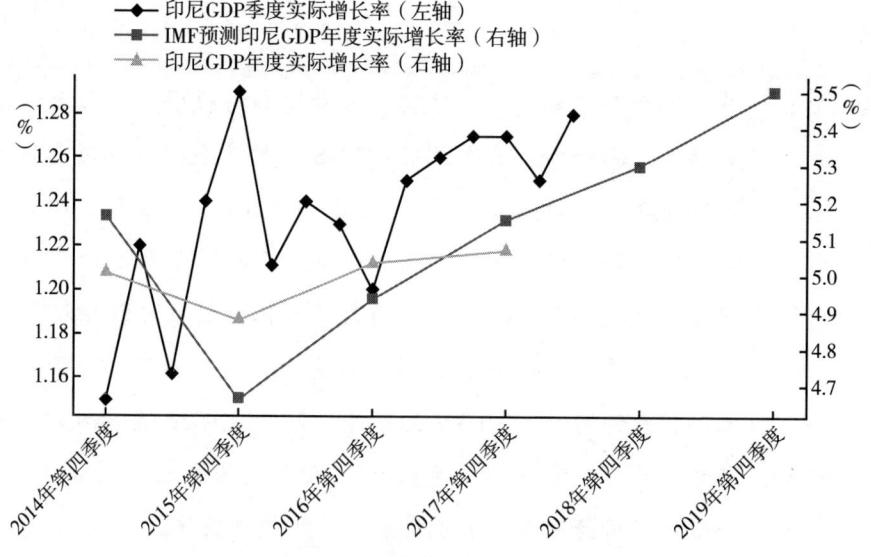

图1 印尼 GDP 实际增长率

资料来源：IMF，WorldBank。

我们注意到，印尼经济增速低于政府设定目标，2017年政府规划目标是5.2%，实际只有5.07%；2018年政府目标是5.4%，但据目前形势看，实现该目标存在困难。另外，印尼的经济表现低于国际货币基金组织（IMF）的预期，IMF的预期是2017年增长5.15%，2018年增长5.3%。尤其值得注意的是，与东盟五国（马来西亚、印尼、泰国、菲律宾和越南）平均水平比较，印尼由2016年高于平均水平0.08个百分点变为2017年落后平均水平0.27个百分点（见图2），说明印尼经济在近期表现落后于域内其他国家。2017年，越南GDP实际增速为6.81%，菲律宾为6.67%，马来西亚为5.90%，明显高于印尼。

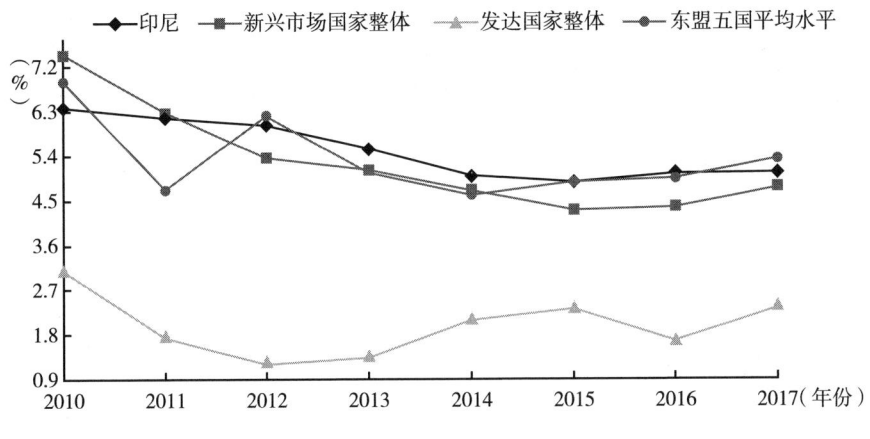

图2 印尼经济增速的国际对比

资料来源：IMF。

2. 经济增长具有投资拉动型特征，但投资增长低于预期

从图3印尼GDP构成看，印尼经济发展驱动力与前期基本一致，相较于东南亚国家的平均水平，印尼表现出较为明显的投资拉动型特征。东南亚国家整体上经济发展动力的65%~70%来自最终消费，投资贡献率一般在28%左右，世界平均则在25%左右，印尼的投资贡献率近年一般在34%左右，2018年第一季度为35.59%，第二季度为34.95%，明显高于东南亚国家平均水平，而消费贡献率一般在54%左右，低于东南亚平均水平10~16个百分点。

同时，近三年印尼的投资率呈小幅下降趋势，按现价计算，2014年为

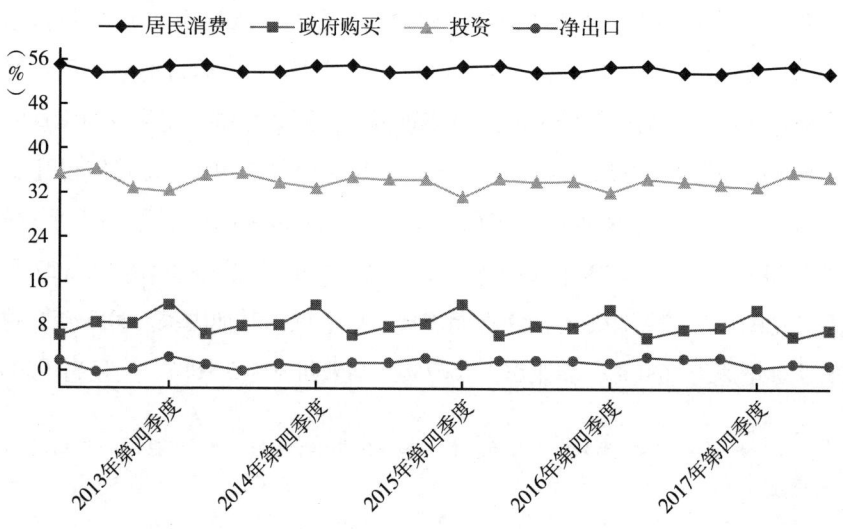

图 3　印尼 GDP 构成

注：季度数据，以 2010 年不变价格计算。
资料来源：BPS。

34.6%，2017 年下降为 33.45%（见图 4），且在 2016 年和 2017 两年低于国际货币基金组织（IMF）的预测，IMF 随后调低了未来几年对印尼投资率的预期，认为会维持在 34% 以下的水平。相反，东盟五国近两年来投资率开始上升，平均水平由 2015 年的 28% 上升到 2017 年的 28.52%。印尼与区域内其他东盟国家的这种反差实际上反映了印尼经济前景的一种不利变化。

3. 物价维持相对稳定

本届政府以来，物价得到有效控制，通胀率基本维持稳定。核心 CPI 月度波动多在 0.2~0.4，少数月份为 0.1 或 0.5 左右。包含食品、农产品等季节性产品在内的整体 CPI 波动幅度相对大一些，但总体平稳（见图 5）。从年度数据看，佐科政府上台之初的通胀率多在 8% 以上，而近几年控制在略高于 3% 的水平，2017 年通胀率为 3.61%。从分类别的物价看，住房、电力和燃料，交通、通信和金融服务的价格涨幅较大，2017 年超过整体 CPI 涨幅，但后者在 2018 年已有所回落，尤其是 7 月回落 0.65 个百分点，8 月继续回落 0.15 个百分点。

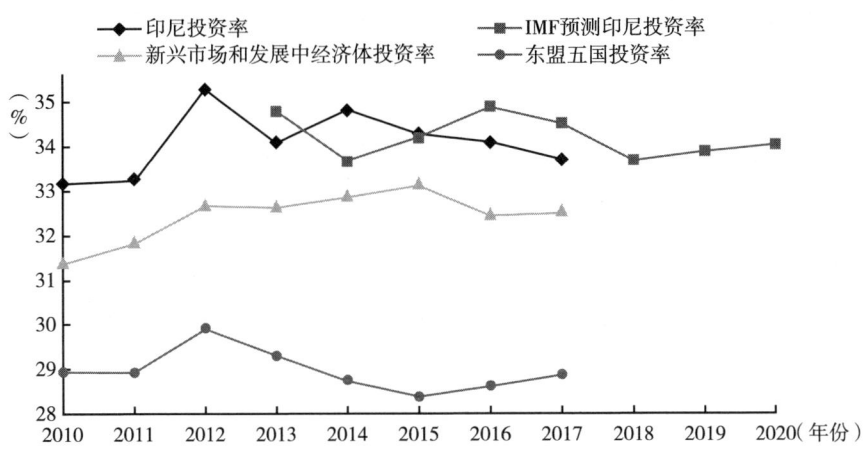

图 4　印尼投资率国际对比

资料来源：BPS，IMF。

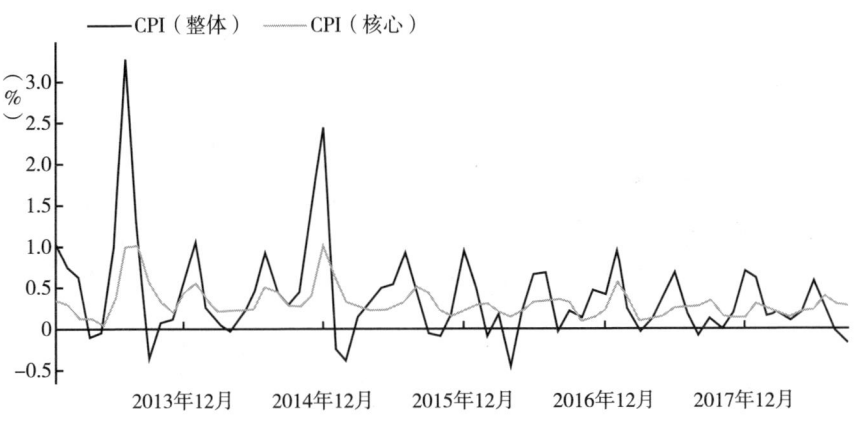

图 5　印尼 CPI 指数月度波动情况

资料来源：BI。

（二）产业表现

1. 信息通信、运输存储和建筑业依然是增长最快的行业

从图 6 可以看出，在国民经济各行业中，维持较高增长率的行业有信息和通信、运输和仓储，以及建筑业。其中，信息和通信业增长速度最快，近年来维持在年均10%左右的实际增长率，2017年实现了9.81%的实际增速，较前期略有下降，但远高于GDP整体增速。这主要得益于移动互联网在印尼的快速发展，以及政府关于加快电子政务建设、国企管理信息化、数字产业发展等政策支持。佐科提出目标要在2020年将印尼建设成为东盟国家规模最大的数字经济体。运输和仓储业是发展第二快的行业，且在2016年和2017年有明显提速，由2015年的6.71%提高到2016年的7.45%和2017年的8.49%。运输和仓储业的快速发展与政府加快物流发展的政策密不可分，印尼2017年出台的第15套政策包即以降低物流成本为中心，近年来政府的基建也大部分投入交通基础设施相关领域。也正是由于本届政府以基础设施建设为头等重任，建筑业成为快速发展的行业，近年实际增长率基本在6.5%左右。

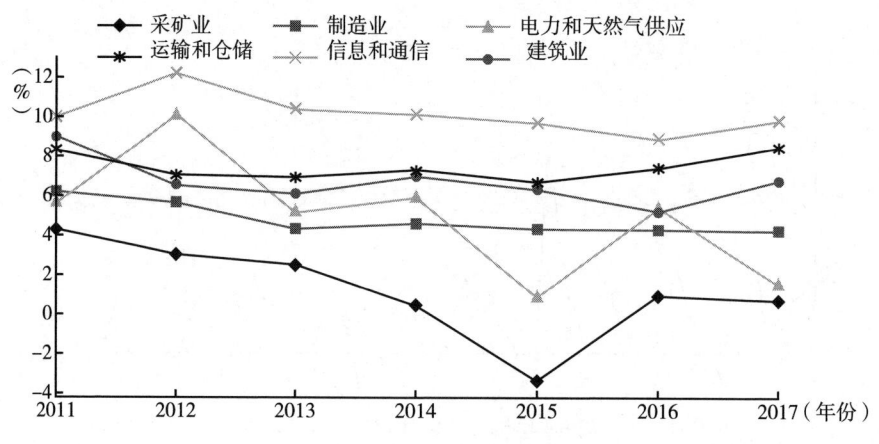

图6　印尼主要产业实际增长率

资料来源：BPS。

2. 矿业等产业止跌回升

以煤炭、石油为主的采矿业曾经是印尼经济的主要驱动力，随着经济发展政策的调整和具备成熟开采条件的石油储量下降，采矿业不断下滑，在2015年实际增长率出现负的3.42%。近两年，佐科政府为了重振经济，以及改善贸易和国际收支平衡，加大了采矿业的发展力度，采矿业实际增长速度在2016年恢复到0.95%，2017年为0.69%，2018年上半年维持了增长势头，其在GDP中的贡献率前两季度分别为8.03%和7.92%（见表1）。电力和天然气供应是关系到国计民生的重要产业，2016年产值出现止跌回升，剔除价格因素的实际增长率达到5.39%，高于GDP增速，虽然在2017年只有1.54%的实际增速，但仍好于2015年的低谷。

表1 印尼主要产业的经济贡献度变化

单位：%

产业名称	2017年第一季度	2017年第二季度	2017年第三季度	2017年第四季度	2018年第一季度	2018年第二季度	2018年上半年同比增长
农林牧渔业	13.58	13.90	13.95	11.18	13.27	13.63	-0.29
采矿业	7.92	7.32	7.15	7.92	8.03	7.92	0.36
制造业	20.50	20.27	19.93	19.96	20.26	19.83	-0.34
电力和天然气供应	1.20	1.17	1.19	1.22	1.19	1.18	0.00
建筑业	10.22	10.11	10.24	10.91	10.49	10.17	0.17
批发零售,机动车维修	13.17	13.00	12.94	12.94	13.11	12.97	-0.05
住宿和餐饮服务	2.92	2.85	2.79	2.85	2.86	2.78	-0.06
运输和存储	5.20	5.28	5.58	5.56	5.40	5.44	0.18
信息和通信	3.83	3.83	3.72	3.80	3.83	3.73	-0.05
金融和保险	4.28	4.21	4.20	4.13	4.25	4.10	-0.07
房地产	2.85	2.82	2.74	2.78	2.81	2.74	-0.06
商业服务	1.76	1.74	1.73	1.77	1.81	1.79	0.05
公共服务和国防	3.54	3.63	3.61	3.99	3.53	3.60	-0.02
教育	3.12	3.22	3.19	3.60	3.11	3.16	-0.04
健康和社会服务	1.07	1.05	1.04	1.11	1.07	1.05	0.00

注：产业经济贡献度以现价的产业增加值占GDP比重衡量。
资料来源：BPS。

3.制造业各细分领域差异较大

制造业整体实际增速近5年维持在4%左右，低于GDP增速。在制造业内部，各领域有较大差异，近两年增速最快的是橡胶及橡胶塑料制品、基本金属、纺织品和服装制造业、家具制造业、食品和饮料制造业，而机械设备制造、交通设备制造、化工、医药和植物产品制造业虽是政府重点扶持的产业，但表现一般。增速下滑最厉害的产业是非金属矿物制品、煤炭和精炼石油产品的制造、皮革和鞋类制造业、电力和天然气生产（见表2）。

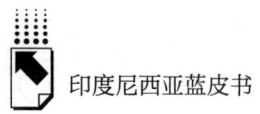

表2　印尼制造业细分行业实际增长率

单位：%，个百分点

制造业细分	2011年	2012年	2013年	2014年	2015年	2016年	2017年	2017年较2016年变动幅度
橡胶及橡胶塑料制品	2.08	7.56	-1.86	1.16	5.04	-8.50	2.47	10.97
基本金属	13.56	-1.57	11.63	6.01	6.21	0.99	5.87	4.88
纺织品和服装制造业	6.49	6.04	6.58	1.56	-4.79	-0.09	3.76	3.85
家具制造业	9.93	-2.15	3.64	3.60	5.17	0.46	3.71	3.25
食品和饮料制造业	10.98	10.33	4.07	9.49	7.54	8.33	9.23	0.90
机械设备制造	8.53	-1.39	-5.00	8.67	7.58	5.05	5.55	0.50
交通设备制造	6.37	4.26	14.95	4.01	2.40	4.52	3.68	-0.84
化工、医药和植物产品	8.66	12.78	5.10	4.04	7.61	5.84	4.53	-1.31
金属制品,计算机,光学产品及电气设备	8.79	11.64	9.22	2.94	7.83	4.33	2.79	-1.54
木材及软木制造业	-2.72	-0.80	6.19	6.12	-1.63	1.74	0.13	-1.61
纸和纸制品	3.89	-2.89	-0.53	3.58	-0.16	2.61	0.33	-2.28
烟草制造业	-0.23	8.82	-0.27	8.33	6.24	1.58	-0.84	-2.42
煤炭和精炼石油产品的制造	-0.33	-2.40	-2.64	-2.12	-1.13	2.84	-0.32	-3.16
电力和天然气生产	5.69	10.06	5.23	5.90	0.90	5.39	1.54	-3.85
皮革和鞋类制造业	10.94	-5.43	5.23	5.62	3.97	8.36	2.22	-6.14
非金属矿物制品	7.78	7.91	3.34	2.41	6.03	5.47	-0.86	-6.33

注：以不变价格计算。

资料来源：BPS。

（三）对外经贸表现

1. 贸易余额连续五个季度下滑至赤字

自2017年第二季度以来，印尼商品与服务贸易平衡状况持续恶化，贸易季度余额由2017年第一季度的顺差44.05亿美元逐季下降到2018年第二季度的逆差15亿美元，其中商品贸易余额下降最为明显，由季度高点顺差56.35亿美元下降到2018年第二季度的2.89亿美元。贸易平衡的恶化使经常账户赤字扩大，印尼货币承受贬值压力。

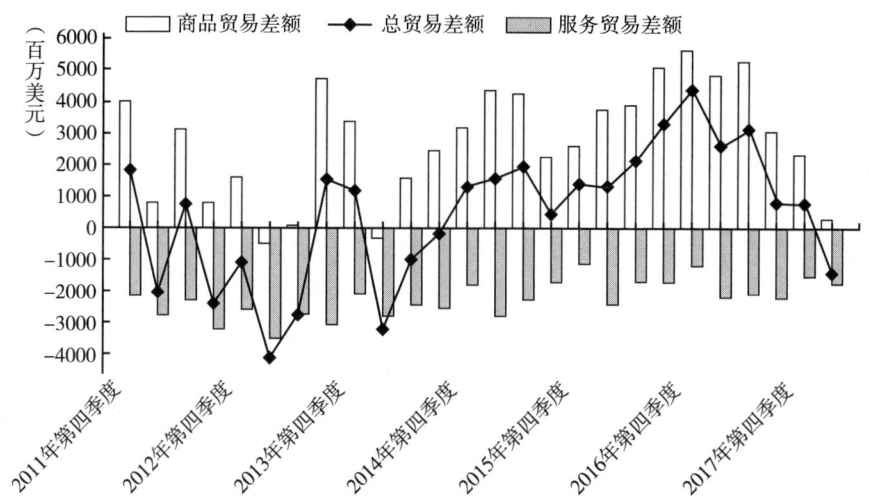

图7 印尼商品与服务贸易平衡情况

资料来源：BI。

2. 商品进出口结构特征

（1）进口结构特征

印尼进口商品中，机电产品占据最大比重，平均约占1/4强，2018年第一季占比25.9%（见表3），并且纵向来看，增长趋势也比较明显，2018年第一季度同比增长率为25%。此外，矿产品是第二大类进口商品，占比平均在17%以上，在2017年是增长最快的进口品类，在2018年第一季度已出现增速放缓。另外，近期陶瓷、玻璃和运输设备品类的进口增长也比较明显，但这些品类占比不高。

表3 印尼主要进口商品类别比重（季度）

单位：%

商品类别	2017年第一季度	2017年第二季度	2017年第三季度	2017年第四季度	2018年第一季度
活动物、动物产品	1.70	1.70	1.70	1.60	1.30
植物产品	4.40	4.90	4.60	4.50	3.80
食品、饮料、烟草	4.60	5.20	5.10	5.00	3.70
矿产品	19.50	17.60	17.00	17.10	17.40

续表

商品类别	2017年第一季度	2017年第二季度	2017年第三季度	2017年第四季度	2018年第一季度
化工产品	10.70	10.80	10.50	10.20	10.30
塑料、橡胶	6.20	6.30	6.40	6.30	6.20
皮革制品,箱包	—	0.50	—	—	—
纤维素浆,纸张	2.00	2.00	2.10	2.00	2.10
纺织品及原料	5.70	5.70	5.70	5.60	5.50
陶瓷,玻璃	0.70	0.70	0.80	0.80	0.80
贱金属及制品	9.30	9.80	9.90	10.20	11.10
机电产品	24.50	24.50	24.90	25.30	25.90
运输设备	5.90	5.90	5.90	5.80	6.20
光学、钟表、医疗设备	1.40	1.50	1.70	1.80	1.70
家具、玩具、杂项制品	0.90	1.00	1.10	1.10	1.10

资料来源：BPS。

（2）出口结构特征

从表4可以看出，印尼商品出口仍以矿产品和动植物油脂为主。矿产品中主要是原油、煤和天然气，近两年维持在23%左右的份额，2018年第一季度占比提高到26.4%，其绝对值也同比增加23.9%，表明矿产品在出口创汇中的重要性在提升。金属矿产品由于政府逐步禁止原矿出口的政策，增长并不明显。油脂出口的主体是棕榈油，近两年占比维持在14%左右，但自2017年第二季度开始，同比增速出现下滑，到2018年第一季度出现负增长17.3%（见表5），2018年出现明显下降的还有塑料、橡胶出口。

表4 印尼主要出口商品类别比重（季度）

单位：%

商品类别	2017年第一季度	2017年第二季度	2017年第三季度	2017年第四季度	2018年第一季度
活动物,动物产品	1.90	2.10	2.10	2.20	2.10
植物产品	2.00	2.10	2.20	2.10	1.70
动植物油脂	15.40	14.40	14.00	13.70	11.70
食品、饮料、烟草	3.80	3.80	3.80	3.90	3.80
矿产品	23.20	23.20	23.00	23.70	26.40
化工产品	6.90	6.70	6.60	6.60	6.40

续表

商品类别	2017年第一季度	2017年第二季度	2017年第三季度	2017年第四季度	2018年第一季度
塑料、橡胶	6.70	6.60	6.40	6.10	5.20
木及制品	2.40	2.40	2.40	2.40	2.50
纤维素浆,纸张	3.30	3.50	3.60	3.70	3.90
纺织品及原料	7.60	7.50	7.60	7.50	7.50
鞋靴、伞等轻工产品	3.20	3.30	3.20	3.20	3.20
贵金属及制品	3.10	3.30	3.50	3.40	4.00
贱金属及制品	4.70	5.10	5.40	5.70	6.50
机电产品	8.40	8.60	8.70	8.60	8.00
运输设备	4.20	4.30	4.40	4.30	4.10

资料来源：BPS。

表5 印尼主要出口商品类别增长情况（季度同比）

单位：%

商品类别	2017年第一季度	2017年第二季度	2017年第三季度	2017年第四季度	2018年第一季度
活动物,动物产品	6.40	4.10	11.00	14.40	21.70
植物产品	22.60	24.00	21.50	10.60	-10.20
动植物油脂	61.60	45.10	41.50	26.00	-17.30
食品、饮料、烟草	7.80	1.00	4.50	5.10	7.30
矿产品	26.70	27.50	25.80	25.70	23.90
化工产品	43.20	22.90	22.00	18.20	0.70
塑料、橡胶	54.40	38.60	35.30	28.10	-16.40
木及制品	1.40	-4.90	0.90	2.50	13.30
纤维素浆,纸张	7.50	9.30	18.20	25.00	29.00
纺织品及原料	4.20	-3.80	4.60	6.00	8.10
鞋靴、伞等轻工产品	8.80	0.40	6.50	6.50	6.60
贵金属及制品	-39.90	-34.90	-19.50	-11.90	38.00
贱金属及制品	31.60	21.40	24.60	27.80	50.70
机电产品	9.60	2.40	5.40	5.50	3.00
运输设备	20.30	7.30	12.30	9.30	6.90
总值	21.10	14.40	17.40	16.00	8.80

资料来源：BPS。

3. 贸易地域特征

依据2018年上半年数据，中国、欧洲、美国、日本和新加坡依次是印尼前五大贸易伙伴（见表6），其中印尼与中国、日本、新加坡之间存在贸易逆差，而与美国、欧洲有一定的贸易顺差，但与美国的顺差在缩小。

表6 印尼与主要贸易伙伴的贸易平衡关系

单位：百万美元

指标名称	2017年第一季度	2017年第二季度	2017年第三季度	2017年第四季度	2018年第一季度	2018年第二季度
非油气出口合计	36713	35675	39519	41165	40220	39175
出口中国	4697	4430	5445	6750	6338	5958
出口欧洲	4101	3938	4115	4140	4287	4296
出口美国	4288	4081	4456	4318	4421	4136
出口日本	3369	3308	3923	4095	4081	4020
出口新加坡	2155	2148	2410	2376	2443	2083
非油气进口合计	30028	30665	34451	37465	37225	37763
从中国进口	7690	8072	9044	10706	10165	10402
从日本进口	3412	3359	4129	4311	4332	4296
从欧洲进口	2850	754	3365	3340	3506	3398
从新加坡进口	1807	1833	2164	2482	2442	2361
从美国进口	1829	1833	1992	2046	2138	2303
贸易差额（负号为逆差）	6686	5010	5068	3700	2995	1413
中国	-2993	-3641	-3600	-3956	-3827	-4444
欧洲	1251	1184	750	799	782	898
美国	2459	2249	2464	2272	2284	1833
日本	-43	-50	-206	-216	-251	-276
新加坡	348	315	247	-106	0	-278

资料来源：BPS。

（四）国际收支与金融表现

1. 货币贬值明显

自2017年下半年始，印尼卢比对美元、人民币和欧元的汇率均有明显上升（见图8）。在亚洲范围内，印尼卢比是今年表现第二差的货币，紧随印度货币之后。导致货币贬值的外部因素有以下几点：一是美元加息和美国国债收益率的攀升；二是中美贸易战升级造成的外溢影响；三是阿根廷和土耳其债务危机引发的对发展中国家货币的担忧。内部因素则主要是印尼经常账户赤字持续扩大，外债余额规模仍然较大。

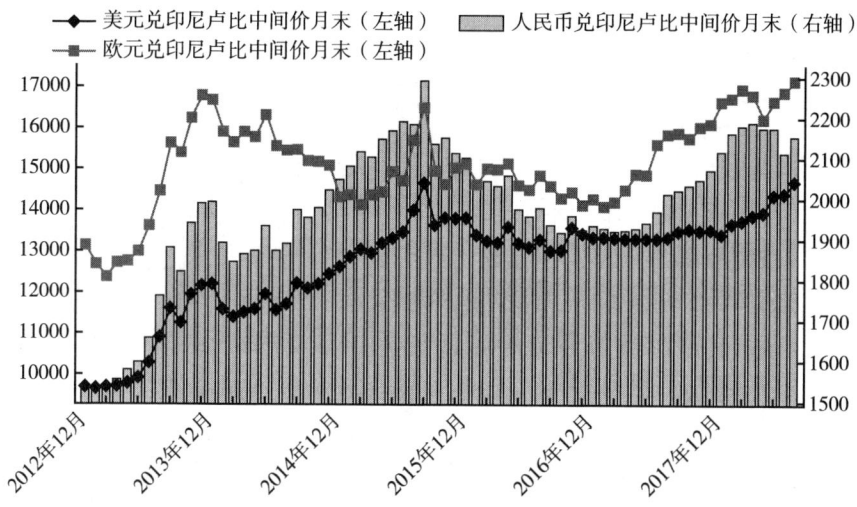

图8 印尼货币表现

资料来源：BI。

2. 经常项目赤字连续扩大

根据印尼央行数据，自2017年第一季度至2018年第二季度，印尼经常项目赤字已经连续6个季度扩大，2018年第一季度经常项目赤字为57亿美元，第二季度赤字增加至80亿美元，相当于GDP的3.04%，风险开始显现（见图9）。

3. 外债继续小幅攀升

截至2018年7月，印尼外债余额为3580亿美元，其中包括政府和中央银行外债1880亿美元，企业和私人部门外债1771亿美元。外债同比增长4.8%，低于上个月5.5%（同比）的增长，当月外债增长放缓的原因主要是政府控制公共部门外债，使其增长较前期有所下降（见图10）。

4. 国内利率开始抬升

自佐科上台以来，为了刺激经济发展，一直采取的是宽松货币政策，累计9次降低基准利率，实际利率达到接近零的水平。2018年以来，为了应对货币大幅贬值和经常账户赤字扩大，印尼央行被迫提高利率，今年以来已经连续5次提高基准利率，已由年初的4.25%提高到5.75%。国内存款利

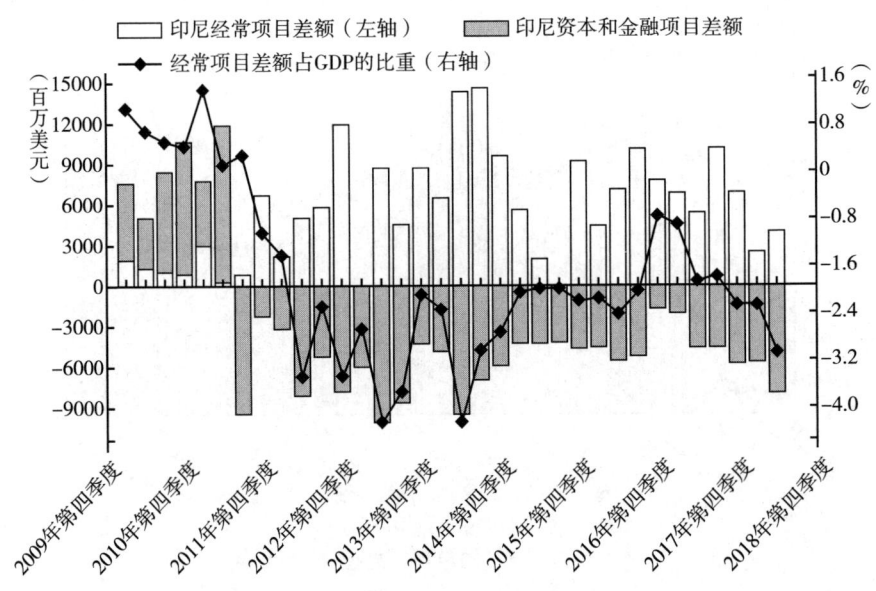

图9　印尼国际收支平衡情况

资料来源：BI。

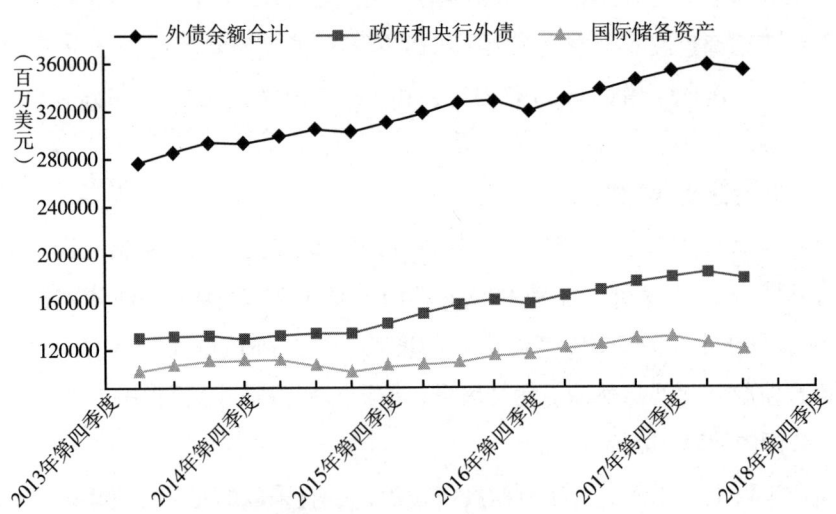

图10　印尼外债余额增长情况

资料来源：BI。

率已做出反应，3 个月期的存款利率平均水平已由 5 月的 5.79% 上扬至 6.12%，但贷款利率平均水平受需求侧影响，尚未上扬，此种情况将使商业银行利差减少，盈利能力受到不利影响（见图 11）。

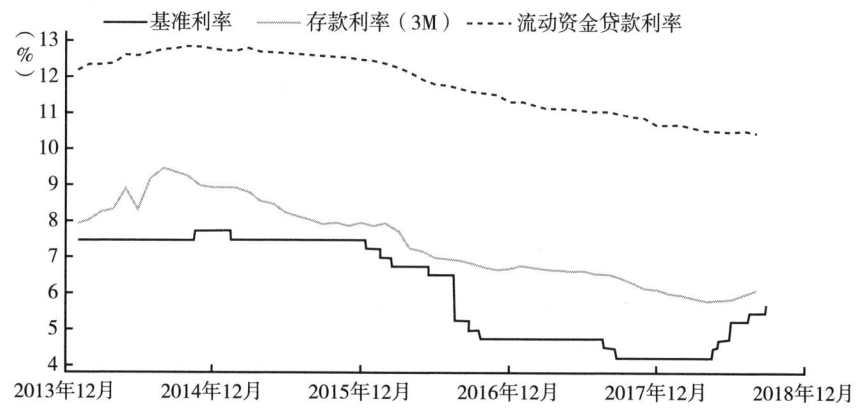

图 11　印尼信贷市场利率走势

资料来源：BI。

（五）政府收支

1. 收入与支出结构

印尼政府收入以税收收入为主，约占八成左右，税收收入又以所得税和增值税为主，两者合计占到税收的八成，非税收入主要来自自然资源开采取得的收入和国企上缴利润。近四年，印尼政府税收收入持续小幅增长，已由 2014 年的 1146.9 万亿印尼卢比增加到 2017 年的 1343.5 万亿印尼卢比，但增长速度低于上届政府，且增速有下降趋势，2014~2017 年的增长率分别为 6.46%、8.16%、3.59%、4.56%，近两年增速低于同期 GDP 增长速度。在 2018 年 1 月至 7 月，税收增长势头良好，同比增长 14.6%。增长的原因主要是税收征管趋于严格，纳税合规性提高。另外，政府非税收入在 2015 年和 2016 年出现明显减少的现象，在 2017 年已有所回升，非税收入减少的主要原因是油、气、土地、矿产的自然资源收入减少（见表 7）。

表7 印尼财政收入情况

单位：十亿印尼卢比，%

收入类别	2014年	2015年	2016年	2017年
税收收入	1146866	1240419	1284970	1343530
税收收入占政府收入比重	74.21	82.91	83.06	81.19
其中：所得税（非油气）占比	40.00	44.55	49.04	44.40
所得税（油气类）占比	7.62	4.00	2.81	3.75
增值税占比	35.68	34.16	32.08	35.78
土地和建筑物税占比	2.05	2.36	1.51	1.25
土地和建筑物转让税占比	0.00	0.00	0.00	0.00
消费税占比	10.30	11.66	11.17	11.41
进口关税占比	2.82	2.52	2.53	2.61
出口关税占比	0.99	0.30	0.23	0.31
非税收收入	398591	255628	261976	311216
非税收收入占政府收入比重	25.79	17.09	16.94	18.81
其中：自然资源收入占比	60.42	39.50	24.77	35.71
国有企业利润上缴占比	10.11	14.73	14.17	14.11

资料来源：BI。

支出结构能够反映政府事权的分配情况。印尼财政支出结构是以中央政府支出为主，一般占到62%~68%，说明印尼在法律上虽然规定了地方自治的权力，但相关事权仍大部分集中在中央。但本届政府在2014~2016年，通过权力下放和资金的转移支付，扩大了地方政府实际支出规模，其间地方政府实际支出增速分别达11.8%、8.6%和14%，中央政府实际支出反而减少，但在2017年和2018年上半年，中央政府支出比重上升，反映中央政府加强宏观调控的需求。从中央政府支出的项目结构看，近3年增长比较明显的是资本支出和利息支出，这均是中央政府加强经济职能的结果（见表8）。

2. 收支平衡状况改善，赤字率略优于国际机构预测

2017年，印尼财政赤字率为2.51%，较上年提高0.02个百分点。该数字仍明显优于国际机构的预测，国际货币基金组织（IMF）之前的预测为2.67%，经合组织（OECD）之前的预测为2.80%。2018年政府计划进一步控制财政赤字率，全年目标为2.1%。前两季度已实现的赤字率分别为

2.45%和0.67%,而上年同期分别为3.27%和2.07%,显示出今年收支平衡持续改善。尤其是今年第二季度赤字率0.67%是2016年第四季度以来的最好水平(见图12)。收支平衡改善的原因,一方面得益于2018年前两季度收入增长明显;另一方面得益于政府补贴性支出持续减少,使得总体支出维持相对稳定。

表8 印尼财政支出情况

单位:十亿印尼卢比,%

项目	2013年	2014年	2015年	2016年	2017年
中央政府实际支出	1137163	1203577	1183304	1154018	1265359
其中:人员支出占比	19.49	20.25	23.76	26.44	24.71
商品和服务支出占比	14.93	14.67	19.71	22.50	23.03
资本支出占比	15.90	12.24	18.21	14.69	16.49
利息支出占比	9.94	11.09	13.18	15.84	17.12
补贴支出占比	31.22	32.57	15.72	15.10	13.15
地方政府实际支出	513260	573703	623140	710257	741992

资料来源:BI。

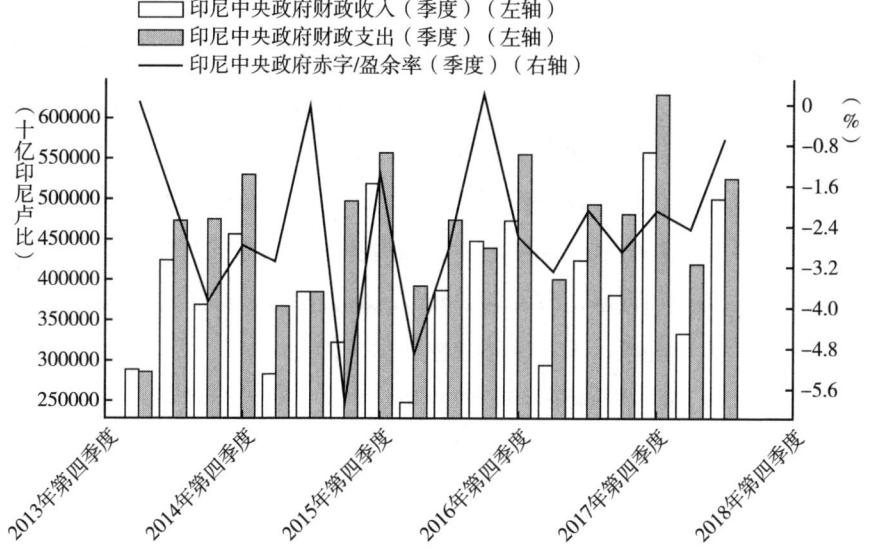

图12 印尼中央财政收支总额情况

资料来源:BI。

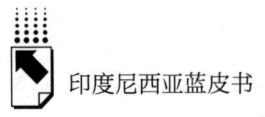

二 政府经济政策导向

（一）总体经济发展战略

佐科政府的总体经济发展战略可简单归纳为"一体两翼"，即一个主体、两个辅翼，主体是指以先导项目和优先产业为经济发展的重点和核心，两个辅翼是指以人力资本发展和区域平衡发展为产业发展的支撑。

其中，先导项目即经济起飞所需要的先行发展项目。由于印尼长期的基础设施建设"欠账"，佐科政府把发展基础设施，加快各区域、各经济部门的互联互通作为经济先导和重中之重。根据佐科政府的中期规划，2014年至2019年将有245个国家战略性基础设施建设项目启动，估计总投资为4197万亿印尼卢比（约3080亿美元），到2019年，预计要完成245个项目中的50%。

优先产业是指国民经济体系中政府优先支持发展的经济部门，根据印尼政府2015年颁布的《2015～2035年全国产业发展总体规划》的三步走战略，第一阶段即2015～2019年优先产业是农业和农产品加工业、矿产能源和电力工业、海运和海洋相关产业、制造业、旅游业等，这些产业都是与解决大量人口就业和增强工业自主性有关的产业。

人力资本是支撑经济发展的关键资源，因而本届政府把提高印尼人力资本水平作为发展战略的重要维度之一。其内容主要包括三个方面，一是增加教育投入，提高教师待遇，改善教学硬件；二是增加公共卫生投入，提高医疗水平，改善人口健康状况；三是改善住房条件。

区域平衡发展既是一种经济发展战略，也是一种政治权略，因为它在经济上有利于激发国内消费需求，刺激经济增长，在政治上有利于赢得民心，维护局势稳定。印尼"新秩序"时期三十多年的经济发展，导致城市与农村发展极不平衡，爪哇岛与外岛发展极不平衡，西爪哇与东爪哇发展极不平衡。本届政府通过工业项目布局、财政转移支付、公共设施建设、税收激励等措施，拟在改善上述发展不平衡问题方面做出成绩。

（二）新的经济刺激政策

佐科政府自上台以来，频繁推出经济刺激政策。截至目前共推出了16轮经济改革和发展的一揽子政策，并正在酝酿第17套政策方案。这些政策主要围绕吸引投资、改革商事和进出口管理、基础设施合作建设、税收优惠等方面展开。最新的两轮政策包是2017年6月15日发布的第15轮经济政策包和2017年8月31日发布的第16轮经济政策包。

1. 以降低物流成本和简化商事管理为核心的第15轮、第16轮经济政策包

为了发展物流相关产业，降低物流成本，政府提出以下政策目标：一是扩大航运、海上保险和船舶维修业的市场开放度。具体有：（a）开放全国航运市场，增加进出口运输货值约6亿美元/年，新增新船投资约7亿美元，新增2000名船员就业岗位。（b）115种船舶零部件实施零进口关税。（c）支持国家航运公司发展，为其提供更多特殊运输服务机会，例如油轮和散货船业务。二是提高物流服务业的竞争力。如增加航空货运份额，建立区域配送中心，出台货物运输服务标准，加强地方政府在区域物流系统建设中的作用，将货运损坏率降低30%左右等。

已出台的政策包括：2017年交通部第24号文撤销了海运业务、船舶代理、装卸业务和港口公司资本所有权要求的规定；2017年信息和通信部第7号文将邮政业务许可证办理程序简化；贸易部2017年第29号文将岛屿间贸易电子清单标准化；海运总署出台减少集装箱损坏风险的指导原则；内政部出台文件要求各地办理货物运输许可证应同步进行。同时还在研究制定一系列新的政策，如非全新资本品（如二手船舶）的进口规定等。

2. 实行新的税收优惠政策

印尼现行的投资相关税收优惠措施主要包括两种类型，一是企业所得税减免（Tax Holiday）；二是投资抵税和加速摊销等税收优惠政策（Tax Allowance），此次调整的是涉及第一类的税收优惠。

按照现行规定，特定项目的企业应交所得税可按一定比例减免，减免幅度为10%~100%，其中对信息通信产业领域投资额低于1万亿印尼卢比的

项目，减免幅度的上限为50%。享受上述规定的所得税减免需符合以下条件：一是投资额至少为1万亿印尼卢比，如果是投资电信、信息技术相关产业，则该投资额下限为5000亿印尼卢比；二是符合政府规定的产业范围，具体包括基础冶金工业、石油炼化、油气化工、装备制造、农林渔加工、通信与信息技术、海运、经济特区（KEK）内制造业、PPP模式以外的基础设施建设项目。

财政部2018年4月4日第35号文件（PMK-35）规定了新的免税期政策，对所得税免税期和税率做了调整，减免比率由原来的10%～100%统一为100%，免税期调整为5～20年，具体时间取决于投资额。其中，投资额为5000亿～1万亿印尼卢比的，免税期为5年；1万亿～5万亿印尼卢比的为7年；5万亿～15万亿印尼卢比的为10年；15万亿～30万亿印尼卢比的为15年；30万亿印尼卢比以上为20年。其适用对象为基本金属上游产业项目、石油和天然气炼油厂、石油化工、非有机碱化学、有机基础化学品、医药材料、半导体及其他组件、通信设备组件、医疗器械、工业机械制造、机器人部件制造、船舶部件制造、飞机部件制造、列车零部件制造、发电厂、其他经济基础设施项目。

（三）贸易政策更趋向于"保出口、抑进口"

面对严峻的出口形势和经常账户赤字扩大的局面，印尼政府对贸易政策做出了调整，要点之一就是提高进口关税，努力维持贸易平衡。截至2018年9月，印尼政府已提高了约1100类商品的进口关税，消费类商品关税幅度提高最为明显，最高达原来的4倍。目前商品进口税率为7.5%～10%，之前为2.5%～7.5%。关税提高使得许多项目的落地成本增加，因为项目所需配套进口物资和设备须缴纳更多的关税。

另一贸易应对举措是积极推动区域自由贸易协定，努力拓展非传统市场，对冲美国贸易保护主义的负面影响。例如推动区域全面经济伙伴关系（RCEP），目标是在2018年11月签署RCEP。再如，加大非洲市场开发力度等。

三 宏观经济趋势

（一）复合领先指标显示经济面临较大下行压力

OECD复合领先指标（CLI）由一系列对经济周期敏感的经济指标复合而成，它所揭示的经济趋势信号通常领先实际波动6~8个月。印尼的复合领先指标由金融市场指标、消费市场指标、产业先行指标三大类因素构成，其中金融市场指标主要是股市价格走势、央行贴现率、对美元汇率三项；消费市场指标主要是批发价格指数、消费者信心指数两项；产业先行指标选择的是景气敏感度较高的旅游产业指标和造纸工业指标。

图13揭示了印尼复合指数的最新走势，从图中可以看出，自2015年9月之后，基于佐科政府相关经济发展政策逐步明朗，基础设施投资力度开始加大，出口市场环境改善，以及国内投资增加，CLI指数逐步走高，意味着6~8个月后经济会出现向上势头。事后看，印尼经济在2016年和2017年确实出现了缓慢复苏，GDP实际增长率由2015年的4.88%提高到2016年的5.03%，再到2017年的5.07%。

但在2017年7月领先指标CLI达到顶峰101.1点之后，一路下滑，到2018年5月降至98.8点，该信号提示印尼经济在半年后可能出现经济下行。与此相反，同期经合组织成员国及6个非成员国的整体经济发展趋势平稳，中国的CLI指数则从2018年1月开始回升，说明在一定程度上中国前期的下行压力已有所舒缓，若非中美贸易摩擦因素，中国经济通过结构性调整和产业升级努力已开始走出下行通道。

（二）金融市场风险加大，短期内资本仍会出现外流

美元加息和贸易冲突等外部环境恶化因素对新兴市场的冲击已在印尼金融市场有了充分反映，风险显著增大，在以下方面体现得最为明显。

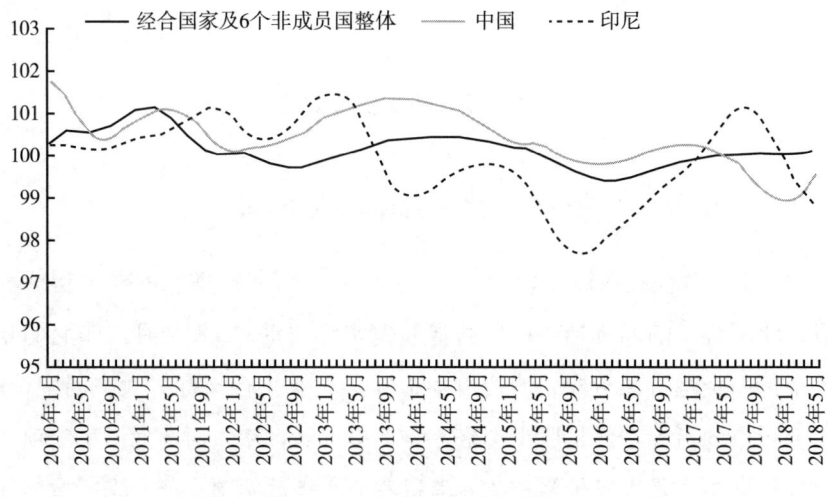

图 13　OCED 发布的经济趋势领先指标（CLI）

注：6 个非成员国指金砖五国及印尼。
资料来源：OECD。

1. 股市出现大幅下跌，国债收益率升到历史高位

股市被称为经济的"晴雨表"，证券投资者往往是基于未来经济前景而进行投资决策。图14揭示了印尼股市在2015~2017年的上升行情和2018年以来的下挫行情，雅加达综合指数已由年初高位6689点下跌到10月3日的5867点，下跌幅度达到12.3%，全年下跌9.81%，是东南亚和南亚国家的第二大跌幅。跌幅最大的国家是菲律宾，马尼拉指数从年初高位下挫了1963点，下跌幅度达21.71%，全年下跌17.3%。另一个大幅下跌的国家是印度，孟买指数在一个月左右的时间从高位急跌12.06%，回到了年初的水平。

投资者抛售印尼资产的行为不仅体现在股票市场上，在债券市场上也非常明显。如图15所示，印尼国债收益率自2018年初开始，处于大幅升高趋势，意味着销售价格走低。以3年期国债为例，2018年初低点为5.51%，到9月26日创下了7.95%的年内新高，已接近前期高点。

2. 国际资本外流

股市的大幅下挫不仅从远期看反映了投资者对新兴市场国家经济前景的担忧，近期看，还将给经济带来实际的冲击。其一是企业从资本市场融资变

印尼宏观经济趋势分析

图 14　印尼股市走势

资料来源：JDX。

图 15　印尼国债余额和价格走势

资料来源：JDX。

得困难；其二是投资者抛售新兴市场资产，资本大量外流，使国际收支状况恶化，打压新兴市场国家货币，产生系统性金融风险。从图 16 可以看出，印尼 2018 年前两季度无论是直接投资还是证券投资均出现外资净流出现象，第一季度直接投资净流出 38.66 亿美元，第二季度净流出增至 102.99 亿美元；第一季度证券投资净流出59.42亿美元，第二季度净流出增至152.34亿美元。两者均呈现加速流出趋势。

考虑到以下因素，资本外流的趋势在短期内仍会持续：（a）美国加息步伐仍未有结束迹象（见图17），贸易冲击也未有根本改善的势头，国际投资者对新兴市场的担忧仍会继续；（b）印尼证券市场的外资参与度较高，约占全部投资的四成以上，外国证券投资余额在2018年6月末仍保有2492.95亿美元，直接投资余额为2366.47亿美元，其中证券市场的外资具有很高的流动性，流出可能性较大；（c）此次外部冲击对新兴市场国家的影响存在差异性，对于外国资本直接投资而言，越南等国的投资吸引力上升，将对印尼外资产生分流效应。

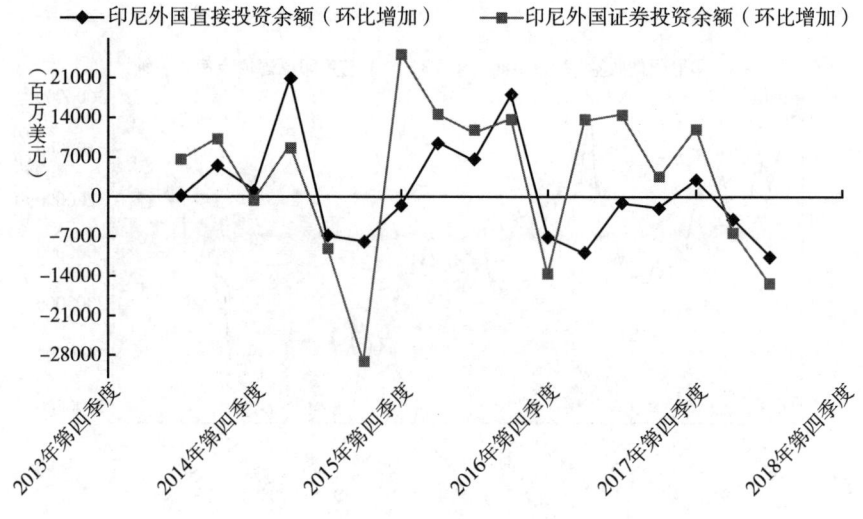

图16 印尼外国资本余额变动情况

资料来源：BI。

（三）商业景气仍然稳健

商业景气仍然稳健主要受以下因素支撑：第一，消费者信心依然保持乐观。根据印尼央行编制的消费者信心指数（CCI），2017年下半至2018年上

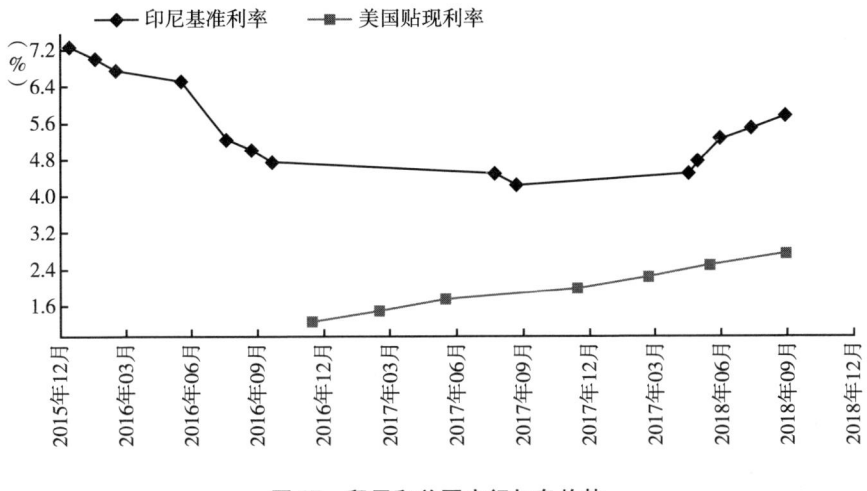

图17 印尼和美国央行加息趋势

资料来源：BI，美联储。

半年消费者信心处于近年来最高水平，维持在124点左右（见图18），表明消费者对收入和消费能力保持乐观预期。第二，物价维持温和通胀水平，既未出现通缩，也未出现大幅上涨（见图19）。与东盟其他主要国家相比，印尼通胀率略高于其他国家平均水平，2017年前者为3.61%，而后者为2.95%。温和的通胀是需求稳定的表现。第三，从批发环节看，目前除了进口商品价格和建材价格明显上涨外，其他商品批发价格维持平缓上升势头，为商业经营提供了一个相对稳定的市场环境。

（四）实体产业承压较大

从供给侧角度看，印尼实体经济正承受着较大的下行压力。其一是景气敏感产业展示出向下信号。根据印尼经济结构特征，旅游业和工业领域的造纸及纸制品行业是景气敏感型的先导产业，前者是印尼的支柱产业之一，对就业贡献度大；后者则与工商活动景气程度显著相关，当企业经营活动繁荣时，对纸张的需求会显著增加。如图20所示，两个产业在2018年出现了明显下滑，其中，外国游客人数由原来月均70万~90万人的水平降到了40万~60万人左右的水平。造纸和纸制品行业指数已由2016年95左右的水

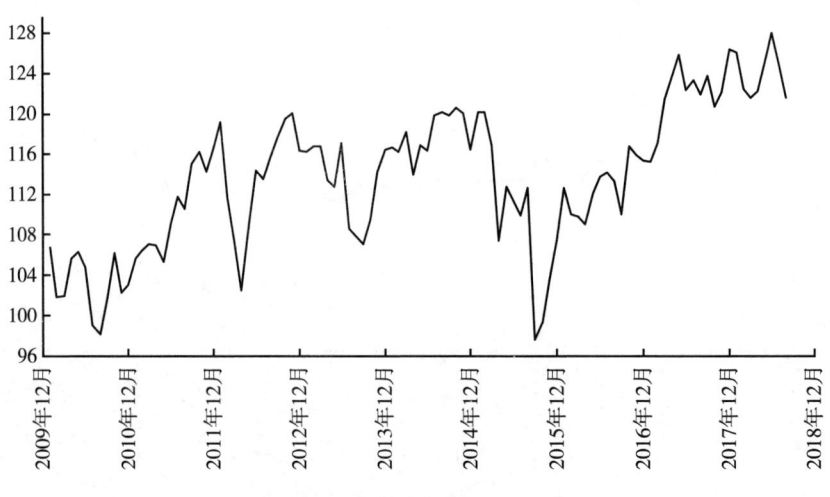

图 18　印尼消费者信心指数

资料来源：BI。

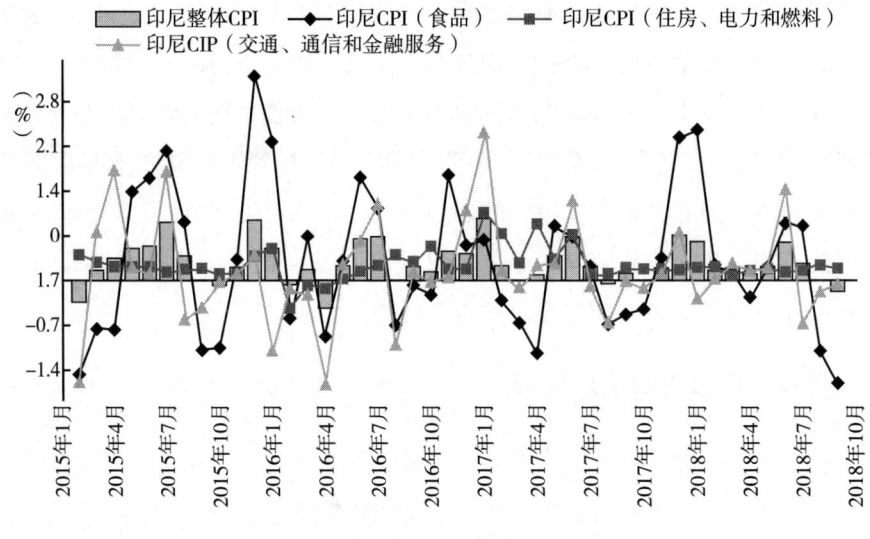

图 19　印尼 CPI 指数走势（季度）

资料来源：BI。

平降低至 84 左右的水平。

其二，制造业采购经理指数（PMI）处在荣枯线水平附近。如图 21 所示，印尼 PMI 近两年半呈波动上升之势，但仍然处在 50 左右的荣枯分水岭附近，且在近几个月又出现掉头迹象，说明制造业仍然未有繁荣的基础。

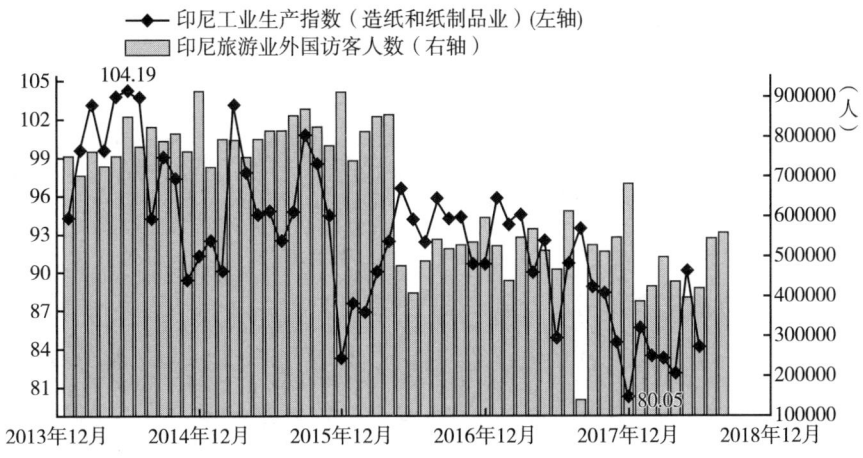

图 20　印尼景气敏感产业趋势信号

注：2010 年 = 100。
资料来源：BPS。

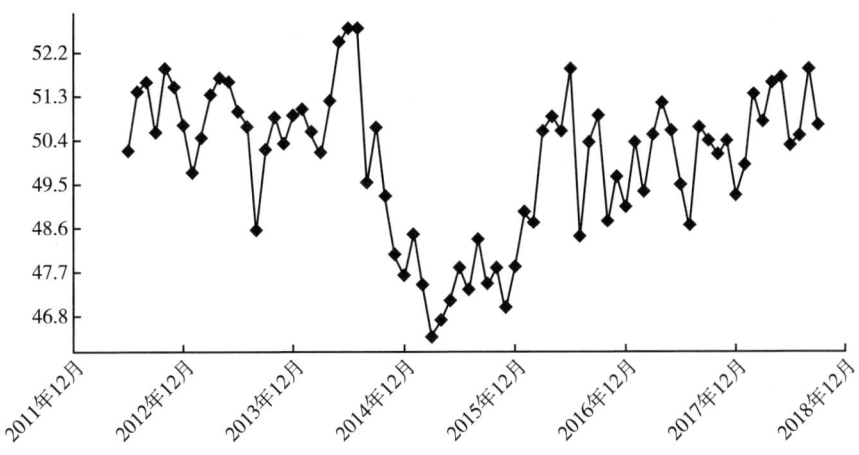

图 21　印尼制造业采购经理指数（PMI）

资料来源：Markit。

B.6
印尼贸易政策走向研究

刘 胜*

摘　要： 本文分析了印尼本届政府经贸政策的变化，讨论与印尼的经贸合作前景及困难。佐科政府为发展经济，密集推出包含贸易政策在内的经济政策包，近期又加推了第15套和第16套一揽子经济政策包，主要目标是通过降低物流成本和投资便利化带动贸易发展。总体上讲，佐科政府采取了积极的贸易政策，坚持以东盟为基石，以亚太为优先区域，采取的措施包括积极签订双边贸易协定、调整进口关税、对经济特区实施优惠关税、出口优惠政策、简化出口审批程序、大力吸引出口导向型外资企业、放宽外商投资领域限制等。但长期积累的一些贸易障碍依然存在，贸易保护主义也不容忽视。关税壁垒方面，对部分商品出口加征20%的出口税，对发酵饮品与酒类等商品仍然征收90%~150%的高关税；非关税壁垒方面，实施进口配额政策，限制新鲜瓜果蔬菜进口，并利用宗教、技术性问题设置障碍。在中印尼双边贸易中，禁止从中国进口家禽及其产品，对中国企业享受自贸区关税减免设置多重障碍。从前景看，佐科政府的贸易改革表明了印尼加强制度建设，扩大开放的决心，与"21世纪海上丝绸之路"倡议有较大的契合度，中印尼两国若能进一步扩大双边贸易，形成区域生产与贸易中心，辐射周边国家，具有重大战略意

---

* 刘胜，博士，副教授，广东外语外贸大学印尼研究中心、国际经贸研究中心研究员。

义。由于印尼国内相关政策差异和协调问题,加强两国贸易还需要通过不同层面的沟通来实现。

关键词: 印尼　对外贸易　双边合作

一　引言

印尼是东盟最大的新兴经济体,其人口、国土面积和经济总量分别占整个东盟的40%以上,同时也是东盟秘书处所在地,还是东南亚唯一的二十国集团成员。印尼地处太平洋和印度洋、亚洲和大洋洲的交汇处,位于世界上主要航运路线的交汇处,是建设"21世纪海上丝绸之路"、联通世界市场、实现海上互联互通的一个关键战略支点。

目前,国内关于中国与印尼经贸关系的研究众多,学者们从不同的角度分析了双方合作的前景与挑战,例如吴崇伯的《论中国与印尼的能源合作》(2014)和《双方海洋经济合作的前景分析》(2015),杨程玲的《印尼海洋经济的发展及其与中国的合作》(2015),张洁的《"一带一路"与"全球海洋支点"关系》(2015),赵春珍的《中国与印尼能源关系》(2012),王勇辉和余珍艳的《中国—印尼经贸关系发展的机遇与挑战》,等等。然而,现有研究中,对印尼现任总统佐科上台后的经贸政策变化的分析还为数不多,而且大多数的研究主要基于国际组织或者中国的数据进行分析,基于印尼官方公布的资料与数据进行的研究寥寥无几。此外,如何利用三方资料来对"21世纪海上丝绸之路"建设与"全球海洋支点"战略的结合进行综合分析更是值得突破的方向。

有鉴于此,本文综合了中国、国际组织和印尼三方公布的数据和资料,对现任总统佐科上台后的贸易政策进行分析,讨论我国的"21世纪海上丝绸之路"建设与印尼的"全球海洋支点"战略在贸易方面的结合点,旨在帮助我国适应印尼新的经贸政策变化,为加强我国的"21世纪海上丝绸之

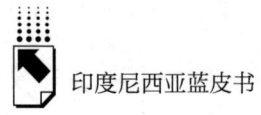

路"建设与印尼的"全球海洋支点"战略之间的对接提供参考,积极推动海上丝绸之路的发展。

二 印尼外经贸动态

(一)印尼对外贸易总体形势

1. 对外贸易总量情况

据印尼统计局统计①,2017年印尼货物进出口总额为3245.7亿美元,同比增长15.9%。其中,出口增长16%,达到了1676.4亿美元;进口增长15.7%,达到了1569.3亿美元,贸易顺差增长21.2%,为107.2亿美元。其对外贸易的前三大伙伴分别是中国、日本和美国。2017年印尼对三国分别出口228.1亿美元、174.9亿美元和177.8亿美元,同比增长35.9%、8.6%和10.2%,三国合计占印尼出口总额的34.7%;从上述三国分别进口357.7亿美元、152.4亿美元和81.2亿美元,同比增长16.1%、17.4%和11.3%,三国合计占印尼进口总额的37.7%。印尼的最大贸易顺差主要来自印度,2017年达到了98.2亿美元,同比增长36%;对美国贸易顺差96.6亿美元,同比增长9.3%。印尼贸易逆差主要来源国为中国、新加坡和澳大利亚。表1列出了近十几年来印尼对外贸易的发展情况。

表1 印尼对外贸易发展(2001~2017年)

单位:百万美元,%

年份	总额	同比增长	出口	同比增长	进口	同比增长	差额	同比增长
2001	87283	-8.9	56321	-9.3	30962	-8	25359	-10.9
2002	88448	1.3	57159	1.5	31289	1.1	25870	2
2003	93609	5.8	61058	6.8	32551	4	28508	10.2

---

① 印尼统计局:《非油气进口产品变化一览表和非油气出口产品变化一览表》,https://www.bps.go.id/subject/8/ekspor-impor.html#subjekViewTab3,2018。

续表

年份	总额	同比增长	出口	同比增长	进口	同比增长	差额	同比增长
2004	118109	26.2	71585	17.2	46525	42.9	25060	-12.1
2005	143361	21.4	85660	19.7	57701	24	27959	11.6
2006	161864	12.9	100799	17.7	61065	5.8	39733	42.1
2007	188574	16.5	114101	13.2	74473	22	39627	-0.3
2008	266218	41.2	137020	20.1	129197	73.5	7823	-80.3
2009	213339	-19.9	116510	-15	96829	-25.1	19681	151.6
2010	293442	37.5	157779	35.4	135663	40.1	22116	12.4
2011	380932	29.8	203497	29	177436	30.8	26061	17.8
2012	381723	0.2	190032	-6.6	191691	8	-1659	—
2013	369180	-3.3	182552	-3.9	186629	-2.6	-4077	145.7
2014	354471	-4	176292	-3.4	178179	-4.5	-1886	-53.7
2015	293088	-17.3	150393	-14.7	142695	-19.9	7698	—
2016	280142	-4.4	144490	-3.9	135653	-4.9	8837	14.8
2017年1~9月	235063	15.7	122577	17.4	112486	14	10091	76.4

资料来源：中华人民共和国商务部，2018年。

2. 进出口贸易整体上升，矿物燃料出口增长强劲

印尼2017年进出口贸易明显回升。印尼在1995年正式成为WTO成员方，并通过签署多边、双边自由贸易或经济合作协定，出台进出口促进政策，积极参与国际经贸合作。但是受全球经济放缓等因素影响，自2012年以来，印尼的进出口总量有所下滑，2013~2014年出现了贸易逆差。2015~2016年，印尼对外贸易依然不振，跌至近五年来新低。而受经济增长乏力和货币贬值双重影响，进口方面下降更为明显，但也由此扭转贸易逆差问题①。2015年和2016年贸易分别顺差76.72亿美元和95.33亿美元。而2017年，受国际经济复苏和国内经济有所提振的影响，印尼进出口贸易回升明显，对外贸易总额3257.36亿美元，同比增长15.99%，贸易顺差118.86亿美元（见图1）。中国为印尼进出口贸易最大合作伙伴。

---

① 左志刚：《印尼经济发展报告（2017年）：增长与机会》，社会科学文献出版社，2017，第33页。

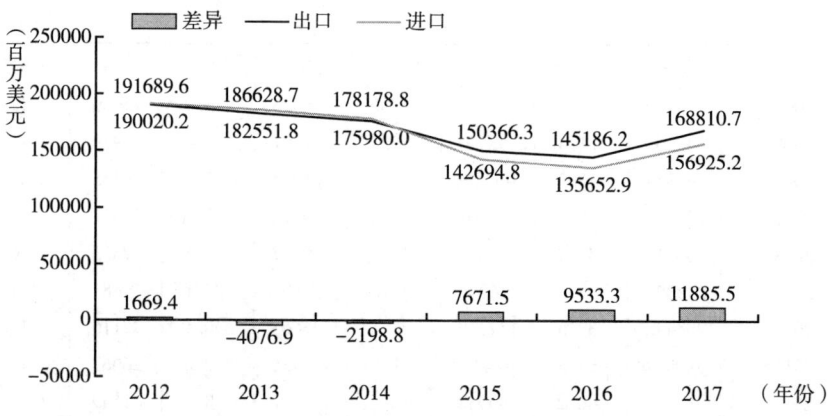

图1 2013~2017年印尼进出口总额与差异

资料来源：BPS。

3. 进口方面，油气和非油气进口均上升

2017年，油气进口同比增长29.71%，主要来自原油、原油产品和天然气进口。而非油气进口商品主要为飞机机械（占16%）、电力机械设备（占13%）、铁和煤（占6%）、塑料及其制品（占5%）、运输工具及其设备（占5%）和有机化学材料（占4%）等，其中铁和煤、运输工具及其设备和有机化学材料进口同比增幅最大，分别达29%、26%和23%。而钢铁制品和小麦产品的进口下降明显，同比下降10%和8%。表2列示了印尼近年来非油气产品的主要进口来源国。2017年，前五大进口国分别为中国（占26.79%）、日本（占11.47%）、泰国（占6.93%）、新加坡（占6%）和美国（占5%）。

表2 2012~2017年印尼前十大进口来源国（非油气）

单位：百万美元

国家	2012年	2013年	2014年	2015年	2016年	2017年
中国	28961	29570	30461	29224	30689	35512
日本	22721	19054	16938	13232	12926	15210
新加坡	10637	10158	10150	8975	7661	8285
泰国	11298	10613	9694	8018	8601	9190

续表

国家	2012年	2013年	2014年	2015年	2016年	2017年
美国	11468	8873	8102	7550	7206	7698
韩国	8301	8813	7756	6278	5909	7219
马来西亚	6321	5929	5778	4979	4731	5224
澳大利亚	5078	4829	5490	4672	4529	5044
德国	4178	4415	4081	3458	3150	3523
越南	2570	2716	3225	3161	3175	3228

资料来源：BPS。

4. 出口方面，受原矿出口禁令有所放宽影响，矿物燃料出口增长强劲

2017年，印尼非油气出口总额达1530.72亿美元，占总出口的90.67%。非油气出口产品结构方面，动植物油脂产品贡献最大，自2012年以来呈下降趋势，但在2017年创五年来新高，达229.65亿美元，约占出口总额的15%，同比增长25%。矿物燃料受2014年原矿出口禁令影响出口大幅下降，从2012年的264.07亿美元下跌至2016年的147.85亿美元。佐科政府为了推动经济发展及减轻国家财政压力，自2017年1月放宽原矿出口禁令，矿物燃料出口创2014年以来新高，达211.28亿美元，同比增长42%。橡胶及橡胶制品的出口也得到增长，达77.43亿美元，同比增长36%。而电力机械设备、飞机机械、运输工具及其设备等工业产品出口平稳上升，化工产品出口也有所回升。表3列示了印尼近年来非油气产品的主要出口目的地。

表3 2012~2017年印尼前十大出口目的地（非油气）

单位：百万美元

国家	2012年	2013年	2014年	2015年	2016年	2017年
中国	20864	21281	16459	13260	15118	21321
美国	14590	15081	15856	15308	15684	17142
日本	17231	16084	14565	13096	13209	14694
印度	12446	13009	12223	11601	9934	13949

续表

国家	2012年	2013年	2014年	2015年	2016年	2017年
新加坡	10550	10385	10065	8661	9340	9088
马来西亚	8469	7268	6397	6227	6022	7061
韩国	6684	6052	5716	5439	5264	6333
泰国	5490	5214	5002	4600	4610	5435
荷兰	4586	4014	3906	3409	3219	3983
菲律宾	3688	3798	3886	3917	5256	6597

资料来源：BPS。

从出口地域结构看，2017年西爪哇省出口最多，金额达291.8亿美元（占17.29%），其次为东爪哇省184.3亿美元（占10.92%）和东加里曼丹省176.3亿美元（占10.45%）。而前五大出口目的地分别是中国213.2亿美元（不含油气出口，约占13.94%）、美国171.42亿美元（占11.2%）、日本146.94亿美元（占9.6%）、印度139.49亿美元（占9.12%）和新加坡90.88亿美元（占5.89%），其中中国和印度的同比增幅最大，分别达41%和40%，主要得益于矿物燃料的出口增长。

（二）中国与印尼贸易形势

1. 贸易总量

图2为1998~2017年中国与印尼双边贸易的发展情况。从图2来看，除了2001年、2009年、2015年、2016年外，其余年份印尼与中国的进出口贸易都处于增长的趋势。1998年印尼对中国出口11.70亿美元，并从中国进口24.61亿美元，印尼方逆差为12.91亿美元。2008年，印尼对中国的出口及进口额分别增加至171.93亿美元和143.23亿美元，年均增幅达到13.69%和4.82%。2009年，受金融危机影响，印尼对中国的进出口都有所减少，但在2010年又恢复增长。2010~2014年，印尼对中国的进出口总额从427.5亿美元增长至635.45亿美元，2015~2016年印尼对中国进出口额均有所下降，但在2017年回升。2017年，两国贸易总额增长了23.1%，达585.7亿美元。其中，印尼对中国出口228.1亿美元

（含油气），同比增长35.9%，占其出口总额的13.6%；印尼自中国进口357.7亿美元，同比增长16.1%，占其进口总额的22.8%。印尼贸易逆差129.6亿美元，同比下降7.5%[①]。截至2017年12月，中国为印尼第一大出口市场和第一大进口来源国。

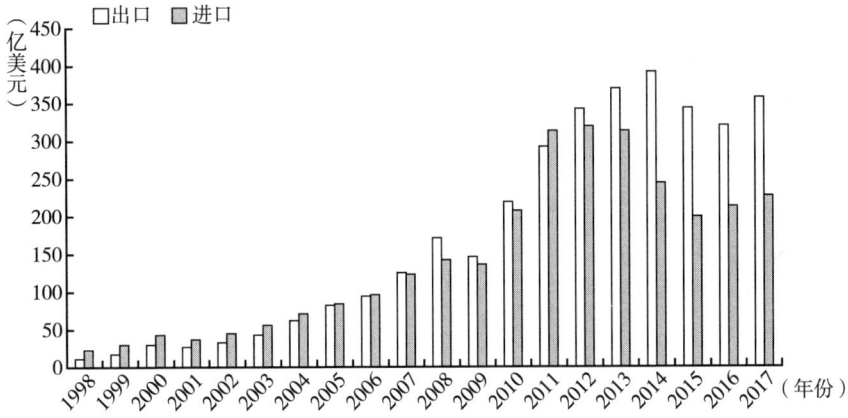

图2　中国与印尼双边贸易发展情况（1998～2017年）

资料来源：中国统计年鉴与商务部网站，1999～2018年。

2. 出口结构

2017年印尼对华出口同比增长35.9%，达228.1亿美元（含油气），占其出口总额的13.6%。矿产品和动植物油脂是其出口的最主要商品，分别占到了对华出口总额的30.7%和14.3%。2017年这两宗商品同比分别增长了29.6%和19%，达到了70亿美元和32.6亿美元。纤维素浆、纸及纸板纸浆等和化工产品也是出口的主要商品，2017年分别达到了21.2亿美元和19亿美元，分别增长86.6%和32.6%，两类产品合计占印尼对中国出口总额的17.7%[②]。表4列出了2017年印尼对中国出口主要商品构成。

[①] 中华人民共和国商务部：《2017年印尼货物贸易及中印尼双边贸易概况》，https：//countryreport.mofcom.gov.cn/record/qikan110209.asp？id=10106，2018。

[②] 中华人民共和国商务部：《2017年印尼货物贸易及中印尼双边贸易概况》，https：//countryreport.mofcom.gov.cn/record/qikan110209.asp？id=10106，2018。

表4 2017年印尼对中国出口主要商品构成

单位：百万美元，%

商品类别	2017年	2016年	同比增长	占比
总值	22808	16786	35.9	100.0
矿物燃料、矿物油及其产品；沥青等	6999	5401	29.6	30.7
动植物油、脂、蜡；精制食用油脂	3259	2738	19.0	14.3
钢铁	2035	929	119.1	8.9
木浆等纤维状纤维素浆；废纸及纸板	1710	969	76.5	7.5
橡胶及其制品	1244	530	134.5	5.5
杂项化学产品	812	724	12.2	3.6
木及木制品；木炭	754	826	-8.7	3.3
有机化学品	587	379	54.9	2.6
矿砂、矿渣及矿灰	529	607	-12.9	2.3
鞋靴、护腿和类似品及其零件	481	392	22.7	2.1
铜及其制品	422	283	48.8	1.9
纸及纸板；纸浆、纸或纸板制品	405	164	147.1	1.8
棉花	392	302	29.8	1.7
无机化学品；贵金属等化合物	335	176	90.1	1.5
电机、电气、音像设备及其零附件	323	316	2.1	1.4
鱼及其他水生无脊椎动物	297	274	8.4	1.3
塑料及其制品	257	250	2.5	1.1
谷物粉、淀粉等或乳的制品；糕饼	234	182	28.3	1.0
核反应堆、锅炉、机械器具及零件	177	120	47.0	0.8
油籽；子仁；工业或药用植物；饲料	137	106	29.2	0.6
针织或钩编的服装及衣着附件	123	75	64.2	0.5
非针织或非钩编的服装及衣着附件	123	100	23.2	0.5
洗涤剂、润滑剂、人造蜡、塑型膏等	115	90	27.8	0.5
乳；蛋；蜂蜜；其他食用动物产品	103	36	188.0	0.5
车辆及其零附件，但铁道车辆除外	96	74	29.2	0.4
化学纤维短纤	95	66	44.6	0.4
食用水果及坚果；甜瓜等水果的果皮	80	57	40.9	0.4
乐器及其零件、附件	78	76	1.8	0.3
可可及可可制品	71	68	4.7	0.3
咖啡、茶、马黛茶及调味香料	48	35	37.3	0.2
合计	22321	16345	36.6	97.9

资料来源：中华人民共和国商务部，2018年。

3. 进口结构

机电类产品占据印尼自中国进口总额的半壁江山，2017年进口154.4亿美元，同比增长12.7%，占进口总额的43.2%。印尼从中国进口的第二至第五大类商品分别是贱金属及制品、化工产品、纺织品及原料及塑料橡胶，2017年这四类商品的进口额分别达到了42亿美元、38.4亿美元、33.2亿美元和16.3亿美元，同比分别增长7.2%、13.7%、15.5%和16.1%，合计占印尼从中国进口总额的36.3%①。表5列出了2017年印尼从中国进口主要商品构成。

表5 2017年印尼从中国进口主要商品构成

单位：百万美元，%

商品类别	2017年	2016年	同比增长	占比
印尼从中国进口总额	35767	30800	16.1	100.0
电机、电气、音像设备及其零附件	7869	6403	22.9	22.0
核反应堆、锅炉、机械器具及零件	7569	7298	3.7	21.2
钢铁	1970	2099	-6.2	5.5
塑料及其制品	1354	1158	17.0	3.8
有机化学品	1251	1089	14.9	3.5
化学纤维长丝	807	686	17.7	2.3
钢铁制品	703	820	-14.3	2.0
车辆及其零附件,但铁道车辆除外	674	518	30.2	1.9
无机化学品;贵金属等的化合物	628	554	13.2	1.8
食用蔬菜、根及块茎	606	511	18.6	1.7
铝及其制品	598	389	53.6	1.7
杂项化学产品	573	451	27.1	1.6
食用水果及坚果;甜瓜等水果的果皮	564	342	65.1	1.6
化学纤维短纤	564	499	13.0	1.6
家具;寝具等;灯具;活动房	561	457	22.9	1.6
肥料	521	518	0.6	1.5
光学、照相、医疗等设备及零附件	517	383	35.2	1.5

---

① 中华人民共和国商务部：《2017年印尼货物贸易及中印尼双边贸易概况》，https://countryreport.mofcom.gov.cn/record/qikan110209.asp?id=10106，2018。

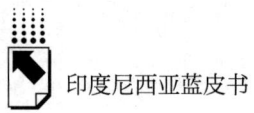

续表

商品类别	2017年	2016年	同比增长	占比
针织物及钩编织物	499	431	15.8	1.4
棉花	472	485	-2.7	1.3
鞣料;着色料;涂料;油灰;墨水等	437	402	8.7	1.2
矿物燃料、矿物油及其产品;沥青等	413	215	91.8	1.2
贱金属杂项制品	343	258	33.3	1.0
铜及其制品	338	172	96.8	1.0
陶瓷产品	331	285	16.4	0.9
鞋靴、护腿和类似品及其零件	312	227	37.1	0.9
纸及纸板;纸浆、纸或纸板制品	287	250	14.6	0.8
烟草、烟草及烟草代用品的制品	271	239	13.6	0.8
橡胶及其制品	271	242	12.0	0.8
杂项制品	265	206	28.4	0.7
皮革制品;旅行箱包;动物肠线制品	256	161	58.7	0.7
合计	31824	27748	14.7	89.5

资料来源：中华人民共和国商务部，2018年。

4. 与其他国家竞争情况

表6列出了在主要贸易商品类别上，中国与印尼的其他贸易伙伴的竞争情况。从表6可以看到，中国对印尼出口的前五大类商品中，主要竞争对手是日本、美国、韩国和泰国。而在前十大类商品中，从中国进口的产品份额超过50%的主要是家具、玩具、杂项制品以及陶瓷、玻璃等，中国占据绝对优势①。

---

① 中华人民共和国商务部：《2017年印尼货物贸易及中印尼双边贸易概况》，https：//countryreport. mofcom. gov. cn/record/qikan110209. asp？id＝10106，2018。

表6 2017年印尼从中国进口的十大类商品及其国别/地区构成

单位：百万美元，%

产品类别	国家和地区	金额	增长	份额	产品类别	国家和地区	金额	增长	份额
HS84－85：机电产品	中国	15438	12.7	38.9	HS06－14：植物产品	美国	1619	13.3	23
	日本	5542	13.6	14		中国	1306	39.1	18.5
	新加坡	2837	0	7.2		澳大利亚	1296	30.5	18.4
	泰国	2287	11.6	5.8		加拿大	504	8.1	7.2
	韩国	1647	29	4.2		乌克兰	427	-16	6.1
	德国	1524	10.3	3.8		印度	358	36.2	5.1
HS72－83：贱金属及制品	中国	4200	7.2	26.2	HS94－96：家具、玩具、杂项制品	中国	1044	30.2	60.7
	日本	3048	14.7	19		日本	101	3.3	5.9
	韩国	1468	24.6	9.2		泰国	83	23.1	4.8
	印度	794	125	5		韩国	55	7.9	3.2
	新加坡	735	3.3	4.6		马来西亚	49	14.7	2.9
	越南	567	32.3	3.5		中国香港	49	-7	2.9
HS28－38：化工产品	中国	3837	13.7	24	HS86－89：运输设备	日本	2371	31.4	25.9
	新加坡	1888	54.1	11.8		泰国	1681	1.1	18.4
	日本	1085	12.6	6.8		中国	1007	36.6	11
	马来西亚	1066	19.5	6.7		韩国	569	166.9	6.2
	美国	992	11	6.2		美国	508	62	5.6
	印度	836	17.5	5.2		印度	463	81	5.1
HS50－63：纺织品及原料	中国	3316	15.5	37.7	HS16－24：食品、饮料、烟草	泰国	1359	19.8	17.4
	韩国	1144	-7.3	13		巴西	1166	-9	14.9
	美国	612	49.4	7		阿根廷	1020	3.3	13.1
	中国台湾	592	-5.2	6.7		中国	807	8.6	10.3
	中国香港	518	-14.4	5.9		美国	802	16.5	10.3
	日本	367	19.4	4.2		马来西亚	490	26.9	6.3
HS39－40：塑料、橡胶	中国	1625	16.1	16.6	HS68－70：陶瓷、玻璃	中国	736	25.8	60.1
	新加坡	1303	11.9	13.3		日本	120	18	9.8
	日本	1273	10.8	13		泰国	71	27.9	5.8
	泰国	1200	11.6	12.2		马来西亚	53	33.7	4.4
	韩国	1005	20.5	10.2		韩国	35	4.7	2.9
	马来西亚	876	12.9	8.9		印度	23	6.7	1.9

资料来源：中华人民共和国商务部，2018年。

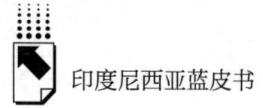

（三）外商投资形势

印尼拥有丰富的物产和人力资源，市场庞大，近年来政府逐步放松对外国资本的管制，并对国外投资商给予了一定的优惠待遇，是东南亚备受青睐的投资目的地之一。2014年，佐科总统上台后，政府努力将印尼打造为"投资亲善型"国家，通过立法鼓励外商投资，出台新负面清单放宽外商投资限制领域，简化投资许可程序，加强外商投资的辅助服务，采取税收减免和财政奖励等方式鼓励外资进入重点行业。2016年印尼政府继续完善一站式投资服务并推动税收优惠落地，2016年7月，印尼政府正式启动税务特赦计划，以吸引印尼海外资产回流。根据印尼投资协调委员会（BKPM）统计，2016年印尼吸引外国直接投资（FDI）304亿美元，同比增长8.4%，再创历史新高。2017年印尼FDI总额达323.4亿美元（不含油气行业投资），同比增长8.5%，总投资项目达26257宗。前五大投资来源地分别是新加坡（占26.2%）、日本（占15.5%）、中国内地（占10.4%）、中国香港（占6.6%）、韩国（占6.3%）。前五大热门投资行业分别是矿业（占FDI总额的13.6%），电力、燃气和供水（占13.2%），金属、机电和电子产业（占11.7%），房地产、工业园和商用建筑（占8.9%），化工和制药行业（占8.0%），主要分布在第二和第三产业。

2014~2017年，印尼外商直接投资主要有以下变化。

1. 在增长趋势方面，FDI总体金额增长平缓，但新建项目量大幅增加

从新建项目和扩建项目来看，2014~2017年外商直接投资的新建项目快速增加，并占总项目的七成以上（见表7）。佐科执政以来，对外，亲力亲为积极对外宣传，内阁部长分管不同国家的投资引导，驻外使领馆的投资宣传活动增加；对内，努力改善印尼营商环境，尤其在投资程序方面进行了简化，放宽投资限制，提升投资优惠，国内政治方面也趋于稳定，对于极端势力也通过立法进行压制，给社会包括外商提供较为稳定安全的环境，大大提高了投资者信心，外商新增投资项目数大幅增长。据印尼投资协调委员会（BKPM）数据显示，2014~2017年FDI新增投资项目投资额上升幅度大，

年均增长约75.4%。但由于投资项目趋于小型化，FDI总金额无明显增长（见图3）。

表7　印尼2012～2017年FDI新项目和扩建项目构成情况

单位：万亿印尼卢比，%

FDI	2013年		2014年		2015年		2016年		2017年	
	投资额	占比	投资额	占比	投资额	占比	投资额	占比	投资额	占比
新项目	176.0	65.1	213.1	69.4	284.4	77.7	305.7	77.1	350.2	81.3
扩建	94.4	34.9	93.9	30.6	81.5	22.3	90.9	22.9	80.3	18.7
总额	270.4	100.0	307.0	100.0	365.9	100.0	396.	100.0	430.5	100.0

资料来源：BKPM。

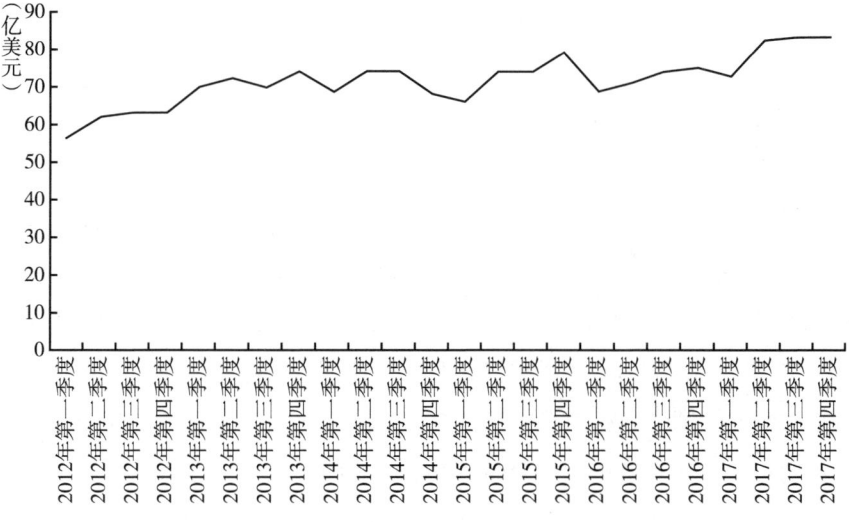

图3　2012～2017年印尼FDI总金额

资料来源：BKPM。

2. 在投资来源地方面，亚洲国家投资比重大幅上升，欧美投资比重大幅减少

自2014年以来，前三大投资来源地均为亚洲国家。得益于东盟一体化的深化和地域的邻近性，新加坡多年来一直占据首位，平均投资额占印尼FDI总额的25%左右，而日本、中国内地、中国香港地区的投资额也持续大

幅度上升，其中尤以2016~2017年中国内地和中国香港地区的投资额上升最为明显，两者合计投资总额所占比重（17%）超过日本（15.5%），居第二位。

3. 在行业分布方面，对第三产业的投资大幅增加

在第一产业中，投资额所占比重最大的是矿业和农业，但增幅不明显。矿业主要受2014年原矿出口的禁令影响有所下降，农业比重也略微下降。第二产业的主要代表是制造业，外商对制造业的投资受出口压力的影响也有所减少，但依旧占主导地位，2014~2017年年均占比达46%。而在第三产业中，增长最为快速的是服务业。服务业在2012~2013年的投资占比约为25%，2014~2017年平均为33%，在2017年达到40.8%，升幅非常明显。

4. 在投资目标区域方面，大部分FDI流入爪哇岛中心地区，外岛地区也有所增长

一直以来，印尼的FDI多集中在政治、经济、文化中心的爪哇岛地区（主要是西爪哇省、首都雅加达、万丹省、东爪哇省），其基础建设和经济发展相较于外岛而言更好，外岛的经济发展和基础建设都比较落后，当地人对这种不平衡的发展怨声载道。2011年，时任总统苏西洛实施《2011~2025年加速与扩大印尼经济发展中长期总体规划（MP3EI）》，提出打造六条经济走廊，以改善印尼经济发展不平衡、基础建设落后的现状。佐科在2014年执政后，延续之前政府的主要经济建设计划，并提出了更为宏大的"海洋强国战略"，以加强对交通、水利和电力等基础设施的建设来实行"海上高速公路"发展策略，逐年增加对印尼外岛地区的基础建设投入。由于基础设施落后，印尼广大外岛地区（尤其是东部岛屿）的经济发展受到了严重制约，为此政府给基建项目提供了众多优惠政策，以吸引国内外投资者对外岛的建设，力求改善经济发展不均衡的状况。如图4所示，近年来外商逐步增加对印尼外岛的投资，对爪哇岛的投资比重略微下降，一定程度上显示出佐科政府推动地区平衡发展有所成效。

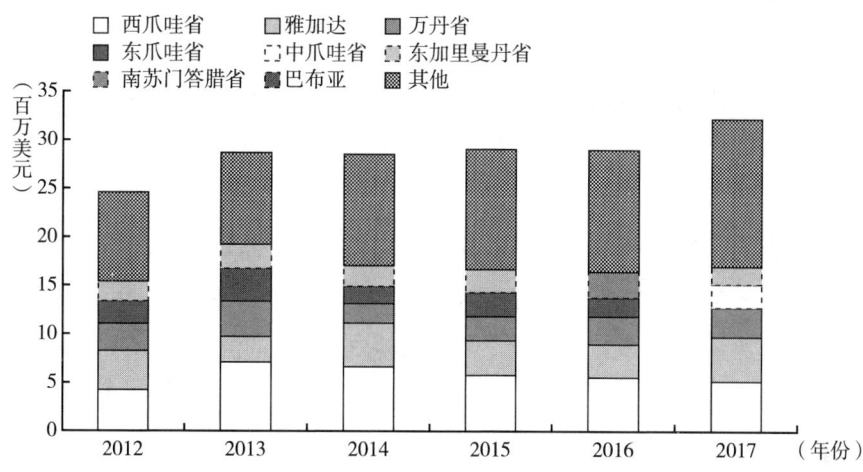

图4 印尼FDI目的地情况（2012～2017年）

资料来源：BKPM。

三 印尼贸易政策变化分析

2015年9月到2016年11月，佐科政府出台了14套一揽子政策以推动改革与刺激经济，包含贸易政策调整。2017年，鉴于经济增长仍未达到预期，印尼又加推了第15套和第16套一揽子经济刺激措施①，前者主要为了推动物流业的发展，而后者的目的是实现投资便利化以带动贸易的发展②。

印尼物流成本为东盟各国平均水平的2倍，严重影响了其国内外贸易的发展。根据印尼经济统筹部部长达尔敏的描述③，商品零售价格的40%支付给了物流，而交通费用又占了物流成本的72%，尤其是岛际间的海上运输

---

① 杨晓强、王翕哲：《印尼：2017年回顾与2018年展望》，《东南亚纵横》2018年第1期，第34～39页。
② 李皖南、刘呈祥：《印尼佐科维政府执政绩效初评》，《东南亚研究》2016年第2期，第22～31页。
③ 杨晓强、王翕哲：《印尼：2017年回顾与2018年展望》，《东南亚纵横》2018年第1期，第34～39页。

占据了大头。因此，印尼政府希望发展航海运输业和与其相关的船舶维修、海运保险等行业以降低高额的物流成本对经济发展的制约。具体来说，发展目标是希望每年的航运总额能增加6亿美元，并且在近几年能吸引到7000万美元的投资以建造70~100艘新的运输船和争取创造2000个新的就业岗位。为此，除了印尼的银行为促进航运发展新增了超过5.6亿美元的贷款外，佐科政府还采用了减免船舶零部件进口关税、提高通关便利、降低运输相关收费等政策调整措施来进行支持。

即便有一系列刺激政策出台，印尼仍存在投资审批手续烦琐、政出多门、中央与地方不协调等问题，导致难以大量吸引外资，也难以利用外商投资推动印尼国际贸易尤其是出口的发展。佐科政府原本希望到2019年投资率能达到38.9%，但2012~2016年仅达32.7%，实际投资到位率很低，且主要集中在爪哇岛，很少投资于政府希望的外岛地区。为此，印尼也进行了一系列的外商投资政策调整，以改善营商环境。由于印尼仍处于改革前期，各方面改革推进的难度较大，特别是在区域自治的体制下，推动全国贸易政策的统一还难以实现，一揽子经济政策在实际执行中牵涉面广、情况复杂，效果仍存在较大的不确定性。

下文将就佐科上台后贸易政策的主要努力和变化做简要分析。

（一）积极开展经济外交，签订双边贸易协定

为了加快海洋强国战略的实施，自2015年开始印尼就积极推动双（多）边贸易协定的签订，在2017年，就签订了78项涉及双边投资与贸易、金融与税收等方面的国际协定。从区域来看，印尼优先发展与非洲、中亚、南亚及拉美等发展中国家的经济合作，并且以基建、能源合作和装备制造投资为发展重点。表8详列了印尼参与双（多）边贸易协定的情况。

持续强化与东盟其他国家的政治经济关系一直是印尼国际关系发展的核心与基本点，尤其是在当前国际新形势下，如何保障东盟的团结以及提升其中心地位是印尼关注的重点。

表 8　印尼参与双（多）边贸易协定情况

序号	协定	涉及国家（地区）	基本情况
1	《东盟自由贸易区》	东盟十国	签署并已生效
2	《大洋洲自由贸易协定》	印尼、澳大利亚和新西兰	签署并已生效
3	《东盟—印度全面经济合作协定》	东盟、印度	签署并已生效
4	《东盟—日本全面经济合作关系》	东盟、日本	签署并已生效
5	《东盟—中国全面经济合作协定》	东盟、中国	签署并已生效
6	《东盟—韩国全面经济合作协定》	东盟、韩国	签署并已生效
7	《印尼—日本自由贸易协定》	印尼、日本	签署并已生效
8	《伊斯兰八国优惠关税协定》	印尼、埃及、伊朗、尼日利亚、马来西亚、孟加拉国、土耳其和巴基斯坦	签署并已生效
9	《伊斯兰国家贸易优惠机制》	伊斯兰会议组织	签署尚未生效
10	《东盟—中国香港自由贸易协定》	东盟、中国香港	谈判启动
11	《印尼—印度全面经济合作安排》	印尼、印度	谈判启动
12	《印尼—澳大利亚全面经济伙伴关系协定》	印尼、澳大利亚	谈判启动
13	《印尼—智利自由贸易协定》	印尼、智利	谈判启动
14	《印尼—欧盟自由贸易协定》	印尼、欧盟	谈判启动
15	《东盟"10＋6"区域全面经济伙伴关系》	东盟十国、中国、日本、韩国、澳大利亚、新西兰、印度	谈判启动

资料来源：根据相关资料整理。

另外，印尼也非常注重发展与大国的政治经济关系，并把稳定和深化与美国的关系作为重点。2015 年 10 月，佐科首次访美就希望加入 TPP（《跨太平洋战略经济伙伴协定》），而且双方就加强海洋、军事、经济、能源、区域治理、文化等方面的合作发表了联合声明。2017 年，美国副总统彭斯访问印尼时表示两国将"增强战略伙伴关系，专注合作和投资"。

在印尼与中国的关系上，两国全面战略伙伴关系也在不断推进。2018 年 5 月李克强总理访问印尼，并与佐科政府达成了一系列新的合作共识，一是在全面战略伙伴关系框架下打造双边、地区、国际层面全方位合作；二是加强产能互助；三是深化双边贸易投资，其中重点是鼓励中国企业扩大对印尼投资和印方将提供更多的政策支持；四是加强人文交流，夯实两国关系的民意基础①。

印尼也一直视欧盟为重要战略合作伙伴。2016年4月，印尼总统佐科访欧，双方就印尼—欧盟全面经济伙伴关系协定所涉及范畴达成共识，计划于2019年完成谈判并签署协议。但印尼与欧盟的经济关系并不稳定，例如对于欧盟对棕榈油进口的限制，印尼就表达了强烈的不满，声称这涉及了1700多万农民的生计，并与俄罗斯达成了"棕榈油换战机"的协议。目前，印尼与欧盟正在进行第三轮贸易问题谈判，包括棕榈油问题以及之前被欧盟采取限制措施的生物柴油问题。

（二）调整进口关税

随着越来越多的双边贸易协定的签订，以及印尼扩大开放政策的不断落地，印尼政府对部分产品的进口关税进行了调整。2015年6月，财政部宣布取消电器、运动器材和某些品牌商品的奢侈品销售税，改征标准的增值税加上买入价10%的附加税收。第六轮一揽子经济刺激政策中，对经济特区提供包括关税等税收方面的优惠政策（见附表1）。

由于东盟已分别与中国、日本、韩国、印度、澳洲和新西兰签订自由贸易协定，且印尼已与日本及巴基斯坦签订双边自由贸易协定，所以印尼对东盟国家的关税大幅度降低的影响范围超出东盟本身的范围。2017年印尼平均进口关税水平为6.8%，低于中国（9.6%）、巴西（13.7%）和印度（13%）等发展中国家。对于东盟国家，印尼承诺落实更加优惠的共同有效关税政策，在东盟内部对所有工业产品只征收0~5%的进口关税，但酒精、烟草、汽车等商品不包括在内，其关税仍然高达150%。对汽车、游艇、飞机、房地产等还须征收奢侈品销售税，现时税率为10%至125%不等。货物运往巴淡（Batam）、民丹（Bintan）和吉里汶（Karimun）等位于新加坡以南的自由贸易区，则可免征进口关税、增值税和奢侈品税。这些自由贸易

---

① 《佐科威与李克强举行会谈中印尼一致同意深化经贸投资合作》，http：//www.shangbaoindonesia.com/indonesia-berita/，2018年5月8日。

区,特别是巴淡,是新加坡制造商热门的离岸生产基地。

为促进产业发展和提高出口能力,在特定领域内,印尼还采取其他便利进口措施,包括:一是鼓励对促进本国产业发展有利的产品进口,如对本国工业所需但尚不能生产的货物、机械和工具减免进口关税,在特定期限内可减免或迟缴增值税;对工业所需原料,在特定期限与条件内减免进口关税。二是保税区进口优惠政策。为加工出口产品所需的原料或零部件进口,不受相关规定的限制,而且与保税区内的企业一样,享受各类税收优惠。此外,在经济特区的企业还可享受增值税和奢侈品销售税等方面的优惠,不同经济特区企业间的交易也可免税。三是提升进口管理服务质量,建设网上全国一站式服务系统。

近年来,印尼对农产品的进口管理方面也有所调整,2017 年,《进口植源性新鲜食品安全法规》的修订适当放宽了农产品进口门槛。一是扩大了可接受的食品安全认证机构范围。原规定要求出口的农产品必须提供得到印尼官方认可的出口国食品安全管理体系颁布的"预先声明",或者同时提供非印尼官方认可的出口国食品安全管理体系颁发的"预先声明"和印尼官方认可的出口国检测实验室的"实验室检测报告"。也就是说,必须先得到其官方认可才可以出口农产品到印尼。根据修订后新法规,这项要求被放宽了,即只要企业提供"预先声明"和"出口国官方或认证机构出具的食品安全证书",不管认证机构是否得到印尼官方认可,都可以获得进口许可,这意味着认证垄断被打破了,企业可以从众多的检测机构中进行挑选了。二是标准化了安全证书的格式内容,要求英文书写和注明适用于人类食用等的相关说明①。

(三)提供优惠政策鼓励出口

出口在印尼国民经济中占重要地位,为了增加外汇收入,印尼政府采取

---

① 新华网:《新政出台 农产品出口或迎来新机》,http://www.zj.xinhuanet.com/nbjyjxw/20170320/3681881_c.html,2017 年 3 月 20 日。

了一系列措施鼓励产品出口。2017年，印尼贸易部启动"国家单一窗口"（National Single Window）系统，可在线处理海关文件、许可证申请及关税支付，简化了管理程序。2018年，印尼政府一直在寻找恰当的政策手段，以协助国内厂商应对日益加剧的全球不确定性以及中美贸易摩擦对印尼投资环境和印尼货币所造成的冲击。佐科政府承诺采取措施强化本土工业、通过发展上游工业以减少对进口原材料的依赖、鼓励廉价航空公司扩大规模以及重新整修全国各地的机场以促进旅游业。2018年7月11日，工业部部长艾尔朗表示，政府会提供更多优惠以鼓励出口，例如为中小型家具制造商提供补贴、颁发木材来源合法证明，让外国买家可以放心购买。政府同时期望国内厂商在生产过程中减少使用进口材料。

吸引出口导向型外资企业是印尼提振出口的重要方针之一。2015年印尼政府采取了十年来最大幅度的开放措施，允许外商对30多个行业进行投资，放宽了100多个行业的外资持股上限。2016年，印尼又进一步扩大对外资的开放范围，从投资负面清单中移除了35个行业，允许外资持股100%，涉及仓储、旅游、影视、电信业务、交通与公共服务。同时，印尼政府还允许火车运输、保健服务等20个行业的外资可提高持股比例[①]。2018年，为吸引出口导向型外商投资，印尼还在之前推出的一系列经济特区、保税区、自由贸易区税收优惠的基础上，宣布将提供比其他东盟国家更加优惠的税收政策，并计划进行新一轮税改，包括免税期、免税额、中小微型企业税，以及为研究和职业培训企业提供税收抵免待遇等。其中，在免税方面，投资商投资数额越大，获得的免税期将越长，免税额也更大，最高可达100%。[②]

然而，尽管印尼政府采取了积极的开放政策，对出口导向型外资企业提供了更多税收减免等优惠，但当前印尼仍然存在一系列的投资和出口问题困扰着外商，主要障碍包括涉及投资的法律法规繁多、外商投资政策的执行效

---

① 中华人民共和国商务部：《印尼修订投资负面清单予外资在35个行业100%持股》，http：//www.mofcom.gov.cn/article/i/jyjl/j/201602/20160201254110.shtml，2016年2月14日。
② 《新税务优惠措施近期出台》，〔印尼〕《国际日报》2018年3月14日。

率低下、优惠政策难以落实、用工问题突出等①，外资企业采取观望态度的较多。

（四）关税与非关税壁垒

尽管佐科政府积极为贸易政策"松绑"，并提供相应的优惠和便利性条件促进与他国的双边贸易，并吸引出口导向型外资企业，但是贸易障碍问题依然较为严重，贸易保护主义的问题也不容忽视，这些贸易保护政策涉及关税与非关税壁垒。

在关税壁垒方面，2012年以来，印尼贸易部、工业部、农业部等相继发布了一系列限制进出口贸易的政策规定。出口限制方面，印尼政府2012年5月施行关于提炼和加工原矿石活动而提高矿产品出口附加值的能源矿物部长第7号条例，对65种矿产品出口加征20%的出口关税，并施行了其他限制措施。明确在2014年禁止原矿出口，鼓励外国投资者在印尼投资设立冶炼加工厂。在进口方面，2012年5月颁布的第30号《关于进一步防范蔬果进口的条例》采用了许可证的办法来对新鲜瓜果蔬菜的进口进行限制，而且2015年6月初进一步加强了贸易保护措施，对发酵饮品与酒类征收90%~150%的高关税（见附表1）。

在非关税壁垒方面，采取数量限制是其中的一个主要手段，印尼关税税目中尚有近20%的产品涉及进口许可要求和进口数量限制，涉及大米、糖、动物产品、盐、酒精、饮料等生活消费产品。此外，自2016年起，印尼还以进口手机装配国产部件的要求来保护本国手机制造业的发展②。印尼其他的主要非关税壁垒手段如利用宗教问题设置障碍等。

印尼的非关税壁垒还有技术性贸易壁垒。在当前经济全球化和贸易自由化的发展趋势下，加上WTO等组织对贸易自由化的推动，全球贸易中关税

---

① 潘玥：《"一带一路"背景下中印尼合作：成果、问题与对策》，《战略决策研究》2018年第1期，第60~77页。
② 《印尼营商环境：外商投资政策向好　华人华商颇具影响力》，http://www.oeeee.com/mp/a/BAAFRD00002017051237105.html，2017年5月12日。

水平在逐年下降，但是非关税壁垒尤其是利用技术措施设置障碍在国际贸易中的影响越来越大。2015年开始，佐科政府强化了对进口产品需符合印尼强制性国家标准（SNI）要求的规定。例如，根据婴幼儿纺织服装及玩具的进口标准，进入印尼市场必须达到严格的SNI标准。但是，SNI复杂冗长的认证流程，加上繁多的资料提供，实质上起到了非关税壁垒的作用。2016年东盟国家中提交给WTO的TBT（技术贸易壁垒）通报的26.2%和SPS（动植物卫生检疫）通报的17.1%是由印尼提交的，其通报总数在东盟国家中仅次于菲律宾。

在中国印尼双边贸易方面，印尼政府禁止从中国进口家禽及家禽产品，对双边禽类贸易设置贸易壁垒；印尼海关对中国企业享受自贸区关税减免设置多重障碍，其中最常见的做法就是不接受中国—东盟自贸区优惠原产地证书（FORME），并对企业进行了大量的以技术原因为借口的退证查询。据统计，印尼海关退证查询是东盟其他国家的17.5倍，高达4.2%的东盟自贸区优惠原产地证书被退回①。中国企业的优惠证不仅被随意退回，而且还经常被印尼海关索取高额保证金和罚款。2015年中国质检总局的调查报告表明：中国企业出口到东盟的产品的总损失额的7.2%是由技术性贸易壁垒造成的，直接损失近67亿美元，损失率达到了2.4%；丧失订单（52.8%）、退回货物（14.0%）和降级处理（10.2%）是主要受害类型②。

四 印尼贸易政策调整对我国的影响分析

从上述分析可以看到，印尼总统佐科上台之后采取了积极的开放政策，修订了一系列外经贸政策，这些政策变化究竟传递了什么样的信号，对推进"一带一路"建设又有什么样的启示？

---

① 《印尼营商环境：外商投资政策向好　华人华商颇具影响力》，http：//www.oeeeee.com/mp/a/BAAFRD00002017051237105.html，2017年5月12日。

② 黄韶恩、唐梦奇、欧海英等：《印尼技术性贸易措施典型案例分析及应对措施》，《标准科学》2018年第6期，第45~50页。

（一）释放开放信号，契合发展战略

佐科政府贸易政策的调整首先是释放了一个积极的开放信号，表明了印尼用制度建设为开放护航的决心，以融入全球与地区的经济发展，这为契合"21世纪海上丝绸之路"倡仪和印尼"全球海洋支点"战略拉开了序幕。中印尼两国的战略构想都是以海洋为契机，深度契合、相辅相成。想要实现"全球海洋支点"强国构想的一个根本点就是加强海洋基础设施建设，对内促进印尼各岛的互联互通，对外成为沟通太平洋和印度洋的世界海洋支点，这需要进行大规模的对外贸易①。因此，为促进国内经济发展，佐科自上台以来便调整贸易政策，开放国内市场，努力将印尼打造成为"贸易亲善型"国家②。

"开放、包容、互利和共赢"是"一带一路"建设的核心内涵③，在相互开放的过程中，以包容性、互利性、互通有无来推动与海上丝绸之路沿线国家的多样化、多领域、多层次合作，保障"一带一路"建设的可持续发展，这正好与印尼的经济发展战略契合。因此，面对佐科总统上任调整的贸易政策，尤其是其希望缩小对中国的贸易逆差后，中方给予了积极回应。2015年3月，在佐科访华期间，双边政府发表了关于加强两国全面战略伙伴关系的联合声明，强调将进一步加强贸易、投资和经济发展领域的双边合作，中方承诺积极参与印尼的基础设施和互联互通建设，并愿意通过多种方式提供融资支持，促进印尼的对外贸易发展④。这促使了中国对印尼的投资大幅增长，2017年中国内地对印尼投资达34亿美元，比2014年翻了四倍

---

① 中国新闻网：《印尼总统公布未来5年宏大经济发展和建设计划》，http://finance.chinanews.com/gj/2014/12-22/6900013.shtml，2015年3月6日。
② 刘畅：《试论印尼的"全球海洋支点"战略构想》，《现代国际关系》2015年第4期，第8~13页。
③ 程国强：《深刻认识"一带一路"的核心内涵》，《中国经济时报》2014年12月11日。
④ 中国政府网：《中国和印尼关于加强两国全面战略伙伴关系的联合声明》，http://www.gov.cn/xinwen/2015-03/27/content_2838995.htm，2015年3月26日。

之多①。为了推动"一带一路"建设与"全球海洋支点"发展战略的对接，2018年5月李克强总理访问印尼，并与佐科政府达成了一系列新的合作共识。一是在两国全面战略伙伴关系框架下打造双边、地区、国际层面全方位合作；二是加强产能互助；三是深化双边贸易投资，其中重点是鼓励中国企业扩大对印尼投资以带动印尼的出口；四是加强人文交流，夯实两国关系的民意基础②。

（二）了解战略动向，加强政策互通

根据我国发布的《推动共建丝绸之路经济带和21世纪海上丝绸之路的愿景与行动》，政策沟通是"设施联通、贸易畅通、资金融通、民心相通"的基础与安全保障③，而政策沟通的关键是构建可对接的沟通机制与平台。中国与印尼的国情和历史发展情况不同，导致了两国间发展规划的不同与制度差异，这需要构建顺畅的沟通与磋商渠道和机制，衔接两国有关执行机构，有效及时地解决规划实施和项目执行中面临的问题和困难④。当前，佐科政府的经济发展和贸易政策正朝着公开化和国际标准化的方向发展，这对于我国与印尼的双边贸易是利好，也给了两国间进行政策沟通和构建可对接的沟通平台的机会。

从上述分析可以看到，对外贸易的开放涉及方方面面的政策，不是仅在国家层面对投资领域的开放或提供某些优惠政策那么简单，而是涉及不同部门政策的协调（如业务管理与许可证发放、税收部门等），也涉及印尼中央与地方政府的协调。此外，发展对外贸易还关系到国内相关政策与体制的改革，例如在佐科政府极力"松绑"对外贸易政策的同时，会遇到进口商品

---

① BKPM："Domestic and Foreign Direct Investment Realization in Quarter Ⅳ and January-December 2017，" http：//www.bkpm.go.id/en/publication/foreign – direct – investment – fdi，2018 – 01.
② 《佐科威与李克强举行会谈中印尼一致同意深化经贸投资合作》，http：//www.shangbaoindonesia.com/indonesia – berita/，2018年5月8日。
③ 张国庆："'五通'是'一带一路'的核心内容"，《国际商报》2017年5月14日。
④ 何立峰：《加强政策沟通做好四个对接共同开创"一带一路"建设新局面》，《中国改革报》2017年5月16日。

与印尼当地商品公平竞争的问题;在佐科政府提供税收优惠和补贴以鼓励外资进入印尼出口行业的同时①,印尼国会曾呼吁立法促进内外资企业的公平竞争,投资者也须关注当地政府在保护其国内生产者利益的时候给外资企业带来的影响②。

因此,本文建议不仅要关注国家宏观层面上与印尼"全球海洋支点"战略的契合,更要在中观层面上认清印尼各部门政策、中央与地方政策的差异性对双边贸易的影响,需要两国在不同层面进行政策沟通,而这也是当前"一带一路"建设遇到的主要问题之一。例如有学者观察到,"一带一路"倡议在印尼政府部委的官员中得到了较高的认可,但是在地方政府,除少数经济专员外,大部分的官员并不清楚这会给当地经济带来什么好处,只是认为这是中国提出的一个口号。因此,他们对于两国经济合作只是在礼仪形式上口头表示欢迎,而缺乏实际行动的动力和相关政策的支持③。

(三)强化经济纽带,引领多层次合作

印尼的对外经贸开放政策为两国强化经济纽带、引领多层次的合作提供了载体。正如李克强访问印尼时所言,经贸是两国之间各方面的合作中最活跃、最富有成果的领域④。中国在加大与印尼双边贸易的同时,两国之间的政治、经济和人文交流等方面的合作也将得到深化。伴随着印尼政府与中国在贸易政策上的积极对接,我国将会有越来越多的金融、法律、咨询、培训等服务贸易,这一方面可以为中国商品和投资进入印尼提供便利;另一方面也将强化两国人民在政治、制度与文化方面的交流,推动多层次长期的合作。

---

① Ezrom M. D. Tapparan, "Indonesian Renewable Energy Policy and Investment Opportunities", Asia Clean Energy Forum 2017, The Transformative Role of Renewables in Southeast Asia, International Renewable Energy Agency and ASEAN Centre for Energy, Manila, 2017 – 6 – 6.
② 中国经济网:《印尼大力发展可再生能源 外资积极参与》,http://intl.ce.cn/specials/zxgjzh/201802/13/t20180213_28170657.shtml, 2018 年 2 月 13 日。
③ 潘玥、常小竹:《印尼对"一带一路"的认知、反应及中国的应对建议》,《现代国际关系》2017 年第 5 期。
④ 新华社:《李克强出席中国—印尼工商峰会并发表主旨演讲》,http://www.gov.cn/premier/2018 – 05/08/content_5288950.htm, 2018 年 5 月 8 日。

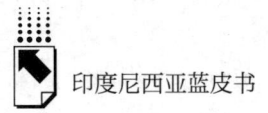

（四）两国经济互补性强，应大力推动产能合作

印尼是中国在发展中国家中最大的贸易伙伴之一，且地处海上丝绸之路的重要位置，加深与印尼的经济合作对于"一带一路"建设具有非常重要的意义。中国与印尼两国的经济具有很强的互补性，前者在劳动密集型和机电等技术型产业上具有比较优势，但要维持强劲持续的经济增长需要大量的外部资源支持，后者石油、天然气、橡胶等资源丰富，且人口众多，需要大力发展劳动密集型产业等。中国是印尼最大的贸易伙伴，油气和橡胶是印尼的主要出口商品，机械、塑料和装备等为主要进口商品，说明两国经济有较强的互补性。

推动两国经济合作最重要的手段之一是要利用双边贸易与投资加强产能合作。近年来印尼经济趋稳和佐科政府开放政策为进一步增强两国的产能合作创造了有利条件。早在2015年，我国发布的《关于推进国际产能和装备制造合作的指导意见》就明确提出了将积极推动钢铁、基建、电力等12个行业的国际产能合作，并把与我国产能契合度高、合作愿望强，且有一定条件的发展中国家作为重点对象[1]。印尼就是这样的重点合作对象国，尤其是与其经济发展战略相吻合，更增加了双方合作的意愿。从佐科政府修订的贸易政策和提供的优惠来看，制造业、电力与能源等行业既是其主要推动的对外合作领域，也正是我国推动国际产能合作的重点。

根据佐科政府对外经贸政策调整的方向，本文认为中国与印尼的产能合作应主要集中在三个领域：第一个是涉及基建（如高铁、港口建设）、电力能源、车辆船舶、通信、装备制造等中国着力发展的新兴产业，同时也是印尼战略性重点产业，通过双边贸易与投资建立两国之间的产能合作可以增强两国经济合作的基础能力，促进双方共同开发新技术，培养与壮大新兴产业。正如《印度尼西亚商报》和《雅加达邮报》的报道，2016～2017年，

---

[1] 沈铭辉、张中元：《"一带一路"背景下的国际产能合作——以中国—印尼合作为例》，《国际经济合作》2017年第3期。

印尼在中国多次举办了经贸推介会,向中国企业介绍印尼新兴产业,并设立专门服务窗口,提供政策咨询,加快办理相关手续,并介绍合作伙伴①。第二个是涉及机械、电子、化工、纺织等中国具有传统优势的劳动密集型产业,同时也是符合印尼国情的产业。通过产能合作与产业相互整合,一是可以帮助中国解决国内产能过剩问题和具有相对优势的技术转移问题;二是印尼可以承接国际产业转移,充分利用其劳动力富足的优势,增强生产产能和扩大出口能力,这也正是佐科政府在新的投资负面清单中放开了对电子、商贸等出口行业外资持股比例限制的主要原因之一。第三个是涉及印尼具有优势且对中国经济发展具有互补作用的待开发产业。通过加强对这些行业的经济合作开发,一来可以发展印尼当地经济,促使其生产规模化,增强出口创汇能力;二来可以解决中国国内资源短缺问题(如油气、矿业、橡胶等),促使中印尼产业国际化,形成互补关系(如农业、旅游等)。举例来说,在农业领域,可从印尼进口国内经济发展所需的橡胶、棕榈、粮油等基础原料,扩展中国农业产业价值链,同时也可以帮助印尼解决农业生产资本不足、农机使用和农作物培养等技术短缺问题,促进其扩大生产,最终解决粮食安全问题②。

(五)在印尼建设产能中心,辐射周边国家

利用双边贸易形成区域生产与集散中心,辐射周边国家,促进地区经济发展,这对于"一带一路"建设有重要意义。直接在印尼投资进行生产和开展贸易活动,不仅关系到两国经济合作,也将推进中国—东盟的区域经济融合,这符合"一带一路"建设目标。如前述分析,2013~2017年印尼的前十大贸易伙伴中,中国与东盟国家占据了半数,中国是其最大出口目的地和进口来源地,新加坡、泰国、马来西亚和越南分列其进口来源地的第3、4、7和10位,新加坡、马来西亚、泰国和菲律宾则分列其出口目的地的第

---

① 中国驻棉兰总领馆:《印尼投资局赴华招商引资推介重要基础设施项目》,2017年7月31日。
② 张中元:《中国与印尼的农业产能合作研究》,《国际经济合作》2017年第4期。

6、7、8 和 10 位。同时，中国也是新加坡这些东盟国家的主要贸易伙伴，因而加大对印尼的投资，形成区域产能中心，能够达到辐射周边东盟国家的效应。

附表1　2015年/PMK.010/132号财政部长条例：对2011年/PMK.011/132号关于部分商品分类的进口关税条例的（第三次）修订

序列/二级序列	商品描述	进口关税率(%)
09.01	咖啡,经烘焙或去除/不去除咖啡因;咖啡壳和皮;含有任何比例咖啡的咖啡替代品	20
16.01	香肠和类似肉/杂肉或血制品;基于这类产品的食用加工品	30
16.02	肉,其他经制作或经保鲜的杂肉或血	30
16.04	经处理或保鲜的鱼制品;鱼子酱和替代鱼子酱的鱼卵制品	15
16.05	水生甲壳类动物,软体类动物和其他水生无脊椎动物,经制作或保鲜	15
17.04	糖类产品(包括白巧克力),不含可可粉	20
18.06	巧克力和含可可的其他食用类制品	10~20
19.02	面食(蛋卷),经烹饪或添加/不添加馅料(加肉或其他馅料),或经其他处理,如意面、通心粉、面、意大利千层面、意大利团子、意大利方形饺、意大利烤碎肉卷;蒸粗麦粉,经/未经处理	20
18.06	巧克力和含可可的其他食用类制品	10~20
19.04	通过发酵膨胀或煎炸谷类或谷类产品得到的加工食品(比如,油炸玉米);谷类(除玉米),果实呈圆粒或薄片状,或经其他加工的圆粒(除面粉、碎米和粗面粉),未烹饪或其他处理,列举不详细或包含在其他序列	10
19.05	面包,干的糕点,糕点,饼干和其他面式点心,含或不含可可;薄饼干,适合医用的点心,密封的薄饼干,米纸和同类产品	20
2006.00	蔬菜,水果,豆类,果皮和其他农作物,用糖腌渍保鲜(干燥、晶亮或有晶体)	20
21.01	咖啡,茶或巴拉圭茶提炼物,香精和浓缩物,和基于此类产品或咖啡,茶/可做饮品的树叶得到的加工品;烘焙的菊苣根和其他烘焙的咖啡替代物和提炼物,香精和浓缩物	20
21.03	酱料和加工物;调料混合物和调味品材料混合物;芥末粉和芥末粗粉以及芥末加工物	15
2105.00	冰激凌和其他可食用的冰饮品,含/不含可可	15
21.06	不详细列举或包含在其他序列	15

印尼贸易政策走向研究

续表

序列/二级序列	商品描述	进口关税率(%)
22.02	水,包括矿物质水和苏打水,添加糖或其他甜物质或味道,和其他不含酒精的饮品,不包括20.09序列里列举的果汁或蔬菜汁	10~20
22.04	新鲜葡萄发酵得到的酒,包括经强效发酵的酒;除序列20.09列举的紫葡萄外	90
22.05	添加蔬菜物质或芳香物质等味道的新鲜葡萄发酵饮品和苦艾酒	90
22.06	其他发酵饮品(比如,苹果露、梨子露、蜂蜜水溶物发酵品);发酵混合饮品和与无酒精的饮品混合的发酵混合饮品,列举不详细或已包含在其他序列中	90
22.08	没有变质且酒精浓度不超过80%的乙醇;酒,甜松子酒和其他酒精饮料	150
32.13	艺术家、老师或画家专用颜料,修饰专用颜料,专供娱乐消遣用,呈片装、管装、罐装、瓶装或同类容器包装内	10
33.04	美容品或化妆品制剂和用于皮肤护理的制剂(除药品),包括皮肤防晒和保护制剂;修指甲或修脚所用制剂	15
33.05	头发专用制剂	15
33.06	口腔或牙齿护理用品,包括牙膏和牙粉,清洁牙齿的牙线(牙缝拉线),可以自己包装供零售	15
33.07	理(发)、剃(头)、刮(胡子)前、时或之后专用品,除臭剂,沐浴露,脱毛剂和芳香剂,其他化妆或美容品,列举不完全或已包括在其他序列中;房间除臭剂,添加香料或含/不含消毒水	10~15
34.01	香皂;当香皂用的有机的表皮活性产品和制剂,呈条状、蛋糕状、块状或其他浇筑模型状,含/不含香皂成分;用于皮肤清洁呈液体状或乳液状且被用于零售的制剂和产品,含/不含香皂成分;被香皂或洗涤剂浸渍或多次洗涤的纸、絮、毛毡和非纺织品	10
34.02	有机活性表皮物料(除香皂);活性表皮制剂,洗涤剂(包括附加洗涤剂)和清洁剂,含/不含香皂成分,除34.01序列外	10
34.05	鞋面、家具、地板、汽车车身、玻璃或金属专用擦光剂/膏,抛光专用的膏、粉和同类产品(被/未被浸渍或浸染制剂的纸、絮、毛毡和非纺织品,蜂窝塑料或蜂窝橡胶)	15
3406.00	蜡,小蜡烛和同类产品	15
35.06	胶水和其他粘贴剂,列举不详细或已包括在其他序列	10
3605.00	打火机,除序列36.04中的烟火制品外	15

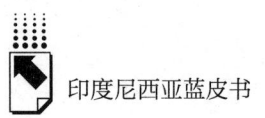

续表

序列/二级序列	商品描述	进口关税率(%)
36.06	铈铁和其他所有形式的自燃熔合物;像本章节记录2中列举的易自燃材料产物	5~15
37.02	成卷的摄影胶片,无论是除纸质、厚纸板或纺织品材料都感光,应避免阳光照射,成卷的即时打印胶片,感光,避免阳光照射	5
39.22	浴缸,淋浴喷头,洗手盆,盥洗池,坐浴盆,碗,厕所座位盖,水箱喷头,塑料制	15
39.24	餐具,厨房用具,其他家庭和厕所设施,塑料制品	20
39.25	塑料建筑工具,不完整列举或包括在其他序列中	20
39.26	服装与塑料用品	15~20
40.14	卫生或药用品(包括橡胶奶嘴),除硬橡胶外的硬化橡胶所制;硬/非硬橡胶制配件	10
40.15	服饰和服饰配饰(包括手套、连指手套、拳击手套),除硬橡胶外的硬化橡胶制的日需品	10
40.16	其他除硬橡胶外的硬化橡胶制品	15
4201.00	各种动物鞍具或挽具(包括缰绳、马嚼子、护膝、嘴套、鞍座、马鞍袋、夹克等),各种材料所制	20
42.02	箱子,行李箱,女包,公文包,书包,眼镜盒,望远镜袋,相机包,乐器包,枪包,手枪带和同种类包;旅行包,饭盒和饮料隔热包,化妆包,背包,手包,购物袋,钱包,手提包,地图指南点,吸烟区,烟袋,工具袋,运动包,旅游壶,化妆品盒,粉盒,刀具包等同类皮革或合成皮革和塑料片所制的包,或是纺织材料,硫化材料,全部用纸板或部分用纸所制的包	15~20
42.03	服饰和服饰配饰,皮革或人造皮制	15
43.03	毛皮制成的服饰和服饰配饰	15
43.04	人造毛皮及其制品	20
4414.00	木质画框、相片框、镜框等	20
4419.00	木质餐具和厨房用具	15
44.20	木质茶托和镶嵌木;木质首饰或刀具和同类利器箱/盒,不包括在94章里的木质医药箱	25
46.01	编织物和同类编织材料编织品,有/没有装饰线;编织材料,编织物和同类编织材料编织品,和串物或纺织品串成串,呈平面状,是/不是成品(例如,桌脚垫/杯垫、席子、屏风等)	25
46.02	篮子,编织物和其他物品,由编织材料直接编成的编织品或由序列46.01所列材料编制;丝瓜络制品	25

续表

序列/二级序列	商品描述	进口关税率(%)
55.11	人造短纤纱线(除缝纫线),用于零售	7.5
57.01	地毯或其他纺织品制地板垫,针织品,成品/半成品	22.5~25
57.02	地毯或其他纺织品制地板垫,纺织物,与天鹅绒不类似的簇绒或植绒,成品/半成品,包括"Kelem","Schumacks","Karamanie"和类似的针织制手工地毯	22.5~25
57.03	地毯和其他纺织品制地板垫,簇绒,成品/半成品	22.5~25
57.04	地毯和其他纺织品制地板垫,毡布制,不成簇状或植绒状,成品/半成品	22.5~25
57.05	地毯和其他纺织品制地板垫,成品/半成品	22.5~25
58.05	手工编织的壁毯,类似"Gobelin, Flander, Aubusson, Beauvais"和其他同类型,和用针缝制的壁毯(例如,一字绣,十字绣),成品/半成品	17.5~20
59.04	油地毡,被/未被切块,由几层组成的地板垫	17.5~20
61.01	女士/女孩外套,车衣,连帽斗篷,后夹克(包括滑雪夹克),风衣,风褛和同类型物品,针织或钩编的男士或男童专用,除序列61.03中所述	25
61.02	女士/女孩外套,车衣,连帽斗篷,后夹克(包括滑雪夹克),风衣,风褛和同类型物品,针织或钩编的女士或女童专用,除序列61.04中所述	25
61.03	西服,套装,夹克,西装,长裤,有背带的连体衣,到膝盖的裤子和短裤(除泳衣外),男士或男童专用,针织或钩编	25
61.04	西服,套装,夹克,西装,连衣裙,半身裙,长裤,有背带的连体衣,到膝盖的裤子和短裤(除泳衣外),女士或女童专用,针织或钩编	25
61.05	男士或男童衬衫,针织或钩编	25
61.06	女士/女童衬衣,衬衫和衬衫上衣,针织或钩编	25
61.07	男士/男童系带内裤,内裤,睡衣,浴袍,晨衣等,针织或钩编	25
61.08	女士/女童衬裙,裙子,内裤,睡裙,套装睡衣,家居服,浴袍,晨衣等,针织或钩编	25
61.09	T恤,背心和其他汗背心,针织或钩编	25
61.10	针织紧身内衣,套头衫,开衫,马甲等,针织或钩编	25
61.11	婴儿外套和服饰配饰,针织或钩编	25
61.12	运动服,滑雪服和泳衣,针织或钩编	25
61.13	序列59.03,59.06或59.07所述针织/钩编面料制成衣	20~25
61.14	其他成衣,针织或钩编	20~25

续表

序列/二级序列	商品描述	进口关税率(%)
61.15	连袜裤,紧身衣,丝袜,短袜和其他袜子,包括毡布制袜子(例如,静脉曲张丝袜),无鞋底的鞋,针织或钩编	20~25
61.16	手套,连指手套和拳击手套,针织或钩编	10~25
61.17	其他服饰配饰,针织或钩编;成衣或衣服配饰,针织或钩编	20~25
62.01	男士/男童长外套,车衣,连帽长袍,斗篷,滑雪衫(包括滑雪夹克),防风夹克等,除序列62.03中所述	20~25
62.02	针织或钩编服装,项目62.04的货品除外	20~25
62.03	男式套装	20~25
62.04	女式套装	22.5~25
62.05	男士衬衣	20~25
62.06	女士衬衣	20~25
62.07	男士汗衫和其他背心,内裤,三角裤,长睡衣,睡衣裤,浴衣,晨衣及类似品	22.5~25
62.08	女士内衣	20~25
62.09	婴儿服装及衣着配件	22.5~25
62.10	税目62.02、56.03、59.03、59.06或59.07面料做成的衣服	20~25
62.11	田径服,滑雪服和泳衣;其他服装	17.5~25
62.12	除项目62.08外的女式内衣与服饰	22.5~25
62.13	手帕	22.5~25
62.14	披肩,领带,围巾,小披风,面纱及类似品	20~25
62.15	领带,领结,围巾	22.5~25
62.16	手套,露指手套,连指手套	20~25
62.17	除62.12所描述的服装配件外,服装或配件组成部分	22.5~25
63.01	毯子和旅行毯	15~25
63.02	床单,桌布,梳妆台麻布及厨房用麻布	15~25
63.03	窗帘(包括门帘)和百叶窗;窗帘和蚊帐	25
63.04	不包括94.04所描述的其他家具	25
63.06	帆布,遮篷布,百叶窗,帐篷,船帆,帆板;露营用品	20
63.07	其他成品,包括服装样本	15~25
6308.00	由织造织物和纱线组成的套装,用作地毯,挂毯,绣花衣服或餐巾或类似的纺织品,包装零售销售,无论是否有配件	25
6309.00	旧衣服和其他旧品	35
63.10	使用过的或新的抹布,废麻绳,绳索,绳索和电缆以及纺织材料制成的麻绳,绳索,绳索或电缆的磨损物品	25
64.01	橡胶或塑料制品的鞋类	30
64.02	其他具有橡胶或塑料的外底和鞋面的鞋类	15~30

续表

序列/二级序列	商品描述	进口关税率(%)
64.03	具有橡胶、塑料、皮革或合成皮革鞋底,皮革鞋面的鞋类	15~30
64.04	外底是橡胶、塑料、皮革或合成皮革,鞋面是纺织材料的鞋类	30
64.05	其他鞋类	25~30
65.06	帽子,无论是否有纹道或修边	10~20
67.04	由人或动物毛发或纺织材料假发、假胡子、眉毛和睫毛、拂尘等;人类毛发制品不属于或不在其他项目中详列	15
68.04	碾盘、磨石、砂轮等,没有框架,用于研磨、磨光、抛光或切割,手工磨光或抛光石头及其部分的天然石材,结块的天然或人造磨料或陶瓷,有无其他材料制成的部件	10
70.13	用于房内(项目70.10或70.18所描述的除外)的玻璃器皿	10
71.13	首饰,金匠和银器商品以及其他商品:贵金属或镀贵金属的首饰及其配件	15
73.21	灶具、炉栅、炊具(包括具有用于集中供热的辅助锅炉的那些)、烧烤炉、火盆、气环、板加热器和类似的非电家用电器及其铁或钢制的部件	20
84.14	抽风设备	15
84.15	空调,由电动机电动风扇和用于改变温度和湿度的元件组成,包括不能单独调节湿度的机器	15
84.18	冰箱、冷冻柜等冷冻设备,电器或其他;除项目84.15所描述的空调机以外的热泵	15
84.33	除项目84.37外的收割或打谷机械,包括秸秆或饲料打包机;割草机;用于清洗、分类或分级蛋、水果或其他农产品的机器	15
84.50	家用或洗衣型洗衣机,包括洗涤和烘干的机器	15
85.06	原电池(组)	15
85.09	带有电机的家用设备,除项目85.05的真空吸尘器外	10~15
85.16	电热器(例如,吹风机,卷发器,卷发钳加热器)和干手器;电熨斗;其他佳勇电热设备;除项目84.45外的电热电阻	15
85.18	麦克风和支架;扬声器,无论是否安装在音箱中;以及由麦克风和一个或多个扬声器组成的,无论与麦克风组合与否的耳机;电扩音部件	10~15
85.19	录制和复制声音的工具	15
85.21	录音或录影工具,无论是否装有视频调谐器	15
85.27	无线接收设备	15
85.28	监视器和投影仪,不包括电视接收设备	15
85.39	白炽灯或放电灯,包括密封束灯单元和紫外线或红外线灯;弧光灯	15~20
87.02	包括司机在内的十座或以上机动车辆	20~50

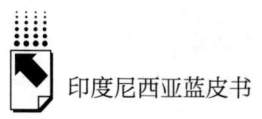

续表

序列/二级序列	商品描述	进口关税率(%)
87.03	汽车和其他主要用于载人(项目87.02除外)的车辆,包括旅行车和赛车	50
87.04	载货机车	50
87.11	摩托车(包括机器脚踏两用车)及装有辅助发动机的脚踏车,不论有无边车、边车	30~40
87.12	不带电机的两轮自行车和其他自行车(包括送货三轮车)	25
90.21	矫形器具,包括拐杖、手术带和桁架;夹板等断裂器具;人体器官部位;助听器和其他佩戴或携带或植入体内,以弥补缺陷或残疾的器具	10
92.01	钢琴,包括自动钢琴;大键琴等键盘弦乐器	15
92.02	其他弦乐器(如吉他、小提琴、竖琴)	15
9206.00	打击乐器(如鼓、木琴、铙钹、响板、沙锤)	15
92.07	乐器(电风琴,吉他,手风琴等)	15
94.01	座椅(除项目94.02),无论是否能转变成床或其一部分	20
94.03	其他家具和配件	15~20
94.04	床垫;床上用品等同类产品(例如,垫子、厚被子、鬼绒被、椅子靠垫和枕头)内部装有/填充有弹簧/其他材料/橡胶或蜂窝塑料,有/没有套子	15
94.05	灯饰和照明灯具,包括探照灯和聚光灯剂其部件,不完全列举或以包含在其他序列中;照明标志,照明铭牌等,拥有永久性光源的物品,不完全列举或已包括在其他序列中的其他部件	15
95.03	三轮车、摩托车、踏板车等代步车;玩具火车;木偶玩具;其他玩具车;缩小版模型等休闲半模型,可/不可移动;各种智力拼图	15~20
95.04	遥控器和游戏机,玩具,游戏桌或游戏室,包括乒乓球、台球桌、赌场专用桌和全自动保龄球管用品	15
96.08	笔与笔架;部件(包括笔帽和笔夹),除序列96.09所述	20
96.09	铅笔(除序列96.08所述),蜡笔、铅笔芯、彩色粉笔、木炭画、粉笔或粉笔画等	15
96.19	婴儿专用毛巾和卫生棉,纸尿布和尿布衬里等,任何材料	20
84.09	适合单独使用的配饰或序列84.07或84.08中所述机器的主要零件	0
85.11	喷气式涡轮、螺旋式涡轮和其他燃气汽轮机	0

资料来源:根据印尼财政部贸易政策整理而成(唐海文、何奇男译)。

B.7
中印尼经贸合作现状及中美贸易摩擦的外溢影响

〔印尼〕Bambang Suprayitno　〔印尼〕Kiromim Baroroh*

摘　要： 本文第一部分分析了中印尼经贸关系现状与发展趋势，主要结论有：一是两国贸易关系更加密切，表现在印尼对华出口不断上升，占比提高；进口方面虽然近五年印尼进口总额波动下滑，但自中国进口稳中趋升，相对占比明显提高；印尼对华贸易赤字在2015年达到峰值后趋于收窄。二是中国对印尼直接投资虽然起步较晚，但增长迅速，中国内地和香港合计为印尼FDI第二大来源地。三是贸易和投资的增长趋势仍将继续，但印尼社会对中国投资的一些负面认识应引起重视。第二部分分析了中美贸易摩擦对印尼经济的溢出影响和应对建议。受冲击的商品品类主要是橡胶、棕榈油、鞋类、煤、铝和钢。对策方面一是采取市场性应对措施，即利用灵活外交优势推动区域多边贸易合作，积极拓展新市场，替代被美国挤压的出口市场，激励出口和扩大内需等；二是产业性应对措施，应抓住贸易摩擦中可能出现的有利机会，壮大本国民族产业，重点是制造业、农业、海洋渔业、旅游业、汽车和创意产业，通过产业竞争力提升来增强贸易平衡的长期能力。

---

* Bambang Suprayitno，印尼国立日惹大学经管学院教师，负责本文的第一部分；Kiromim Baroroh，印尼国立日惹大学经管学院教师，负责本文的第二部分。本文原文为印尼文，广东外语外贸大学东语学院印尼语专业副教授朱刚琴承担了翻译工作。注：文中括号中外文除非特别声明，均为印尼文。

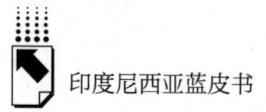

关键词： 中国　印尼　经贸关系　中美贸易摩擦　溢出影响

一　中印尼经贸合作现状及趋势

（一）中印尼经贸合作的重要意义

中国作为世界上人口最多的国家和世界第二大经济体，依据国际货币基金组织（IMF）数据，美国2017年国内生产总值（GDP）是19.39万亿美元，中国2017年GDP为12.01万亿美元（见图1、图2）；中国总人口达13.92亿人，这意味着中国有潜力成为印尼的出口大国，有利于印尼国内经济增长。另外，中国经济的持续增长需要更多资源，也需要像印尼这样人口众多、自然资源丰富国家的市场和资源。印尼是仅次于中国和印度的亚洲第三人口大国，2018年印尼人口达2.67亿人，因此印尼市场对国际商品具有强大需求潜力。

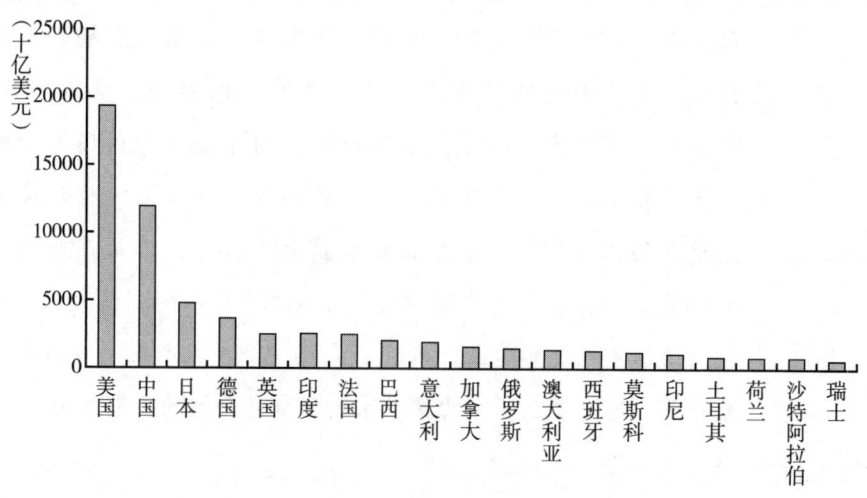

图1　2017年GDP世界排名前20的国家

资料来源：国际货币基金组织，2018年。

根据国际货币基金组织（IMF）的数据，东盟国家国内生产总值（GDP）在 2017 年为 2.764 万亿美元（见图 2），印尼占据其中的 37%，是东南亚地区最大的经济体。同时，印尼是亚洲仅次于中国、日本和印度的经济大国，因而能成为中国推动自身经济发展的重要合作伙伴，对中国而言，中国与印尼、中国与东盟或中国与东盟自由贸易区的关系都非常重要。

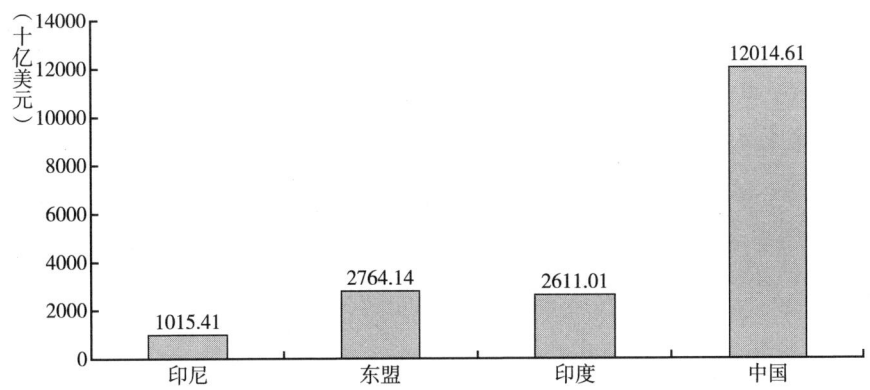

图 2　2017 年中国、印度、印尼和东盟 GDP

资料来源：国际货币基金组织，2018。

2002 年 11 月，东盟各国首脑与中国国家领导人于柬埔寨金边签订《中国与东盟全面经济合作框架协议》，决定到 2010 年建成中国—东盟自由贸易区。在中国—东盟自由贸易区的蓝图中，东盟国家与中国合作是聚集两个经济体经济力量的关键，将创造一个拥有 17 亿消费者的共同市场，是全球人口最多的经济体，也是发展中国家间的最大自贸区。中国—东盟自由贸易区建立的目标是：第一，加强和增进双方贸易合作；第二，通过降低或消除关税实现货物和服务贸易自由化；第三，开辟新领域和加强双方互惠互利的经济合作；第四，与东盟各新成员国有效地推进经济一体化进程，为缩小双方的差距搭建沟通与合作的桥梁①。

---

① Ragimun, "Analisis Investasi China ke Indonesia Sebelum dan Sesudah ACFTA", *Kajian Ekonomi dan Keuangan*, 2009, 13 (2).

（二）中国与印尼的贸易现状

1. 印尼总体出口波动扩大，对中国出口比重上升

如图3所示，印尼在1989~2017年的出口总体处于波动状态，但仍呈上升趋势。波动主要发生于1997~1998年的东南亚金融危机时期和2008~2009年全球经济危机时期。1998年经济危机过后，印尼出口日益上升，这与全球贸易开放趋势一致。2011年印尼出口总额达至顶峰，而2015年和2016年出口总额急剧下降。之所以出现下降是因为2014~2015年为佐科执政初期，政府采取了一些经济紧缩政策，大规模削减能源补贴并进行税务改革，或多或少对经济尤其是实体经济造成一定的压力。另外，许多出口商品价格下跌，有的跌幅高达20%，导致出口总额下滑①。佐科政府执政两年后，新经济政策才略见成效。2017年出口有所改善，但仍不稳定。

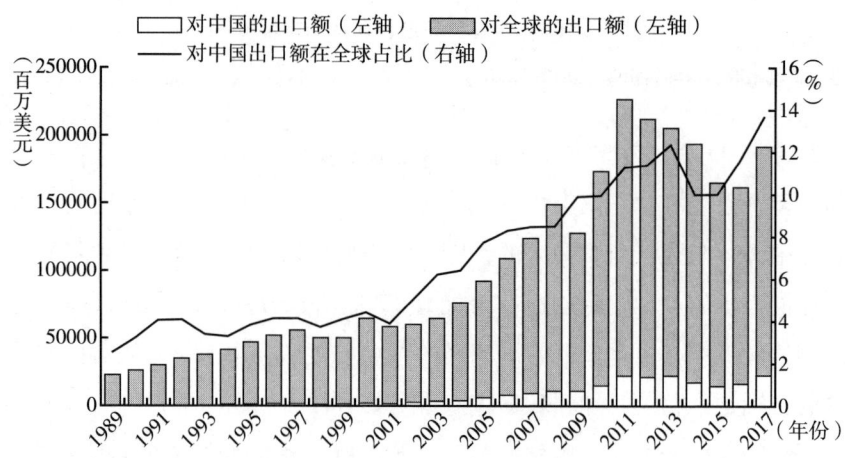

图3 1989~2017年印尼对中国和全球的出口额

资料来源：联合国商品贸易统计数据库。

---

① Republika,"Ekspor dan Impor RI Terus Melorot", *Republika. co. id*, 2015-11-17.

在波动中,印尼对中国出口占全部出口的比重呈上升趋势,20世纪90年代初(即两国复交初期),印尼对中国的出口极少,占比约为3%,此后逐年增加,2017年接近14%。印尼对中国的出口上升趋势表明,印尼对外贸易正在转向中国,此前,印尼对外贸易主要面向欧洲国家、日本和美国。在当前贸易环境下,印尼对中国的出口份额仍将有所增长。

2. 印尼从中国进口近年稳中略升,所占份额则显著上升

1997~1998年东南亚金融危机过后,印尼进口快速增长。但2009年,印尼受到全球经济危机的影响,国内经济放缓,进口随之下降。2011~2014年随着经济复苏,进口又明显上升。2015年至2016年,进口总额又急剧下跌(见图4),原因是当时国内政策和经济放缓,在此期间印尼采取紧缩财政政策,包括大规模缩减能源补贴和政府机构支出,如减少酒店会议开支,影响了国内经济表现,最终减弱进口力度[①]。

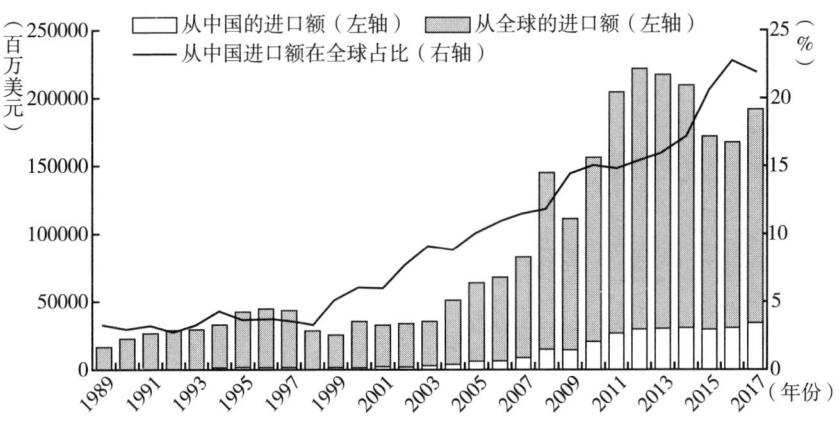

图4　1989~2017年印尼从中国和全球的进口额

资料来源:联合国商品贸易统计数据库。

印尼从中国的进口在全球的占比在1997~1998年东南亚金融危机后迅速增加。2010年中国与东盟合作建立中国-东盟自由贸易区后增长更明显,但近六年从中国进口总额处于相对稳定水平,在2015年至2016年印尼总体

---

① Republika, "Ekspor dan Impor RI Terus Melorot", *Republika.co.id*, 2015-11-17.

进口显著下跌期间，从中国进口的金额2015年略有下降，2016年和2017年略有回升。但从相对比例来看，印尼从中国进口的非石油和天然气产品货值在总体进口中的占比显著增加，2010年该比例为18.19%，2017年上升为22%。从中国进口的绝对值变化与相对比例变化反差在一定程度上说明两国贸易关系稳定，不易受总体贸易环境波动的影响。

综合对比上述中印尼进出口情况，总的趋势是，印尼与中国的贸易在印尼总体贸易中的份额呈上升趋势，尤其是进口份额增长更为明显。1989年印尼从中国进口占全部进口的3%左右，2017年则达到22%左右；同期出口份额也在增长，但幅度要小一些，1989年印尼对中国的出口占全部出口的3.25%，与进口份额大体相当，到2017年提高到13.65%，小于进口份额。这既表明中印尼贸易取得了可喜的成绩，也表明印尼对中国贸易的依存度上升。印尼对中国贸易的逆差也有所扩大，2018年8月的最新数据显示，印尼对中国的贸易逆差达到了121.8亿美元，两国曾经出现过的最大赤字是2015年143.6亿美元①，2016年和2017年赤字持续缩小。

从商品类别看，印尼对中国出口的主要产品包括矿物燃料、矿物油、动植物油脂、钢铁及木材或纤维素纸浆，此外，印尼还出口橡胶及橡胶制品、矿石及化工产品等。印尼的进口产品主要是电气设备、机械、塑料和塑料制品②。2018年，印尼从中国进口的产品主要是电信设备及其配件、自动数据处理机及其零部件、电机及其设备、纺织品。

（三）中国对印尼的直接投资现状

1. 印尼外国直接投资（FDI）总体情况

（1）投资金额和项目数

全球流向印尼的直接投资总体呈现上升趋势，项目数量及金额均有上升，

---

① Hanung R, "Defisit Dagang RI dengan China Semakin Melebar, Apa Sebabnya？", *CNBC Indonesia*, 2018-9-18.

② Setiawan S R, "China Masih Jadi Mitra Dagang Utama Indonesia", *www.Kompas.com*, 2018-9-29。

但在本届政府任内，FDI 流入增速出现波折。2010~2016 年，落实的 FDI 项目总数从 2010 年的 3076 个增至 2016 年的 25328 个（见图 5）。2017 年上半年，FDI 项目数和金额均较同期有所上升。总体而言，2010~2016 年，FDI 项目数平均每年增长 120%，增幅最大的是制造业投资项目数，达 129.44%，增幅最小的是第一产业的项目数，平均每年仅增长 73.4%。

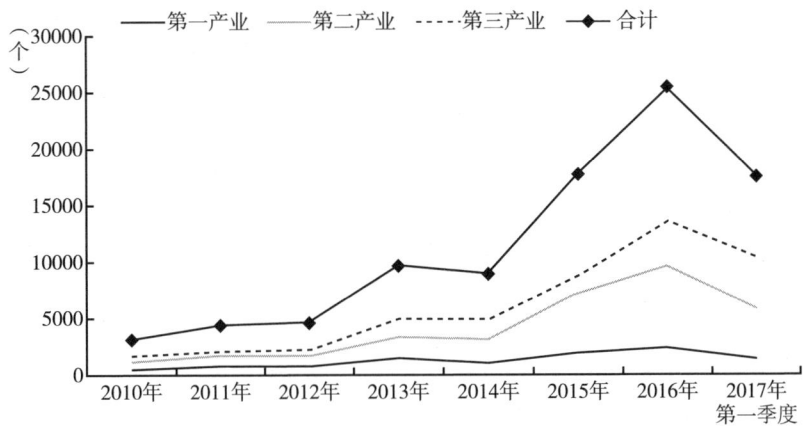

图 5　2010 年至 2017 年第一季度印尼 FDI 落实项目数

资料来源：印尼投资协调委员会。

就 FDI 金额而言，其增长速度明显要低于项目数的增长。投资金额从 2010 年的 162.15 亿美元上升至 2016 年的 289.64 亿美元，2010 年至 2016 年平均每年增长 13.10%。第二产业即工业项目投资金额相对增长较快，年均达 66.67%，对第三产业的投资金额增长最慢，年均增长只有 3.5%。

（2）投资产业和地区分布

FDI 投资的主要产业，以 2017 年为例，最大投资对象是矿业及食品加工业，分别占总投资额的 14%、13.6%，而获得最少投资额的产业部门是化学和制药产业，只占总投资额的 8%（见图 6）。

就投资地域而言，以投资金额为标准，爪哇岛仍是投资首选地。以 2017 年为例，西爪哇和雅加达特区是获得最多外资投资的地方，分别占 16% 和 14%（见图 7）。在爪哇岛以外的地区，获得最多 FDI 投资的是巴

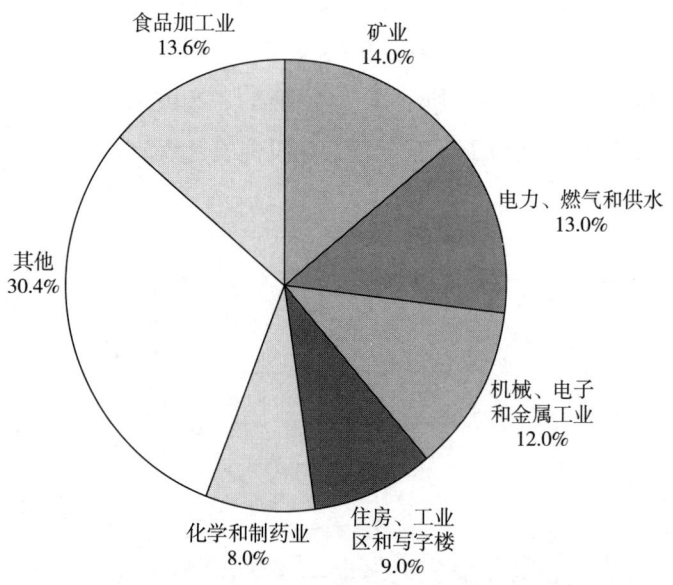

图6　2017年印尼FDI产业分布（以金额衡量）

资料来源：印尼投资协调委员会，2018年。

布亚，占比6%，价值为19亿美元。投资集中于爪哇岛的原因是其基础设施比其他岛屿更完善，公路网络能够有效支撑物流运输；与此同时，尽管现在人口流动已没有限制，但爪哇岛更为丰富的人力资源仍是不可忽视的因素。

2. 中国对印尼FDI情况

如图8所示，中国对外直接投资逐年增加。近年来，在外国对中国投资减少的情况下，中国对"一带一路"沿线国家的投资正在增加[①]。丝绸之路覆盖了欧洲、东非和亚洲国家，如巴基斯坦、印尼、老挝、马来西亚、斯里兰卡、泰国等。对"一带一路"国家的投资是为了通过改善基础设施不平衡状况来促使丝路之路沿线各国的经济增长。

---

① Ernst & YoungChina, "Belt and Road-exploring a blueprint for steady growth in overseas investment". *China Go Abroad (7th Issue)*. 2018, 4.

中印尼经贸合作现状及中美贸易摩擦的外溢影响

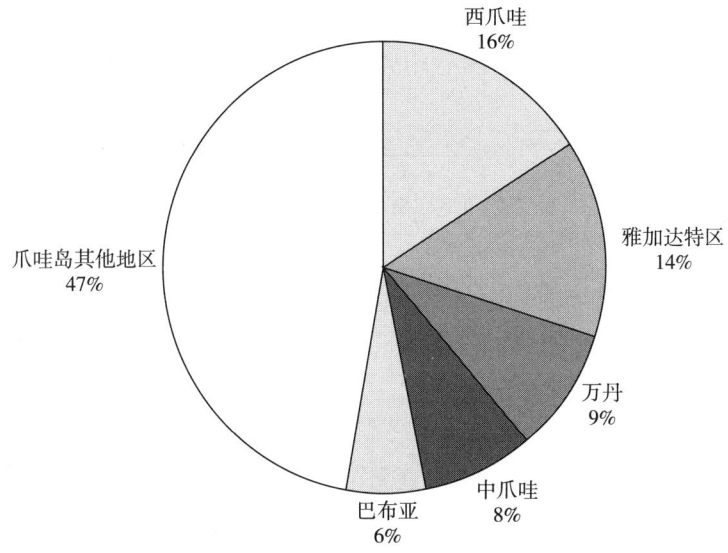

图7　2017 年印尼 FDI 地域分布（以金额衡量）

资料来源：印尼投资协调委员会，2018。

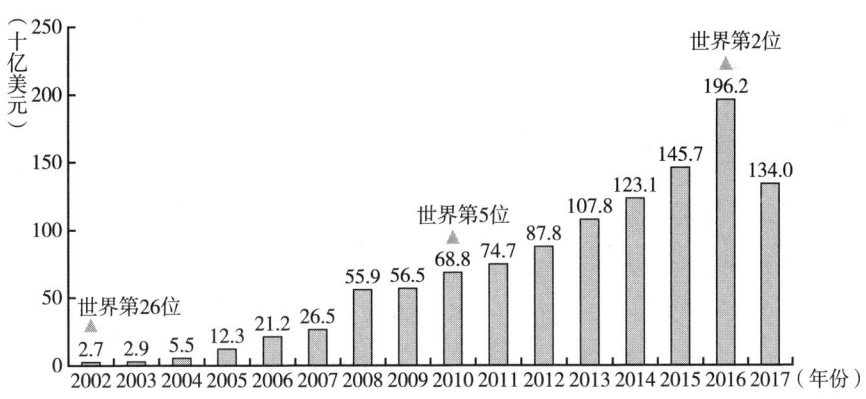

图8　中国对外直接投资的发展情况（2002~2017 年）

资料来源：安永中国会计师事务所，2018 年。

与其他国家相比，中国对印尼的投资可以说起步较晚。中国从 20 世纪 90 年代初才开始对印尼进行投资，原因在于印尼与中国于 1990 年才恢复外交关系。但在 2000 年后，中国对印尼的投资增长迅速。2008 年，中国成为印尼第十大 FDI 来源国①。2017 年，中国内地是仅次于新加坡和日本的第三大 FDI 来源地（见表1）。中国对印尼的外商直接投资已占中国对外直接投资总额的 2.5%。

表1　2017 年印尼外商直接投资的金额和项目数

序号	来源国（地区）	投资金额（百万美元）	项目数（个）
1	新加坡	8441.6	5951
2	日本	4996.2	3646
3	中国内地	3361.2	1977
4	中国香港	2116.5	1157
5	韩国	2024.6	3274
6	美国	1992.8	625
7	荷兰	1489.4	871
8	马来西亚	1213.6	1537
9	毛里求斯	1056.6	236
10	英属维尔京群岛	844.8	1109

资料来源：印度尼西亚投资管理委员会，2018 年。

中国对印尼的直接投资产业分布广泛，投资领域越来越多样化。除了许多矿业投资外，第二产业方面有食品工业、纺织业、木材加工等；第三产业有从事建筑、贸易、交通、房地产等业务的公司。有研究指出，中国对印尼进行直接投资的资金大多来自国有企业②。

驱动中国对印尼投资的经济因素，一是由于经济的持续增长，中国需要通过与其他国家合作来获取各种资源。二是随着中国经济规模扩大，尤其是中国现有各种生产要素价格不断提高，中国需要将国内积累的资本引向投资替代国。印尼就是一个合适的东道国，印尼可被挖掘的潜力还很大，尤其是

---

① Gammeltoft P, Tarmidi L T, "Chinese foreign direct investment in Indonesia: trends, drivers and impacts", *Int. J. Technological Learning, Innovation and Development*, 2013, 6 (1): 136–160.
② Gammeltoft P, Tarmidi L T, "Chinese foreign direct investment in Indonesia: trends, drivers and impacts", *Int. J. Technological Learning, Innovation and Development*, 2013, 6 (1): 136–160.

制造业。随着中国制造业的不断发展，中国薪资水平不断提高，中国产业需要转移，寻找更好的出路。根据 Akamatsu 提出的雁行理论（flying-geese model），劳动力成本和其他各种因素价格上升导致了企业生产成本增加，中国工业正在进行"资源寻求"，东道国各种有吸引力的因素，如电力、水资源、劳动力、运输物流、信息和通信技术、金融服务等决定了中国投资的方向。Calabrese 等（2017）的研究表明，在东南亚地区所取得的投资效果优于在非洲和南亚所取得的效果，即便是在东盟中相对落后的国家投资，如老挝、柬埔寨、缅甸。印尼比上述国家更有优势，因而更具吸引力[①]。

3. 驱动中国对印尼投资的劳动力成本因素

中国目前在世界 FDI 中扮演越来越重要的角色，此前是日本与美国起主导作用。中国 FDI 的扩大，既与中国资本积累有关，也与工业化导致生产要素价格上涨有关。劳动力成本就是其中重要方面。例如，2017 年，在中国福建省厦门市的印尼大学生（暑期工）最低薪资为每月 3300 元人民币，约 660 万印尼盾，每小时工资约为 10 元人民币，如果一天工作 11 个小时，可以得到 110 元人民币，除了工资外，还享有免费食物和住宿。如果具有专业技能，工资会更高[②]。

有研究指出，尽管中国拥有世界上最多的人口，但中国劳动力价格不再低廉。2016 年末，中国产业工人工资是 3.6 美元一小时，相当于印度的 5 倍，与葡萄牙和南非工资水平持平[③]。2017 年中国制造业工人年薪是 64452 元人民币，工资上涨很快，在 2008 年工人年薪才 24192 元人民币，其间平均每年上涨 18.5%（见图 9），工资上涨速度的确令人惊叹。

除了工资水平外，工作时长也是劳动力成本中的一项重要因素。众所周知，中国人一向勤奋工作，尽管这 30 年来出于健康考虑，他们的工作时间

---

① Calabrese L, Gelb S, Hou J, "What Drives Chinese Outward Manufacturing Investment? A review of Enabling Factors in Africa", Asia Supporting Economic Transformation (SET) programme, 2017.
② Sutianto F D, "Gaji Pekerja di China, Apakah Lebih Kecil dari RI?" *DetikFinance*, 2017-2-8.
③ CNBC, "'Made in China' isn't so cheap anymore, and that could spell headache for Beijing", *www.cnbc.com*, 2017-2-27.

图9 中国制造业平均年薪增长情况

资料来源：Trading Economics，2018。

开始缩短，中国人的年均工作时长达2000～2200小时。相比之下，英国人的年均工作时长约为1677小时[①]。印尼人法定工作时间是一周40小时，如果按照一年52个星期计算，印尼人一年工作共计2080小时，扣除法定节假日后，实际工作时长不到2000小时。

4. 印尼社会存在一些对中国投资的负面认识

在印尼，不可避免地出现了对中国在印尼投资的负面认识。印尼国内许多方面反对中国企业在印尼大规模投资，尤其反对中国投资占据主导地位，这种态度与印尼民众将"9·30"历史事件与中国的不当联想有关，由于这种错误认识，不明真相的印尼民众感觉是"理直气壮"地批评指责中国。根据对各国媒体对中国投资态度的研究，大体上来说，不少非洲国家的媒体对中国投资倾向于持最为消极的态度，澳大利亚和几个东南亚国家的媒体也如此，而印尼持中立至消极态度。

对中国投资的负面认识除了历史原因外，还有来自外来劳动力的因素。虽然中国劳动力在印尼的人数只占中国外出劳动力的0.296%，但由于印尼总体外来劳动力规模很小，相对数上，2017年中国在印尼的劳动力占据其外来劳动力的主体，占比达到38%。领先的工作时长和具有一定技术水平

[①] The Guardian，"How hard does China work？" www.theguardian.com，2015-10-6.

是让中国劳动力成为最受他国青睐的外来劳动力的原因之一。中国劳动力遍布全球，确实促进了世界上其他国家的发展建设，但也产生了一个不可否认的问题——引发当地劳动力的排斥，进而导致社会负面认识。

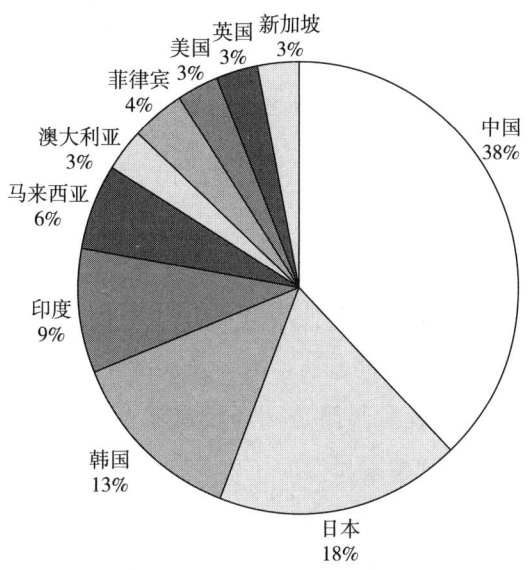

图10　2017年印尼的外来劳工情况

（四）结语

按照SWOT框架综合以上分析，本文认为，中印尼间的经贸关系发展前景有以下几个要点。

1. 优势，即有利因素。印尼经济是推动东盟和亚洲发展的重要力量；印尼拥有丰富的自然资源；对中国出口日益增长；印尼仍有巨大的可投资经济潜力。

2. 劣势，即不利因素。印尼经济增长势头减弱；印尼的经济结构依赖国外市场；印尼从中国进口规模日益扩大；印尼主要进口资本货物和原材料；印尼基础设施数量少、质量低；印尼基础产业和中间产业薄弱；印尼劳动力市场很不规范。

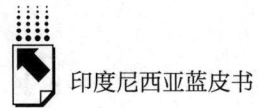

3. 机会,即推动合作的力量。中国经济实力日益增长;中国劳动力薪资水平上升;中国需要大量能源推动经济增长;中国对印尼的直接投资在外商总投资中占比较小,仍有很大发展空间。

4. 威胁,即对印尼经济产生的压力,导致印尼国内产生抵制合作的力量。印尼从中国进口的占比日益扩大;中国基础设施数量多,质量高,减少了印尼投资的吸引力;中国产品种类丰富;随着外商直接投资的增长,可能有越来越多的中国劳动力流入印尼,若不加以适当管制,会影响印尼本国劳工的就业。

二 中美贸易摩擦溢出效应对印尼经济的潜在影响

美国和中国之间的贸易摩擦是一场没有硝烟的战争,特朗普推行的"美国优先"战略使美国越来越倾向于贸易保护主义。毫无疑问,任何贸易摩擦都会损害双边甚至其他国家经济利益,全球贸易平衡格局也因此被打破,中美贸易摩擦显然对亚洲国家出口构成重要威胁。贸易摩擦对印尼的直接影响是美国对印尼普惠制待遇的重新审查。美国等发达国家所提供的普惠制(Generalized system of preference,GSP)关税待遇,有利于发展中国家产品进入发达国家市场,重新审查则会影响印尼某些产品的对美出口。间接影响则来自中国企业生产减少导致印尼对中国的原材料出口下降[1]等。

中美贸易摩擦可能会成为亚洲国家加强合作,联手对抗欧美国家的一个起点,其原因在于:第一,各方存在共同利益诉求,美国成为共同的敌人,共同的敌人将导致政治和经济的联合行动。第二,社会文化和人口结构的相似性使亚洲国家的发展具有类似潜力和追求[2]。

---

[1] Jusuf Kalla," US-China trade war has impact on Indonesia", *Antara News*, 2018 - 7 - 10.
[2] Yudi Latif dkk, "Menghidupkan kembali Jalur sutera Baru, Format Baru Hubungan Indonesia dan China". *Jakarta*: *Gramedia Pustaka*, 2010.

（一）贸易摩擦对印尼的影响

以贸易保护为目标的贸易摩擦既阻碍商业投资、扰乱全球供应链，也会造成政治紧张。美国贸易战的主要目标是大国，比如中国，印度和印尼也紧随其后，美国目前对中国出产的钢材和铝已经增加了关税。美国计划审查从印尼出口的 124 种产品。虽然每年都会有这类例行检查，但 2018 年有所不同，因为特朗普政府希望减少对美国贸易拥有顺差的国家的出口，因而审查意图和标准会改变。2018 年 4 月 27 日，美国贸易代表处（USTR）和贸易政策参谋委员会（TPSC）已对印尼和印度就市场准入问题，对哈萨克斯坦就工人权利问题进行了审查。自 1976 年起，美国给予印尼普惠制待遇，于 2013 年停止，但在谈判后，印尼于 2015 年 6 月再次获得此待遇。印尼的对美贸易多年来一直处于顺差，对印尼贸易平衡有较大贡献。对美贸易顺差引起了特朗普政府的敌意，认为美国应当撤销对印尼的普惠制待遇。如果一旦撤销，产自印尼的货物在美国售价将上涨，会抑制印尼出口。

印尼出口商品中容易受到美国关税政策调整影响的产品主要包括纺织品、橡胶和橡胶制品、鞋类制品和水产等，具体分析如下。

1. 橡胶和橡胶制品

美国、中国和日本是印尼橡胶和橡胶制品出口的前三大市场，但 2018 年上半年，印尼对美国、中国和日本的出口量都在下降，对美国的出口下降了 19.86%，中国下降了 53.20%，日本下降了 17.33%（见图 11）。鉴于橡胶是农村经济的支柱之一，它解决了大量劳动力的就业问题，目前这一出口形势令人担忧。

2. 棕榈油

印尼对印度的棕榈油及相关产品出口在 2018 年上半年较 2017 年同期有明显下降，这种下降也出现在对巴基斯坦、西班牙、埃及、荷兰、意大利和马来西亚等国家的出口中，而对中国和美国的出口则呈上升趋势（见图 12）。

就棕榈油（CPO）和橡胶的出口趋势看，中美贸易摩擦之前，CPO 出口较之前同比已下降了 15.6%，橡胶 2018 年 1～5 月下降了 21.4%。而在

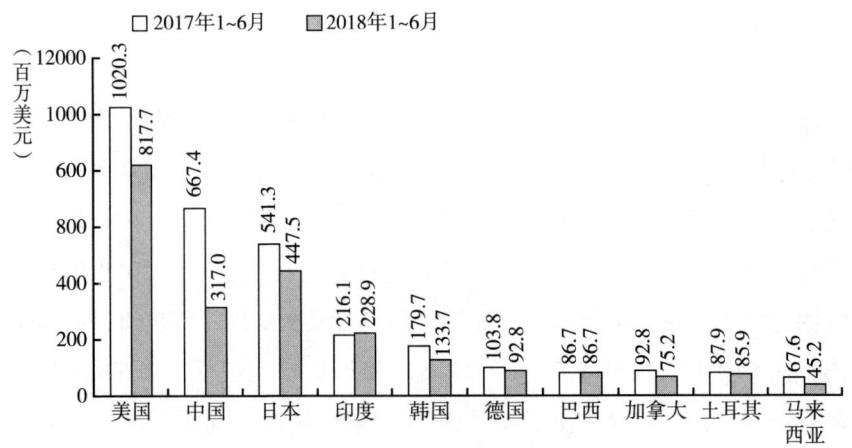

图11 印尼橡胶和橡胶制品主要出口目的地

资料来源：BPS。

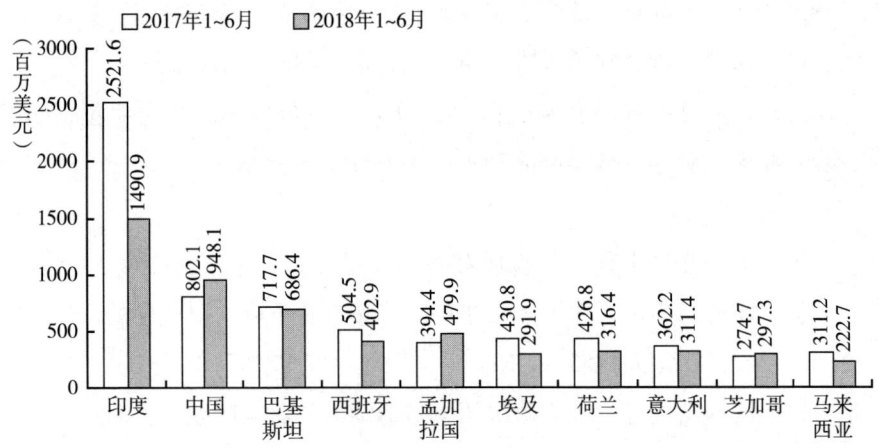

图12 印尼棕榈油主要出口目的地

资料来源：BPS。

2017年，这两种商品都是出口主打产品，占非石油和天然气出口商品总量的16%[①]。出口下降的同时，棕榈油生产出现增长，这种反差导致库存增

---

① Rizky Alika,"Perang Dagang Berpotensi Memukul Ekspor Komoditas Andalan", 2018.

加，相关企业经营困难。农业部数据显示，1995～2017年，棕榈油产能平均每年增长72.7%，全国油棕产能指标达到3817吨/公顷。商业部数据显示，油棕种植面积达到1231万公顷，其中包括680万公顷的大型私有种植园（PBS），476万公顷的小规模种植园（PR）和75.2公顷的大型国有种植园（PBN）。2000～2017年，小规模种植园总面积每年增长了12.21%，大型国有种植园每年增长了3.57%，大型私有种植园每年增长了11.14%，总体上全国油棕种植面积每年增长了10.21%。

3. 鞋/鞋类

鞋类产品是很容易受到中美贸易摩擦影响的产品类型，因为中美是印尼鞋类产品的主要出口目的地。印尼对美国的出口产品中，从2017年到2018年，鞋类商品增长率为3.74%，对中国的出口量增长率为0.26%（见图13）。

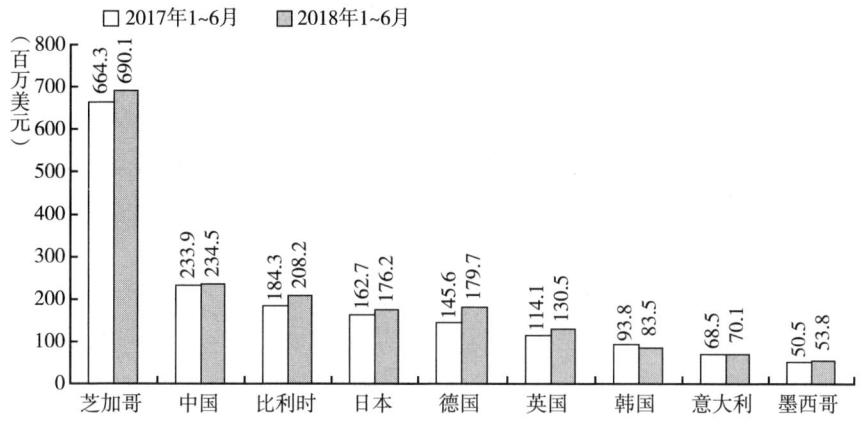

图13　印尼鞋类产品主要出口目的地

资料来源：印尼商务部。

4. 铝和钢

在贸易摩擦开始之前，美国政府就曾指出铝严重依赖进口是导致美国贸易赤字的重要因素，因而贸易摩擦中肯定会对铝的进口设置限制。在钢铁方面，美国已设定了25%的钢铁进口关税①，课征对象不仅是源自中国的钢铁产品，也包括从欧盟和墨西哥进口的产品。美国之所以采用这种做法，是因为其国内公司业绩下滑，失去了与进口产品的竞争能力，拟通过关税来保护本国公司。对印尼来说，该项关税虽不直接影响本国产业，但对其影响需要密切关注，因为无法出口到美国市场的相关国家，可能转向印尼市场。

印尼钢材和铁的出口发展在2017年之前仍呈上升趋势，从2013年到2017年增长了45.2%，但钢铁制品下降了15.6%（见表2），这种鲜明对比意味着印尼钢铁出口仍然是以原材料形式为主，这对印尼钢铁产业是一种潜在威胁。

表2 印尼钢铁出口情况

单位：百万美元，%

品种	2013年	2014年	2015年	2016年	2017年	五年平均增长率	2018年第一季度	2018年第一季度同比增长	出口贡献率	
									2017年	2018年
钢铁材料	652.4	1148.1	1203.3	1827.7	3336.1	45.2	3064.5	94.9	2.2	3.3
钢铁制品	2152.0	2232.9	2006.8	1668.9	1067.5	-15.6	806.8	30.3	0.7	0.9

资料来源：印尼商务部。

5. 煤

中国回应美国对其产品增加关税的政策，宣布对美国价值340亿美元的农产品、汽车和水产品征收25%的关税和消费税，这也会对印尼经济产生影响，因为煤炭产品被广泛用于美国工业活动，如果美国相关行业降低产量，会导致对印尼煤炭产品的需求。数据显示，印尼对美国和中国的煤炭出口都在下降（见图14），美国和中国之间的关税战加剧，将进一步减少对煤炭等需求。

除商品贸易外，贸易摩擦也影响到金融领域，导致新兴市场国家资本

---

① Abdul Basith, "Kementerian perdagangan antisipasi dampak perang dagang", *WIB*, 2018 – 7 – 6.

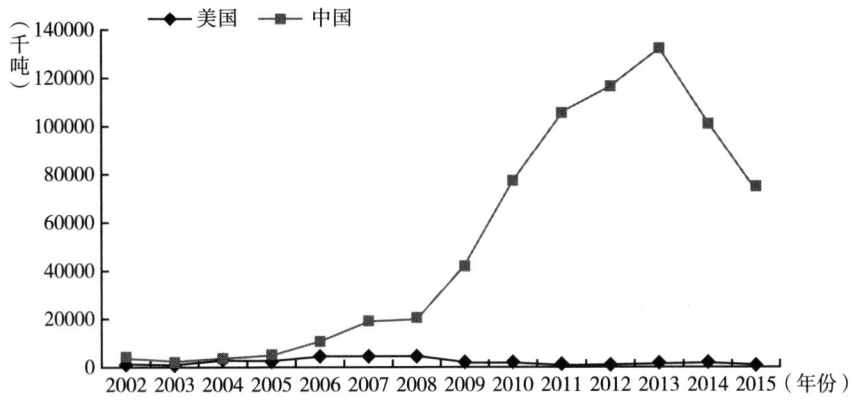

图14　印尼对中美两国的煤炭出口情况

资料来源：BPS。

外流。外国投资者在股票市场和债券市场上抛售资产，导致包括印尼在内的发展中国家货币贬值，货币持续贬值，则会增加来自进口的通胀压力[①]。目前，印尼政府已经采取措施限制进口，这显然只适用于对GDP贡献较小的产品，如化妆品。货币贬值虽然具有刺激出口的作用，但如果出口产品使用大量进口零部件，那么这种货币贬值不会对出口产生任何正面影响。

（二）对策建议

1. 市场性应对

虽然美国对印尼的普惠制待遇（GSP）调查的直接影响可能有限，因为印尼对美国约为200亿美元的年出口总额中，从GSP中获益的仅为18亿美元左右，但考虑到贸易摩擦的间接性外溢影响，印尼政府应当采取一些应对措施。

（1）寻找出口替代市场。当中国产品在美国市场遇到阻力时，这些产品必然会在其他国家寻求市场机会，例如开拓拉丁美洲和非洲市场。印尼也

---

① Nidia Zuraya, "Ekspor Indonesia akan Terkena Dampak Perang Dagang AS-Cina", 2018.

应在这方面积极拓展,开发非传统市场。印尼与非洲国家之间建立了印非论坛(IAF)机制,印尼可借助该机制更多开发非洲市场。非洲市场潜力巨大,无论是自然资源产品,还是其他日用品。例如,非洲国家对方便面产品的需求在逐年增加,印尼方便面企业已经在非洲市场取得了成功,目前印尼占据非洲和中东方便面市场约90%的份额,因为口感好,来自印尼的方便面深受非洲人喜爱,在尼日利亚有3家印尼工厂,在肯尼亚也有印尼投资的工厂,原材料来自印尼,劳动力来自当地,实现双赢。

表3　方便面的全球需求

单位:百万份

国家	2013年	2014年	2015年	2016年	2017年
南非	170	190	190	200	240
埃及	170	190	200	210	220
埃塞俄比亚	无	40	50	40	80
肯尼亚	无	40	40	50	50

资料来源:WINA。

(2)通过灵活外交开展多边经济合作,对冲贸易摩擦带来的负面影响。印尼在外交上具有自由灵活的外交优势,不会被某一方的利益套牢,这使得印尼有更多灵活空间开展国际经济合作应对这场贸易摩擦带来的负面影响。中美贸易摩擦不仅影响到中美双方,也会影响其他国家,例如韩国和日本,它们在美国都有大量投资,美国的保护主义政策在某些领域也会对韩、日在美投资造成不利影响,这些企业可能会把美国工厂搬到亚洲,鉴于此,印尼需要改善外商投资环境和就业政策,使印尼能吸纳更多外商投资,推动经济增长。

(3)通过激励出口和刺激内需来应对贸易环境恶化的影响。为了激励出口,印尼政府应考虑出台更优惠的出口税收政策,例如出口退税政策。为了刺激内需,政府可通过发展基础工业来减少对原材料进口的需求,通过改造印尼各地的机场来增加旅游业外汇收入。

2. 产业性应对

在贸易摩擦过程中，产业格局可能出现区域性变动，对于印尼这样的发展中国家可能会出现新的产业机会，利用这些产业机会，壮大印尼相关产业，不仅能在短期内对冲贸易摩擦带来的损失，又可以在长期内提升相关产业国际竞争力，夯实印尼经济发展基础。

(1) 纺织业。中美两国对纺织品需求巨大，贸易摩擦中双方都会尽力保护国内相关产业，印尼可能从这场贸易摩擦中获益，因为与中国的产量相比，印尼的纺织品和棉花产量并不逊色，当一些中资企业希望重新布局工厂以应对中国国内劳动力成本上升压力时，印尼可以利用这一机会吸引中国企业赴印尼设厂。虽然工厂不在中国，但这些企业可以通过转口贸易或其他形式再对外出口。纺织业是一个劳动密集型产业，可以吸纳大量的劳动力，这一产业发展对印尼国内经济和社会都有重要意义。

(2) 农业。印尼农业发展潜力非常大，如果得到适当发展，将为印尼带来巨大经济利益。但由于政治性因素，这种潜力往往被忽视，Timmer 认为，政治歧视常常使发展中国家农业产出低于潜在产出[①]。农业发展与非农经济的发展息息相关，它的发展为工业提供劳动力，为工业提供原材料，为社会人口提供食物保障，为工业投资提供储蓄，为工业产出提供市场，为国家创造外汇收入。中国的水果和坚果大多是从美国进口，约 51% 的美国大豆出口到中国，如果中国提高对美国农产品的关税，那么印尼则可取而代之成为其供应商。

2018 年以来，印尼咖啡出口有明显下降，其中对美国的出口下降了 12.29%，对德国出口下降了 233.07%，对中国出口下降了 592.59%。类似的情况还出现在对马来西亚、日本、俄罗斯、埃及、英国和阿尔及利亚的出口上。出口下降有许多原因，但重要的一条是某些进口商或进口国执行更严格的食品质量检验标准。曾有一份实证研究以 2002~2011 年印尼与 10 个主

---

① Timmer C P, "Getting agriculture moving: do markets provide the right signals?" *Food Policy*, 1995, 20 (5): 455 – 472.

要咖啡进口国贸易面板数据为依据，利用重力模型检验得到结论，除了进口国 GDP 和生产量这些主要因素之外，进口国履行的质量抽检要求等技术性因素具有很大的影响。

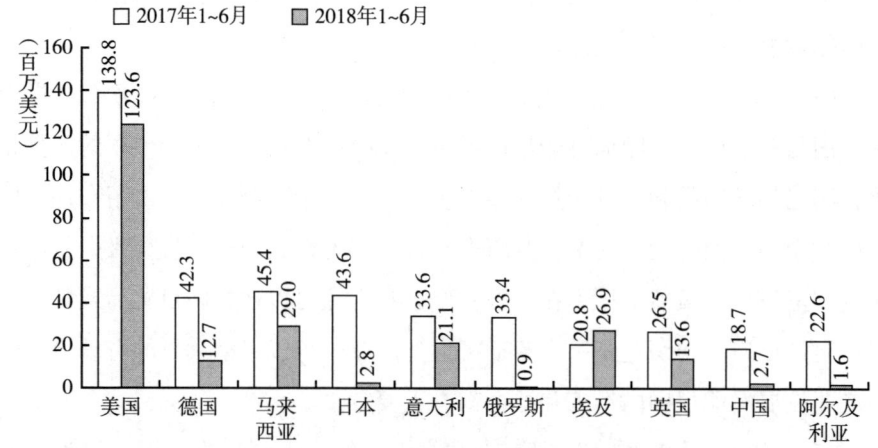

图 15　印尼咖啡出口主要目的地

资料来源：KEMDEAG。

与咖啡出口下降形成对比的是，2018 年印尼可可对美国的出口量增长了 13.46%，对中国出口则增长了 31.59%，这一增长是印尼扩大出口的一个机会。另外，世界可可基金会指出，过去 100 年，全球可可需求量每年增长 3%，未来几年全球可可需求将以同样的速度增长。在可可市场中，印尼处于相对有利的位置，因为印尼是可可的最大生产国和出口国之一，且印尼可可豆具有价格低廉的优势。

（3）海洋渔业。印尼海域辽阔，渔业资源丰富，海产品历来是印尼出口创汇的重要商品。根据海洋和渔业部近五年的统计数据，印尼海产品出口中，出口货值前五位的品类分别是虾、TCT（印尼文为 Tuna、Cakalang 和 Tongkol）鱼类、其他鱼类、螃蟹和章鱼。以金枪鱼为例，印尼是世界上最大的金枪鱼生产国之一，根据印尼海洋和渔业部 2015 年统计，印尼金枪鱼年产量约 61.3 万吨，占世界金枪鱼年产量的 11%。印尼金枪鱼出口最大的市场是泰国、日

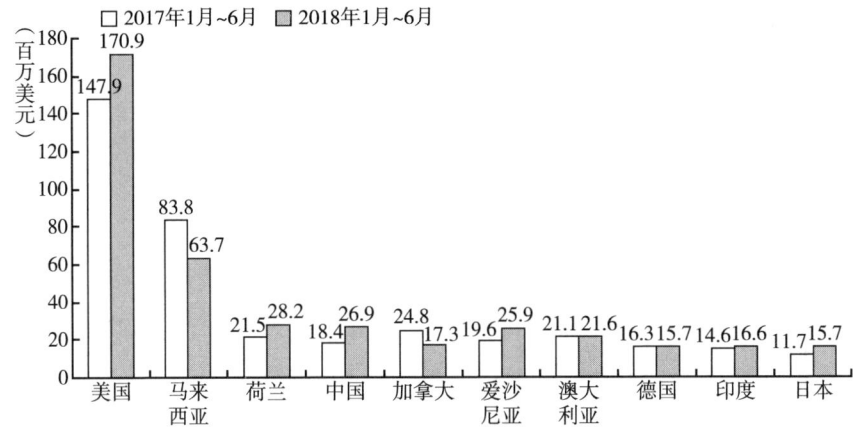

图 16　印尼可可出口主要目的地

资料来源：http：//www.kemendag.go.id。

本和美国（见表4），而虾的主要出口市场是美国、日本和中国（见图17）。当前，美国也在这个领域向中国征收额外的关税，这对印尼渔业产品出口是一个机会。印尼应当充分利用这些机会，将渔业资源优势尽最大可能转变成现实的产业利益，政府的支持措施可以是为小渔民提供渔具等设备支持、资金支持，应利用各种法律手段保护印尼渔业资源免受非法捕捞等。

表 4　印尼金枪鱼出口目的地

单位：吨

年份	2010 年	2011 年	2012 年	2013 年	2014 年	2015 年
日本	30282.3	35010.2	29236.6	33116.6	25118.1	26167.2
中国香港	283.8	215.8	138.4	217.5	75.9	110.3
中国台湾	4500.3	305.8	255.5	351.1	360	125.5
泰国	9083.5	12824.8	42974.2	44777.9	47920.3	34868.8
新加坡	1344.2	699.7	360.8	572.4	658.2	441.2
越南	3042.6	2675.9	3320	2678.5	2234.5	1165.6
澳大利亚	193.3	130.8	91.5	127.1	118.1	70.6
美国	4536.9	4117.1	4515.5	4199.3	2359.9	1477.2
荷兰	181.6	348.2	156	74.8	946.2	41.8
比利时	257.3	58.5	10	209.4	41	25.7
其他国家	13976.7	15398.1	24669.3	26022.8	21278.8	12971.4

资料来源：BPS。

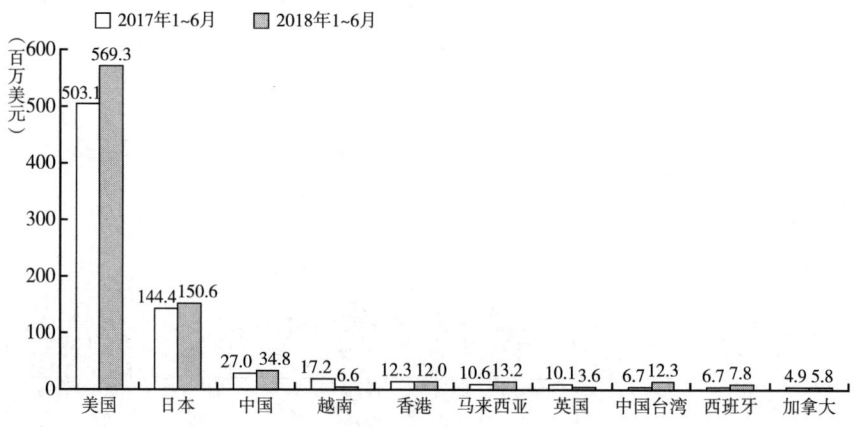

图17 印尼虾产品出口主要市场

资料来源：KEMENDAG。

（4）旅游业。旅游产业是相对安全的产业，是最不易受贸易摩擦影响的行业之一。目前印尼正在推进旅游村建设。印尼有82030个村庄，每个地方都有适合国内外游客的特点，旅游业相对于工业对环境破坏小，而且旅游业发展具有很大的乘数效应，能够带动餐饮和零售及其供应链的发展。从图18可以看出，2017年至2018年4月，赴印尼的国际旅客前三大来源国是中国、马来西亚和新加坡，亚洲是印尼占绝对主体的国际旅客来源地。在除东盟以外的其他地区，市场贡献最大的是中国，达2093171人次，随后是澳大利亚1256927人次，美国344766人次，英国378131人次，沙特阿拉伯182086人次，南非38073人次。亚洲游客占据绝对主体，这不仅得益于地理上的邻近性，也有历史和文化方面的原因。在面临外部不利冲击的情况下，印尼应当通过采取各种策略，如免签证和提升旅游设施等，继续发展壮大印尼旅游业。

（5）文化与创意产业。印尼拥有1340个部族，724种方言，177种民间舞蹈，40种传统服装，190种民间歌曲，这种文化多样性为文化和创意经济发展提供了丰富的素材和灵感。印尼旅游与创意经济部2014年提出应该注重创意产业的开发。创意产业具有独特性，不容易被模仿，例如蜡染服装、条纹服装等，它们既有利于保持独特竞争力，又有利于传承印尼文化。

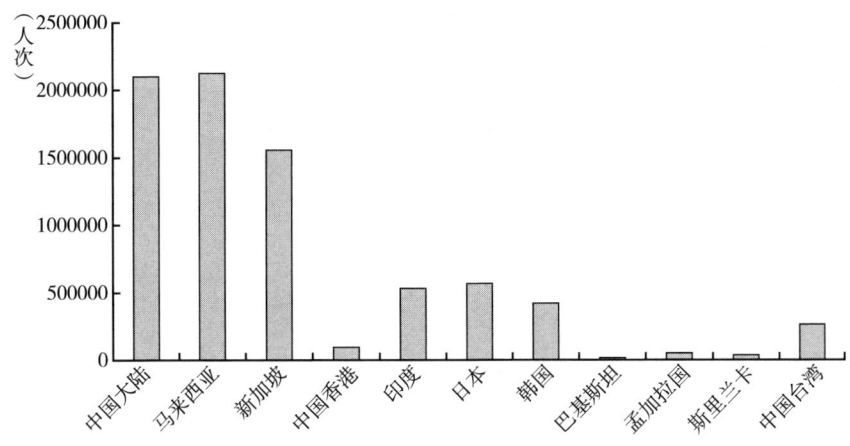

图18　印尼国际旅客来源地部分情况（2017～2018年）

资料来源：BPS。

文化与创意产业涉及14个产业领域，即建筑、设计、时尚、电影、影视、摄影、工艺品、电脑软件服务、音乐、艺术品市场、印刷出版、广告、互动游戏、表演艺术。创意产业对GDP的作用在逐年增加。2015年创意产业贡献了852万亿印尼卢比。2016年增加到923万亿印尼卢比，2017增加到990万亿印尼卢比，预计2018年度将达到1000万亿印尼卢比。其中烹饪业（41.68%）、时尚业（18.15%）和工艺业（15.70%）是三个贡献最大的领域，其他领域如动漫产业增长超过6%，也具有相当潜力①。

（6）汽车产业。在贸易摩擦面前，印尼汽车产业是比较稳定的，因为该行业目前主要以外资企业为主，是外资品牌如丰田等的全球生产工厂，其出口不易受贸易摩擦的影响。印尼汽车出口目的地前三位分别是菲律宾、泰国和日本（见图19），对这三个国家以及马来西亚、巴勒斯坦的汽车出口在2018年上半年较上年同期有明显增加。而对沙特阿拉伯、越南、墨西哥和新加坡的出口有所下降。汽车行业必须在政府、大学和企业的联合推动下发展，以促进本土车企的能力提升。

---

① Jawa Pos,"Industri Kreatif Topang ekonomi", 2018-10-1.

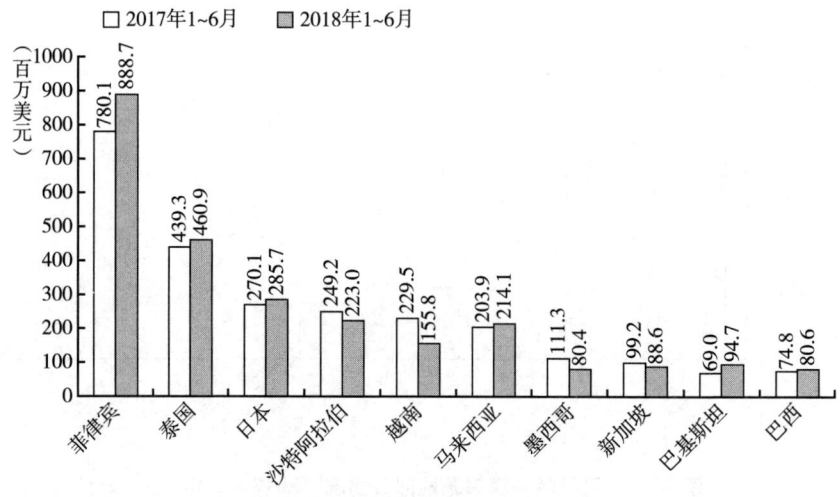

图19 印尼汽车出口主要目的地

资料来源：BPS。

（三）结语

中美贸易摩擦对印尼来说不仅是一个挑战，也是一个机遇。尽管到目前为止，贸易摩擦各方仍在博弈之中，但印尼需要提前做出筹划，预防外部负面冲击。归纳起来，这些措施应强调以下几点。

1. 印尼必须减少进口，特别是要通过食物自给自足来满足居民的基本生活需求，例如大豆的进口应当限制。

2. 促进成品出口。到目前为止，印尼出口仍然是以初级产品为主。这种出口结构不能给经济发展带来较高的乘数效应，将加工环节留在国内则能增加附加值，例如，棕榈油可用于生产各种日化产品甚至新燃料。

3. 印尼应当继续保持政治不结盟战略，包括不与中国和美国结盟，维持相对中立地位，给印尼带来自由灵活的外交和国际经济关系优势。

4. 在印尼卢比兑美元大幅贬值时期，企业家们应当联合起来，出口商应该更多使用印尼卢比结算以支持印尼卢比稳定。

5. 企业家应与政府最大限度地合作，必须保持和谐和沟通，联合应对国际贸易环境的不利变化。

产业与工商篇

Industry and Business

B.8
印尼交通基础设施发展及中—印尼交通基建合作研究

陈 和 刘效阳*

摘　要： 交通基础设施发展滞后是制约印尼经济增长和投资环境改善的主要瓶颈。本文首先分析了印尼交通发展整体情况，指出公路是印尼运输业主体，近六年来，公路运输以及水运占比有所减少，而铁路运输、航运占比呈上升趋势。随后，本文对运输业各子领域的发展情况和代表性上市公司进行了分析，其中印尼公路与铁路基础设施发展缓慢，代表性上市公司资产收益率逐年降低；海运与航空基础设施发展机遇较多，代表性上市公司营业收入逐年提升。印尼

---

* 陈和，博士，广东外语外贸大学国际服务外包研究院副院长、副教授；刘效阳，广东外语外贸大学研究生。

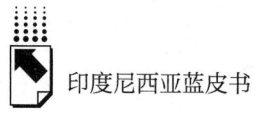

交通基础设施建设存在资金投入不足、经验不足和技术相对落后等问题，考虑到印尼政府建设交通基础设施的决心和中国技术和管理经验的优势，中—印尼交通基建存在较大合作空间。

关键词： 印尼　交通基础设施　合作空间

一　印尼交通运输业整体情况分析

印度尼西亚地跨赤道，绵延5000多公里，由17000多个岛屿组成，这样的地理条件对发展有效的国家交通基础设施网络提出了很大挑战。印尼交通基础设施建设发展较为落后，是印尼经济增长缓慢和投资环境恶劣的主要原因之一。印尼与邻国直接接壤较少，外界互联互通主要通过海运与航空。印尼全国公路网在1989~1993年便已经形成，截至2017年，印尼全国公路总长54万公里，桥梁总长62599米；印尼铁路所有权为国家所有，全国铁路总长6458公里，主要集中在爪哇岛和苏门答腊岛；印尼海上运输较为发达，海运系统包括岛际运输、远洋运输和特别船运，全国有海运航道21579公里；印尼全国有179个航空港，其中达到国际标准的有23个。从表1可以看出，交通运输与仓储业价值增加值占GDP比重逐年稳步上升，2016年为647万亿印尼卢比，占比5.22%，2017年上升到735万亿印尼卢比，占比5.41%，提高了0.19个百分点。其中，公路运输业规模最大，约一半的增加值来自公路运输业，其次为航空业，仓储邮政业等占比排名第三，海运业占比排名第四，排名第五、第六分别为内陆水运业和铁路运输业。从时间序列来看，近六年来公路运输、海运、内陆水运增加值占比有所减少，而铁路运输业、航空业增加值占比总体呈上升趋势，仓储邮政业等增加值占比则较稳定。

表1　印尼交通运输与仓储业的规模与结构

单位：十亿印尼卢比，%

部门	指标	2011年	2012年	2013年	2014年	2015年	2016年	2017年
合计	增加值	276122.4	313156.2	375305.9	466968.9	579059.6	647154.3	735153.9
	占GDP比重	3.53	3.63	3.93	4.42	5.02	5.22	5.41
铁路运输业	增加值	2408.3	2782.9	3142.5	4227.9	6357.5	6928.1	—
	占比	0.87	0.89	0.84	0.91	1.10	1.07	—
公路运输业	增加值	148061.6	159225.7	190200.7	225881.6	283222.3	305024	—
	占比	53.62	50.85	50.68	48.37	48.91	47.13	—
海运业	增加值	24082.7	26614.7	30061.9	36074.9	39306.8	39907.1	—
	占比	8.72	8.50	8.01	7.73	6.79	6.17	—
内陆水运业	增加值	9202.3	9780	11164.6	13137.3	14266.8	14185.4	—
	占比	3.33	3.12	2.97	2.81	2.46	2.19	—
航空业	增加值	47029.1	62201.1	77721.8	108791.9	142536.4	176548.7	—
	占比	17.03	19.86	20.71	23.30	24.62	27.28	—
仓储邮政业等	增加值	45338.4	52551.8	63014.4	78855.3	93369.8	104561	—
	占比	16.42	16.78	16.79	16.89	16.12	16.16	—

资料来源：印尼统计局。

二　印尼路桥交通发展情况分析

（一）印尼路桥建设现状

1. 印尼公路建设现状

印尼国家公路网络分为主干公路网络体系和次级公路网络体系。按行政管理层级划分为国家级公路、省级公路、市县区域内公路。

截至2016年，印尼公路总长度达537838公里，其中，区域道路比重最大，长度为435405公里，占比80.95%，而国道和省道分别为47017公里（8.74%）和55416公里（10.30%）（见表2）。从路况来看，大约45.1%的道路处于良好状态，21.4%道路状况一般，16.1%道路受损，17.4%的道路受到严重损坏（见表3）。印尼现有公路网络在不同地区间存在质量差别。

例如爪哇工业化地区的高速公路相对发达,而人口稀少欠发达的孟家锡道路相对较差,阻碍经济增长。2016年印尼公路整体保有量和质量状况与2015年相比变化不大。

表2 印尼不同路面类型公路长度(2016年)

单位:公里

路面类型	国道	省道	区域道路	合计
沥青	42864	45410	238355	326629
砂砾石	2437	8257	168763	179457
其他	1716	1749	28287	31752
合计	47017	55416	435405	537838

资料来源:公共工程部。

表3 印尼公路质量状况(2016年)

单位:公里,%

路面状况	国道		省道		区域		合计	
	公里数	百分比	公里数	百分比	公里数	百分比	公里数	百分比
良好	26258	55.8	25030	45.2	191199	43.9	242487	45.1
一般	15766	33.5	13628	24.6	85733	19.7	115127	21.4
较差	2940	6.3	6311	11.4	77354	17.8	86605	16.1
非常差	2053	4.4	10447	18.8	81119	18.6	93619	17.4
合计	47017	100	55416	100	435405	100	537838	100

资料来源:公共工程部。

目前,印尼全国拥有收费公路约1000公里,主要分布在苏门答腊、爪哇、巴厘和苏络维西这四个岛屿。从表4可以看出,收费公路在这些岛屿上的分布较为集中,占印尼全国总收费公路的57.34%。2018年3月,佐科总统要求加快发展高速公路,预计在2019年底,Trans-Java高速收费公路项目将完工。印尼CNBC研究团队做的一项研究数据显示,东盟主要国家的收费公路收费标准远比印尼低。比如,新加坡最长的收费公路Tual(总长42.8公里)每公里收费合折为777.94印尼卢比,越南每公里收费为1217.50印尼卢比,菲律宾每公里收费为1053.03印尼卢比，马来西亚每公里收费为492.5印尼卢比，泰国每公里收费为440印尼卢比，而印尼每公里收费为1300印尼卢比。相比之下，印尼高速公路收费是东盟国家之中最高的。2018年5月31日，政府通过延长特许权来降低39条公路的收费，佐科总统认为政府降低高速公路收费将降低全国产业的物流成本。在佐科总统指示调降高速公路收费后，高速公路管理公司Jasa Marga调降了第三类型车辆即货运卡车类型的高速公路收费。

表4 目前保有的主要收费公路简况

单位：公里

省份	收费公路	长度	经营者
北苏门答腊	Belawan-Tanjung Morawa Toll Road	34.4	Jasa Marga
雅茂德丹勿地区	Jakarta-Serpong Toll Road	12	Jasa Marga
	Jakarta-Tangerang Toll Road	27	Jasa Marga
	Prof. Dr. Sedyatmo Toll Road	14	Jasa Marga
	Jakarta Inner Ring Road	46	Jasa Marga&Citra Marga Nusaphala Persada
	Jakarta Outer Ring Road	65	Jasa Marga, Jalan Tol Lingkar Luar Jakarta, Jalan Lingkar Barat & Bintaro Serpong Damai / Nusantara Infrastructure
	Jakarta Outer Ring Road 2	110.4	Translingkar Kita Jaya
	Jakarta-Cikampek Toll Road	72	Jasa Marga
	Jakarta-Bogor-Ciawi Toll Road	47	Jasa Marga
万丹	Tangerang-Merak Toll Road	73	Marga Mandala Sakti
西爪哇	Cikampek-Purwakarta-Padalarang Toll Road	58.3	Jasa Marga
	Padalarang-Cileunyi Toll Road	36	Jasa Marga
	Palimanan-Kanci Toll Road	26	Jasa Marga
	Kanci-Pejagan Toll Road	35	Semesta Marga Raya
	Bogor Ring Road	11	Marga Sarana Jabar
	Cikampek-Palimanan Toll Road	116.75	Lintas Marga Sedaya
中爪哇	Semarang Toll Road	25	Jasa Marga
	Semarang-Solo Toll Road	72.68	Jasa Marga
东爪哇	Surabaya-Gresik Toll Road	21	Jasa Marga
	Surabaya-Gempol Toll Road	43	Jasa Marga
	Gempol-Pandaan Toll Road	14	Margabumi Adhikaraya
	Surabaya/Waru-Juanda International Airport Toll Road	13	Citra Marga Nusaphala Persada

续表

省份	收费公路	长度	经营者
东爪哇	Surabaya-Madura Bridge Toll Road	21	Jasa Marga
	Surabaya-Mojokerto Toll Road	36.27	Marga Nujyasumo Persada
巴厘	Bali Mandara Toll Road	10	Jasa Marga
孟加锡	Makassar Airport Toll Road	12	Jalan Tol Seksi Empat / Nusantara Infrastructure
	Reformasi Toll Road (Makassar Seaport-Tallo)	6	Bosowa Marga Nusantara / Nusantara Infrastructure

目前，印尼公路依然是客运和货运的中坚力量，有84%的乘客和97.17%的货物选择公路运输方式，但印尼公路基础设施建设却无法满足如此高负荷的使用需求。例如，2015年，苏门答腊岛国道容量已接近饱和，苏门答腊东部每100公里的通行时间为3.1小时，如果不增加新道路，到2030年，通行时间将增加到每100公里8.8小时。随着交通流量的增长，尤其是私家车的增加，雅加达及周边地区交通堵塞的状况将会继续恶化；因为路上车辆拥堵使交通严重阻塞，给雅加达—茂物—德博—当格朗—勿加西（Jabodetabek）路线交通造成严重困扰，预计每年经济损失高达上亿印尼卢比。2017年，印尼公路货运量达12.8亿吨，预计在2018年，印尼公路货运量将增长4.1%，达13.3亿吨。未来十年，印尼有巨大发展潜力但欠发达的地区需要更多道路，特别是在工业化地区，以降低物流成本，提高工业效益。

表5 印尼大城市的交通状况

城市	人口数（人）	面积（平方公里）	道路比率（%）	高峰期时速（公里/小时）
雅加达	9588198	661.52	5.42	10~20
泗水	3282156	374.36	9.47	21
万隆	2390120	167.67	14.63	14.3
棉兰	2109339	265.10	11.24	23.4
望加锡	1168258	175.77	10.04	24.06

资料来源：Ditjen Bina Marga, 2012。

2. 印尼桥梁建设现状

印尼国内大大小小的桥梁众多，据统计，2010～2014 年印尼已经开展了 41640 米长的桥梁建设项目。在 2014 年，印尼建成的国道总长约为 39838 公里，其中沿线桥梁 62599 米。近年来，印尼政府正加大桥梁建设，例如，2018 年印尼政府开始修建荷德甘（Holtekamp）大桥，大桥全长 732 米，宽度 21 米，最大跨度为 400 米，可将查雅普拉市与 Muara Tami 区连接到 Skouw 边防哨站。虽然印尼急需大量桥梁来促进交通业的发展，但由于印尼桥梁建设技术还不成熟，经常会出现基建施工单位为加快工程进度，导致安全事故。例如，在 2018 年 1 月 22 日，雅京南区 Depok-Antasari 高速公路高架桥发生施工事故；1 月 23 日，雅加达东区 Utan Kayu 地区的轻轨铁路（LRT）混凝土箱梁发生倒塌事故；4 月 19 日，连接 Tuban 县与 Lamongan 县的主要桥梁 Widang 桥发生倒塌。施工事故层出不穷，不仅影响桥梁施工进度，还带来了财产损失和人员伤亡。为确保安全，政府通过公共工程与住房部（PUPR）叫停所有正在建设中的高架桥工程，并进行全面的技术和操作程序检验。2018 年 3 月，工程施工安全委员会（KKK）对正在新建中的 37 个高架桥基建工程进行了技术检验和施工文件审核，审核和检验结果通过后，34 个高架桥基建工程已获得准许恢复施工。

（二）印尼主要路桥公司概况

表 6 所示为印尼主要路桥建设与经营企业，Jasa Marga、Waskita Karya、Wijaya Karya 以及 Pembangunan Prumahan 为国家控股的上市企业。Jasa Marga 经营着印尼大约 73% 的收费公路，是印尼收费公路龙头企业，其余三家企业则主要从事建筑和投资业务。Waskita Karya 参与建设的代表性工程包括巴厘曼达拉收费公路、芝勒义—双木丹—达乌安高速公路等。Pembangunan Prumahan 以及 Wijaya Karya 共同参与的工程项目有东加里曼丹省巴板—萨马琳达高速收费公路。

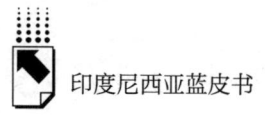

表6 印尼主要路桥企业核心竞争力指标

单位：千美元，人，%

公司名	总资产	营业收入	雇员数	税前利润	股本	流动比率	净资产收益率	资产收益率
Jasa Marga	5836955	2615817	4205	330007	1358832	—	16.72	5.65
Waskita Karya	7025171	3424556	—	468360	1632925	1.00	9.29	4.29
Wijaya Karya	3278347	1878464	—	206211	1049026	1.34	18.93	6.06
Pembangunan Prumahan	2995611	1541601	2106	128495	1021157	1.44	14.78	4.72

资料来源：BVD。

数据年份：2017年。

（三）代表性上市公司分析：Wijaya Karya[①]

Wijaya Karya 是一家印尼国有公司，由印尼政府拥有多数股权。Wijaya Karya 有两大核心业务：建筑和机械电气，其中建筑包括道路、桥梁、海港、机场和大坝、住宅以及公用建筑。作为政府控制的公司，Wijaya Karya 的主要客户是印尼政府以及其他印尼国有企业。近年来，印尼经济增长也对私营部门建筑业的增长产生了影响，这一增长使得 Wijaya Karya 将其目标市场从政府和其他国有企业扩大到私营部门。同时，Wijaya Karya 也将目标扩展到其他发展中国家，参与了中东和北非（伊拉克、阿尔及利亚和利比亚）以及亚太地区其他几个国家（东帝汶，文莱达鲁萨兰国和缅甸）的路桥项目。

公司盈利能力及财务稳健性分析。Wijaya Karya 2017年全年营业收入为261764亿印尼卢比，与2016年相比，大幅增长67.06%。其中，净利润为28762亿印尼卢比，较2016年的净利润21919亿印尼卢比增长31.22%，与2016年相比，2017年公司总资产大比例增加，从313552亿印尼卢比增长到456837亿印尼卢比，增幅为45.70%。但在规模增长的同时，出现效率下

[①] 2017年印尼经济蓝皮书已经介绍了业内第一和第二大上市公司，本文介绍第三大上市公司。

降，资产收益率近五年逐年下降，从 2013 年的 10.13% 下降到 2017 年的 6.06%（见表 7、图 1 和图 2）。

表 7 Wijaya Karya 主要财务指标

单位：%

财务指标	2013 年	2014 年	2015 年	2016 年	2017 年
销售净利润率	5.25	5.97	5.16	7.73	5.18
营业收入增长率	37.12	4.87	9.28	15.04	67.06
资产增长率	14.28	26.71	23.23	59.43	45.70
负债增长率	14.43	16.08	28.37	31.31	66.79
资产负债率	74	69	72	59	68
资产收益率	10.13	9.63	9.22	6.68	6.06

资料来源：Wijaya Karya，Annual Report 2017。

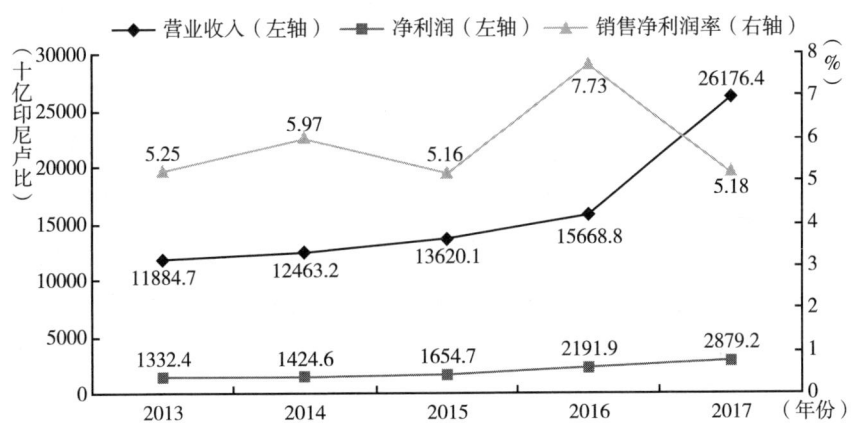

图 1 Wijaya Karya 盈利能力

资料来源：Wijaya Karya，Annual Report 2017。

（四）印尼公路产业机会分析

1. 印尼公路交通发展规划

佐科政府在中期发展规划中，提出了扩张公路道路网，提升道路速度的蓝图，其中包括新建一般公路 2650 公里，并完成新建 6000 公里公路（含高

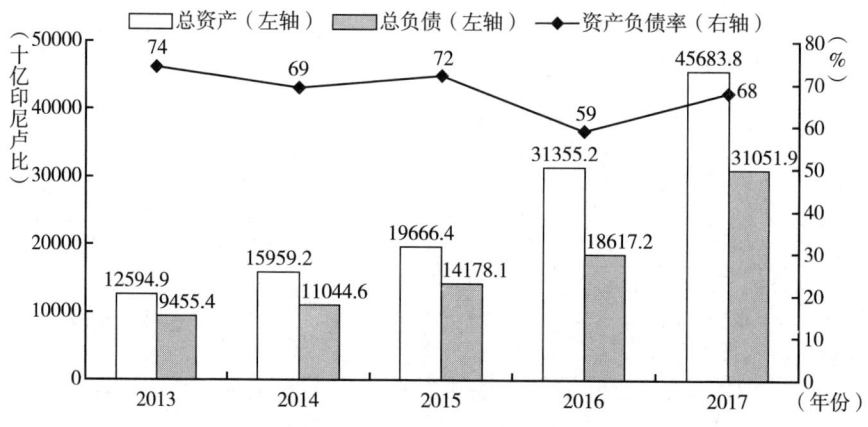

图 2　Wijaya Karya 偿债能力

资料来源：Wijaya Karya，Annual Report 2017。

速公路）的前期准备工作，将主要经济走廊地带主要路线的交通时间由每 100 公里耗时 2.6 小时缩短到 2.2 小时，缓解大城市交通拥堵状况，将大城市高峰时段的公路通行速度提高到至少 20 公里/小时。

2015 年至 2025 年佐科政府拟新建高速公路约 3733 公里，该建设规划需投入 723 万亿印尼卢比。新建高速公路将分布在几大岛屿，其中苏门答腊岛建设路段最长①。上述高速公路规划实现后，苏门答腊岛高速公路总长将达 2865 公里，包括纵向连接班达亚齐、棉兰、北干巴鲁、巨港和巴果亥尼之间长度分别为 417 公里、575 公里、667 公里和 335 公里的高速公路及横向连接丁宜—实武牙、北干巴鲁—巴东、巨港—明古鲁，长度分别为 200 公里、240 公里和 352 公里的高速公路。在佐科政府的公路建设蓝图中，最重要的是两个收费公路项目，即跨爪哇高速公路项目（Trans-Java，922 公里）和跨苏门答腊高速公路项目（Trans-Sumatra，632 公里）。其中，Trans-Java 项目预计将成为爪哇的主要交通要道，从而减轻爪哇北海岸的交通负荷。爪哇岛高速公路将达 2815 公里，主要包括贯通全岛 1187 公里和雅加达及其周边 530 公里的高速公路。

---

① 〔印尼〕《国际日报》：《印尼未来十年将建 3733 公里高速公路》，2015 年 1 月 9 日。

表8　印尼政府2015~2019年高速公路建设情况

单位：公里

公路	长度	公路	长度
苏门答腊岛		Ciawi-Sukabumi	54.0
Medan-Binjai	15.8	Gempol-Pandaan	13.6
Medan-Kuala	61.7	Pandaan-Malang	37.6
Namu-Tebingtinggi	22.0	Pasirkoja-Soreang	10.6
Palembang-Indralaya	111.7	Porong-Gempol	10.6
Kayuagung-Palembang-Betung	138.0	爪哇岛大雅加达地区	
Bakauheri-Teranggi Besar		Akses Tanjung Priok	16.7
爪哇岛（属于Trans-Java项目）		Cengkareng-Batuceper-Kunciran	14.2
Cikampek-Palimanan	116.8	Kunciran-Serpong	11.2
Pejagan-Pemalang	57.5	Serpong-Cinere	10.1
Pemalang-Batang	39.2	Cinere-Jagorawi	14.6
Batang-Semarang	75.0	Cimanggis-Cibitung	25.4
Semarang-Solo	72.6	Cibitung-Clincing	34.0
Solo-Ngawi	90.1	Depok-Antasari	21.5
Ngawi-Kertosono	87.0	Bekasi-Cawang-Kampung Melayu	21.0
Mojokerto-Jombang-Kertosono	40.5	Bogor Ring Road	11.0
Mojokerto-Surabaya	36.3	加里曼丹	
Gempol-Pasruruan	34.2	Balikpapan-Samarinda	99
爪哇岛（不属于Trans-Java项目）		苏拉维西	
Cileunyi-Sumedang-Dawuan	58.5	Manado-Bitung	39

资料来源：《投资者日报》。

2. 中印尼公路基础合作空间

中国在路桥建设上具有丰富的经验和优势。2017年底，中国全国公路总里程达477.35万公里，高速公路达13.1万公里，全国等级公路里程占公路总里程的85%以上。近年来，中国公路交通一直处于迅猛发展的态势，公路路面状况得到显著改善，公路技术水平也有了突飞猛进的发展[①]。在路基方面，中国公路工程咨询集团有限公司开展了大量卓有成效的研究，特别

---

① 姚玮洁：《古镇论"道"》，《中国公路》2012年第9期。

是在特殊路基建造技术和变形协调方面,取得了一系列具有国际领先水平的科研成果。在耐久性路面工程建造技术方面,系统地开展了路面设计指标与标准、半刚性基层沥青路面抗裂技术、路面材料的疲劳损伤、路面规模化施工工艺及设备开发等方面的研究[①]。在公路养护管理与维修技术方面,"白+黑"已经形成了比较成熟的技术并广泛应用。对于旧路面的维修加固、加铺层结构设置、防裂措施等方面,均已形成系列技术,并在众多公路与城市道路中得到了应用[②]。进入高铁时代后,中国桥梁建造数量更是飞速发展。据统计,中国公路桥梁总数已经超过了80万座,铁路桥梁数超过20万座,成为世界上桥梁数最多的国家。中国已掌握了大量先进的桥梁基础施工技术,如大直径钢管桩、大直径钻孔桩、钢管复合桩、PHC管桩等,同时中国还自主研发了一批优质的桥梁基础施工装备,如打桩船、双轮铣槽机、液压打桩锤、混凝土搅拌船等。而在主梁施工技术与装备方面,中国熟练掌握了如梁上运梁架设技术、短线匹配法预制拼装施工技术、钢箱梁整体吊装施工技术和使用缆载吊机、顶推与滑模等主梁架设与施工技术,并自主发明了架桥机、桥面吊机、缆载吊机、大型龙门吊等核心装备。在超高桥塔施工技术与装备方面,中国自主研发了混凝土超高泵送技术、钢桥塔预制吊装与高精度拼装施工技术和混凝土桥塔液压爬模技术[③]。中国路桥设施建设的施工时间相对较短,同时成本又相对较低。在保证其施工质量的情况下,中国通过科学管理、优化资源配置、创新建设技术等方式提高施工效率和进一步降低成本[④]。

2017年11月,中国路桥集团公司对印尼Cileunyi至Sumedang至Dawuan(Cisumdawu)第一路段高速公路的建设工程提供了第三期贷款,总额220万印尼卢比,同时成为该基础设施建设承包商之一。Cisumdawu第一

---

① 冼巧凤:《关注长寿命路面——记"永久路面国际学术交流会"》,《中国公路》2016年第7期,第71页。
② 中国公路学会:《公路学科发展研究报告(2011)》,《中国交通报》2012年7月23日,第006版。
③ 张喜刚、刘高等:《中国桥梁技术的现状与展望》,《中国公路》2017年第5期。
④ 韩松:《力学与材料学推动下的桥梁发展》,《知识就是力量》2018年第9期。

路段高速公路的建设将由 Adhi Karya 公司和中国路桥集团公司共同拓展。凭借中国提供的融资，Cisumdawu 高速公路工程将能更快通车。2018 年，中国政府将投资 1.2 千万印尼卢比在印尼北加省兴建月亮桥，为落实建设全长 5.6 公里的桥梁，北加省政府在附近兴建道路作为辅助基础设施。除了现有的泗水—马都拉（Suramadu）桥，月亮桥将成为印尼最长的桥梁，该桥建成后，货物从 Tarakan 岛作为过境区，能顺利运到 Bulungan 县、Malinau 县以及 TanaTidung 县。

三 印尼铁路交通发展情况分析

（一）印尼铁路建设现状

2008~2014 年，印尼铁路密度基本保持在 0.027 公里/平方千米左右，截至 2016 年，印尼全国铁路总长 6458 公里，其中窄轨铁路占比 80.5%，达 5196 公里；电轨铁路占比 6.2%，达 500 公里。苏门答腊岛和爪哇岛在铁路运输方面相对印尼其他岛屿更为发达，其中爪哇岛的铁路总长大约占印尼全国铁路总长的 73.6%，为 4684 公里[①]。根据《2015~2019 年印尼发展规划》，印尼政府将新建 3258 公里的铁路网，其中将在爪哇岛新开设连接南北的铁路线并建立南部铁路，同时积极发展双向铁轨，对铁路运输的调研和准备工作已在加里曼丹等地区陆续开展。另外，在泗水、万鸦老、锡江以及雅加达等地区的城市轨道交通建设也纳入规划中。

目前，印尼正积极建设新的铁路线路。2017 年 11 月 19 日，政府拟新建 Rangkasbitung 至孔雀港（Merak）双轨化铁路。目前，由国营印尼铁路营运公司（PT. KAI）承建的 Maja 至 Rangkasbitung 双轨铁路线正在建设中，总长 40 公里。KAI 公司将延长从 Rangkasbitung 至西岭和孔雀港的双

---

① 黄文：《我国钢铁企业介入印度尼西亚市场的初步探讨（一）》，《冶金管理》2015 年第 9 期。

轨铁路，以及把万丹省的 Rangkasbitung、Pandeglang-Labuan-Tanjung Lesung-Bayah-Anyer 铁路重新开通启用，来推动万丹省落后地区的经济发展。位于苏北省 Batubara 县从 Bandartinggi 至瓜拉丹绒港的铁路全长 21.5 公里，于 2018 年 3 月开通运营。另外，KAI 还准备在 Bandartinggi 至瓜拉丹绒港的铁路线上开通货运列车，从 Sei Mangkei 经济特区把货物运到勿老湾港，一周有两至三次列车往返，每月货物运输量将达到 200～400 标准箱。

（二）印尼铁路运输现状

印尼铁路的经营者为国家铁道公司（PT Kereta Api Indonesia，简称 PT KAI），其在 2007 年以前一直处于行业垄断者地位。2007 年第 23 号法律规定，铁路路轨仍然归国家所有，但国家和私用公司有权付费使用铁路线路。PT KAI 的子公司 PT KAI Commuter Jabodetabek 负责雅加达地区铁路运输线路的运营，大约 90% 的工业制成品和煤炭等自然资源通过爪哇岛和苏门答腊岛的铁路进行运输。目前，只有这两个岛屿拥有客货两用铁运路线，交通运输部已计划开发覆盖加里曼丹和苏拉威西的铁运线路。

1. 客运铁路

2010～2017 年，客运铁路运输量逐年增加。2010 年，爪哇岛的客运量为 1.98 亿人次，苏门答腊岛的客运量为 524.2 万人次，总计 2.03 亿人次。2017 年，爪哇岛的客运量达 3.86 亿人次，苏门答腊岛的客运量达 690.7 万人次，总计 3.93 亿人次。相比于 2010 年，爪哇岛的客运量增长 94.9%，而苏门答腊岛的客运量增长 31.8%，总计增长 93.6%。

2. 货运铁路

2010～2017 年，货运铁路运输量同样逐年增加。2010 年，爪哇岛的货运量为 385.9 万吨，苏门答腊岛的货运量为 1525.5 万吨，总计 1909.4 万吨。2017 年，爪哇岛的货运量达 1244 万吨，苏门答腊岛的货运量达 3093.1 万吨，总计 4337.1 万吨。相比于 2010 年，爪哇岛的货运量增长 222.4%，苏门答腊岛的货运量增长 102.6%，总计增长 127.1%。根据印尼 2017 年

GDP 5.0%的增速，预测印尼铁路货运量在2018年将达4580万吨，占全国总货运量的2.79%。

（三）印尼铁路产业机会

1. 印尼铁路政策规划

在铁路建设方面，佐科政府计划建造1250公里连接现有两条线路的泛苏门答腊铁路。全长1513公里的泛苏拉威西铁路于2015年开工，全长2438公里的泛加里曼丹铁路和全长1550公里的巴布亚铁路于2017年动工[1]。其中，雅加达—万隆高铁项目位于印尼人口最稠密、大城市最密集的爪哇岛，铁路将把印尼首都雅加达和万隆市连接起来，两城市距离120公里。目前雅万高铁全长150公里左右，未来高铁将进一步延伸至距万隆市570公里的泗水市，贯穿爪哇岛东西。

根据规划，印尼将在2015～2019年的五年内修建3200公里铁路，然而资金问题是印尼政府实现这些规划的最大障碍。以上铁路规划的工程总费用达233万亿印尼卢比（约合1165亿元人民币），仅2016年所需资金便达39万亿印尼卢比，而印尼政府2016年只能提供12.9万亿印尼卢比的资金支持，因此吸引海外投资成为其必然选择。

2. 印尼铁路建设面临征地拆迁难题

征地拆迁是目前印尼铁路建设面临的最大障碍。阻碍印尼土地征用的第一大障碍是地价的快速上涨。随着印尼经济发展，近几年雅加达郊外的工业用地价格涨幅很大，原本预定建设高铁车站的西爪哇省卡拉旺地区地价达到了五年前的4倍。第二大障碍是意见协调变得困难。印尼苏哈托政府此前一直强行推进基础设施建设，自从1998年苏哈托卸任后，实行地方自治，中央政府很难再强行推进开发，结果导致基础设施建设所需土地的征地拆迁工作进展缓慢。2017年，印尼与中国共同推进的高速铁路项目出现停滞，主要是由于地价迅速上涨以及居民的权利意识增强，导致土地征用工作无法推

---

[1] 李克难：《印尼铁路建设浪潮》，《凤凰周刊》2016年6月25日。

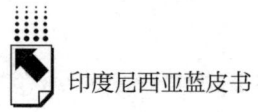

进。2017年11月，印尼交通部铁路事务总署已准备好从茂物至苏加武眉双轨铁路工程的基本设计，但征地工作难以推进，而征地拆迁是由KAI公司负责，KAI公司表示自2017年起至2018年，开始征地拆迁工作以及从Cigombong至Cicurug双轨铁路的部分路线施工，国家预算拨出的资金达1780亿印尼卢比。

3. 中印尼铁路建设合作空间

中国铁路建设一直以提速、扩能和电气化为重点。2007年，中国铁路系统通过六次大提速，系统掌握了既有线路提速至200～250千米/小时的铁路成套技术。2008年，京津城际铁路创造394千米/小时的纪录，并以350千米/小时世界铁路最高运营速度投入运营。2010年，动车组"和谐号"380A最高时速达486.1千米/小时，刷新了世界铁路最高运营速度纪录。2012年，中国铁路列车试验速度达575千米/小时，最高创造出605千米/小时的实验室速度，打破了法国实验列车原有的574.8千米/小时的实验纪录。中国已掌握列车同步操纵、无线数据传输、牵引供电强化技术、车辆重载技术、基础设施强化技术、重载组合列车优化操纵、重载运输强化技术、综合维修技术等，这些成套重载铁路的技术已达到世界先进水平。在高铁技术方面，中国系统掌握了时速200～250千米/小时、300～350千米/小时不同等级的涵盖施工设计、装备配套、系统集成、运营管理等高速铁路技术，并拥有自己一套完整的具有知识产权的高速铁路技术体系[1]。根据国际铁路协会统计，截至2018年，中国高速铁路的总运营里程占全球高速铁路总里程的60%以上，达2.5万公里。目前，中国铁路时速超过200千米/小时的客运里程已超过1.2万公里[2]。

印尼制定了未来五年铁路基础设施建设的宏大计划，中国政府鼓励更多实力强、资质好、信誉优的中国企业赴印尼投资，参与高铁、轻轨的项目建设。中印尼合作的铁路代表之一为印尼雅万高铁。2015年10月，由中国铁

---

[1] 汪在良：《对新建高速铁路接触网施工标准模式的探讨》，《中国标准化》2017年第24期。
[2] 张晓通、陈佳怡：《中国高铁"走出去"：成绩、问题与对策》，《国际经济合作》2014年第11期。

路总公司牵头的中国企业联合体与印尼国有建设公司（WIKA）牵头的印尼国有企业联合体在印尼首都雅加达签署了雅万高铁合资协议①。根据该协议，雅万高铁项目将由中印尼合作建设。印尼雅万高铁将连接印尼首都雅加达和第四大城市万隆，该线路总长约150公里，采用中国技术、中国标准和中国装备，设计时速为250~300公里/小时②。

四 印尼海运发展情况分析

（一）印尼海港建设现状

发展海运对于提高印尼这样的群岛国家的经济竞争力来说非常关键。印尼全国水运航道达21579公里，其中苏门答腊水运航道占25.4%，达5471公里；爪哇马都拉水运航道占3.8%，达820公里；加里曼丹水运航道占48.5%，达10460公里。印尼共有111个商业港口和614个非商业港口，主要国际港口有雅加达的丹戎不碌国际港、三宝垄港、泗水的丹绒佩拉和棉兰的勿拉湾。

印尼全国商业港口是由四家国有企业Pelabuhan Indonesia（Pelindo）Ⅰ、Ⅱ、Ⅲ和Ⅳ分别负责管理。四家国有企业既负责主要港口的运营，也负责对主要商业港口和私人港口进行监管。商业港口有适用各种商品装卸的设施，包括集装箱装卸。非商业港口由交通运输部海运交通局负责，私人港口服务于许多特定行业公司（包括私人的和国有的公司）的各种特殊需求，包括采矿、石油、天然气、渔业、林业等行业的特殊装卸需求，其中一些设施仅适用于单一或一组商品（例如化学品）的进出，吞吐第三方货物的能力有限。

在印尼众多港口中，有25个港口被定位为战略港口③。25个战略港口

---

① 武文卿：《中国和印尼签署雅万高铁合资协议》，《中国招标》2015年第43期。
② 付英梅、谷云龙：《中国高铁"走出去"的决策分析——以雅万高铁为例》，《中国市场》2016年第31期。
③ 一个配备现代化设施的港口，包括用于运输集装箱、大宗货物、一般商品的设施以及客运设施。

分别是司马威港、勿拉湾、德鲁克巴优尔、杜迈、北干巴鲁、巨港、潘姜、丹戎槟榔、巴淡岛、丹戎不碌、丹绒埃马斯、丹戎佩拉、万丹、伯诺阿、古邦、坤甸、马辰、巴厘巴板、三马林达、比通、望加锡、安汶、索龙、查亚普拉和比亚克。在25个港口中，最重要的4个港口分别是勿拉湾、丹戎不碌、丹戎佩拉和望加锡。

2016年，25个战略港口的国内货物卸载量和装载量占全国港口的国内货物卸载量和装载量的比例分别达50.85%和24.23%，相较于2015年，分别下降了0.3个百分比和2.25个百分比；25个战略港口国际货物卸载量和装载量分别占全国港口国际货物卸载量和装载量的67.89%和37.83%，相较于2015年分别上升了4.53个百分比和下降了7.83个百分比。

2018年2月，印尼第三港务公司（Pelindo Ⅲ）在三个港口，即泗水丹绒佩拉（Tanjung Perak）港、巴厘贝诺阿（Benoa）港，以及龙目（Gili Mas Lembar）港开发海事基础设施项目，上述工程投资总额为120万印尼卢比。该工程项目是为了支持Pelindo Ⅲ公司扩张游轮服务而开发的基础设施项目。以上三项工程是Pelindo Ⅲ公司2018年的部分投资计划，Pelindo Ⅲ公司将与荷兰专门从事海洋、港口和海底工程的承包商 Van Oord 公司，以及印尼国营企业 Wika Gedung 和 Pembangunan Perumahan（PP）进行合作。2018年5月万丹省芝勒贡（Cilegon）市 Merak Mas 港开放了进出口通道服务，该港口支持万丹省的许多企业，而巴丁班港口将为勿加西、普哇加达和芝坎佩市提供服务。今后万丹省进出口活动可以不再集中于丹戎不碌港，极大地提高了物流效率。

（二）印尼主要港口货运情况

1. 国内货运发货情况

2011年以来，印尼国内货物装载和卸载均出现先增后减的趋势，2015年基本回到了五年前的水平，2016年有所回升。2012年，国内货物的卸载量和装载量分别为3.3亿吨和3.1亿吨，比2011年分别增长15.3%和30.8%。2013年卸载和装载的国内货物量分别为3.4亿吨和3亿吨，卸载货物的数量较上年增长3%，而装载货物的数量同比减少3.2%。2014年，卸载和装载的国内货运量分别为3.8亿吨和3.3亿吨，比上一年均有所增加。2015年，装载和卸载的国内货运量分别为3.0亿吨和2.9亿吨，分别减少了22.3%和10.5%。2016年，装载和卸载的国内货运量分别为3.2亿吨和3.6亿吨，分别上升了6.7%和24.1%。

印尼主要港口国内货运发货情况如表9所示。2016年，25个战略港口国内货物发货量与2015年相比上升了0.38%。在四个主要港口中，有三个港口的发货量减少，分别是勿拉湾港、丹戎不碌港和望加锡港，分别下降了19.05%、7.30%和26.92%。而丹戎佩拉港发货量增加了54.73%。其他港口的发货量也有所减少，如司马威（-0.39%）、德鲁克巴优尔（-13.65%）、杜迈（-30.48%）、北干巴鲁（-19.03%）、巨港（-10.28%）、丹戎槟榔（-4.05%）、丹绒埃马斯（-51.46%）、古邦（-19.21%）、巴厘巴板（-3.87%）、比通（-16.59%）、索龙（-21.03%）、比亚克（-7.38%）。除了丹戎佩拉港的发货量增加外，货运增加的还有潘姜（21.34%）、巴淡岛（7.42%）、万丹（24.40%）、伯诺阿（34.62%）、坤甸（70.61%）、马辰（30.00%）、三马林达（15.95%）、安汶（38.08%）以及查亚普拉（15.50%）。

表9 25个战略港口国内货运发货情况（2016年）

单位：千吨，%

省份	港口	装货		增长
		2015年	2016年	
亚齐	司马威	259	258	-0.39
北苏门答腊	勿拉湾	231	187	-19.05
西苏门答腊	德鲁克巴优尔	4571	3947	-13.65
廖内	杜迈	9348	6499	-30.48
	北干巴鲁	967	783	-19.03
南苏门答腊	巨港	3026	2715	-10.28
楠榜	潘姜	9551	11589	21.34
廖内群岛	丹戎槟榔	74	71	-4.05
	巴淡岛	1428	1534	7.42
DKI雅加达	丹戎不碌	14553	13491	-7.30

续表

省份	港口	装货 2015年	装货 2016年	增长
中爪哇	丹绒埃马斯	274	133	-51.46
东爪哇	丹戎佩拉	3649	5646	54.73
万丹	万丹	6447	8020	24.40
巴厘岛	伯诺阿	26	35	34.62
东努沙登加拉	古邦	302	244	-19.21
西加里曼丹	坤甸	228	389	70.61
南加里曼丹	马辰	4906	6378	30.00
东加里曼丹	巴厘巴板	9827	9447	-3.87
东加里曼丹	三马林达	1066	1083	15.95
北苏拉威西	比通	1856	1548	-16.59
南苏拉威西	望加锡	4639	3390	-26.92
摩鹿加群岛	安汶	260	359	38.08
西巴布亚	索龙	195	154	-21.03
巴布亚	查亚普拉	600	693	15.50
巴布亚	比亚克	149	138	-7.38
25个战略港口合计		78432	78731	0.38
所有港口合计		296169	324845	9.68

资料来源：Port Authority-SLMOPPEL。

2. 国内货运到达情况

印尼主要港口国内货运到达情况如表10所示，印尼的25个战略港口2016年国内货运的卸载量约为18387万吨，与2015年相比上升了12.80%。在4个主要港口中，丹戎不碌港和望加锡港的货物卸载量分别减少了17.42%和10.88%。而勿拉湾港和丹戎佩拉港的货运卸载量分别增加了2.23%和4.87%。其他货物卸载量增加的港口有：司马威（11.07%）、德鲁克巴优尔（6.42%）、巨港（4.12%）、巴淡岛（6.25%）、马辰（39.73%）、巴厘巴板（47.04%）、比通（20.72%）、安汶（1.04%）、索龙（20.97%）、查亚普拉（23.50%）以及比亚克（25.15%）。总体来说，2016年超过一半的港口货物卸载总量对比2015年有所增加。

表10 25个战略港口国内货运到达情况（2016年）

单位：千吨，%

省份	港口	卸货 2015年	卸货 2016年	增加值
亚齐	司马威	786	873	11.07
北苏门答腊	勿拉湾	3712	3795	2.23
西苏门答腊	德鲁克巴优尔	4047	4307	6.42
廖内	杜迈	3118	3033	-2.73
	北干巴鲁	487	329	-32.44
南苏门答腊	巨港	1117	1163	4.12
楠榜	潘姜	2720	2523	-7.24
廖内群岛	丹戎槟榔	672	553	-17.71
	巴淡岛	5075	5392	6.25
DKI雅加达	丹戎不碌	14688	12129	-17.42
中爪哇	丹绒埃马斯	3377	3079	-8.82
东爪哇	丹戎佩拉	4808	5042	4.87
万丹	万丹	30971	29538	-4.63
巴厘岛	伯诺阿	1052	910	-13.50
东努沙登加拉	古邦	450	437	-2.90
西加里曼丹	坤甸	918	913	-0.54
南加里曼丹	马辰	54811	76589	39.73
东加里曼丹	巴厘巴板	5895	8668	47.04
	三马林达	5977	4436	-25.78
北苏拉威西	比通	7954	9602	20.72
南苏拉威西	望加锡	5541	4938	-10.88
摩鹿加群岛	安汶	1539	1555	1.04
西巴布亚	索龙	434	525	20.97
巴布亚	查亚普拉	2536	3132	23.50
	比亚克	326	408	25.15
25个战略港口合计		163011	183869	12.8
所有港口合计		318681	361606	13.47

资料来源：Port Authority-SLMOPPEL。

3. 国际货运发货情况

印尼港口国际货运整体上发货量明显回落，但到港货物量基本稳定。印尼港口国际货运量相差较大，其中装载量远大于卸载量，意味着货物出口数量较多而进口数量相对较少。2011年货物卸载量和装载量分别为0.79亿吨和3.8亿吨，2012年的货物卸载量减少11.7%，而装载量增加29.6%。2013年装载和卸载的国际货物均有所增加。2014年，货物卸载量增加12.4%，装载量却有所减少，减少18.3%。与2014年卸载和装载的国际货运量1亿吨和4.2吨相比，2015年国际货物卸载和装载数量（0.99亿吨和3.4亿吨）都有所减少，分别减少1.7%和18.5%。2016年国际货物卸载和装载数量分别为0.92亿吨和3.1亿吨。分别减少了8.6%和5.7%。总体来说，2011~2016年，国际货物的卸载量和装载量都是先增加后减少，2016年，国际货物的装载量回落到2011年水平以下。

印尼主要港口国际货运发货情况如表11所示，印尼的25个主要港口2016年的国际货物装载量为11845.9万吨，占印尼所有港口国际货物装载总量的37.83%，与2015年相比减少了7.38%。其中3个主要港口的国际货物发货量较2015年都有所减少，分别为勿拉湾（-3.8%）、丹戎佩拉（-2.1%）以及望加锡（-38.8%）。与2015年相比，其他的战略港口除了杜迈、丹戎槟榔、万丹的发货量有所增加外（增加量分别为20.9%、2.5%和20.7%），其他港口的国际货物发货量都有所减少。

表11　25个战略港口国际货运发货情况（2016年）

单位：千吨，%

省份	港口	装货		增加值
		2015年	2016年	
亚齐	司马威	911	729	-19.98
北苏门答腊	勿拉湾	3403	3275	-3.8
西苏门答腊	德鲁克巴优尔	3118	3015	-3.30
廖内	杜迈	9113	11022	20.9
	北干巴鲁	574	366	-36.24
南苏门答腊	巨港	1686	1337	-20.70
楠榜	潘姜	7752	5128	-33.85
廖内群岛	丹戎槟榔	3186	3265	2.5
	巴淡岛	37	29	-21.62

续表

省份	港口	装货 2015年	装货 2016年	增加值
DKI 雅加达	丹戎不碌	3364	4561	35.58
中爪哇	丹绒埃马斯	145	137	-5.52
东爪哇	丹戎佩拉	480	470	-2.1
万丹	万丹	2022	2411	20.7
巴厘岛	伯诺阿	3	1	-66.67
东努沙登加拉	古邦	1034	800	-22.63
西加里曼丹	坤甸	90	62	-31.11
南加里曼丹	马辰	62129	51455	-17.18
东加里曼丹	巴厘巴板	16160	12862	-20.41
东加里曼丹	三马林达	38875	16936	-56.43
北苏拉威西	比通	271	246	-9.23
南苏拉威西	望加锡	575	352	-38.8
摩鹿加群岛	安汶	0	0	0
西巴布亚	索龙	0	0	0
巴布亚	查亚普拉	0	0	0
巴布亚	比亚克	0	0	0
25个战略港口合计		154928	118459	-23.5
所有港口合计		342659	313175	-8.60

资料来源：Port Authority-SLMOPPEL。

4. 国际货运到达情况

印尼主要港口国际货运到达情况如表12所示，印尼的25个战略港口，2016年的国际货物卸载量为6757.3万吨，占印尼所有港口国际货物卸载量的72.71%，与2015年相比，集中度上升了6.52%。

2016年，勿拉湾港、丹戎不碌港和丹戎佩拉港货物卸载量分别增加了1.84%、4.33%和4.34%，其他港口2016年的国际货物卸载量均有所下降，包括4个主要港口中的望加锡（-8.24%），司马威（-5.56%）、德鲁克巴优尔（-30.42%）、杜迈（-27.54%）、巨港（-2.78%）、潘姜（-8.36%）、丹戎槟榔（-8.52%）、巴淡岛（-4.17%）、万丹（-9.80%）、伯诺阿（-24.39%）、古邦（-54.66%）、坤甸（-22.22%）、马辰（-45.61%）。

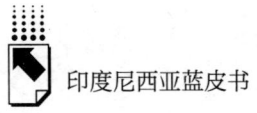

表12 25个战略港口国际货运到达情况（2016年）

单位：千吨，%

省份	港口	卸货		增加值
		2015年	2016年	
亚齐	司马威	18	17	-5.56
北苏门答腊	勿拉湾	2389	2433	1.84
西苏门答腊	德鲁克巴优尔	664	462	-30.42
廖内	杜迈	414	300	-27.54
	北干巴鲁	218	336	54.13
南苏门答腊	巨港	612	595	-2.78
楠榜	潘姜	3384	3101	-8.36
廖内群岛	丹戎槟榔	2464	2254	-8.52
	巴淡岛	24	23	-4.17
DKI雅加达	丹戎不碌	16359	17067	4.33
中爪哇	丹绒埃马斯	1429	1898	32.82
东爪哇	丹戎佩拉	7773	8110	4.34
万丹	万丹	20266	18279	-9.80
巴厘岛	伯诺阿	41	31	-24.39
东努沙登加拉	古邦	10954	4967	-54.66
西加里曼丹	坤甸	9	7	-22.22
南加里曼丹	马辰	114	62	-45.61
东加里曼丹	巴厘巴板	3609	6173	71.04
	三马林达	33	48	45.45
北苏拉威西	比通	67	71	5.97
南苏拉威西	望加锡	1445	1326	-8.24
摩鹿加群岛	安汶	0	0	0
西巴布亚	索龙	0	6	—
巴布亚	查亚普拉	0	0	0
	比亚克	1	7	600
25个战略港口合计		72287	67573	1.08
所有港口合计		98527	92941	-5.67

资料来源：Port Authority-SLMOPPEL。

（三）造船业情况

近年来，印尼经济增长，拉动了国内农产品、金属矿、油气、煤炭等资源产品在岛屿间运输和外运的需求，为印尼航运业带来了发展机遇。2005～2017年，印尼内海航运船只数量从6041艘增加到13000艘，增长了115.2%，大多数本土航运企业将继续添置新船扩大业务。同时，由于印尼40%以上的船舶船龄超过30年，较为陈旧，因此船舶更新有着巨大的潜在需求。印尼在购置船只方面的投入资金也在不断增加，2005～2014年，印尼船只购置投入费用约为140亿美元。据印尼工业部预计，2015～2025年，印尼对各类船舶的需求量将达4000艘。

据印尼造船协会统计，目前印尼国内共有大小船厂（含修船厂）约250家，主要分布在廖内群岛的巴淡地区，楠榜省的坦哥目斯县，东爪哇省的泗水市、南望安县以及雅加达省等地，这些船厂大多只能修理或建造500～1000吨级的货轮，只有少数船厂可以修理或建造1000～5000吨的货轮，而有能力修理5000～10000吨以上货轮的船舶修理厂不到20家，造船厂不足10家，仅有1家国有造船厂（PT.PAL）具备建造5万吨级船舶的能力，修理能力最大为15万吨载重船只。目前印尼造船厂的产能较小，印尼造船厂极限生产能力为每年2100吨，而装配能力每年为1680吨。2017年2月，印尼交通部减少了订购国内轮船，这使得国内造船工业的产能利用率进一步下降，从60%～70%降至2018年30%～40%。之前业界预期可从政府获得大量订单，已投资200万～300万印尼卢比，该措施将使印尼国内造船业蒙受损失。2017年10月，国营造船厂与北塔米纳公司合作推进有关北塔米纳公司的造船工程。北塔米纳公司计划制造的油轮（tanker）载重量（dwt）为6500～50000吨，之前，国营造船厂已拥有6500吨、17000吨和30000吨的造船能力和经验。

（四）主要航运企业概况

PT Berlian LAJU 油轮公司、PT Pelni 公司和 Samudera 公司是印度尼西亚的三大国有航运企业。其中 PT Berlian LAJU 油轮公司主营业务为液体散货的海上运输。PT Pelni 公司主要提供海上运输服务，包括客运服务和岛内货运，业务范围不仅限于为商业航线服务，还为外岛航线提供航行服务。

Samudera 公司在东南亚、印度次大陆和远东地区从事集装箱货物、气体、液体和散装货物运输，该公司以新加坡枢纽港区为中心辐射到周边区域，在印尼、柬埔寨、中国、泰国、越南、马来西亚、缅甸、印度、斯里兰卡、孟加拉国和巴基斯坦等国主要城市设有代表处和代理机构。

表13 印尼主要航运企业核心竞争力指标

单位：千美元，%

公司名	总资产	营业收入	总负债	税前利润	利润率	收入增长率	资产负债率	资产收益率
PT Pelni	2952846	1519594	1946266	229785	28.3	1.31	65.9	4.72
Samudera Indonesia	588787	430755	282804	64890	15.1	1.06	48.0	1.96
PTBerlian LAJU	79101	25247	49544	2947	11.7	1.25	62.6	-13.7

资料来源：BVD。
数据年份：2017年。

（五）代表性上市公司分析：PT Pelni

PT Pelni 是印尼的国家航运公司，其服务网络遍布印尼群岛，是城市与偏远岛屿之间的主要交通渠道，在印尼交通系统中扮演着重要角色。自从20世纪60年代以来，世界上大多数有名的客船公司都停止了低价客运服务，而 PT Pelni 是少数保留经济舱长途客船的企业之一。PT Pelni 的经营对政府资助的航线补贴依赖较大。2018年1月，PT Pelni 通过旗下公司 Sarana Bandar Nasional 扩展物流业务。2017年 PT Pelni 盈余达450亿印尼卢比，比2016年提高了400亿印尼卢比。2018年3月，PT Pelni 与印尼鹰航在雅加达签署两家公司建立货运服务合作协议。该协议是 PT Pelni 扩张货物服务的一部分，公司制定了2018年货物业务总收入2.483亿美元的目标。2017年，PT Pelni 的营业收入为3.26亿美元，比2016年增长3.77%，2017年的净收益为5476万美元，比起2016年的净收益5895万美元减少7.65%。

表 14　PT Pelni 主要竞争力指标

单位：%

指标	2013 年	2014 年	2015 年	2016 年	2017 年
利润率	-2.25	9.44	17.01	23.21	20.33
收入增长率	-8.37	19.08	29.74	10.42	3.77
资产增长率	-6.85	-0.41	10.44	5.40	3.56
负债增长率	26.86	-4.11	-3.50	-37.95	-2.60
资产负债率	24.31	23.41	20.45	12.04	11.32
资产收益率	-1.1	4.8	9.5	12.9	11.5

资料来源：PT Pelni 2017 FINAL。

（六）印尼海运业产业机会

1. 政府推动海上捷运计划（"海上高速公路计划"）

改善基础设施、发展海陆互联互通是本届印尼政府经济发展的基本方针，其中海陆互联互通建设是重点。印尼政府实施"海上高速公路"计划，重点是兴建各岛屿港口，通过船只运输形成海上交通网络，使印尼成为全球海上交通运输枢纽，并与陆上铁路、公路等相连，进而带动国内区域经济平衡发展。该计划涵盖 9 个部分：①在一些中等发达地区建设一批短程运输码头并配置穿梭船只；②建购 83 艘万吨货轮、26 艘中型货轮和 500 艘客轮；③配备若干水警船和巡逻艇；④在一些商业港口建立散装货运设施；⑤在各岛屿建设 1481 个非商业港口；⑥在一些岛屿建设 83 个中型商业港口；⑦至 2019 年，在经济发达或策略地区建设和振兴 24 个海港，其中优先振兴勿拉湾、丹戎不碌、丹戎佩拉、潘江和索龙这五大港口；⑧在主要港口之间或沿海地区建设公路和铁路；⑨更新现有船坞和造船厂，新建 12 个船坞和造船厂。

上述规划中的港口建设资金约需 244 万亿印尼卢比。2015~2019 年，印尼政府将总计投资 699 万亿印尼卢比（约合 574 亿美元）实施"海上高速公路"建设规划。在这项庞大的投资计划中，40.6 万亿印尼卢比用于大宗和散装货物设施建设，7.5 万亿印尼卢比用于近海运输，101.7 万亿印尼卢比用于购买船舶。由于财政收入有限，印尼每年可用于基础设施建设的政府预算仅为 175 亿美元左右。为寻求更多融资支持，佐科政府已就海洋基础设施建设事宜同中国、欧盟和美国的投资者进行了协商，中国为发展地区基础设施建设设立的丝路基金和亚洲基础设施投资银行等，可为佐科发展海洋经济、建设海洋大国战略构想提供融资支持。印尼计划向亚投行申请贷款 380 亿美元。亚投行投入方向与印尼新政府加强基础设施建设、促进互联互通的发展战略十分契合，也将促进整个亚洲地区基础设施建设和经济发展[①]。

2017 年 1 月，为支持与发展海上捷运计划，印尼交通部设立"我们的家"物流中心，以保证物流配送顺畅。有了"我们的家"物流中心，船只返回期间，货物仍能受到监控。另外，"我们的家"也可收集货物供返回的船只运输。比如在敦埠（Dumpu），可收集玉米；在古邦，可收集一些海产，这些货物都可作为返回船只的运输货物。2017 年，政府在原有的 6 条海上捷运航线基础上，增加 7 条新航线，使总数达到 13 条，新的航线将使点对点的运输时间缩短，这 7 条新航线分别是（Tanjung Priok-Enggano-Mentawai-PulauNias-Sinabang 与 Pulau Nias-Mentawai-Enggano-Tanjung Priok）等。2018 年，印尼政府将在海上捷运计划中新增两条航线，交通运输部在 2018 年预算中为此项计划专门拨付了 4470 亿印尼卢比（约 3310 万美元）。

现阶段，海上捷运计划施行较为顺利，从货运落实和法律条规各方面也在不断完善。但施行海上捷运计划仍有许多困难，比如船舶载重量仍然达不到最大运力，特别是从印尼东部地区往返印尼西部地区的货载量较少。2017 年 11 月，印尼零售商开始参与海上高速公路计划，以提高货载率。2018 年 4 月，印尼政府通过招标运营商方式以谋求进一步提高港口运输效率。

2. 海运基础设施建设和造船能力相对落后

印尼港口管理效率相对较低，设备比较简陋，在一定程度上影响了印尼

---

① 吴崇伯：《印尼新总统佐科的海洋强国梦及其海洋经济发展战略试析》，《南洋问题研究》2015 年 12 月 30 日。

海运发展和竞争力提升。《2017~2018年全球竞争力报告》（GCR）显示，印尼港口基础设施的质量在被调查的140个国家中排名第72位。同时，印尼国内船企普遍存在技术人员缺乏、运作效率低下、设备落后等问题，进而导致其造船业的竞争力较低。截至2017年，在印尼200多家船厂中，只有个别船厂能建造50000载重吨位的船舶，建造周期平均为18个月，远远超过国际一般周期。印尼船厂最集中的巴淡岛除了新加坡背景的船东在造一些海工船之外，基本没有在建的散货船。

由于印尼国内缺乏完整的零部件及原材料产业链，导致印尼钢铁工业较弱，造船成本高。业界人士反映，印尼国内造船成本为进口船只的两倍，订单主要来自印尼国有企业尤其是国家石油公司。此外，印尼造船业投资还面临以下困难：一是集资成本高。印尼银行业利率高，政府没有信贷倾斜政策，而造船业投资周期长、风险较高，因此很多银行都不愿意向造船业提供融资；二是税收问题。印尼对国内造船业征17.5%的税收；除此之外对进口造船原材料及零部件还征收15%的税收。虽然印尼政府有针对国内不能生产的船只部件的优惠政策，但由于申请程序复杂，实际利用率只有20%左右；三是土地问题。印尼大部分土地归居民私有，在印尼国内投资造船厂征地困难且费用高昂。目前大型船厂的土地都是租用国有港口公司掌控的土地，费用较高且扩展难度较大①。以上因素导致了印尼造船业发展较为缓慢。

3. 中印尼海运业合作

印尼船企技术能力的落后现状使得它们迫切希望与外国先进船企合作，以提高技术水平和生产效率。与此同时，印尼政府也希望吸引外国企业在印尼进行造船业投资，印尼财政也给予上下游造船企业相关支持。中国船企的相对技术优势，使得中印尼在海运合作方面潜力巨大。

目前，中国已在海运领域取得了骄人成就。在"十三五"期间，中国水路货物运输量和港口吞吐量连续多年稳居世界第一，造船工业综合实力保

---

① 安邦咨询：《印尼大力发展造船业为中国企业提供新机遇》，《时代金融》2015年第7期。

持世界领先。在基础设施方面,中国新增万吨级以上生产性泊位达 549 个,新增通过能力达 23.2 亿吨,沿海基础设施建设投资达 4800 多亿元①。截至 2016 年末,中国海运船队运力规模位居世界第三位,达 1.6 亿载重吨。运输船舶运力规模的快速增长促使老旧运输船舶和单壳油轮更新加快。

印尼航运市场蕴含的巨大潜力吸引了众多国外投资者。在中资企业中,中国船级社(CCS)于 2017 年在印尼正式设立代表处并聘用本地验船师,做好在印尼当地的检验服务。深圳市粤航进出口有限公司在印尼代表处基础上,已正式注册了印尼有限公司(PT),并持续增加在印尼的船用备件库存。2016 年,土耳其发电船制造商 Kar Powership 公司与印尼国营造船厂 PT PAL 公司合作,将在未来 5~7 年建造大约 80 艘发电船,总装机容量达 5000 兆瓦;发电船将在泗水 PAL 造船厂建造,PT PAL 将负责设计、采购、施工、运输、安装、试验以及维修工作。

五 印尼航空业发展情况分析

(一)印尼航空运输业现状

印尼航空市场主要集中在国内,占行业总量的 76.4%,国际市场仅占 23.6%。国内航空客运营业额在过去五年中增长率均为两位数(见表 15)。目前印尼国内有 61 家商业航空公司,在飞机订单和营业规模方面,印尼航空业发展增速世界排名第二,仅次于中国。自 2000 年印尼政府放松航空业管制后,印尼航空在客运量、货运量、航空公司、机队、航班和机场等方面均有显著增长。客运量从 1990 年的 900 万人次增加到 2016 年的 9000 多万人次,2017 年航空货运量占全国货运总量比例为 0.04%,根据印尼 2017 年 GDP 5.0% 的增速,预测 2018 年印尼航空货运量将达 53.5 万吨。而机队则由 1990 年的 102 架增长至 2016 年 1191 架,增长超过 10 倍。1191 架中 75%

---

① 刘志强:《扬帆海上丝路 共筑蓝色梦想》,《人民日报》2016 年 7 月 12 日。

为商用飞机，商用飞机中大型飞机有573架，小型飞机330架（见表16）。

2018年2月，狮航集团引进36架飞机，其中ATR-72-600型飞机20架、空客A320CEO型飞机8架、波音737 MAX8型飞机4架，以及波音737 MAX9型飞机4架。4架波音737 MAX9型飞机将全部在泰国服役，以大力拓展泰国市场。除了这4架飞机之外，狮航集团计划2019年引进空客、波音和ATR系列共计36架飞机。

表15　印尼航空业营业额增长情况

年份	营业额（百万美元）	增长率（%）
2011	4954.8	
2012	6598.7	33.20
2013	6365.8	-3.50
2014	6620.4	4.00
2015	7964.9	20.30
2016	8968.5	12.5
2011~2016年复合年增长率		12.60

资料来源：Marketline。

表16　印尼民航飞机数量

单位：架

年份	AOC 121注册类	OC 135注册类	OC 91,AOC 137,PSC 141注册类	合计
2012	478	276	196	950
2013	514	304	243	1061
2014	527	293	247	1067
2015	562	325	270	1157
2016	573	330	288	1191

资料来源：Directorate General of Civil Aviation, Ministry of Transportation。

在国内航运业务领域，2016年，国内航班抵港数量约为89万架次，旅客约870万人，货物总量约44万吨，行李总量约73万吨，邮件包裹约3000吨。与上年相比，国内航班到达量增长12.9%，旅客人数增长15.4%，行李总量增长29.3%，货物和邮件包裹卸载量分别减少10.2%和26.5%（见

表17）。2016年，国内航班起飞89.65万架次，发送旅客833.6万人，运送货物53.46万吨，行李71.27万吨，邮件包裹4274吨。与上年相比，航班起飞量增长13.37%，从79.08万架增加到89.65万架，发送旅客量增长14.86%，行李运送量和邮件包裹运输量分别增长21.98%和45.13%，而货物运送量减少10.59%（见表18）。

表17 印尼国内航运抵港情况

年份	飞机数量（架次）	乘客数量（人）	货物（吨）	行李（吨）	邮寄包裹（吨）
2012	719030	69494439	462725	532075	8515
2013	800193	77568403	469149	613197	9039
2014	769762	73889533	392566	565883	4131
2015	791783	75593248	496300	568726	4575
2016	894104	87208889	445440	735193	3364

资料来源：Report of Airports-Document III/1。

表18 印尼国内航运离港情况

年份	飞机数量（架次）	乘客数量（人）	货物（吨）	行李（吨）	邮寄包裹（吨）
2012	717435	70682216	520561	564815	9524
2013	796788	73594917	525412	610344	7237
2014	768658	71625696	542927	554271	3019
2015	790779	72563813	597939	584304	2945
2016	896489	83349974	534594	712731	4274

资料来源：Report of Airports-Document III/1。

在国际航空业务领域中，2016年国际航班到达量为9.92万架次，旅客1446.24万人，货物总量为18.8万吨，行李总量为17.73万吨，邮件包裹为927吨。与上年相比，航班到达量架次增长3.73%，旅客人数上升9.76%，行李和包裹卸载量分别上升5.08%和27.86%，货物增长1.82%（见表19）。2016年，国际航班起飞9.91万架次，发送旅客1480.10万人，运送货物20.54万吨，行李15.90万吨，邮件包裹2173吨。与上年相比，航班起飞量增长3.56%，发送旅客和装货量分别上升了8.63%和4.66%，行李和邮件包裹运送量分别增长9.11%和82%（见表20）。

表19 印尼国际航运抵港情况

年份	飞机数量(架次)	乘客数量(人)	货物(吨)	行李(吨)	邮寄包裹(吨)
2012	85179	11808006	196289	160551	2828
2013	89478	13136131	190952	172484	2461
2014	107353	13245568	182545	173287	1923
2015	95623	13175804	185426	168707	725
2016	99189	14462373	188804	177273	927

资料来源：Report of Airports-Document Ⅲ/1。

表20 印尼国际航运离港情况

年份	飞机数量(架次)	乘客数量(人)	货物(吨)	行李(吨)	邮寄包裹(吨)
2012	84962	11749073	195181	128986	953
2013	89375	13221004	210733	137140	641
2014	106827	13694482	206707	142838	955
2015	95647	13625109	196275	145737	1194
2016	99054	14801001	205419	159015	2173

资料来源：Report of Airports-Document Ⅲ/1。

印尼现有178个机场，其中国际机场28个，国内机场150个。苏加诺—哈达国际机场（Soekarno-Hatta International Airport）的飞机起降频率高达到每小时72架次，即每天1200~1700架次，远远高于东南亚地区的平均水平，相比之下，吉隆坡国际机场（Kuala Lumpur）、新加坡樟宜机场（Changi）和泰国曼谷机场（Suvarnabhumi）的起降频率每天仅为971架次、948架次和868架次。

为促进当地经济发展，印尼政府拟扩建、新建一批机场，并提高现有机场现代化水平，努力改善全国特别是偏远地区的航空基础设施。

表21 印尼主要机场发送航班情况

单位：架次，%

起飞机场	目的地					
	国内			国际		
	2015年	2016年	增长率	2015年	2016年	增长率
棉兰瓜拉纳姆	25554	28706	12.33	7130	6725	-5.68
苏加诺—哈达	148782	161440	8.51	42400	43124	1.71
朱安达	61499	68010	10.59	6089	6127	0.62

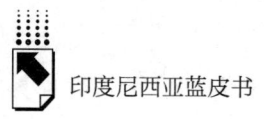

续表

起飞机场	目的地					
	国内			国际		
	2015年	2016年	增长率	2015年	2016年	增长率
哈桑丁	43811	49767	13.59	487	548	12.53
巴厘岛努拉雷	36917	40155	8.77	25878	29008	12.10
其他	474216	548411	15.65	13663	13522	-1.03
合计	790779	896489	13.37	95647	99054	3.56

资料来源：Report of Airports-Document Ⅲ/1。

（二）印尼航空制造与维修业现状

近年来，印尼飞机整机制造与零部件制造开始发展。2018年2月，印尼国内Regio Aviasi Industri（RAI）公司开始研发R-80型涡桨飞机的组件，R-80型飞机可搭载80名乘客。目前，RAI公司正进行第二阶段的工作，按照计划，R-80飞机的全面发展将于2025年完成，2022年进行首次试飞。R-80型飞机适合在国内岛际航班，能够在基础设施较差、短跑道的机场降落。

印尼有巨大的航空维修市场。2016年印尼飞机维修行业（MRO）达到9.2亿美元。2016年10月，鹰航维修公司（GMF）AeroAsia正式与鸽航维修公司（MMF）合作，以扩大印尼东部地区的飞机维修业务。印尼本土企业对国内飞机维修市场的占有率只有30%~40%。这项联合将有助于两家公司争取更大市场份额。2017年10月，商用飞机制造商空客（Airbus）计划与印尼航天工业公司（PT DI）合作，在印尼国内设立飞机维修企业，为空客一些型号飞机或空客认证的飞机，如CN295多用途飞机、CN235运输机或A400M军用运输机提供维修服务。

（三）印尼主要航空企业概况

印尼现有102家航空公司，其中，印尼狮航（Lion Air）是国内最大的客运航空公司，总部位于首都雅加达，同时，它还是东南亚第二大低成本航空公司，仅次于亚洲航空。截至2015年，公司拥有航线183条，目的地79个，其中，国内航线遍布印尼各个角落。2015年共运送国内旅客2648万人次，占全国国内航班客运量的35%。印尼鹰航（Garuda Indonesia）是印尼第二大航空公司，2015年共运送国内旅客1996万人次，约占国内航班客运量的26%。Angkasa Pura公司是印尼运输部所属的机场管理企业。印尼亚洲航空（PT Indonesia AirAsia）是一家总部位于印尼坦格朗的低成本航空公司，它是马来西亚低价航空公司亚洲航空在印尼的联营公司，其主要基地是雅加达的苏加诺—哈达国际机场。

表22　印尼主要航空企业核心竞争力指标

单位：千美元，%

公司名	总资产	营业收入	总负债	税前利润	利润率	收入增长率	资产负债率	资产收益率
Garuda Indonesia	3763292	4177325	2825822	-158180	-1.82	8.1	75.1	-5.76
Angkasa Pura	1770445	508434	823346	126466	26.2	17.2	46.5	5.67
Indonesia AirAsia	217838	269053	215226	21162	9.9	-1.83	98.8	-17

资料来源：BVD。
数据年份：2017年。

（四）代表性上市公司分析：Angkasa Pura

Angkasa Pura是印尼运输部所属的机场运营主体，具体分为两家公司，即Pt Angkasa Pura I和Pt Angkasa Pura Ⅱ。Angkasa Pura I在雅加达有总部，而Angkasa Pura Ⅱ总部设在Banten Tangerang的SoeKaNo-HaTa国际机场。2017年4月，Angkasa Pura I邀请国内外航空公司开辟往返龙目岛新航线，以吸引更多外国游客到龙目岛旅游。Angkasa Pura Ⅱ则通过增大机场规模来增加公司营收，2017年7月，Angkasa Pura Ⅱ成为西爪国际机场（BIJB）的运营商，按照计划，该公司将增加运营东爪哇Banyuwangi的Blimbingsari机场，Angkasa Pura Ⅱ预期公司2020年获取总收入13万亿印尼卢比。

Angkasa Pura 2017年营业收入为5.08亿美元，与2016年相比上升

17.20%。公司负债逐年增加,致使资产负债率逐年上升,2017年达46.51%(见表23)。

表23 Angkasa Pura 主要竞争力指标

单位:%

财务指标	2013年	2014年	2015年	2016年	2017年
销售净利率	23.58	27.59	24.65	26.87	26.24
营业收入增长率	-0.96	49.60	14.53	16.93	17.20
资产增长率	7.95	21.95	5.66	41.53	5.85
负债增长率	40.85	65.10	7.10	104.97	-0.16
资产负债率	26.57	33.59	34.05	49.31	46.51
资产收益率	5.20	6.28	5.04	4.90	5.67

资料来源:Marketline。

(五)印尼航空业产业机会

1. 印尼航空业发展规划

印尼政府2015~2019年中期发展规划中,五年内印尼将新建15座新机场。随着中产阶层规模迅速增长,航空需求与日俱增,使得印尼亟须新建机场。以雅加达为例,苏加诺—哈达国际机场和哈利姆军用机场已不堪重负,急需第三座机场。根据国际市场调研机构Marketline的预测:到2020年底,印尼国内航线的增长尤为强劲,航空客运量将以8.74%的复合年增长率增至1.435亿人次,航空业的营业额将以15.33%的复合年增长率增长到152.657亿美元。①

印尼国内及国外航空公司也在大力拓展国际航线。例如,印尼鹰航已开通至印度孟买的航线,旅客数在2016年达35万人次左右。鹰航正探讨开通印度其他城市直飞巴厘岛的航线,以扩大公司在南亚地区的覆盖范围。为进军蓬勃发展的中国旅游市场,狮航(Lion Air)2018年的目标是开辟27条印

---

① 莫莉:《印尼航空业发展潜力巨大》,《金融时报》2017年12月6日。

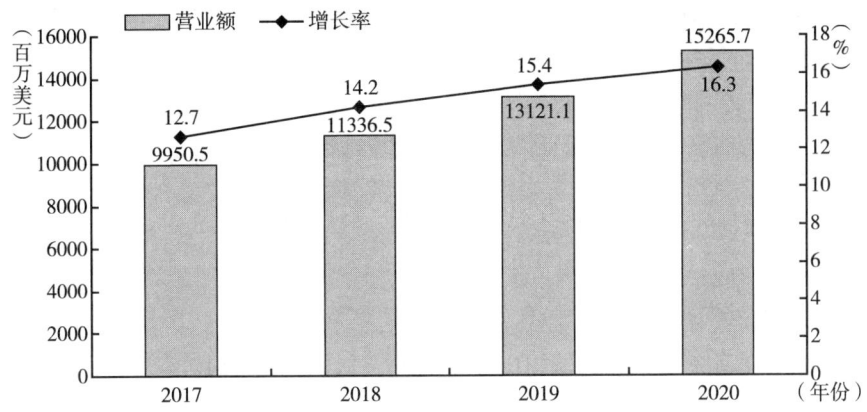

图3 印尼航空市场增长预测

资料来源：Marketline。

尼—中国的新国际航线，运送外国游客目标为250万人次。

印尼尚有很多潜在航线等待开发，特别是爪哇岛（Java）以外的地区，比如加里曼丹岛、苏拉威西岛、马鲁古群岛、巴布亚和努沙登加拉。为推动空中交通运输发展，支持航空公司开发新航线，2018年2月，国营机场运营商Angkasa Pura I向开辟新航线的航空公司提供收费优惠，在半年时间内向在巴厘岛 I Gusti Ngurah Rai 国际机场、泗水 Juanda 国际机场、巴里巴板 SAMS Sepinggan 机场、锡江 Sultan Hasanuddin 机场、日惹 Adisutjipto 机场、万鸦佬 Sam Ratulangi 机场、Lombok Praya 机场、梭罗 Adi Soemarmo 机场以及马辰 Syamsudin Noor 机场开辟新航线的航空公司提供5折登陆费。为提高客运量，2018年AP-I公司已经拨出18.8万亿印尼卢比预算，来发展机场基础设施。

2. 中印尼航空合作空间

近年来，为增加对航空部门的投资，印尼政府取消和优化了一些航空监管规定，这些规定涵盖印尼机场、航空邮件、地面基础设施、航空货运等，以消除双重监管和双重收费现象。此外，政府为支持国内飞机维护、修理和大修（MRO）产业发展，简化了98个许可证，将许可证处理时间缩短了50%。印尼政府自2013年就已经通过一系列政策免除了21种飞机零部件的进口关税。

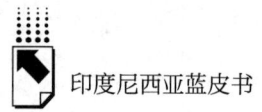

这些政策增加了中国企业对印尼航空投资的便利性。中国相较于印尼拥有相对先进的机场和飞行管理能力，也为中印尼航空合作提供了技术前提。

截至2016年底，中国航空运输规模连续12年位居世界第二位，仅次于美国。近几年来，中国民航积极推动与"一带一路"沿线国家和地区的航空运输互联互通，航空运输保持快速发展。截至2017年6月底，中国颁证运输机场数量达224座，通用机场达到300余座[①]。目前，中国各省市运输机场的服务范围覆盖了全国88.5%的地市、76.5%的县。中国民航运输机场2016年分别完成旅客运输10.16亿人次，货邮运输1510.4万吨。其中有28座机场年旅客吞吐量超过1000万人次，比5年前增加7座；年旅客吞吐量超过3000万人次的机场达到10座，比5年前增加5座[②]。截至2016年底，中国共有定期航班航线3794条，比2012年的2457条增长了54.4%。按不重复距离计算的航线里程为634.8万公里，比2012年增长93.5%。在通航城市方面，2016年底，中国定期航班国内通航城市达214个，相比2012年底增加36个。2016年，中国航空公司国际定期航班通航国家56个，比5年前增长7.7%；国际定期航班通航全世界145个城市，比5年前增长19.8%；此外，民航行业运输飞机期末在册架数2016年底达2950架，比上年底增加300架；取得驾驶执照飞行员5.05万人，比上年底增加4981人。

中—印尼航空基础设施合作有很大市场，2016年7月，中国最大独立飞机出租公司——中国飞机租赁集团控股有限公司拟采购60架国产ARJ21型飞机，以供应印尼市场。此外，中国商飞公司于印尼建立服务网络为ARJ21型飞机提供持续保养服务，富泰协助中国商飞公司向民用航空总局获得有关许可证，并于印尼营运ARJ21型飞机。2016年11月，中国商飞公司与印尼民航局及鹰航维修厂在航空领域开展合作。中印尼合作不仅可以给印尼带来先进的技术与经验，帮助印尼更好更快地建设交通基础设施，还能提升中国企业的对外服务水平，进一步推进中国"一带一路"的建设与发展，达到双赢。

---

① 中国民航杂志社：《中国民航：砥砺奋进的5年》，《今日民航》2017年第5期。
② 王晓：《我国民航业发展现状及前景分析》，《国有资产管理》2010年第1期。

B.9
印尼能源产业及中—印尼能源合作研究

常 亮*

摘　要： 本章从印尼的能源资源现状和开发政策、中印尼能源合作的现状和成效、能源合作面临的机遇和挑战等方面分析了我国和印尼的能源合作问题。研究发现，印尼油气资源潜力巨大，但由于投资不足，探明的可开采储量和实际产能呈下降趋势，石油储产比为9.2，远低于世界储产比50.2；印尼电力供应较为紧张，新能源资源丰富但开发不足。中印尼间能源合作空间较大，但也面临印尼国内"资源民族主义"情绪和其他国家的干扰。报告建议从以下方面加强两国能源合作：（1）优化能源合作的外部环境，包括增强政治互信，构建互利的盈利模式，处理好与区域外其他大国的关系等；（2）完善和拓展能源合作机制，包括努力拓展东亚峰会合作机制下的中印尼能源合作，积极推进中国—东盟合作机制下的能源合作等；（3）提升与东盟开展能源合作的能力，包括建设信息平台、扩大融资渠道、延伸能源合作产业链等；（4）加强中国与东盟在新能源领域的合作，包括建立和完善新能源双轨对话机制，积极寻求印尼新能源商机，加强新能源技术创新和人才培育合作等。

关键词： 能源资源　合作效应实证　合作对策

---

* 常亮，博士，广东外语外贸大学会计学院副教授，印尼研究中心研究员。

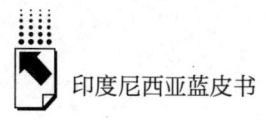

一 引言

中国国内能源需求随着经济高速发展日渐增加，而国内能源生产并不能完全满足国内需求，这就需要我们将目光放在国外来解决中国能源供需矛盾问题。东南亚国家作为"一带一路"建设的重要组成部分，其丰富的油气资源使其在国际能源体系中有着举足轻重的地位。

印尼作为东南亚能源大国，尤其值得我们关注。首先，能源产业作为印尼国民经济的支柱产业，近年来获得巨大发展。印尼有着丰富的能源，例如油气能源、清洁能源（水能、太阳能等）。其次，我国与印尼的能源合作有着良好的基础，我国煤炭进口的最大来源国就是印尼，而且中国能源企业从20年前就开始参与印尼的能源开发，中海油、中石油、中石化等能源企业在印尼的多个油田拥有股权，并涉及下游炼油业务。最后，中印尼之间的能源产业合作对中国有着极强的战略意义，不仅可以弥补目前中国经济发展中出现的能源缺口，还能对我国能源结构进行优化。

2013年，习近平主席提出建设"一带一路"的倡议后，中印尼之间的经贸往来日渐活跃，双方能源合作作为推进"一带一路"建设的重要内容之一，存在较大的合作空间，但也面临着一系列风险和挑战。因此，我国需要明确定位，系统地识别中印尼能源合作领域的机遇和挑战，探讨中国如何结合印尼经济发展需求，寻找与印尼优势相匹配的具体能源合作契合点，构建中国与印尼能源合作的具体机制，进而促进我国经济繁荣和国际竞争力，也为国际经济合作提供新视角和新经验。

二 印尼的能源资源现状和开发政策

（一）印尼能源资源现状

1. 印尼油气资源概况

印尼地处亚欧、印度洋和太平洋三大板块交汇处，沉积盆地面积广阔，具有丰富的油气资源，是东南亚主要的油气资源国。印尼作为唯一的亚洲国家于20世纪60年代加入了石油输出国组织（OPEC），可见其油气资源的重要性。但是从2004年起，印尼由一个石油净出口国转变为石油净进口国。因此，2008年9月，OPEC在奥地利维也纳召开会议，决定于2009年1月1日起停止印尼作为OPEC成员国家的资格。

印尼虽作为能源资源大国，但勘探未能跟上开发。根据英国石油公司（BP）发布的世界能源统计数据显示，2017年全年印尼石油的探明储量为31.7亿桶，储产比为9.2（见表1），而同期世界的储产比为50.2，印尼远远低于世界水平，且相比1990年减少了22.5亿桶，减幅高达43%，居亚洲各国首位。虽然印尼有着丰富的油气资源储藏，但是近年来油气产量逐年下降，其原因是多方面的，主要是因油气田老化和勘探、开采的投资力度减小。根据EIA原油库存数据官网统计，2017年印尼以石油储量32.3亿桶排世界各国石油储量第23位。截至2018年6月，印尼石油平均产量为90.3万桶/天，与2010年6月的105.9万桶/天相比下降了14.7%。

印尼在东南亚国家的天然气资源储量中也是首屈一指的，2017年天然气总储量为2.91万亿立方米，占世界探明储量的1.5%，储产比为42.9，低于世界52.6的储产比水平。年产量自1977年进入快速生产期后，产量由57亿立方米增长到2010年的857.1亿立方米的峰值产量，33年来增长了14倍。但是自2010年以来，印尼的天然气生产逐年下降，2017年天然气年产量为679.8亿立方米，相较于2010年857.1亿立方米的年产量下降了20.1%。

印尼约有60个沉积盆地，分布在海上的约占70%，陆上的约占30%，具有油气开采前景的陆上盆地面积80多万平方千米。目前已投产油气田140多个，其中1967年以后发现的油气田80多个，占全国已投产油气田的41%。油气盆地分布于五大油气区，其中第一大产油区为苏门答腊油气区，东加里曼丹油气区次之。

表1 2000~2017年印尼油气资源情况

年份	原油				天然气			
	探明储量（十亿桶）	增长率（%）	产量（千桶/天）	增长率（%）	探明储量（万亿立方米）	增长率（%）	年产量（十亿立方米）	增长率（%）
2000	5.12	—	1456	—	2.68	—	65.2	—
2001	5.1	-0.39	1387	-4.74	2.6	-2.99	63.3	-2.91
2002	4.72	-7.45	1289	-7.07	2.56	-1.54	69.7	10.11
2003	4.73	0.21	1176	-8.77	2.56	0.00	73.2	5.02
2004	4.3	-9.09	1130	-3.91	2.77	8.20	70.3	-3.96
2005	4.19	-2.56	1096	-3.01	2.48	-10.47	71.2	1.28
2006	4.37	4.30	1018	-7.12	2.63	6.05	70.3	-1.26
2007	3.99	-8.70	972	-4.52	3	14.07	67.6	-3.84
2008	3.75	-6.02	1006	3.50	3.18	6.00	69.7	3.11
2009	4.3	14.67	994	-1.19	3.07	-3.46	71.9	3.16
2010	4.23	-1.63	1003	0.91	2.97	-3.26	82	14.05
2011	3.74	-11.58	952	-5.08	2.97	0.00	75.9	-7.44
2012	3.74	0.00	918	-3.57	2.93	-1.35	71.1	-6.32
2013	3.69	-1.34	882	-3.92	2.88	-1.71	72.1	1.41
2014	3.62	-1.90	852	-3.40	2.84	-1.39	73.4	1.80
2015	3.6	-0.55	840	-1.41	2.77	-2.46	76.16	3.76
2016	3.31	-8.06	881	4.88	2.87	3.61	70.74	-7.12
2017	3.17	-4.23	948	7.60	2.91	1.39	67.98	-3.90
占2017年世界总量比例	1.1				1.8			
2017年储采比	9.2				42.9			

资料来源：BP Statistical Review of World Energy, June 2018。

2. 印尼电力资源概况

印尼的发电资源基本集中在大型国企手中。截至2015年，印尼的电力装机总容量为55971.2兆瓦，总发电量为225.8太瓦时；其中约86%为印尼国家电力公司提供，剩下约15%为独立电厂提供。印尼电力供应总体紧张，且在不同地区有较大差异，发电能力大部分集中在爪哇岛、巴厘岛、苏拉威西岛，因此造成除了以上地区，印尼各个岛屿极容易出现电力紧缺的现状。

3. 印尼煤炭资源概况

印尼是东盟国家中煤炭储量最为丰富的国家。根据2018年BP国际能源统计数据，截至2017年底，印尼已探明煤炭储量为225.98亿吨，占世界煤炭探明储量的2.2%，储采比为49.02。在已探明的225.98亿吨煤炭储量中，无烟煤和生煤150.68亿吨，占总探明储量的66.68%；次烟煤和褐煤75.30亿吨，占总探明储量的33.32%。但印尼已探明的煤炭储量集中于苏门答腊岛和加里曼丹岛，分布并不均衡。除了分布不均衡外，煤炭的品质也不佳，主要为低等级碳种，缺少中、高等碳种。

4. 印尼新能源概况

印尼的地热储藏排名世界第一，储量极其丰富，因此印尼将地热发电作为国家可再生能源发展的重要领域。目前政府正加大可再生能源发电能力建设，大量偏远岛屿存在发电设备不足的问题，使得电力供应难以满足民众生产和生活需要，可再生能源发电建设可大大缓解这一问题。

表2　印尼的新能源蕴藏情况

太阳能	风能	地热能	生物质能
平均日照量为4.80千瓦时/天	平均风速为3~6米/秒，这意味着风能的潜能为9190兆瓦	拥有世界上的地热储量（28000兆瓦）的40%。	来自森林、农业和房地产产业的生物能估计为32654兆瓦

资料来源：根据World wind energy outlook 2015，Reegle，EIA等相关资料整理。

（二）印尼能源战略与政策

随着社会经济状况的变化和能源工业的发展，印尼逐步制定和完善了本国的能源法律法规，以规范和引导国内国际企业合理开发油气资源。同时，印尼根据国内能源需求和国际能源形势制定了本国的能源战略和政策。

1. 能源政策与法规

印尼宪法规定了印尼的矿产资源归政府所有。印尼现行的《石油和天然气法》是2001年10月通过的（第22/2001号法令），该法对石油和天然气的生产、管理和经营做了全面、系统的规范。按照该法的规定，外国公司和企业不能直接参与印尼石油和天然气加工提炼、运输、储存和销售的直接经营。

2007年印尼颁布了《国家能源法》，规定政府必须建立能满足短期需求的能源储备，降低国民经济对进口成品油的依赖，并且极力推广清洁型能源生产。

近年来，为了规范能源矿业，印尼调整了原有的能源与矿业发展结构，这种调整主要体现在：一是对外资的开放，印尼于2009年颁布的《矿业和煤炭法》解除了对外资申请印尼矿产许可证的一些禁止条例，但近年又出现矿产资源企业国有化倾向；二是对进出口的政策转变。印尼从2014年起禁止金属原矿直接出口，要求就地冶炼或精炼。

2. 能源战略

印尼的工业、交通和发电都极度依赖石油，石油储量和产量的减少是印尼能源安全一大焦点问题。近年来，印尼的能源发展战略开始倾向于减少石油在一次能源使用中所占的比率，强调通过发展新能源来实现能源多元化。2003年，印尼政府为了鼓励使用可再生能源生产，营造健康良好的节能型生活方式，颁布了一系列能源保护政策。在2005年，印尼颁布了《国家能源管理蓝图2005~2025》，在国家层面构建了二十年发展计划，设计了到2025年各种能源的使用比例目标。蓝图中强调新能源的使用，要求新能源的占比要超过13%，其中生物、地热能源都超过5%的使用比例。

（三）印尼能源产业发展现状和趋势

1. 油气产业发展现状

2017年印尼炼油能力为1110千桶/天，占全球比例的1.13%。印尼现有炼油厂8座，大部分位于爪哇岛和苏门答腊岛，其中最大的3座为芝拉扎、巴厘巴板炼油厂和巴隆甘炼油厂。印尼的炼油能力在东盟地区排名第三，仅次于新加坡和泰国。近年来，印尼为实现老炼油厂的升级和新炼油厂的建设，大力对外招商引资，以解决资金和技术不足的问题。

表3 2000~2017年印尼炼油能力情况

单位：千桶/天

年份	炼油能力	年份	炼油能力
2000	1127	2009	1085
2001	1127	2010	1141
2002	1057	2011	1040
2003	1057	2012	1099
2004	1057	2013	1099
2005	1057	2014	1099
2006	1157	2015	1110
2007	1147	2016	1110
2008	1052	2017	1110

资料来源：BP Statistical Review of World Energy, June 2018。

由于投资不足，印尼已由原油净出口国转变为原油净进口国，但原油进口量在近期已大幅下降。2018年6月，印尼的原油进口量为83万吨，相比上一月度降低了将近50%，2018年第二季度的原油进口总量为393万吨，相较于第一季度的409万吨下降了3.9%，其原因既有近年石油产量增加的因素，也有经常账户赤字扩大压力下收缩进口的因素。天然气方面，印尼虽然是净出口国，但近年也出现下滑态势（见表4）。

表4 2000~2016年印尼天然气出口情况

单位：百万标准立方米

年份	出口量	年份	出口量
2000	36220.00	2009	34330.00
2001	32820.00	2010	40900.00
2002	37280.00	2011	38795.00
2003	39240.00	2012	32821.00
2004	38110.00	2013	31384.00
2005	38570.00	2014	29647.00
2006	36860.00	2015	29213.00
2007	36690.00	2016	29394.00
2008	36170.00		

资料来源：OPEC。

2. 印尼电力产业发展现状

随着印尼经济的增长,印尼对电力的需求也在迅速增加。印尼拥有约17000个岛屿,由于受自身地形限制以及政府建设能力不足,电网联通程度较低,目前还没有实现由中央统一管理的电网结构。近年来,印尼政府采取了一系列政策手段来推动电力资源的供给以满足自身发展的电力需求,一方面,努力扩大电力项目投资,加快建设以实现电网互联互通;另一方面,鼓励发展水能、风能和太阳能等可再生能源发电,改变原先单一依赖石化资源等不可再生能源发电的情况,进而实现对电源结构的调整。

自21世纪以来,印尼的发电量增加了约1.16倍,2017年印尼总发电量为260.4万亿千瓦时,较2016年增长4.7%。根据英国石油公司公布数据显示,印尼发电量在2014年之前连续多年保持6%以上的增速,2014年为转折点,之后年均增速只有4%左右(见表5)。在各个行业中,工业领域用电量增速最快,但由于政府在基础设施领域的投资有限,需要通过国内私营企业参与以及吸引外资弥补国内电力产业投入的不足。印尼的电力覆盖率不高,为此,印尼政府制定了电力发展规划,计划到2020年使电力覆盖90%的家庭。

表5 2000~2017年印尼发电量情况

单位:万亿瓦时

年份	发电量	年份	发电量
2000	92.64	2009	156.80
2001	101.65	2010	169.79
2002	108.21	2011	183.42
2003	112.93	2012	200.30
2004	120.16	2013	216.20
2005	127.36	2014	228.60
2006	133.11	2015	234.00
2007	142.41	2016	248.60
2008	149.44	2017	260.40

资料来源:英国石油公司。

3. 印尼煤炭产业发展现状

印尼的煤炭资源非常丰富，但 2000 年以后，印尼全国煤炭消费增长远远小于煤炭开采增长速度，印尼成为国际煤炭市场的主要出口国。2011 年印尼煤炭出口量为 3.1 亿吨，超越澳大利亚成为最大的煤炭出口国，2015 年为 3.66 亿吨，2016 年为 3.69 亿吨。在印尼煤炭出口国家和地区中，居于首位的是亚洲市场，主要出口到印度、日本和中国等国，其次为欧洲和美洲。目前印尼政府除了积极推动本国煤炭使用和煤炭发电外，也在积极寻找除了亚、欧、美洲外的其他出口市场，避免原有市场的变化影响到本国煤炭出口。

表 6 2004～2016 年印尼煤炭出口情况

单位：百万吨

年份	出口量	年份	出口量
2004	107.00	2012	387.40
2005	108.00	2013	424.30
2006	129.00	2014	409.20
2007	202.00	2015	366.70
2008	203.00	2016	369.90
2011	309.00		

资料来源：英国石油公司。

4. 印尼新能源产业发展现状

东南亚国家为寻求稳定的能源供应，逐步改变了目前过分依赖石油、煤、天然气等化石能源的状况，积极发展太阳能、风能、生物质能等清洁能源以替代常规能源。这样做的原因，一方面是可以更好地保护环境，减少温室气体排放量；另一方面是丰富本国能源供给市场，避免化石能源储蓄的减少对经济产生负面影响。为此，印尼政府提出了一项长期计划，即《国家长期发展规划 2005～2025》，其中强调要大力发展生物质能、地热能和太阳能等清洁能源来替代常规能源，减少对油气、化石能源的依赖，并且可在深度研究、科学选址、有效防控风险的基础上探索发展核能。表 7 即为印尼可再生能源发展目标。

表7　印尼可再生能源发展目标

可再生能源类别	到2025年在能源供应中的比重(%)	可再生能源类别	到2025年在能源供应中的比重(%)
生物柴油	5	风能	0.03
地热能	5	生物质能	0.74

资料来源：The 3rd ASEAN Energy Outlook。

为了加快清洁能源发展，落实长期发展规划，印尼政府推出了多项举措。如表8所示，2013年，印尼生物太阳能等清洁能源销售量约为100亿升（油当量）。除了2015年，近十年来，印尼生物太阳能的销售量都处于增长状态，2016年为132.21亿升油当量，相较于2015年增长了334.53%。

表8　2006~2016年印尼生物太阳能销售情况

年份	销售量(单位:亿升油当量)	增长率(单位:百分比)
2006	2.17	—
2007	5.56	155.98
2008	9.31	67.60
2009	23.06	147.64
2010	43.07	86.77
2011	70.61	63.94
2012	91.30	29.31
2013	103.32	13.16
2014	112.33	8.72
2015	30.43	-72.91
2016	132.21	334.53

资料来源：WIND。

印尼地处热带地区，太阳能资源非常充沛，太阳能发电条件优越，然而印尼太阳能产业发展缓慢，原因之一是可再生能源发电厂家主要为国家电力公司。在整个可再生能源发电市场中，国有电厂占比95%，私营企业占比很小。印尼可再生能源发电以水电和地热为主，其中水电在2017年发电量为16793亿瓦，占国家全部发电量的比重为7%。地热发电是印尼政府主攻项目，2017年地热发电量为11560亿瓦，相较于2016年增长了将近8.5%，印尼政府预计到2018年将会超越菲律宾成为全球第二,2021年超越美国成为全球第一大利用地热发电的国家。

核电是印尼拟发展的新型能源重点领域之一,是印尼未来能源结构转变的关键,印尼政府正在积极探索,目前已经通过核能法,计划在2019年建成首座核电站,2025年建成4座核电站。

三 中印尼能源合作经济效应的一个实证研究

中国和印尼的能源合作是两国经济合作的重要组成部分。作为世界上最大的发展中国家,能源问题一直是制约中国经济增长的重要因素,从图1可以看出,自1971年以来,中国燃料进口的比重逐年提升,尤其在1991年以后增长势头迅猛。而能源行业是印尼出口支柱行业。尽管在比重上相比高峰期间有所回落,但燃料出口一直在印尼出口中占有非常重要的地位,近年比重平均在20%以上。

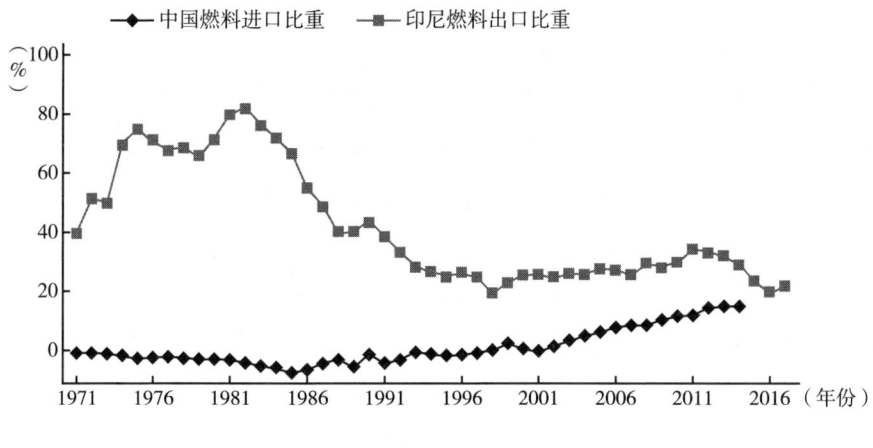

图1 印尼燃料出口比重

资料来源：WIND。

面对中国经济发展对于能源的强劲需求,以及矿石燃料在印尼出口中的支柱性地位,实现中国与印尼能源合作,包括石油、天然气、电力、煤炭和核电站建设等,是两国经贸合作的重点,尤其是在石油和天然气领域。中国和印尼两国的石油贸易有着强烈的互利性,这是开展两国油气合作的基础。

然而,两国能源双边合作也存在大型项目进展缓慢、合作缺乏稳定性等诸多问题,给合作带来了较大的风险。已有研究主要是对能源合作的动机、方式和前景进行定性的分析,定量研究较少。而事实上,如果想对中国和印尼的能源发展做出合理的评价,必须要定量分析两国能源产业合作对经济增长的影响。

本项目通过构建中国和印尼 1995~2017 年的能源合作指数,利用 VAR 模型计量分析工具,实证测算两国能源合作对于两国经济增长的影响。目的在于寻找到两国能源合作对两国经济增长贡献的计量论证,为两国能源产业合作提供借鉴。

1. 能源合作指数

对于直接经济利益的衡量,我们使用两国能源产业的产业内贸易指数来代表。更高的产业内贸易指数越高意味着该国在进行国际贸易时的获利也越高。产业内贸易指数(ITT)计算方法如下:

$$IIT = \frac{\Sigma_i | X_i - M_i |}{\Sigma_i | X_i + M_i |}$$

根据上式计算出中国和印尼两国能源产业的产业内贸易指数在时间上的发展趋势,从图 2 可以看出,自 2005 年以来,随着中国经济强劲增长,中国和印尼的能源产业合作指数有显著的提升,从 2005 年至 2017 年,增长幅度超过 5 倍。

从潜在利益来看,两国能源产业合作提升能够同时实现两国能源使用效率的提升。从中国的角度来看,长期以来,中国饱受低热值、高污染煤炭资源对环境负面作用的拖累,与印尼的能源合作使得中国有机会摆脱煤炭资源的束缚,实现以较为清洁的高热值资源代替低热值、高污染煤炭的影响,从能源使用效率提升的路径实现中国经济的快速和清洁发展。从印尼的角度来看,印尼有巨大的石油、天然气储量,与缺乏资本支持且较为落后的能源开采水平形成了鲜明的对比。与中国进行能源合作对印尼的好处在于中国能帮助印尼解决资金投入不足问题,并从技术上获取先进的资源勘探和开采技术。

本项目选用消耗每千克石油所产生的 GDP 来代表能源效率,对比了中

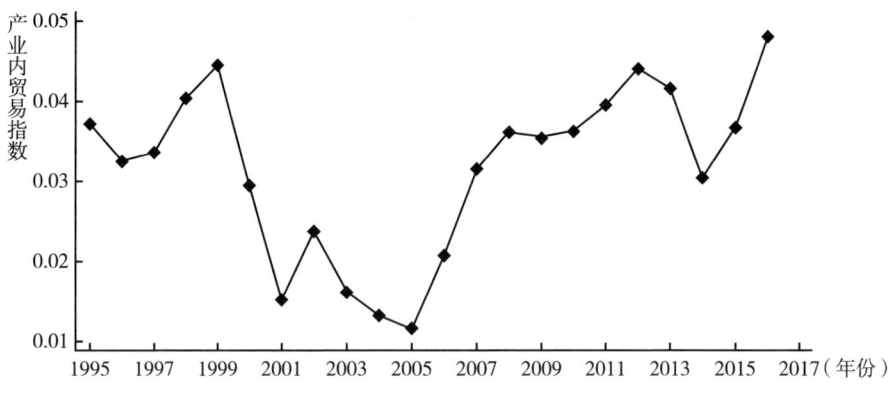

图 2　中国与印尼产业能源产业合作指数

资料来源：作者计算。

国和 OECD 国家的能源效率。如图 3 所示，从 1995 年开始，随着技术的进步，单位石油生产的 GDP 呈现出显著的上升趋势。但经济发展尚处于粗放型增长阶段的中国，尽管在时间上表现出一定的进步，但与代表较高生产效率的 OECD 国家相比，仍然存在较大的差距，且这种差距并没有减少的趋势。

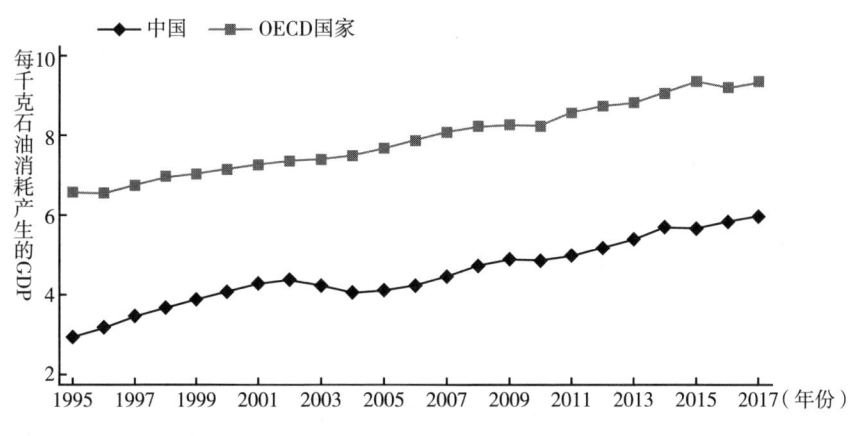

图 3　中国与 OECD 国家能源使用效率比较

资料来源：作者计算。

我们进一步通过中国与 OECD 国家的千克石油产生 GDP 的比值 RECG 反映潜在利益。其背后的经济含义是，一国目前的能源使用效率较低，那么该国通过合作能效提升的空间就越大,潜在利益越大,反之亦然。

$$RECG = \frac{ECG_i}{ECG_{OECD}}$$

其中 ECG_i 代表中国单位 GDP 能耗,ECG_{OECD} 代表 OECD 国家的平均单位 GDP 能耗。

最后,综合中国和印尼的产业内合作指数和能源合作潜在利益,通过两者相乘的方式得到能源产业合作的合作评价指数,目标在于反映出中国通过与印尼进行能源产业合作所获得的直接和潜在经济利益的水平。

$$ECI_i = IIT \times RECG_i$$

图 4 给出了中国和印尼在 1995~2017 年的能源合作评价指数,可以看到,在 2000 年之后,两国能源合作指数均呈现明显的上升趋势,尤其相比印尼而言,中国在能源合作方面获得的收益更大,能源合作评价指数更高。

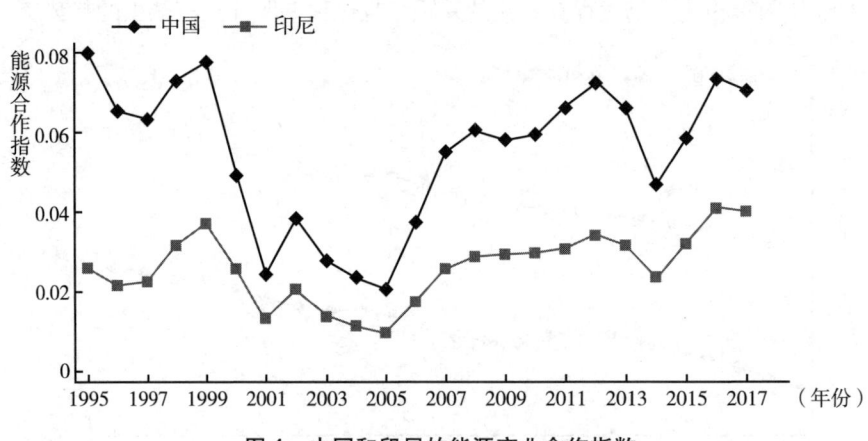

图 4 中国和印尼的能源产业合作指数

资料来源:作者计算。

2. 实证分析

(1) 平稳性检验

借鉴刘文革等(2012)的研究,将中国—印尼两国的能源合作评价指数（ECI）与两国的 GDP 作为内生变量，来构建两组向量自回归模型。[①] 模型中引入布伦特原油价格作为外生变量，来反映世界能源价格。在构造过程中，为了避免单位差异或数值差异过大而影响最终模型结果的可比性，文中对以上变量先取对数，并通过 ADF 单位根检验对时间序列数据进行序列平稳性检验，对不平稳的数据取差分一直到平稳为止，其检验结果见表9。

表9 核心变量的单位根检验

	D2. GDPchina	D. ECIchina	D. Oilprice
检验量	-17.47	-14.90	-17.83
临界值	-4.693	-3.435	-3.850
P 值	0.000	0.00983	0.00243

序列的平稳性检验发现回归变量所有数据都不平稳，差分处理后，中国人均 GDP 水平 GDPChina 的两阶差分、中国能源合作指数 ECIChina 的一阶差分和原油价格的一阶差分是平稳的。

（2）实证结果及分析

在序列平稳性的检验完成之后，我们使用中国对应的平稳数据构建 VAR 模型，设定滞后阶数为2，即 VARc（2）模型，估计的结果见表10。

表10 GDP 增长与能源合作的 VAR 回归结果

GDP 方程		能源合作方程	
D2ChinaGDP		DECIChina	
L. D2ChinaGDP	-0.299460 (0.186)	L. D2ChinaGDP	0.013294 (0.066)
L2. D2ChinaGDP	-0.226043 (0.186)	L2. D2ChinaGDP	0.051705 (0.066)
L. DECIChina	-0.755283 (0.769)	L. DECIChina	0.260109 (0.274)
L2. DECIChina	-0.350600 (0.750)	L2. DECIChina	-0.425402 (0.267)

[①] 刘文革、庞盟、王磊：《中俄能源产业合作的经济效应实证研究》，《国际贸易问题》2012年第12期，第38~51页。

续表

GDP 方程		能源合作方程	
D2ChinaGDP		DECIChina	
Doilprice	0.002094 *** (0.001)	Doilprice	-0.000021 (0.000)
_cons	-0.009138 (0.010)	_cons	-0.000062 (0.004)
N		18	
aic		-155.140900	

对 VAR 向量自回归模型进行 AR 特征根检验，向量自回归模型特征根的倒数均在单位圆内，说明 VAR 模型是平稳的。这保证了后文脉冲响应及方差分解的结果的显著性。

同时，提供残差正态性检验和残差序列相关检验来检验模型的可信性。首先，为了体现模型设定的合理性，我们进行了残差正态性检验，看 VAR 模型的残差是否服从正态分布，据表 11 的结果显示，在 1% 的显著性水平上，无论 GDP 方程还是能源合作指标方程，或者两者的联合分布，使用 Jarque-Bera、Skewness 和 Kurtosis 检验，不能拒绝残差正态分布的原假设。残差的正态性表明，模型并未偏离真实的数据生成过程（DGP），而且使得对变量未来值的预测区间也是可信的，表明我们对模型设定是合理的。同时，我们进行了 VAR 模型的残差序列相关检验。VAR 模型假设干扰项不存在序列相关，因此如果模型设定是正确的，则残差的序列相关检验应该不显著。从残差序列相关检验结果也发现，滞后期为 1 和 2 的条件下，卡方检验的大小分别为 2.08 和 1.88，对应的 P 值远远高于 0.1，并不能拒绝残差不存在序列相关的原假设，从另一个角度表明模型设定是合理的。

在验证模型设定的可信性之后，进行脉冲响应分析。思路是对 VAR 模型中的能源合作评价指数 ECIC 的差分序列施加一个标准差的冲击，观察中国 GDP 的二阶差分对此冲击在 10 个期间内的反馈。从图 5 的脉冲响应图可以看出，合作指数和 GDP 增长速度在长期都收敛于 0。

表 11 VAR 模型的残差正态性检验

Jarque – Bera 检验			
方程	卡方值	自由度	P 值
GDP 方程	2.585	2	0.27453
能源合作方程	3.147	2	0.20735
全部方程	5.732	4	0.22007
偏度检验			
方程	偏度	卡方值	自由度	P 值
GDP 方程	0.33896	0.345	1	0.55714
能源合作方程	−0.4751	0.677	1	0.41057
全部方程		1.022	2	0.59994
峰度检验			
方程	峰度	卡方值	自由度	P 值
GDP 方程	1.2715	2.241	1	0.13442
能源合作方程	1.1854	2.469	1	0.11608
全部方程		4.71	2	0.09488

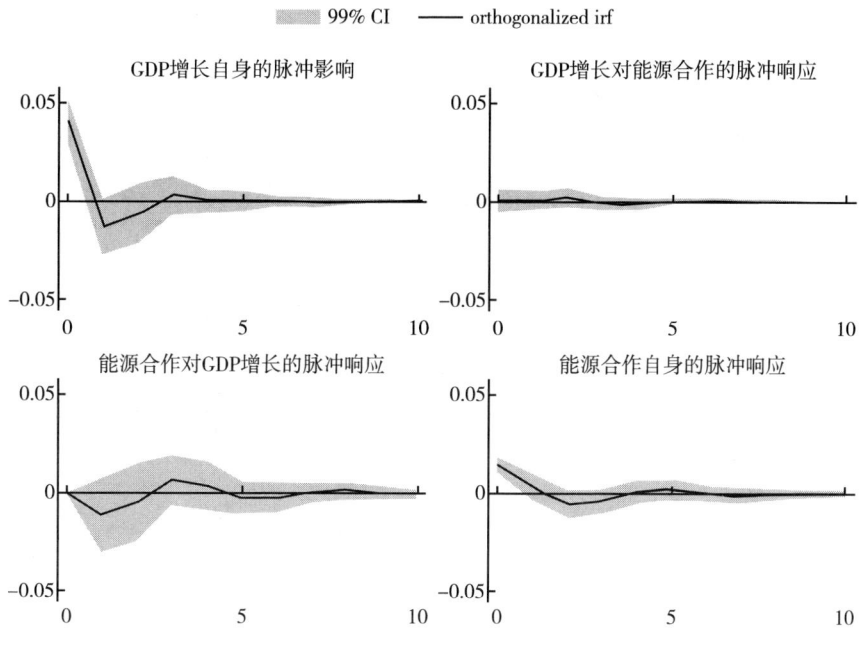

图 5 脉冲响应

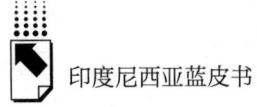

但在短期来看，可以看到中国 GDP 的二阶差分在第三期时出现显著正向反应，说明通过中—印尼能源合作产生正面的效应需要一期到两期的时滞才能表现出来。在此之后，通过能源产业的合作，提升了中国在第三期的时候 GDP 的二阶差分，这意味着 GDP 的增长率得到了正面提升。这主要是因为通过与能源产业合作，中国能源供给的紧张局面得到了缓解，社会生产潜力得到充分发挥。同时，通过进口石油、天然气等高能效的能源替换掉一部分原有的煤炭、焦炭等低热值能源，从而提高了中国企业的能源使用效率，从根本上降低了生产成本。在后续时间里，绝大部分时间下能源合作对于中国 GDP 增长率呈现正面的推动作用。而且这种效应在接下来的时间逐渐衰减，直到 GDP 的二阶增长率收敛为 0。这种长期收敛到 0 附近的原因在于，一方面，单个期间的能源合作对经济增长的作用无法持续很长时间，因为能源不同于技术创新，仅仅是一种投入的增加而不是对生产函数产生改变；另一方面，印尼与中国的能源合作可能影响中国与其他国家的能源贸易，对其产生替代作用。随着中国经济体量的不断增加，某一期的能源合作产生的作用会在长期被替代作用，以及运输成本和沟通成本提升等因素所中和，从而使得中国 GDP 增长率总效应在长期内为 0，但短期内双方能源合作对经济增长的正效应是合作的关键动机之一。

四 中国—印尼能源合作面临的机遇和挑战

自 2013 年以来，中国明显加强了包括印尼在内的周边外交工作。按照中国外交的总体布局，东盟将是中国周边外交的优先方向。在今后 5~10 年内，中国与东盟之间将努力建设"中国—东盟自由贸易区升级版"，即"中国—东盟命运共同体"。这为中国印尼能源合作提供了历史性的发展机遇。不过需要看到的是，中印尼能源合作，也面临着一些不容回避的挑战。

（一）中印尼能源合作面临的机遇

1. 中国"一带一路"建设带来的机遇

在中国开展"一带一路"建设的背景下，中国与印尼正受益于经济全球化赋予彼此共同优化能源配置、参与相应国际分工和重新整合能源领域经济活动的机会。近年来，中国与东盟各国能源合作日益紧密，东盟已成为继中东和非洲地区之后，中国的第三大能源进口来源地。中国"一带一路"建设为中国与印尼开展包括能源在内的多层次、宽领域的经济合作搭建了平台。双方形式多样的能源合作将充分发挥中国与印尼在资金、勘探开发技术、市场、资源禀赋等方面的互补性优势，为彼此找到更多的利益交汇和合作基础。

2. 区域贸易协定的便利带来的机遇

中国与印尼地理上的邻近性为中国加强与印尼能源经济合作提供了便利，也为双方区域贸易奠定了地缘基础。中印尼两国在货物贸易、服务贸易、投资合作等方面逐步提升了自由化、便利化水平。2010年，中国—东盟自由贸易区（CAFTA）全面启动，中国与东盟正式形成一个贸易额占到世界贸易额的13%，涵盖11个国家、19亿人口的巨大经济体。中国与印尼开展能源贸易等合作不仅更加便捷，而且成本也相对降低。此外，中国与印尼均已是世界贸易组织成员，世贸组织相关贸易约束机制也减少了中国与印尼能源合作中贸易与投资壁垒，促进了中国与印尼能源贸易的自由化与能源投资的便利化。

3. 经济发展的强大需求带来的机遇

一般而言，能源需求与经济发展密切相关，经济增长强劲有力时，对能源的需求就越强，反之就越少。中国从1978年至2017年，国内生产总值增长33.5倍，年均增长9.5%，平均每8年翻一番，远高于同期世界经济2.9%左右的年均增速，在全球主要经济体中名列前茅。1998年亚洲金融危机过后，东盟国家经济相继复苏，并取得了长时间的快速增长。东盟的国内生产总值从1970年的仅376亿美元（约合人民币2526.72亿元）猛增至2016年的2.6万亿美元（约合人民币17.47万亿元），几乎相当于英国的经济规模。随着中国与印尼的持续快速发展和工业化与城市化进程不断加快，对能源的需求也与日俱增。目前中国已经是全球最大的能源消费国和仅次于美国的第二大石油消费国。2011年，仅中国就贡献了全球能源消费增量的

71%。2012年,中国的石油进口依存度已由2011年的59.9%上升到62.1%。根据中国石油经济技术研究院(ETRI)发布的《2050年世界与中国能源展望》的预测,2035年后,中国能源需求逐步回落,在全球一次能源比重将稳定在23%的水平。

(二)中印尼能源合作面临的挑战

中国与印尼的能源合作虽然已经取得不少成效,但展望未来,双方的合作仍面临着诸多问题与挑战。

1. 合作领域存在技术和资金的双重难题

作为发展中国家,印尼的经济增长大多情况下是一种粗放式增长,通过高投入和高能耗来实现繁荣的经济增长方式很难持久。同时,印尼自身在发展过程中暴露出一系列问题,如法律法规不健全、基础设施落后、市场机制不完善等,加上印尼国内不断滋生的民族主义情绪和多民族冲突,削弱了我国与印尼能源合作的基础。在与印尼开展能源合作的过程中,中国的外交、金融、公安、交通、海关等部门需要与印尼进行大量的沟通和协调工作。此外技术困难也是短期内较难解决的一个问题。中国与印尼在能源和交通设施建设中采取的相关技术标准不一致,例如口岸管理制度、运输标准和金融服务等存在明显的差距,会影响到能源领域的畅通合作。

2. "资源民族主义"带来的风险

作为举足轻重的大宗商品出口国,印尼于2014年1月12日开始禁止镍矿、铝土矿等原矿石出口,导致全球镍矿价格短时间内大幅上涨。而这只是印尼限制国际矿业投资和矿产品国际贸易政策的一部分①。此外,印尼还实行包括矿业公司必须使用当地服务、外国矿业公司必须在规定期限内逐渐退让股份直至变成少数股,以及大幅度提高矿产品出口关税等其他政策。

印尼的这套做法是当前迅速蔓延的"资源民族主义"缩影。近年来,全球约80%资源丰富的发展中国家均以各种形式限制矿产品贸易和投资自

---

① 陈丽萍:《当外资遭遇"资源民族主义"》,《中国矿业报》2014年1月。

由化，包括矿业公司国有化或国家强制参股、矿石出口配额限制或禁止、矿产品出口定价限制或矿产品收入汇回限制、提高矿产品出口关税、强制性要求矿业公司使用本国雇员以及购买本国产品和服务（本地含量要求）、强制性提高本国投资人在外国公司中的持股比例等。

尽管各国"资源民族主义"的表现形式和实施强度因国内矿业界态度、国内外政治经济形势等因素存在变数，但其不确定性给中国这样一个世界最大的矿产品进口国和消费国带来的原材料供应紧张、成本增加、境外矿业公司合法经济利益得不到保障等多重风险仍值得关注和警惕，否则将会给我国能源企业与印尼开展能源合作带来巨大的风险。

五　加强中印尼能源合作的对策建议

本章对中国和印尼能源合作从政治环境、经济发展、社会进步、技术支持和风险防范五大方面提出相关对策及建议。

（一）政治层面：基于互赢互利原则开展能源外交

"以邻为伴、与邻为善"的周边外交方针、实行"睦邻、安邻、富邻"的对外政策，是长期以来中国对东盟国家的主导外交政策。中国在这方面进行了深入、细致的工作，通过一系列巩固和深化双边关系的活动，例如加入《东南亚友好关系条约》、与东盟国家共同建成了中国—东盟自贸区、签署了《落实中国东盟面向和平与繁荣的战略伙伴关系联合宣言的行动计划》等，进一步增强了双边政治互信。

不能忽视的是，近年来随着中国整体国力蒸蒸日上，发展成为全球第二大经济体，中国的全球影响力也显著增强。这给了少数别有用心人可乘之机，在国际敌对势力的恶意渲染下，"中国威胁论"和"中国资源掠夺论"的言论甚嚣尘上。加之中国和东南亚国家在历史上存在诸多纠葛，中国与菲律宾、越南、马来西亚、文莱等多个邻近印尼的东盟国家在南海存在纠纷，部分东盟国家对中国存在偏见和抵制。虽然中国与印尼不存在领土的冲突，

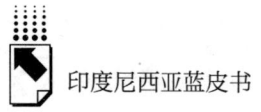

但也可能对中印尼能源产业合作产生负面影响。部分印尼利益团体对来自中国的能源合作心存戒备。到目前为止，虽然中国与印尼在有关能源安全合作方面已经分别从操作及制度两个层面开展了工作，但是能源产品出口不自由、能源运输通道安全不能得到保障等问题仍未解决。

为此，中国需要树立信心，从政治大局上，继续坚定不移地执行"睦邻、安邻、富邻"的周边路线，通过共谋发展，使印尼从与中国的能源合作中获得实实在在的利益来消除政治方面的不确定因素。对此，可以采取以下措施为巩固和深化能源合作提供政治保障。首先，通过领导人互访交流等形式，与印尼高层密切来往，制造更多的对话机会，促进中印尼两国在立法机构、政府部门以及政党间的沟通，以增强两国间对彼此的信任感以及认识程度；其次，加强中国和印尼在国际事务方面的配合度，推进务实合作，消除印尼与我国开展能源合作的政治疑虑，推动我国与印尼的能源合作取得新的进展。

另一个需要重点关注的问题是，在能源领域，中国与美国、日本、印度等能源消费大国间存在能源博弈问题[1]。根据《2012年世界能源展望》，至2035年，全球能源需求增长率将超过30%，而中国、印度的需求量占总增长量的60%。因此，中国与美国、日本、印度等能源消耗大国的能源争夺战在所难免。从美国来看，其国会的美中经济与安全委员会认为将中国对石油等能源需求的不断增长认为是对美国的经济、环境以及地缘战略等方面的挑战。从日本来看，在其经济产业省资源能源厅出台的《2030年能源需求展望中期报告》中，把中国能源需求的增长看作影响日本未来全球能源战略的重要因素。中日之间的能源竞争在日本为获得俄罗斯的油气资源而改善与俄罗斯关系，以及与我国争夺东海油气以增加能源自给中得到充分体现。从印度的角度来看，在其试图通过国有能源企业参与海外油田开发的过程中，能源企业常常要与中国能源企业展开竞争，例如中石油与联合体在获取缅甸天然气的开采权时便因受到盖尔天然气公司（GAL）和印度石油公司

---

[1] 李涛、陈茵、罗圣荣：《中国—东盟能源资源合作研究》，社会科学文献出版社，2016。

(ONGC)的阻碍,经历了长达两年多的谈判。

由于能源资源在全球范围内需求强劲却分布不均,能源安全历来是世界大国的核心利益之一。东盟地区不仅油气资源较丰富,在东亚能源运输和全球战略格局中的地位也非常重要。东南亚地区的交通重要性和能源重要性日益凸显,在国际格局和全球能源安全中扮演了重要角色,成为大国介入的重点区域之一。面对美国高调重返亚太、日本与东盟关系不断升温、印度加紧推进"东向政策"的现实背景下,这些大国纷纷利用经济和科技优势影响东盟的内外政策。中国与东盟未来的能源合作将面临来自美国、日本、印度等大国的强大干扰和竞争。因此,处理好与对我国能源安全具有重大影响的大国的关系,是为我国与印尼的能源合作创造良好政治环境、保证合作顺利进行的重要议题。

为了解决大国在中印尼能源合作中的角力和干扰,我们应该改变传统的竞争思路,意识到国家间不再是单纯的此消彼长的关系,而是竞争与共生并存的关系。一方面,经贸往来是密切国家间关系的重要纽带,我们应该清楚认识到发展双边经济关系是我国维系与大国整体关系的一种重要手段,持续40年高速增长的中国是拉动全球经济发展的引擎;另一方面,可以以能源安全作为切入点,在竞争中通过化竞争为联手寻求平衡与合作共赢,与大国建立更为紧密的能源安全合作机制。我国与美国、日本、印度等国家在维护产油地区的政治稳定、确保油气供应航路安全等方面具有共同利益,应鼓励各国在能源领域方面进行沟通与协作,通过加强合作形成各国间利益相互依赖的局面。从而降低大国从中作梗,遏制中国与印尼能源安全合作的可能性,实现能源安全竞争不再是零和博弈,而更倾向于共赢互利的局面,为中印尼能源合作的有力推进提供优良的外部政治环境。

(二)经济层面:基于互赢互利原则开展能源合作

推动区域能源市场一体化建设。一体化的能源市场将不仅激励区域能源的自由流通,而且能增强成员间的相互信任。东亚国家可以通过"合作式竞争"建立区域一体化能源市场,即虽然该区域的每个国家为获得更多的市场份额而竞争，但该区域朝着扩大经济规模和市场的方向努力采取集体行动。建立区域能源安全机制有利于提高中国与东盟国家的能源安全保障，符合双方的共同利益。在共建地区油气安全保障体系的努力过程中，东盟是中国并肩作战的亲密伙伴。中国和印尼可以通过基础设施建设和制度建设，与其他成员国共同努力营造开放和具有竞争力的一体化区域能源市场。

亚洲国家存在极其强劲的能源需求，但也支付了比欧美国家更高的能源价格，这就是著名的"亚洲溢价"。以石油为例，亚洲溢价是指中东产油国向欧美客户出口原油时，价格往往比向亚洲客户出口时低许多，合同的价格还是每月进行协商敲定的。而对待亚洲各国，由于缺乏稳定有效的长期供应机制，以及西方石油巨头的捷足先登，中东产油国往往采用歧视政策，一般说来亚洲进口国支付的每桶离岸价要比欧美高出许多。中国和东盟石油进口国都是"亚洲溢价"的受害者。尽管日本、印度和中国都推出了自己的原油期货，试图在亚洲获得定价权，但因市场分割未能稳定价格。这意味着在应对亚洲石油溢价和价格波动方面，中国和印尼存在巨大的合作空间。两者可以通过战略伙伴关系的建立，与石油出口国平等对话，消除石油溢价，共同建设亚洲能源消费市场，确保价格合理、稳定的能源供应。

具体而言，有以下几个途径可以选择，其一是推进东亚峰会合作机制下的中国—印尼能源合作。早在第一届吉隆坡东亚峰会上，与会方面就提出东亚在能源安全方面加强合作。在2007年1月，第二届东亚峰会在菲律宾宿务召开，东盟各成员国、中国、印度、日本、韩国、澳大利亚和新西兰签署了《东亚能源安全宿务宣言》。各国强调，可靠、充足和价格上负担得起的能源供应是东亚国家的基本选择，是维持强劲、可持续的经济增长和竞争力的关键。此外，还"重申我们确保本地区能源安全的共同承诺"，"营造开放和具有竞争力的地区和国际市场，致力于在各个经济层面提供价格上可承受的能源"的目标。并且，此次会议还在其框架下确定了东亚峰会能源部长会议，在此基础上，部长会议下设负责着重研究成员国在能源市场一体化、能源利用率与节能、交通以及应用在其他领域的生物燃料三方面合作的能源合作工作组。从2005年至今，东亚峰会已成功召开了7届，参与国也从"10+6"扩大到"10+8"（2011年底，俄罗斯和美国正式加入）。虽然东亚峰会基本停留在能源合作对话层面，自通过《东亚能源安全宿务宣言》后并没有在能源合作上取得大的实质性进展，但它毕竟为中国与东盟及其他成员国定期开展高规格能源合作对话、加强信息沟通提供了一个良好的平台①。

其二是推进中日韩—东盟（"10+3"）合作机制下的中印尼能源合作。自2004以来，东盟和中国、日本和韩国（"10+3"）能源部长会议每年举行一次，并由东盟国家依次主办。这一会议为中国和东盟国家在进行能源计划、加强能源交流与合作方面提供了新的渠道和机制。中国可在"10+3"合作机制下，加强中国和印尼的能源合作，与日韩等国在实现能源安全、维护能源市场稳定和保障能源通道安全等方面加强合作，在平等互利的基础上进一步深化在能源合作上的伙伴关系，实现更大的能源安全和可持续性发展的共同目标。

其三是推进中国—东盟（"10+1"）合作机制下的中印尼能源合作。1997年，中国与东盟领导人发表的联合宣言确立了双边睦邻互信的伙伴关系。之前，中国—东盟（"10+1"）合作机制曾以经济合作为重点。此后，中国逐渐往政治、安全、文化等领域发展，已经取得了多项成果，呈现出多层次、宽领域、全方位的良好局面。在"10+1"合作机制下，中国与东盟每年定期召开首脑会议、部长会议、高官会议和工作层会议。中国与东盟国家关于能源合作的政治许诺在《全面经济合作框架协议》《落实中国—东盟面向和平与繁荣的战略伙伴关系联合宣言的行动计划》《进一步推进面向和平与繁荣的战略伙伴关系》等重要双边文件里都有所体现。在"10+1"框架下，我国要在全面密切和东盟国家政治经济关系的同时，促进双边在能源信息交流、能源安全合作、能源投资和便利化等方面的合作②。

油气勘探和开采、水电站建设等能源项目不仅投入大，而且成本回收

---

① 李涛、陈茵、罗圣荣：《中国—东盟能源资源合作研究》，社会科学文献出版社，2016。
② 刘志雄：《后金融危机时代中国—东盟能源投资合作研究》，中国财富出版社，2014。

慢，需要有雄厚的资金实力作为支撑，这些给企业的融资能力带来了较高的要求。在与印尼的能源合作中，绝大多数企业面临资金瓶颈。拓宽融资渠道、利用好各种资金是中国和印尼能源合作进一步发展的必然要求。

第一，重视银行融资体系的重要作用。从宏观融资环境来看，中国是一个银行主导型融资体系国家，企业在"走出去"的过程中高度依赖银行。因此，银行，尤其是国家政策性银行应该在融资中扮演重要角色。政府应该致力于制定包括税收、信贷、保险、外汇、价格等在内的配套政策和具体支持措施，使我国对外优惠贷款等资金更好地为我国的能源战略服务，为国内企业参与印尼能源合作创造更好的融资环境。能源主管部门要利用能源行业协会培育良好的行业合作氛围，加强企业间的合作，促进资金在能源企业内部的流动，充分利用其他能源企业的闲置资金。从微观企业主体来看，能源企业中占据主体地位的国有企业应主动加强与国内金融机构的合作，争取获得更高的信贷额度，合理配置来自企业、社会、政府的投资。在政府补助和政府扶持的同时，充分发挥政策性银行长期融资主力的作用，逐步扩大集体经济和民营经济参与能源合作项目建设。此外，从国际融资渠道来看，世界银行和亚洲开发行等多边发展银行能够为开发项目提供低于市场利率的长期贷款和技术援助。因此，企业可以利用多边发展银行以及中国—东盟投资合作基金等融资渠道的资助。

第二，提升企业在东道国和国际市场融资的能力。参与印尼能源合作的企业可以在印尼成立海外子公司，或者和当地企业组建合资企业，再以子公司或合资企业的名义在当地上市融资，对当地及国际金融资源充分开发和利用。此外，我国能源企业及可为它们投资的金融机构、投资公司等也可以争取在新加坡上市融资，利用其多币种、多功能的融资优势募集国际资本。在东盟或更大的区域外进行海外融资，减轻企业在国内开展融资的压力。

（三）社会层面：基于软实力提升能源合作能力

在传统理念中，企业往往把利润作为唯一的目标。但如今，企业社会责任履行度如今已被视为企业整体竞争力的重要组成部分，积极履行社会责任，在一定程度上可以提升企业的"软实力"。在印尼开展能源合作，必须深入了解当地政治、经济、风俗等方面的信息，从印尼的发展需求和现状出发，关注和重视政府、项目所在地社区和原住民等各利益相关者的诉求，从社会层面增强双方合作的意愿和能力。具体而言，可以从提升中国在印尼企业的社会责任承担，通过加强环境保护意识和措施、提供当地就业和参与地区公益事业、加强与媒体联系建立中方企业正面形象等方面着手。

此外，建立良好媒体关系也十分重要。印尼当地媒体的正面报道，将有助于中国能源企业树立负责任的企业形象，为中国与印尼的能源合作可持续发展创造良好的环境。因此，企业要加强与当地主流媒体和新兴媒体的沟通和联系，做好公共公关工作，及时通报本企业在履行社会责任上所做的努力和获得的成绩，加大对企业履行社会责任的正面宣传力度，让印尼的政府和人民认识到中国投资带来的好处。

综上所述，在印尼参与能源合作的中国能源企业必须要正确把握企业发展和回馈社会的关系，坚持经济效益和社会效益并重的企业发展道路，做好环境保护，为当地提供更多就业机会，发展公益事业，积极履行社会责任，实现中国和印尼共同的可持续发展。

（四）技术层面：基于互赢互利原则开展能源合作

中国和印尼的能源合作在技术上存在巨大的进步空间，具体表现在能效和节能合作、提升替代能源利用率、加大能源信息交流等方面。

首先，提高替代能源，尤其是清洁能源的利用率。中国和印尼可通过合作开发利用可再生能源与新能源，并使可替代能源与可再生能源加入区域能源供应体系。此外，还应对生物燃料等新能源制定新的规范，协同研究能源安全、经济发展以及环境可持续三者之间的平衡点。

从新能源的角度来看，我们提出以下政策建议，其一是建立和完善新能源双轨对话机制。虽然目前中国与印尼之间已经有多种新能源合作对话的渠道，各种新能源研讨会与会者多是专家、学者和企业家，缺乏政策制定者的参与，往往只是停留在学术和技术交流阶段，无法上升到政策层面，尚未形成专门的多边或双边新能源合作对话机制。而中国与印尼在新能源领域合作的可持续、顺利开展，离不开畅通的沟通渠道和长效的机制保障。因此，有必要形成两国间步调一致的新能源开发利用政策，建立新能源合作机制，为促进双方新能源合作的可持续发展提供保障。

其二是积极寻求印尼新能源商机。这既是中国新能源技术和产品走向国际化的必然要求，也是中国与印尼开展新能源合作的趋势所向。国际市场的动荡，客观上要求我国相关新能源企业完善全球布局，开拓新的海外市场。印尼开发利用新能源的各种优惠措施为中国加大对印尼的资本、技术和产品出口提供了良机。印尼的地热资源位居世界第二，已开发的资源所占总量的比例不超过5%。近年，印尼政府大力支持建设地热发电站，对与地热项目相关所需的技术与设备予以免征关税的税收优惠。印尼的新能源开发计划和优惠措施，为中国企业向印尼出口资本、技术和产品提供了前所未有的机遇。中国企业可积极与印尼相关部门和企业进行沟通磋商，投资印尼的新能源开发项目，出口新能源开发利用技术和产品。

其三是合作领域有所侧重，发挥我国在新能源开发利用上的比较优势。重点加强与印尼在太阳能、生物质能和风能利用上的合作，适度加强在地热与核能发电上的合作。印尼太阳能资源储量丰富，受技术和资金限制，现在处于尝试初期，光伏发电还没有大规模开发，光伏产品也主要依赖国外进口。印尼是全球木薯的主产区，也是我国生物燃料的主要来源国。生物燃料在我国的交通运输中已经开始崭露头角。随着我国《生物柴油调和燃料》的出台与实施，生物燃料不断地被推广，印尼可在原料供给上为中国扩大生物燃料的利用提供支持。中国的太阳能和生物质能科技更为先进，可以通过技术和成本优势，进一步扩大与印尼在太阳能、生物质能等领域的开发合作。同时，中国的风电设备制造位于世界前列，且在风电装机的容量上居于首位。但中国企业没有足够重视东盟市场。中国需要鼓励和支持这些新能源龙头企业进军东南亚，开拓具有广阔前景的东盟市场。与太阳能、生物质能相比，中国与印尼在地热和核能上的合作较少，存在进一步扩大合作的空间。

其次，通过投资信息平台建设、产业链向上下游延伸、创新人才培养等具体手段来实现合作能力突破。中国企业进行海外投资面临着潜在的法律法规风险和政治风险，深入了解和研判印尼相关政策法规、经营环境和产业政策至关重要。我们可以通过以下几个途径加强这方面工作，一是构建高效的信息平台系统，基于现代数据库技术对东盟国家能源合作项目信息进行快速收集、分析和反馈，重点关注印尼对能源资源的勘探、开采和加工的许可证签发、应缴纳的税率、外资合作模式和所占股权、环境保护等方面的详细规定，为企业到东盟国家开展能源投资提供及时有效的信息支持，减少或避免投资失误；二是积极推进中国在印尼各地区设立办事处，负责收集国家和地区层面的政策法规和能源资源信息；三是通过组建一支专业化的人才队伍，比如建立中印尼国别研究中心，为有意向投资印尼能源领域的企业提供专业化信息和咨询服务。该信息平台的建设会成为中国企业对印尼能源项目开展可行性、预期风险和收益评估的重要依据。

B.10
"印尼制造4.0"与数字技术应用

〔印尼〕Sukirno*

摘　要： 数字技术是"印尼制造4.0"计划的重点领域，也是整个计划的关键支撑。本文在介绍"印尼制造4.0"计划推出的概况后，从数字技术在政府部门的应用（即电子政务）和在商务领域的应用（即电子商务）两个方面探讨了数字技术应用的意义、现状和问题。印尼电子政务建设已有十余年历史，政府上下普遍重视政务服务电子系统的建设，目前已在财政、公共工程、教育和城乡社区管理等领域取得了一些成就，但仍然存在数据公开不充分、可复用性低、移动访问不畅等问题。得益于人口年轻和网络基础设施改进，在印尼发展电子商务前景广阔，在近年也有了快速增长，尚存在的主要问题是监管协调性不够、数据本地化要求束缚、电子支付发展缓慢难题等。

关键词： "印尼制造4.0"　数字技术　电子政务　电子商务

一　发展数字技术是"印尼制造4.0"计划的核心

2018年4月，印尼政府正式推出了"印尼制造4.0（Making Indonesia 4.0）"路线图，也就是印尼版的"工业4.0"（Industry 4.0），这是一项目标宏大的计划，可以谓之印尼的第四次工业革命（The Fourth Industrial

---

* 〔印尼〕Sukirno，博士，印尼国立日惹大学经济管理学院教授，副院长。

Revolution，4IR）。佐科总统对"印尼制造4.0"计划抱有很高的期望，希望借此为印尼创造更多就业机会，并使印尼在2030年进入世界前十大经济体，以及将印尼打造成为区域内最大数字经济体。在"印尼制造4.0"路线图中，有五个产业被确定为重点发展行业，分别是食品饮料加工业、汽车工业、纺织工业、电子工业和化学工业。一般来讲，这五个领域在世界范围内都是一国经济的关键工业部门，印尼需要在这些领域成为全球竞争的主要参与者。振兴这些产业，既有利于提升印尼国内生产总值，又有利于促进出口。

具体负责"印尼制造4.0"计划的工业部部长Hartarto提出的具体目标是，通过"印尼制造4.0"计划，要使印尼经济年增长率提高1%～2%，在2018～2023年五年间，实现GDP增速达到每年6%～7%。至2030年，制造业对GDP贡献率提高到21%～26%。另外，随着产业和出口的增长，至2030年增加就业机会700万～1900万个。

"印尼制造4.0"计划中规划了10个战略步骤来实现这场变革，包括技术革新、提升职业教育等众多方面（Nugraha，2017）[1]。"印尼制造4.0"的重点领域是数字技术、生物科技和机器自动化，也包括物联网技术的发展和应用。其中数字技术被摆到了核心位置。

商业竞争监管报告（印尼语简称KPPU）对IR4.0计划的预期影响评估后提出，基于其他国家的经验，通过推动宽带网络、社交媒体和电子商务等在内的数字技术应用，能够为印尼经济带来显著的经济利益，其中：①至2025年，能够贡献370万个新工作岗位；②为中小型企业带来高达80%的收入增长；③使GDP增长提高2个百分点。因而本文认为数字技术的发展是"印尼制造4.0"计划成功的关键之一，下文拟从应用角度，分别就数字技术在政府部门-和商业两个领域的应用和发展问题进行探讨。

---

[1] Nugraha Ella, "Indonesian Media in Brief：Making Indonesia 4.0", https：//australiaindonesiacentre. org，2017.

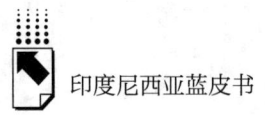

二 数字技术在政府部门的应用发展问题

（一）数字技术在政府部门应用具有多重意义

提高国家竞争力的关键之一是公共服务的现代化。印尼是一个年轻而充满活力的民主国家，人口2.6亿，跨越三个时区，有33个省，497个市县和将近17600个岛屿。1998年5月，苏哈托倒台后印尼进入了变革时代，一个政治、经济和社会转型的时代，加强民主和清除腐败是这个时代的主题。在2001年，印尼还开始了一项宏大改革，即实行权力下放和地方自治。在改革历史短、人口年轻、权力下放、地理分散的民主国家中，要实现政府的有效治理和经济的良好运作，数字技术提供了一种解决方案。

从另一角度讲，随着技术的进步，为公民借助技术手段谋求更大自主权提供了可能，这将对政府权力和某些机构的垄断地位形成挑战。例如，区块链技术可以为银行和个人财务管理提供新方法，人们可能会选择用比特币等非官方货币进行交易，而不是使用法定货币。如果政府机构不能跟上技术潮流，不能采用新技术提供公共服务，不仅会产生效率损失问题，还会损害政府声誉（Lye，2017年）[①]。例如，英国医生在去年的一份研究中指出，现在病人最常见的抱怨之一就是无法在医院或诊所连接高质量的WiFi。在新技术环境下成长的一代对传统手工方式的公共服务往往没有耐心。

在2005年以前，印尼的政府机构基本都是按传统方式运作，随着科技发展，政府开始采取新技术来实现公共服务现代化，由此也催生了国家行政机构改革，将工作方式和公共服务机制从传统手工模式向现代模式转变是实施电子政务的根本目标之一。在2006年，财政部就开始了这一进程，提出了官僚机构改革倡议，以满足当时公共财政管理改革的要求。

---

① Lye David, "The Fourth Industrial Revolution and Challenges for Government", https://www.ge.com/reports/fourth-industrial-revolution-challenges-government，2017。

国家官僚机构改革的重点是广泛通过现代化方案来改革政府的组织结构和管理程序，大量引进信息通信技术即发展电子政务。推行电子政务应该是整个官僚体制改革中最重要的部分之一（Aritonang，2017）[1]。目前，大多数中央部门和地方政府都已将电子政务作为改进公共服务的起码要求和基本渠道加以推行。电子政务被认为是重塑政府、支撑民主深化的一个基本要素（Sadat，2014）[2]。在地方一级，各类电子政务项目如雨后春笋般推出，甚至被认为是解决官僚问题的"万灵药"。预期电子政务的推进，能够为提高政府公共服务质量起到积极作用（Aritonang，2017）。

实施电子政务并不会自然改变政府机构的组织效率和官僚文化，更何况现在的电子政务系统在提高政府透明度和落实问责机制方面还远未达到人们的预期。根据联合国对各国政府服务电子化程度的排名，印尼在东南亚国家中排名靠后，在全球排名中也处于较低水平。政府在适用新技术环境和对组织结构进行精简方面，还有很远的路要走。

（二）政府发展电子政务的目标和相关政策

为了建设一个繁荣和富有竞争力的信息化社会，印尼政府设立了通信和信息技术部（MCIT），负责协调、制定和推进信息通信技术发展的国家战略，推动信息科技发展，普及信息技术应用。依据第 20/2006 号总统令，印尼还成立了国家信息通信技术委员会（The Council of National Information and Communication Technology），其主要任务是制定有关于信息和通信技术的公共政策和国家战略。

政府已经认识到应用信息技术提供公共服务的益处，自 2001 年开始陆续颁布了一系列推动电子政务系统建设的政策文件。

---

[1] Aritonang D M, "The Impact of E-Government System on Public Service Quality in Indonesia", *European Scientific Journal*, 2017, 13 (35).

[2] Sadat, D. R. 2014. M-Government Implementation Evaluation In Encouraging Citizen Participation In Indonesia: A Case Study Of Lapor! Dissertation Submitted To The University Of Manchester. Available http://blog.lapor.go.id/images/dasar_ hukum/DinurRSadat.pdf. Accessed on 11 October 2018.

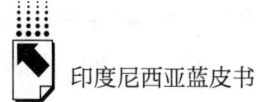

2001年第6/2001号总统令正式提出了电子政务发展目标,将信息通信技术的应用作为中央政府和各级地方政府"善政的必要先决条件,以增加透明度、落实问责制和政府活动的公民参与度"。印尼电信数据协调小组随后制订了五年行动计划,其中包括71个方面,旨在解决电子政务发展的四个主要问题:政策和法律框架、人员能力、基础设施,以及政府活动申请①。

2003年,印尼政府发布了第3/2003号总统令,以进一步明确电子政务发展的战略和相关政策,其中阐明了电子政务建设的四个目标:①提供符合公众利益、可随时随地互动、价格合理的公共服务渠道;②构建与企业的有效连接,通过与商业部门的有效互动提升经济效率;③提供与所有政府机构的有效沟通渠道,并促进政府与公众的对话,提高公共政策制定中民众的参与程度;④为政府机构提供透明、有效的管理信息系统,并优化工作流程。总统令要求所有政府机构采取一切手段/渠道(如计算机、移动电话等),建设符合当地需求,符合政府管理规定,符合信息基础设施现实条件,符合政民关系现状的电子政务系统。

2004年,MCIT制定了一份称为"电子政务蓝图(E-Government Blueprint)"的行动指引,该指引包括了电子政务实施中的一些具体问题的详细解释,作为电子政务系统开发的参考,以确保不同应用系统之间的集成性和兼容互通性。此外,MCIT还制定了其他一些政策,包括与移动技术的使用有关的条例,将移动电话作为接入电子政务的渠道之一。另外,还对中央政府部门和地方政府官方网站的元数据格式标准及域名进行了规范。文化部、青年和体育部还出台了第56/2003号文件,对其辖内相关电子文件管理、转移和销毁做出了规定。

2008年,《电子信息和电子交易法》(Electronic Information and Transaction)颁布,这是印尼对电子数据及其交易进行的首次规范,为电子数据和交易的商

---

① Salahuddin M, Rusli A, "INFORMATION SYSTEMS PLANNING FOR E-GOVERNMENT IN INDONESIA". *The Second International Conference on Innovations in Information Technology* (*IIT'05*), 2002.

业规范、政府管制和司法处理提供了法律依据。该法承认了电子交易方式的法律效力，并确定了电子信息、电子交易、信息技术、电子文档和信息系统的管辖权分配。

2008年第14号法令即《公共信息披露法》（Public Information Disclosure）。该法是推动政务信息公开的根本法律文件，它推动政府公开必要信息，为建立一个透明和开放的政府提供了法律基础。该法律的基本精神是信息公开是实现民主政治的基础，每个政府部门都有义务以人工或电子方式向公众提供涉及公众利益的各类信息。在该法的推动下，政府成立了一个专门委员会，对公众进行有关信息权的教育，并负责解决与政务信息公开有关的各种争端。

2009年第25号关于公共服务（Public Service Law）的法令。该项法律是保护公众获得更好公共服务权利的一项根本规定。通过这项法令，人们有权对公共服务的提供者（政府机构、企业实体、独立机构和各种法律实体）的服务质量进行监督，服务质量涉及服务标准、服务成本、程序和期限等方面。法律规定公共服务提供者有义务以手工和电子方式向公众公布有关服务的程序和相关信息。

2012年还出台了保护个人电子数据的第82/2012号条例。

（三）取得的主要成就

印尼已在中央和地方政府层面，在公共工程、教育和城乡社区发展等领域取得了一系列电子政务的建设成就（Karippacheril, 2013）[1]。

（1）公共工程方面，公共工程部已成为电子政务建设的"领头羊"，它将政府公共工程预算数据、采购清单、购置情况、项目执行进度通过电子系统向相关单位和个人公布，并为投诉和公共设施使用申请提供了电子渠道。

（2）农村社区发展方面，印尼政府的社区驱动发展（Community Driven

---

[1] Karippacheril T G, "Public Service Delivery in the Era of Digital Governance: Case Studies from Indonesia", *World Bank Working Paper*, 2013.

Development，印尼简称 PNPM）在农村扶贫方面启动了一个名为 Jalin Suara（意为"声音交织"）的新平台，旨在为扶贫对象和项目选择过程中加强公众参与提供便利的电子渠道平台能够提供当地社会经济条件和地方治理状况的信息，增强公民的认知，平台还提供了公民反馈信息，监督扶贫项目执行情况的便利渠道。Jalin Suara 平台使用社交媒体（Facebook、Twitter）和数字链接的在线媒体（如 Instagram），让民众可以通过更多渠道参与到 PNPM 中来。

（3）教育方面，目前中央财政预算约 20% 用于教育，但印尼教育水平表现仍然薄弱，这与政府管理部门职能交叉重叠造成了管理效率不足，各级责任制的落实存在困难有关。教育文化部（Ministry of Education & Culture，简称 MoEC）和部长发展和控制办公室（The Minister's Unit for Development, Supervision and Control，印尼语简称 UKMP3）共同领导了一个电子政务项目，印尼语为 Bantu Sekolahku（意为"学校援助"），该项目的目的是通过学校和社区层面的相关利益者的参与，以提高学校运营基金（印尼语为 Bantuan Operasional Sekolah，简称 BOS）使用的透明度和效率，落实责任制。该系统设计的功能是允许由家长、学生、教师、校长、监督员和公众借助网络参与，共同决定对各类学校拨款项目安排的优先次序，而校长、主管、地区、省、教育和文化部则依据这些信息做出适当资金安排，并将结果通过 Facebook 和 Twitter 等社交媒体向公众报告。而且，该系统还具有支持世界银行资助项目 BOS-KITA 运作的功能，BOS-KITA 是一项旨在提高所有 7~15 周岁儿童接受优质教育机会的项目。该系统增加了 BOS-KITA 项目资金使用的透明度和问责制落实。

（4）在城市社区发展方面，PNPM 城市扶贫方案建立了社区参与机制，为其建立的管理信息系统已能够收集关于贫穷者和妇女等需要援助对象的信息，该系统定期将数据输入由国家发展规划署（Bappenas）管理的贫困项目综合系统。系统还允许公民通过电话、短信、电子邮件、普通邮件或直接向项目协调员或当地政府官员提交投诉或查询。从 2003 年至 2011 年，该系统平均每天会收到 50 起投诉和查询，在所统计的 6.1 万起投诉中，"滥用资金"这一类问题占总投诉的1.6%，占未解决投诉的一半以上。

（5）在增强财政透明度方面，2012年财政部部长就提出预算透明度是一个关键的改革问题。目前在该领域取得的成就，一是国家采购中心（印尼语为Lembaga Kebijakan Pengadaan Barang/Jasah Pemerintah，简称LKPP）开发和运营的一个公共采购电子系统，具有在线采购和在线编目功能，并且对接Twitter feed等社交媒体进行宣传和收集反馈，在Facebook上也提供信息公布。作为利益焦点领域，在线采购系统虽然为LKPP提供了公开和共享动态数据和分析数据的能力，但仍存在一些问题受到公众诟病，这些问题主要还是来自体制的阻力。例如，一些政府机构在其网站上单独发布采购信息，在LKPP的在线采购系统中查看所有部委和机构的采购信息并不容易，也就是说，LKPP的系统并未能与所有有公共采购的政府部门的信息系统有效对接，甚至不能连接到财政部共享的财政数据。尽管如此，LKPP系统还是有相当大的潜力发展为一个综合开放的政府系统，公开公共采购和财政数据，以加强政府与民众的沟通，促进更多的社会参与；二是中央和一些地方政府在网络上主动公布预算数据，这是印尼民主改革的一项明显成就。此外，财政领域建成的电子政务系统还包括政府收支管理系统（SPAN），它具有强大数据库功能和在线多维分析查询处理（OLTP）能力，以协助预测、规划、支出审查、绩效监控和决策支持。

（四）仍需要进一步解决的问题

在电子政务蓝图推出之后，在中央政府的督促下，中央各部门和地方政府机构建立了大量电子政务系统，地方政府对通过设备和技术的现代化来提高公共服务质量的意识得到了明显加强，目前为止，几乎所有公营机构都已不同程度地采用了电子信息系统。然而问题是，大规模推行电子政务以来，公共服务的质素没有显著提高（Aritonang，2017），本文认为以下两个方面是需要重点解决的问题。

1. 提高政务数据公开程度

近年来，印尼政府的数据公开工作有所改进，民众可以从电子渠道获得大量公共信息，数据公开增加了政府活动、政府预算和支出方面的透明度，成为贯彻各种问责制的重要基础，数据公开也成为协助打击腐败的重要工具。数据公开还有助于创造政府和公民的和谐关系，是民主发展的需要（Maail，2017）①。Maail 的报告还指出，以印尼在 G20 框架下所做的数据公开承诺为参照，其数据公开工作存在的问题如下：

（1）印尼拥有全面的法律和体制框架来保障公民获得公共信息的权利，然而由于缺乏明确的程序和经过适当培训的工作人员，以及存在相互冲突的法规制度，妨碍了人们获得和使用公共信息。

（2）虽然印尼有保障公众获取信息的法律框架，但没有相应机制来落实和管理数据公开工作。印尼政府在地理空间数据公开方面曾提出"一个地图政策（One Map policy）"，这是数据公开工作的良好尝试。目前政府正在议订中的《关于电子政务的总统条例》草案，尚不清楚是否会将开放数据原则纳入其中。

（3）在预防和根除腐败的政策框架方面，国家发展战略规划中曾指出公众获取信息对支持反腐斗争的重要性。然而，直到目前，除了预算、公司登记和公共采购数据外，公众获得其他关键的反腐数据仍然很难。

（4）数据一致性和可复用性存在不足。推行数据统一政策（One Data Policy）对于提高数据质量，促进相关技术平台和操作应用的一体化，增进数据的实际可用性非常重要。印尼有一个国家数据开放门户（data. go. id），它是《开放政府伙伴关系国家行动计划（National Action Plan for the Open Government Partnership）》的落地成果之一。该门户网站目前发布来自 32 个政府机构的数据，城市或省级政府也推出了许多数据公开项目，比较典型的如：雅加达数据开放门户（data. jakarta. go. id）、班达亚齐数据开放门户（data. bandaacehkota. go. id）和万隆数据开放门户（data. bandung. go. id），这些城市也有自己的开放数据目录。其他城市，如 Bojonegoro，虽然还没有它们自己的开放数据门户，但已经直接在国家平台上发布了它们的数据

---

① Maail, Glenn, "Open Data And The Fight Against Corruption In Indonesia", 2017.

(Maail，2017)。但问题是，从这些门户获取在线数据，获取机器可读和格式便于重复使用的数据方面仍存在很大的困难。

值得注意的是，印尼已设立了一个中央信息委员会（Komisi Informasi Pusat，KIP），其任务主要是促进信息公开，并通过裁决方式调解信息纠纷。世界银行正在资助 KIP 评估 47 个部委和机构的财政透明度和公开性，特别是关于如何使用国家预算的信息。

2. 发展移动电子政务问题

印尼岛屿众多，交通不便，固定网络普及率不高，传统电子政务系统难以覆盖到农村和边远地区。移动政务作为电子政务的一部分，它借助移动通信为民众提供政务服务。印尼政府的电子政务发展规划将手机视为一种服务创新渠道，它为市民随时对电子政府系统进行交互访问提供了一个在经济上可承担的路径，因为使用手机的成本要比计算机或其他设备便宜。随着网络基站（BTS）的不断加建，网络基础设施的不断完善，网络访问在偏远地区也可以实现，这有利于将电子政务向更大范围普及。

移动电子政务系统根据服务对象不同可分为三大模块：面向政府部门内部或部门之间应用的政务系统，即 mG2G；面向市民的公共管理和提供公共信息服务的政务系统，即 mG2C；面向企业的电子政务系统，即 mG2B。以 mG2G 为例，Balikpapa 政府就与 Indosat 公司合作开发了名为"M-Balikpapa"的基于短信方式的政务服务信息系统，它为市民提供 Balikpapa 当地的新闻和政务资讯。

在印尼，近年的电子政务开发项目不断增多，但基本都是基于网页方式（web-server）的服务。为政府管理所有在线服务提供信息的门户网站 satulayanan.net 中列出了 299 个在线公共服务平台，其中只有约 5% 的服务是可以通过移动网络实现的，例如火车票预订、电力服务、电子身份证、BIDIKMISI 奖学金申请和在线公民调查和投诉服务（LAPOR）等在线服务，除此之外大多数电子政务系统只是简单地以短信这种单向方式提供服务，缺乏互动性。多访问渠道、双向互动和基于交易的在线服务还很缺乏。

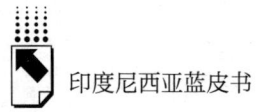

三 数字技术在商务领域的应用发展问题

（一）数字技术在印尼商务领域的应用具有广阔前景

2015年，据谷歌和淡马锡的报告预计，电子商务为印尼经济增长贡献了17亿美元，印尼政府的目标是到2020年电子商务增加值增长到1300亿美元。从前景上看，有四大关键因素支撑着印尼互联网市场持续增长：一是每年5%~6%的经济增长率，持续的经济增长推动了个人消费增长，目前每年的增长率超过10%。可以认为，印尼即将实现自亚洲金融危机以来最强劲的持续消费增长，消费增长的一个表现是越来越多的人开始使用智能手机、平板电脑和网络服务，这也就意味着越来越多的人活跃在社交网络上，民众对互联网和通信基础设施的需求显著增加；二是城镇化进程持续推进，中产阶级快速扩张，带来了巨大的硬件设备和在线服务需求。与中国等其他新兴市场国家一样，印尼正在快速城市化，目前印尼2.6亿人口中，约一半生活在城镇，一半在农村。至2020年，随着三宝垄、泗水和棉兰等中心城市的大幅扩张，城镇人口还会显著增加，城镇化率有望提高到60%；三是移动网络的快速普及，在很大程度上，移动网络技术正在塑造印尼数字经济。移动运营商之间的激烈竞争，促使资费下降和客户服务意识提高（Bintoro等，2017）①。在印尼，普通手机价格非常实惠，通常价格低于25美元，话费也很便宜，低至每分钟0.01美元，移动宽带数据服务费用也只有9美元/月，固定宽带网络价格几乎是其四倍，这些都推动了移动业务的迅速发展，在2012年，印尼移动用户数就达到1.6亿户，迅速超越固定网络用户数，到2016年，约4/5的人口成为移动用户，移动电话成为印尼人通信的主要方式。最近，移动数据用户的增长速度几乎是语音服务的两倍；

---

① Bintoro H T, Oktaviani R, Syarief R, "Strategy of Indonesia Textbook Publishing Industry Facing the Digital Era", *International Journal of Scientific and Research Publications*, 2017, 7 (1): 336–345.

四是人口年轻化。如今，印尼近 30% 的人口未满 15 岁，至 2020 年，印尼年轻人口比例在全球将继续保持领先约 47% 的印尼人口低于 30 岁。年轻人对数字化产品和服务充满兴趣，愿意接受新的数码产品和服务，为数字经济提供了强大的需求基础。即便是中年人，兴趣也正在迅速向互联网转移。

（二）电子商务发展情况及面临的主要问题

电子商务的发展正在颠覆印尼传统商业模式。例如，印尼本土大型零售公司 Matahari 已经开始关闭在雅加达的分店，将更多资源投入电子商务业务中。另一个典型例子是 Go-Jek，它最初在印尼提供摩托车出租服务，在公司开始提供在线拼车服务后，公司使用同一个网络平台还提供许多其他服务，这些服务"共享"未被充分利用的空闲资源，包括食品、按摩、装饰，最近还兴起了 Go-Pay 支付服务。传统出租车公司面临数字化的"拼车应用"竞争，被迫进行变革。印尼有名的"蓝鸟"出租车公司也已进入了数字领域，创建了自己的以客户为导向的在线应用服务，转化为移动平台电商（Over-The-Top，OTT）类公司，不再是单纯的出租车公司。

面对互联网、智能手机和社交媒体越来越深入的渗透，印尼创业生态也发生了剧烈变化，在过去 5 年中，印尼创业投资增长了 68 倍，在 2016 年达到 14 亿美元，2017 年 8 月跃至 30 亿美元。印尼人对社交媒体和数字娱乐消费的使用率高于世界平均水平，因此必须尽可能地确保用户能够自由、平等地访问各种数字资源。监管机构、电信运营商和互联网服务提供商（ISP）必须建立一个有效、中立的网络监管框架，以使用户能够自由选择和使用各种类型的数字服务供应商，这个框架还应做到对低收入人群的非歧视性，即不能设置过高的消费门槛，这样才能更好地服务于市场创新。

尽管数字经济在印尼已有了明显发展，但面临的问题也十分突出。

1. 监管相适问题

一方面是不同监管机构和政策之间存在着重叠的和不协调的规定，使从业者混淆不清或无所适从，并导致监管执行变得复杂。例如，上述 OTT 类公司需接受传统监管体系和电子商务监管体系的双重监管，如果政府要求企业不同业务类别申请不同类型的许可证,显然会使企业出现遵从困难,增加企业成本,降低企业效率。这一挑战不是印尼独有的,世界范围内,数字技术日益跨越现有权力体系的条块分割,甚至对所有社会部门产生影响。建立一个有效的框架不仅需要有效的政策指导,而且还要不断地在监管机构之间进行有效的沟通和协调,因此,把监管机构集中在一起协同行动与制定计划蓝图一样重要。

另一方面是"管"与"放"的平衡问题。以网约车市场为例,2017年7月,运输部《网约车管理规定》(2017年第26号文)正式生效,该规定设定了城市中的网约车数量指标,限定了打车服务的最低和最高收费标准,此举在一定程度上限制了网约车市场依据顾客需求定价的灵活性,并改变了在线平台之间的竞争态势,如Go-Jek和"蓝鸟"之间的竞争。在该规定生效的一个月后,即2017年8月,印尼最高法院裁定,对打车收费设置管制是非法的,因为它阻碍了竞争。运输部修订后的条例(2017年第108号)则于2017年11月生效,条例的大部分没有发生改变,基本票价和上限仍然是固定的,网约车数量仍有限额。另外,根据修订后的条例,运输服务须在特定地区进行,严禁在街上直接接载乘客,须使用移动App,且必须达到服务水准要求,车辆须粘贴运输部签发的标签,并通过道路行驶测试。新法规的出台,目的显然是规范网约车市场,保护乘客利益,但其实际效果反而可能抑制这个行业的创新,降低市民出行的便利性。另外,该规定的第8条要求OTT服务商都要设立一个客户查询和投诉信息中心,并在48小时内对请求和投诉做出回应。实际上,在这个行业发展的初期阶段,政府适宜采用灵活的、松紧适度的监管方式,以鼓励商业模式创新,保持行业活力。

2. 电子支付发展难题

在2016年,印尼在国内有4.24亿笔交易通过自动柜员机完成。支付公司可以选择负责数据处理的印尼合作方,并可自由选择数据传输路由。2017年7月,印尼央行(BI)发布了全国支付系统网关规定(The National Payment Gateway,NPG),该规定要求所有国内交易都需要经过NPG进行处理,其目的旨在使自动取款机、电子支付终端设备或支付网关可以接受任何发行人发行的电子货币、借记卡和信用卡，从而使客户交易更便捷、更经济。但考虑到目前印尼电子商务交易通过信用卡支付的较多，该规定实际会对电子商务中的支付造成影响，并且它还存在多个交易部门标准如何协调的问题，对于国际交易是否需要通过 NPG 也还没有定论。另外，网络管理、安全和访问控制都是需要进一步考量的重要因素。

3. 数据本地化要求问题

印尼目前的信息相关法律规定，要求电子商务相关数据在国内存储，这实际在一定程度上限制了企业利用前沿信息技术的能力。例如，《电子信息和交易法》（GR82）的规定就不利于发展印尼的云计算技术和应用，因为云计算通常涉及跨境数据流，而 GR82 第 17（2）条和正在制订中的《电子商务和 Over-The-Top（OTT）服务法》草案都要求运营商在印尼境内设立数据服务中心和灾备中心，将数据限制在印尼境内。议订中的 GR82 修正案拟将数据进行分类管理，以设定不同政策限定，但目前尚未最终确定。

在某些特定领域，已有明确的数据本地化存储要求。例如，印尼金管局（OJK）在 2016 年颁布的 POJK38/2016 条例，要求银行的数据灾备中心必须设在印尼境内，除非是特殊情况下需要在境外处理的国际业务特定信息，且这些信息不包含可识别的客户信息，这种情况需得到 OJK 专门批准。

数据本地化存储的强制要求在一定程度上会影响电子商务产业的发展。欧洲国际政治经济研究中心（European Centre for International Political Economy，ECIPE）2014 年对包括印尼在内的七个国家的数据本地化要求及相关数据安全保护法律的经济成本进行了研究，在所有七个国家中，数据限制性规定均对国内生产总值有显著影响，估算结果是印尼国内生产总值因此减少约 0.5%，如果未来数据限制推广到印尼所有经济部门，印尼国内生产总值估计将因此减少 0.7%。类似地，由信息技术产业理事会（Information Technology Industry Council）进行的一项研究表明，如果欧盟的国际数据流受到严重破坏或完全阻断，欧盟 GDP 将因此减少 0.8~1.3 个百分点。对于印尼，如果同样情形出现，其对国内总体投资的影响将会是 -2.3%，对出口的影响是 -1.7%，因为数据限制会导致某些交易困难和企业竞争力下降。

许多受印尼消费者和企业欢迎的服务项目依赖于跨境数据的自由流动，数据本地化的强制要求会抑制这类服务业的增长。本地化要求限制了云服务在印尼的部署，限制了开发云计算技术和应用的印尼企业发展。对跨境数据流的限制可以说是另一种形式的贸易壁垒，它减缓或阻碍了商业交易和国际贸易，增加了交易成本。对数据流设置障碍的国家更难从数据中获得创意和技术创新，不能从依赖于数据的创新产品和创新服务中获得新经济红利。

4. 电子数据和隐私保护问题

在2016年12月，通信与信息技术部（MCIT）颁布了保护电子系统中的个人数据的《数据保护条例》，该条例是对2012年政府颁布的第48号法令《电子信息和交易法》（GR82）中具体规定的执行。数据保护条例的执行设置了两年过渡期，即到2018年12月各单位均须满足该条例的要求。数据保护条例涵盖了个人数据分类、个人资料保护、个人数据所有者权利以及电子系统运营商义务等。条例对个人资料的定义非常宽泛，基本上可以涵盖个人的任何资料。其保护的个人数据是指存储在信息系统中有一定准确度和机密性的某些个人数据，该数据能够直接或间接地被用于识别个人身份。条例规定的电子系统运营商涵盖个人、政府机构、商业实体或社会组织，凡涉及运用电子手段进行信息收集、存储和处理的组织和个人都包括在内。条例明确了数据所有者拥有的权利中包含了数据隐私权；在电子系统运营商没有做好隐私保护时向MCIT提出投诉的权利；修改、更新和检查其数据历史记录的权限；要求销毁其个人数据的权利。电子系统运营商有以下义务：一是对其系统配置认证功能并保持个人数据的保密性；二是在数据保护失败或违规时通知数据所有者；三是有保护个人数据的内部规程。条例要求电子系统运营商获取和使用个人数据必须征得其本人授权同意，无论信息内容多么琐碎，都必须基于个人数据所有者的同意进行特定操作，而且电子系统运营商须对个人数据的预期用途做出完整解释。个人授权同意必须是书面形式的，允许是纸质方式或电子方式，且使用印尼语（允许使用双语）。在数字经济快速发展的今天，上述数据保护规定的有效性尚待检验。并且，条例规定在一些方面还不完备，例如，没有区分"数据控制者（data controller）"和

"数据处理者（data processor）"在数据保护中权利、义务差异，而实际上两者在个人数据流通中有着不同角色，应承担不同责任，现有这种笼统规定不符合国际上的一般做法，也不利于条例真正的贯彻实施。

四 结语

"印尼制造4.0"或称第四次工业革命（4IR）对提升印尼经济长期竞争力意义重大，数字技术在公共服务和商业领域的应用是4IR的关键支撑和推动力之一。如前文所述，两个方面均已取得了显著进展，但也面临着许多问题。最后还需要注意到，4IR将带给印尼经济社会的影响可能是双方面的，既是机会，也是挑战。就机会而言，4IR能够促进印尼经济趋向开放、富有活力、向知识和技术密集型经济转型，有利于拓展非传统市场的国际贸易，提高社会保障效率和效力，并为国防安全构建"快速反应能力"提供支撑[1]。而就挑战而言，最突出的问题是新技术会使一些工作岗位消失。政府需要对技术升级的过程和节奏进行有效管理，即使在最乐观的情况下，即假定新技术所创造的新工作岗位数量和所替代的旧工作岗位数量一样多，或有净增加，这种技术升迁过程也需要有效管理，升迁速度过快容易导致结构性失业问题，进而造成社会不稳定，对政府税收也会有不利影响。政府如果不能采取措施减轻变迁过程中产生的负面影响，失业增加和社会不平等问题的恶化可能导致严重的社会动荡。在20世纪80年代，机器取代人工所发生的社会问题，在当代人工智能取代人工时也会重现。智能技术可能在未来20年内大量取代办公室工作岗位，当中产阶级就业面临威胁而采取行动时，就可能发生像2016年那样的不可预见的政治事件，也可能导致民粹主义的抬头。

---

[1] Lye David, "The Fourth Industrial Revolution and Challenges for Government", https://www.ge.com/reports/fourth-industrial-revolution-challenges-government, 2017.

B.11
印尼电子商务与互联网金融问题研究

黄莎莎*

摘　要： 印尼数字经济蓬勃发展，电子商务和互联网金融的发展呈现相互促进态势。本文研究印尼电子商务和互联网金融业发展的现状、相关政策法规以及面临的主要问题。印尼电子商务和互联网金融业机遇与挑战并存，其机遇在于：印尼2.6亿人口中互联网用户占50%以上，人口红利将成为印尼发展电子商务和互联网金融的重要因素；同时，印尼政府重视电子商务和互联网金融的发展，出台了相关激励政策，相关基础设施也在不断完善。其挑战主要是印尼独特地理环境造成物流不便、科技水平相对落后、监管体系不成熟、人才匮乏、用户消费习惯差异、网络安全问题等。

关键词： 电子商务　互联网金融　政策环境

一　总体发展环境分析

（一）网民规模庞大

人口红利成为印尼电子商务和互联网金融发展的重要推动因素。截至

---

* 黄莎莎，女，浙江越秀外国语学院印尼语专业教师。
注：文中括号中除非特别注明，均为印尼文。

2017年底，印尼人口已达到2.62亿人，其中50%以上人口即1.43亿人使用过网络。按地区分，印尼网民主要集中在爪哇岛和苏门答腊岛，其中爪哇岛网民人数最多，占网民总数的58%，苏门答腊岛紧随其后，网民人数排名第二，占网民总数的19%，加里曼丹岛网民占比8%，排名第三（见图1）。按年龄分，网民主要集中在19~34岁这一年龄段，占网民总数的49%，而35~54岁这一年龄段的网民占网民总数的30%，居第二位（见图2）。按性别分，女性网民占网民总数的48.57%，而男性网民则占51.43%，略高于女性网民数量。

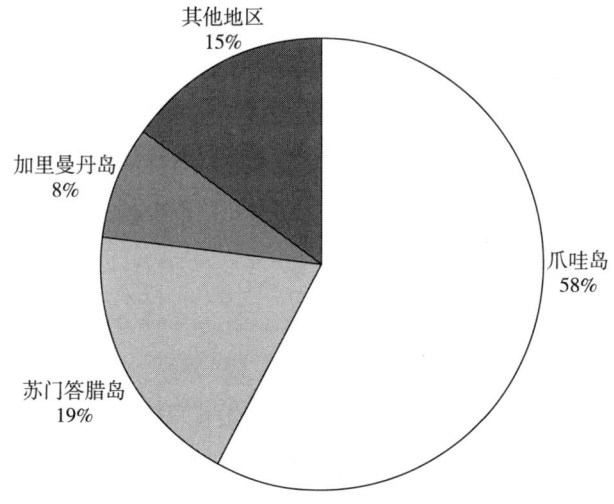

图1　2017年印尼各区域网民占比

资料来源：印尼互联网服务供应商协会。

印尼不同学历人群中网民人数占比也有一定差异，其中硕士及硕士以上学历人群中，网民占比高达88.24%；本科学历人群中，网民占比79.23%；高中学历人群中，网民占比70.54%；初中学历人群中，网民占比48.53%；小学学历人群中，网民占比25.10%；未入学的人群中网民仅占5.45%（见图3），由此可见，网民占比与学历呈正相关，学历越高，网民占比越高。

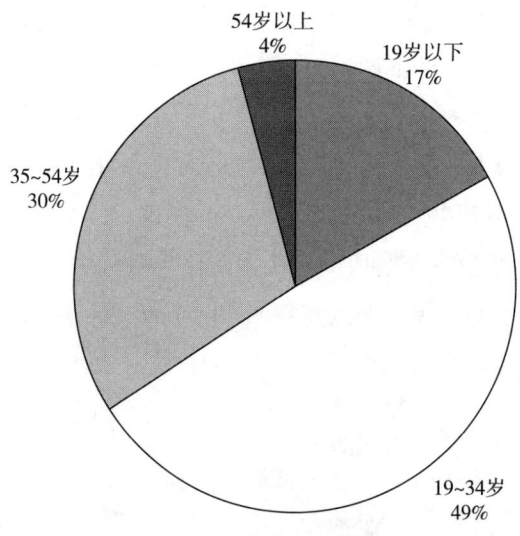

图2　2017年印尼各年龄段网民占比

资料来源：印尼互联网服务供应商协会。

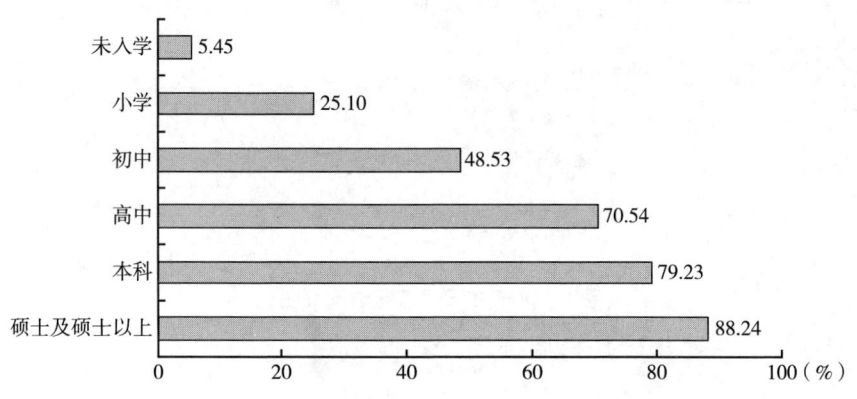

图3　2017年印尼各学历人群中网民占比

资料来源：katadata.co.id。

（二）相关政策、法律环境

电子商务和互联网金融业务的主管部门主要涉及印尼信息与通信部（Kemenkominfo）、印尼投资协调委员会（BKPM）、印尼商务部

(Kemendag)、印尼财政部（Kemenkeu）、印尼央行（BI）以及印尼劳工部（Kemenakertrans），另外，互联网金融行业还受到金融管理局（OJK）的监管，各部门职责各有侧重，又彼此关联，共同发布相关政策。

1. 以总统令形式出台的相关政策法规

（1）电子交易系统及网上交易规定

2012年，印尼政府颁布第82号总统令（PP PSTE）对电子交易系统及网上交易做出规定。电子交易系统运营商必须在政府部门登记注册且接受监督，同时，交易系统硬件须满足7个条件：系统具备互联性和兼容性；经过认证；具备技术支持、维护以及售后服务；用户认可其系统；保证至少3年的运营期限；对更新内容进行说明；免费维修系统缺陷。软件须满足3个要求：已在印尼通信部登记备案；确保系统的安全性和可靠性；符合相关法律法规。电子信息系统专家上岗前必须获得电子系统专业证书，专家的国籍并无限制。

第82号总统令对电子交易从业者也做出了相关规定。从业者须在认证机构登记注册并获得安全性证书，使用印尼电子系统，保证服务的安全性，将交易数据储存在印尼。承认电子合同的合法性，电子交易可以在电子合同的基础上进行。电子合同必须遵循双方意愿，符合法律规定，具体事项明确，交易内容与法律、习俗和公共秩序不相违背，合同内容需包含双方身份信息、交易内容、电子交易规定、价格和费用、取消交易的操作流程和受损方的补偿机制。

该文件还对数字签名做出了相关规定。数字签名是对身份信息和电子信息完整性与真实性的验证工具。数字签名的制作过程需确保保密性，数字签名储存在签名者的业务信息中，业务信息则储存在安全系数高的系统中。域名方面，相关机构或企业在域名注册中心提交域名申请，必须使用与机构名称相关的域名。

（2）电商从业规定

2014年，政府颁布第7号总统令，其中一些条款对电子商务从业条件进行了规定。电子商务从业者必须提供完整和准确的经营信息，包括从业者身份信息、商品的价格及购买方式和争端处理机制，必须遵守电子交易法规，违反法规的从业者将被判处12年以下有期徒刑和120亿印尼卢比以下罚款。

2016 年，第 19 号贸易法颁布，对原第 11 号贸易法进行修正。第 19 号贸易法明确了电子证书由电子认证机构提供，包含电子签名、电子交易法律主体信息。电子认证机构是政府承认的独立机构，由专业人士组成，有权颁布电子交易证书。

第 19 号贸易法严厉禁止网络犯罪行为。电子系统运营商使用私人信息必须经当事人同意，必须依据法律规定提供电子信息和电子文件删除机制。任何人都无权截取或窃取他人电子信息和电子文件。非法发布、传播或提供途径获得电子信息或电子文件的，或故意传播具有暴力威胁性质、具有敲诈勒索性质的电子信息和电子文件的，或故意传播虚假信息造成消费者在电子交易中权益受损的，或故意传播信息破坏民族、宗教、种族以及种群间团结的，都将被处以不同的刑期和罚款。

2016 年，印尼政府颁布第 44 号总统令，即投资负面清单，对外商资本可投资的公司类型和在各个公司类型中股份额占比做出规定。外商股份额占比超过规定的需在 2 年内将超过部分转让给印尼本土投资人或在印尼股票交易所上市，或将股份转变为库存股。负面清单中涉及电子商务和互联网金融投资的外资限定如表 1 所示。

表 1　电子商务和互联网金融相关联企业外资持股比例限制

公司类型	外资股权比例上限（%）
投资资金不超过 1000 亿印尼卢比的电商（包括电商平台、其他电子交易系统、网络广告等）	49
融资公司	85
借贷公司	80
仓储公司	67
互联网服务商	67
互联网多媒体服务商	67
邮递公司	49
风险投资公司	85
保险公司	80
保险代理公司	80
担保公司	30

资料来源：BKPM。

(3) 政府鼓励电商发展的激励性政策

2016年11月，印尼政府出台第14套经济刺激方案，其中包括对电子商务初创企业实施减税的激励措施，具体包括：一是对年营业额48亿印尼卢比以下的电子商务初创企业，只征收原纳税额的1%；二是对印尼境内外资电子商务企业与印尼本土电子商务企业遵循相同的税收政策①。

第14套经济刺激措施出台后，印尼政府紧接着又发布了电子商务发展路线图，为电子商务企业提供便利，目标是在2016年至2019年加快构建电子商务产业。路线图涉及八个主要方面，即资金、便利的税收程序、消费者保护、教育和人力资源、物流、通信基础设施建设、网络安全以及政策执行管理层建设。具体精神是：一是在资金层面，拓宽融资渠道，便利企业融资。政府为初创企业孵化和创业指导项目提供资助并为中小微企业以及电商初创平台提供专项基金。鼓励大公司为子公司提供种子资金，允许电商平台众筹或从特定群体募集资金。二是在税收层面，印尼政府对投资者投资初创企业给予减税优惠。对于年营业额低于48亿印尼卢比的初创企业，简化其税收征管程序。境内的外资电商企业和本土电商企业遵守同样的税收政策。三是在消费者保护层面，规范电子认证、资格认证程序、支付机制、消费者保护和争端处理机制，同时，有计划地建设国家支付网关。四是在教育和人力资源方面，政府积极宣传电子商务，要求高校开设电子商务相关课程以培育电子商务人才。五是在物流方面，改组印尼邮政，加快其现代化进程，振兴国家邮政在物流服务中的骨干作用。同时，加快培育电商物流专家。六是在通信基础设施建设方面，加快宽带网络建设。七是在网络安全方面，需要在电商交易及网络环境中部署国家监管系统。

2. 印尼投资协调委员会（BKPM）颁布的相关政策法规

2015年，印尼投资协调委员会第15号文对投资许可证办理做出规定，外商投资额超过100亿印尼卢比即可向投资协调委员会或各级一站式投资服

---

① Joni Taryanto, "Kebijakan pemerintah terhadap e-commerce", *www.goodnewsfromindonesia.id*, 2018 – 1 – 12.

务机构申请营业执照（Izin Usaha）。投资额少于100亿印尼卢比但已经申请到投资许可证（Izin Prinsip）或者已成为注册投资者的外资企业也可直接申请营业执照。外资企业许可证（SIUP3A）包含临时许可证、永久许可证、许可证延期、许可证变更和外商办事处许可证，其中，外商办事处许可证有效期为3年，且可以申请延期。2017年，印尼投资协调委员会第13号文对电商投资许可做出补充规定。第13号文允许电商企业直接申请营业许可证，但必须满足以下条件：已在印尼注册、获得纳税人税号（NPWP）且有固定办公地点。

3. 印尼信息与通信部的相关政策法规

（1）电子系统注册程序

2014年，印尼通信部颁布第36号文对电子商务公司注册程序做出规定。电子商务公司注册基本程序与一般公司注册程序相同，外资设立的公司必须先制定公司章程并进行公证。在投资协调委员会登记注册后，可在网上向通信部提交注册电子商务公司的申请，申请材料包括：最新公司记录表、公司地址、负责人信息、税号、电子系统供应商信息（包括：实体名称、实体组织结构、实体数据以及实体地址）、电子系统技术概述（包括：软件，硬件，专家，对使用电子系统、保护个人信息以及维护系统安全的程序进行解释，公共服务和对与其他电子系统互联互通性进行阐释）以及系统域名。2015年，印尼通信部第10号文对电子商务公司的电子交易系统注册做出补充规定，电子系统注册证书有效期为5年，电子系统服务供应商需申请安全认证证书后方可申请电子系统注册证书。

（2）手机软件服务规定

2016年，印尼通信部第3号函（CL. No. 3/2016）对手机应用软件做出相关规定。手机应用软件（Over The Top，印尼简称OTT）包括通信软件、商业交易软件、信息存储提取软件、娱乐（游戏）软件、社交媒体软件等利用网络提供服务的软件。手机软件服务提供商应为印尼公民或企业，外资在印尼境内通过合法途径设立的"常设机构"（BUT）可提供手机软件服务。

4. 印尼央行（BI）的相关规定

（1）对网络支付服务提供商的规定

2016 年，印尼央行颁布第 18 号文对网络支付交易做出规定。网络支付商需要取得央行颁发的运营许可证，取得运营许可证后方可向央行申请进行支付系统研发、产品开发、支付系统服务或与他方合作。企业必须拥有支付系统运营资质方可申请运营许可。此外，作为支付运营商、支付中介商或支付结算商的企业必须是有限责任公司，且 80% 以上的股份归印尼公民所有。只有银行和从事信息技术或支付系统服务的机构方可申请支付中介或网关支付运营许可证，企业需提供包括公司基本资料、企业合法性证明、所运行系统的安全性及可靠性证明、商业价值证明、充足的风险管理计划、消费者权益保护计划等材料。申请电子钱包运营许可证的企业需有能力进行充分的风险管理并做好消费者权益保护工作。

（2）网络支付和电子货币的相关计划和规定

2017 年 12 月 4 日，经过长期酝酿，央行终于推出了全国支付网关（GPN）建设计划，有三个主要目标：一是建立一个互联支付系统，方便民众跨行交易，降低交易成本。此前印尼银行业使用 Visa、MasterCard 和 JCB 等外资支付系统，有了自己的全国支付网关后，数据处理在国内完成，可节省交易成本。二是确保全国支付系统交易数据的可用性和完整性，加强消费者保护，提高金融系统效率。三是为资金支付的电子化提供便利，为政府以非现金方式发放社会救助以及高速公路和公共交通收费电子化提供支持。

为了实现这三个目标，印尼央行颁布第 19 号文，即《互联网金融管理条例》，要求印尼境内网络交易需在国家网关内进行。国家支付网关涉及主体分为两类，一类是系统运营和开发机构，包括技术标准化机构、支付服务运营机构及相关服务机构；另一类是使用系统的交易关联主体，例如发单行、收单行以及央行规定的其他机构。支付服务运营商向央行申请许可证的必须满足以下条件：央行已准许该机构从事支付服务；已利用印尼设施提供本地支付服务；80% 以上公司股份归印尼公民所有；有能力在全国网关中提

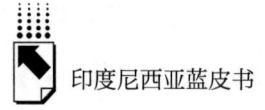

供支付服务；公司资本超过500亿印尼卢比。

这项改革还贯彻了消费者保护、风控和监管等内容。涉及电子支付的网络技术公司需要在央行登记备案，对于那些已经获得央行或其他监管部门从业许可的无须登记备案，但仍然需要向央行提供产品、服务、科技和商业模式等信息，这些内容用于在互联网金融监管"沙盒"中进行试验和评测①。条例规定，在印尼境内的交易必须使用印尼卢比，遵循反诈骗原则、预防恐怖主义融资和其他相关规定。

2018年，印尼央行颁布第20号文，即《电子货币条例》，规定有意提供闭环电子货币或开环电子货币服务的企业需确保闲置资金在10亿印尼卢比以上方可向央行申请运营许可证。支付系统运营商包括前端运营商和后端运营商，申请电子货币运营许可证的企业只能是二者之一。非银行机构申请成为电子货币发行商的，其51%的股份必须由印尼公民或印尼公司持有。申请成为电子货币运营者还必须满足以下条件：银行或者有限责任公司，企业合法，具备商业价值，运营准备充足，具备风险管控能力；能提供业务说明书和保证书。企业应先向央行申请电子货币运营许可，许可有效期为5年，到期6个月之前需再次向央行申请方可延长有效期限。交易者持有电子货币的量有一定限制，未登记的电子货币存储量不超过200万印尼卢比，已登记电子货币存储量不超过1000万印尼卢比，每月电子货币交易量不超过2000万印尼卢比。电子货币发行商需要登记闲置资金数目，其中现金及银行转账账户的闲置资金不低过30%，用于购买政府或银行发行的债券或金融产品的闲置资金不多于70%。央行每年对各个非银行机构全年闲置资金进行审查。印尼境内的电子支付交易必须使用印尼卢比。电子货币运营商和发行商可收费的情形限于：用户购买电子货币工具；充值；通过第三方提取现金；向第三方用户转账。

5. 金融服务管理局颁布的相关政策法规

2016年底，印尼金融服务管理局（OJK）第77号文即《P2P网络借贷

---

① Sakina Rakhma Diah Setiawan, "BI Terbitkan Aturan", *Fintech*, 2017-12-07.

监管规定》出台，对 P2P 网络借贷监管做出规定。P2P 网贷平台运营商或提供商必须是有限责任公司，贷款必须使用印尼卢比且平台运营方不得参与借贷活动，借款人必须是印尼公民，放款方并无规定，每笔借款不得超过 20 亿印尼卢比。外商直接或间接占有 P2P 网络借贷平台股份不得超过 85%。运营方需拥有 10 亿印尼卢比注册资金，方可在金融服务管理局注册并获得经营许可证。2018 年 3 月，金融服务管理局（OJK）提出八大措施以推动印尼互联网金融业的发展，包括提供评测服务、加强机构和法律协调、成立创新中心和国家互联网金融中心等。

二 印尼电子商务发展现状及挑战

（一）电子商务产业发展概况

1. 产业基础

2016~2017 年，印尼网上交易额达到了 53 亿美元。印尼央行预测，这个交易额还会不断刷新。美国商务咨询机构"We Are Social"发布的报告显示，2017 年印尼网购人数较上年增长 15%[①]。2017 年，印尼名为"iPrice"的网络机构对 30 个电商平台进行调查，发现印尼消费者在电商平台上停留的时间次均为 4 分 9 秒，这段时间足够用户完成一笔交易。根据谷歌和 temasek 的调研，东南亚地区电子商务发展迅速，2017 年电子商务平台搜索量在两年内翻一番，印尼电子商务发展形势十分乐观。

电子商务发展前景还得到了印尼家庭消费能力提升的支撑。根据《国际商业观察》提供的数据（见表 2），可以看出随着印尼经济的发展，印尼家庭支出不断增加，说明消费能力提升，这将有利于印尼商业包括电子商务行业的发展。

---

① Kama, "Inilah Tren E-Commerce 2018 di Indonesia", *Menurut Toko Online Ini*. 2018-1-19.

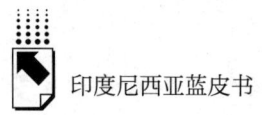

表2　2016~2019年印尼家庭年均支出及增长情况

单位：美元，%

年份	2016	2017	2018（预测）	2019（预测）
家庭年均支出	537.10	581.39	619.50	665.49
增长率	9.34	8.25	6.55	7.42

资料来源：Canary Wharf. "Indonesia Consumer & Retail Report 2018Q3", *BMI Research*, 2018。

印尼电子商务迅速发展还得益于手机等移动终端的普及。印尼网络消费者更倾向于使用手机浏览电商平台，印尼电商平台流量的87%来源于移动端，但电脑端的交易转化率是移动端的3倍，这表明印尼消费者更倾向于在手机上浏览，而在电脑端进行交易。另外，印尼消费者喜欢工作时间在网上购物，且网购交易峰值出现在10∶00AM至17∶00PM，交易转化率在周三达到峰值，而周末转化率约下降30%。

2. 现有电子商务的主要模式

印尼电子商务模式主要包括B2C模式、C2C模式、B2B模式、C2B模式、B2A模式、C2A模式和O2O模式，其中B2C和C2C是印尼电子商务产业的主要模式。

（1）B2C模式。B2C模式是企业对消费者模式，即电商企业为消费者提供消费平台、支付平台和物流服务。以Lazada Indonesia为例，Lazada引进了许多企业的产品，在平台上出售给消费者，消费者选定商品完成线上支付后，商品就进入物流程序，寄往消费者手中。

（2）C2C模式。C2C模式侧重于将消费者与小零售商和个人卖家联系起来，一般来说，C2C模式电商平台同类商品价格低于B2C模式电商平台，这是因为C2C模式平台的商家是个人卖家和小零售商，议价能力较低。以Tokopedia为例，个人卖家和小零售商可通过简单的步骤完成注册，在Tokopedia上开店，消费者根据自己的需求选择商品，可以和小零售商直接交流沟通。除了在电子商务平台消费外，许多印尼人也习惯在Facebook和Line上用社区或个人账号进行交易，这种方式有利于商家与消费者直接交互，大部分购买的商品都可以由商家直接配送并采用货到付款方式，买家无须提前将货款转账给卖家,也无须支付物流费,但这种交易方式的安全性不高,消费者容易遭到欺诈。

(3) B2B 模式。B2B 模式是适用于企业之间的电子交易平台。以 Ralali 为例,这个平台出售商品维护、维修和运作服务,主要为企业间的交易搭建桥梁,2013 年后,Ralali 平台的商品更加丰富,有汽车、测量仪器、GPS 和其他电器。

(4) O2O 模式。O2O 模式是电子商务与实体零售相融合的模式,致力于将线上消费者引导至实体店消费。以印尼大型商场 Matathari Mall 为例,它会在官网上发布商品信息和打折信息,消费者可以在线上直接购买,也可以前往实体店消费。

3. 发展趋势

印尼电子商务产业在快速增长。2014 年,印尼电子商务交易额为 25.1 万亿印尼卢比（或称印尼盾），2016 年上升到 69.8 万亿印尼卢比，同比上涨 179.2%，据印尼央行（BI）估计，到 2018 年印尼电子商务交易总额可以达到 144.1 万亿印尼卢比（见图 4），这种增长趋势在未来还将延续。以印尼电商平台 Lazada 为例，2018 年斋月期间交易额与上年同期相比翻了一番，增长速度惊人。

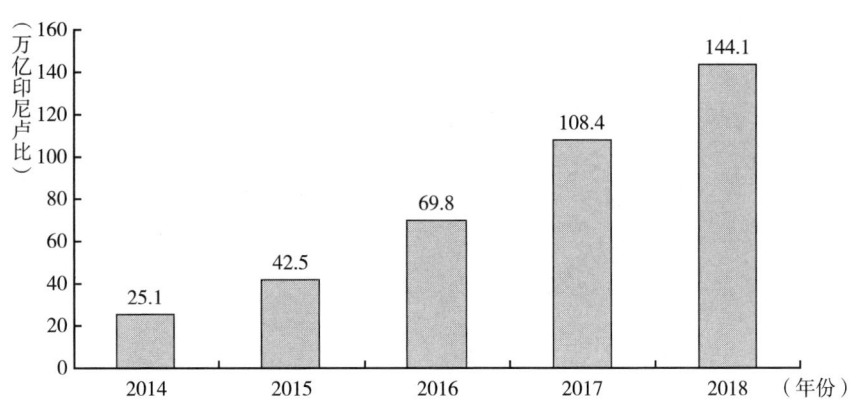

图 4　2014～2018 年印尼电子商务交易额

注：2017 年和 2018 年为预测数。
资料来源：印尼银行（BI）。

另一个趋势是印尼本土和国外资本在大幅增加对电商领域的投资。2017年，阿里巴巴集团在 Lazada 中的股份由 51% 提升至 83%，此后，又向 Tokopedia 注资 11 亿美元。2018 年 3 月中旬，阿里巴巴集团继续向 Lazada 加注 20 亿美元，大有将 Lazada 转型成为印尼的"阿里巴巴"的意愿。韩国乐天集团也与印尼三林集团合资创办新的电商平台 iLotte，美国 eBay 也积极开展与 Telkom 集团的合作并在 2017 年 3 月向电商平台 Blanja 注资 3500 万美元。

电商领域在快速增长的同时，竞争也在加剧。印尼各大电商平台经常开展促销活动，尤其是在斋月、双十一、双十二等期间，各平台会展开激烈的竞争。2018 年开斋节期间，Tokopedia 开展名为 Flash Sale 的限时抢购活动，活动商品一律 25000 印尼卢比，受到印尼消费者热捧，平台系统多次崩溃。而一些年轻的平台，则会通过各种办法缩小与其他平台的差距，例如成立于 2015 年的印尼 Shopee 专注于 C2C 电子商务模式，在每年 10 月 10 日推出手机促销活动，以及在 12 月举行周年庆活动，这些战略使得 Shopee 的手机客户端成为 2017 年度谷歌商城以及苹果商店中最受欢迎的电商 App。

（二）主要电商企业发展情况

1. Lazada Indonesia

Lazada 集团总部设于新加坡，是东南亚地区最大的电子商务平台，主要市场为马来西亚、印尼、越南、泰国、菲律宾和新加坡。Lazada Indonesia 于 2012 年成立，Lazada Indonesia 销售的商品种类繁多，包括电子产品、书籍、儿童玩具、母婴用品、美妆护肤品、家装用品和旅行健身用品等。

阿里巴巴集团十分看好 Lazada 集团的发展前景，因而多次注资 Lazada 集团。2016 年 6 月，阿里巴巴集团向 Lazada 集团注资 10 亿美元，获得超半数的股份。2017 年，阿里巴巴集团再次向 Lazada 集团注资 10 亿美元，股份占比达到 85%。2018 年 3 月，阿里巴巴又一次向 Lazada 集团注资 20 亿美元，阿里巴巴十八位创始人之一 Lucy Peng 将代替 Max Bittner，出任 Lazada 集团的首席执行官一职。Lucy Peng 表示，Lazada Indonesia 在未来几年有可能转型成为印尼的"阿里巴巴"。

除了阿里巴巴外,许多投资商也将目光聚焦到了 Lazada 集团及其母公司 Rocket Internet 上。2012 年,瑞典投资公司 Kinnevik 向 Lazada 集团注资 4000 万美元,同年 12 月,世界上最大的风险投资公司之一 Summit Partners 投资 2600 万美元。2013 年 1 月,德国战略零售集团 Tengelmann 集团向 Lazada 注资 2000 万美元。

根据 iPrice 提供的数据,2017 年全年,Lazada Indonesia 每个月的流量均高于其他电商平台。2018 年第一季度,Lazada Indonesia 用户流量达到 1.176 亿人次,居印尼市场首位(见图 5)。由此可见,Lazada 的用户基数优势明显,然而 Tokopedia 和 Bukalapak 等平台 2018 年第一季度发力,用户流量已呈现超越 Lazada 之势。Lazada 第一季度用户流量 1.176 亿人次中,其中有 2280 万人次来源于社交平台 Facebook(见图 6),占比高达 19.4%,远高于其他平台。

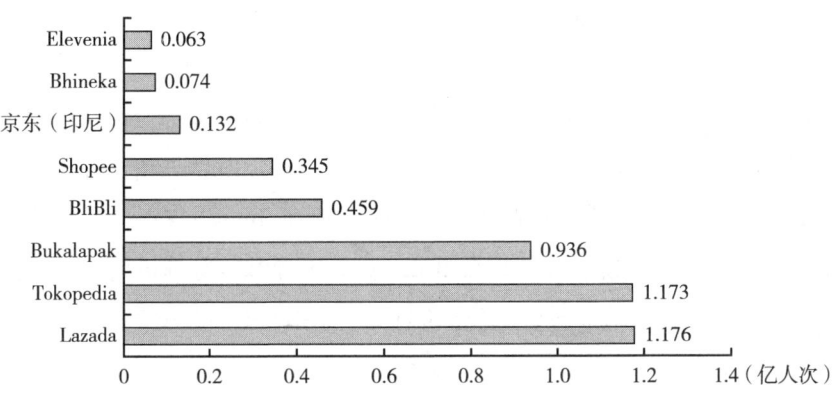

图 5　2018 年第一季度各电商平台用户流量

资料来源:iprice.co.id。

Lazada 引进了许多知名企业的官方旗舰店,如三星、联合利华、多芬和 Wardah 等国际知名品牌及印尼本土品牌,提升了消费者对平台的信任度,同时也有利于品牌与平台直接进行合作,加大优惠力度,吸引更多的消费者。Lazada 开辟了"淘宝专区",商品选自中国淘宝,商品提前储存在雅加达的阿

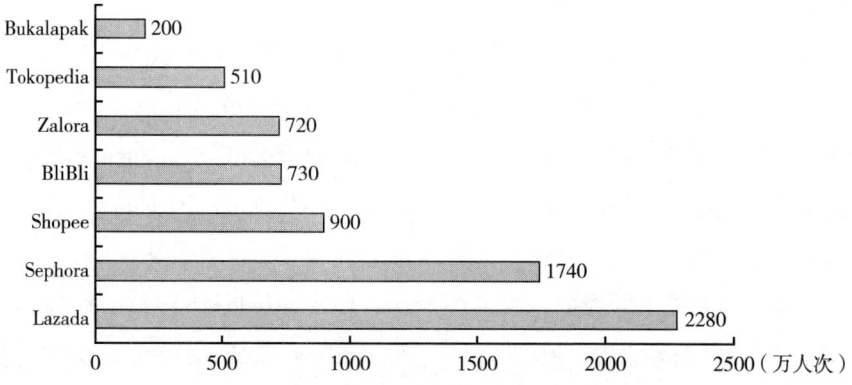

图6 2018年第一季度电商平台源自Facebook的流量

资料来源：iprice.co.id。

里海外仓，便于发货，增加了Lazada与淘宝的联动，丰富了Lazada的商品种类。

在物流方面，Lazada拥有自己的物流公司Lazada Expres（LEX），构建了自己的物流体系，同时也与印尼其他物流公司包括First Logistics、TIKI、RPX、JNE、NEX等进行合作。

Lazada设有Pulsa & eStore（话费充值及电子商城）专区，包括话费和流量充值、游戏充值、酒店和餐饮代金券、旅游产品、电费充值、Lazada购物卡以及购物券等。值得一提的是，Lazada携手Rumah Zakat（天课屋）、Dompet Dhuafa（福利院基金）以及BAZNAS（天课基金管理机构）共同推出了网上慈善专区，展示了一个关注慈善且勇于承担社会责任的大企业形象。

2. Tokopedia

Tokopedia专注于将消费者与小零售商、个人卖家联系起来的C2C模式，致力于成为中介平台，个人卖家、小零售商和品牌店都可以在Tokopedia上免费开店。Tokopedia秉承"利用网络建设美好印尼"的宗旨，帮助中小微企业和个人在Tokopedia上开店，到2018年，Tokopedia平台上的大小卖家已达到约500万家。Tokopedia商品种类齐全，包括服饰、美妆、家装用品、母婴用品等。

2009年8月17日，Tokopedia正式成立，是印尼市场发展最快的电子商务平台之一。自成立以来，Tokopedia 获得多方融资，如 East Ventures、CA 创投、Netprice、软银韩国风险投资公司等。2017 年 8 月，阿里巴巴集团向 Tokopedia 注资 11 亿美元，这次领投无疑是希望整合 Lazada 与 Tokopedia 既有基础，加速东南亚电子商务的发展。

Tokopedia 为了提高消费者对平台的信任度，采用与淘宝类似的模式，在卖家将货物交付给顾客之前，买家的货款会暂时保存在平台账户中，只有买家收到货后，钱款才会打到卖家账号。根据 iPrice 提供的数据，2018 年第一季度，Tokopedia 用户流量高达 1.17 亿人次，稍低于 Lazada。

2018 年，Tokopedia 仍在不断引进品牌官方旗舰店，以提高消费者对平台的信任度。与此同时，Tokopedia 推出了一系列新的服务项目，包括出售各类门票（演唱会、体育赛事、景点门票等）、出售 XXI 影院电影票、XXI 影院会员卡充值、出售各类商品券（餐饮团购券、服装券和美容券等），大大方便了印尼消费者的生活。Tokopedia 推出金融投资、黄金买卖、信用卡还款、税务服务等表明其进军互联网金融业，推动 Tokopedia 电子商务和互联网金融协同发展。

为了让消费者特别是没有银行卡的消费者能方便在 Tokopedia 购物，Tokopedia 于 2017 年 3 月推出一款第三方支付平台，即 Tokocash，试图将 Tokocash 打造成印尼版支付宝，然而由于未获得印尼央行（BI）运营许可，Tokocash 平台被迫暂停运营。2018 年 5 月，印尼央行发布第 20 号条例，对电子货币和支付领域做出新的规定，Tokopedia 首席执行官 William Tanuwijaya 称运营许可仍在申请中。

3. Shopee

2015 年，Shopee 在新加坡首次亮相，目前业务已扩展到马来西亚、泰国、印尼、越南和菲律宾。腾讯持股比例 39.7%，为 Shopee 最大股东。2017 年 10 月，Shopee 移动客户端下载量超过 4300 万人次，为完善一站式服务体验，Shopee 客户端提供实时聊天功能，实现买家卖家更加快速便捷的交互。"Shopee Koin" 功能广受印尼消费者欢迎，该功能相当于积分，在平台上消费越多，就能获得更多的 "Shopee Koin"，收集的 "Shopee Koin"

可用于抵扣商品部分价格。

尽管Shopee在2018年第一季度用户流量榜中处于第五的位置，然而根据AppAnnie2017年全年谷歌商店和苹果商店每个季度平均排行，Shopee排名第一，成为印尼最受欢迎的电商App。由于印尼是东南亚移动通信份额最高的国家，其移动流量占总流量的87%，因而Shopee能成为2017年度下载量最大、最受欢迎的电商APP也就意味着Shopee占有较高的流量，随着印尼移动通信的发展，其流量还会持续上涨。

根据iPrice提供的数据，2017年在Facebook和Twitter印尼最受欢迎的电子商务平台中，Shopee均位于第三位，而在Instagram印尼最受欢迎的电子商务平台中，Shopee仅位于第五位。2018年第一季度，Shopee超越2017年Instagram最受欢迎的穆斯林时尚电子商务平台Hijup。

Shopee十分重视平台内容运营，其用户社区分为10个专区，分别为时尚、电子配件、美容、食品和菜谱、育儿、兴趣爱好、生活、趣闻、小测试以及视频。每个专区都有大量优质内容，在文章或者视频中提到的商品都会附上购买链接，能极大勾起消费者购买的欲望，同时提供购买链接也能极大地方便消费者购物。另外，用户社区的文章、视频等都可以直接分享至各大社交平台，包括Twitter、Facebook、谷歌和WhatsApp，该功能对于促进现实客户和潜在客户的互动，提升Shopee在各大社交平台的知名度有很大助益。

Shopee重视印尼本土商品，为此特地开辟了一个国货专区，从印尼小吃到巴迪克服饰，商品种类丰富且与印尼文化紧密相连，有效提升了品牌的文化价值，有利于Shopee在印尼进一步发展。

（三）面临的主要问题

1. 电商支付系统不完善

印尼消费者网上购物主要支付方式包括银行转账、信用卡支付、第三方支付平台支付、货到付款以及通过便利店完成支付。由于印尼的金融化率较低，只有约36%的印尼人拥有银行账户，信用卡普及率在东南亚地区最低，仅为1.6%，因此银行转账成为印尼最主要的网购付款方式，占比49%（见

图7）。银行转账需要卖家提供银行账号，买家将货款通过ATM、网上银行、手机银行和短信银行转账到卖家的账户，卖家通常要确定货款到账后才会发货。这种支付模式需要消耗大量时间和精力，对于电子商务的长期发展是一个挑战。

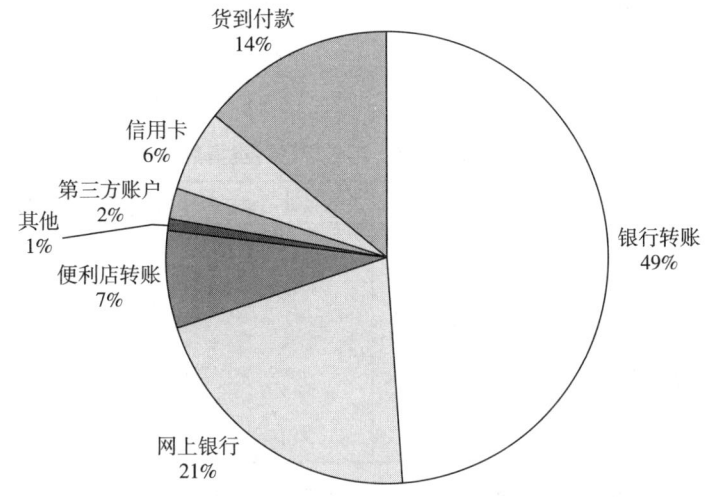

图7　2017年印尼网购支付方式占比

资料来源：katadata.co.id。

2. 物流系统效率不高

印尼被称为"千岛之国"，国土狭长，由西至东横跨三个时区，独特的地理特征给物流系统带来了巨大的挑战。加上印尼物流系统基础设施建设不完善，尤其是城乡间物流路线较少，造成了物流成本居高不下。据世界银行报道，印尼物流业的成本在东南亚地区最高，占国内生产总值（GDP）的25%。印尼交通运输网络指数在亚洲排名第10位，物流风险指数在亚洲也是排名第10位（见表3）。

邮费是制约网络购物的重要因素之一，电子商务平台上的商品价格较为便宜，邮费相对就显得较高。印尼知名的物流公司有JNE、印尼邮政、Tiki、First Logistik和J&T等。根据运输物品的重量、运输时间要求以及路程距离进行收费，市内常规快递费用约为10000印尼卢比/千克，需要1~2天，省内常规快递费用约为13000印尼卢比/千克，大约需要2~3天，省际快递费则随着路程的增加而增加。在Lazada上的平价服饰约为35000印尼卢比，而省内快递费约为8000印尼卢比，邮费相当于商品价格的22.9%。因此，各大平台经常推出各类包邮活动，消费者购物满一定额度，即可享受包邮优惠。低邮费对印尼消费者吸引力较大，也体现了印尼物流系统建设对发展电子商务的重要性。

表3 2018年上半年印尼各类指数

指数类型	网络基础设施指数	交通运输网络指数	贸易程序指数	物流风险指数
印尼	52.7	64.2	55.8	57.6
东亚及东南亚平均值	54.4	54.3	54.5	54.4
印尼在东亚及东南亚排名	12	8	9	8
亚洲平均数值	49.5	44.5	47.4	47.1
印尼在亚洲排名	15	10	11	10

资料来源：Canary Wharf. "Indonesia Logistics Risk Report 2018 Q3"，*BMI Research*，2018。

3. 网络通信设施不完善

根据Hootsuite提供的数据，2017年，世界有线网络平均网速为42.71Mbps，无线数据网络平均网速为22.16Mbps。在印尼，有线网络平均网速仅为13.79Mbps，无线数据网络平均网速为9.82Mbps，与世界平均水平相差甚远。印尼不同的网络运营商的网速更是天差地别，获得更快的网络服务也就意味着需要缴纳更多资费，这将导致网络成本的上升。

4. 用户消费水平较低

印尼网购消费者2017年网上人年均消费为36美元，在东南亚地区排在倒数第二位。价格成为吸引消费者的重要因素之一，当一个平台有大促销活动时，消费者们便会蜂拥而至，一旦活动结束，平台流量大幅回落。因而，平台如何减少运营成本，以降低商品价格，为消费者提供有竞争力的价格成为平台拉拢顾客的重要手段之一。

三 印尼互联网金融发展现状与挑战

（一）互联网金融产业发展概况

1. 产业基础

在印尼金融服务管理局（OJK）的规划中，互联网金融有两代版本，一代是互联网金融 2.0，指的是由金融机构如 Mandiri 银行的 Mandiri Online（网上银行）运营的数字金融服务，这是传统金融服务在互联网上的转化；二代是互联网金融 3.0，指的是依托于互联网的金融创新产品和服务。

印尼互联网服务商协会（APJII）发布了 2017 年印尼网络行为和网络普及率调查报告，报告显示：网络聊天服务使用率高达 89.35%，网络金融服务的使用率最低，仅为 7.39%，互联网金融的使用者仍局限于中高收入阶层。这既是互联网金融行业的困境，也是一个机遇，互联网金融企业要加大研发投入以提升服务能力和盈利能力[1]，同时还需通过各种途径提高国民参与率和金融素质，以及推动银行提供手机银行服务。此外，政府需要出台促进互联网金融发展的政策，需要各方如印尼央行（BI）和金融服务管理局（OJK）更紧密地合作。

当前，仅有 50.24% 的印尼人能享受到金融服务，政府在最新的五年规划中提出的目标是将该数值提高到 75%。印尼仅有 36% 的成年人在正规金融机构拥有账户。印尼互联网金融协会政策执行总管 Ajisatria Sulaiman 认为，民众获取金融服务比例低最根本的原因是金融服务价格高且不方便获取，印尼每 10 万人口的银行分支覆盖率仅为欧洲的六分之一[2]。

---

[1] Sakina Rakhma Diah Setiawan, "Paling Rendah, Penggunaan Internet untuk Layanan Perbankan", *APJII*, 2018 - 2 - 19.

[2] Selfie Miftahul Jannah, "Mengupas Tantangan Pengembangan Keuangan", *Digital di RI.* 2018 - 2 - 14.

2. 发展形势

印尼互联网金融平台涉及的业务主要包括网络理财、网络借贷、网络支付、网络众筹以及网络征信。在网络理财方面，由于印尼居民理财能力较弱且风险容忍度低，印尼理财市场的互联网平台大多处于初创阶段。在借贷领域，印尼信贷业务主要由银行提供，然而能享受银行信贷的公民不足半数，且额度较小、期限较短，有利于网络借贷的发展。在网络支付领域，第三方支付平台仍处于起步阶段，主要应用于网络购物。在众筹领域，印尼中小微企业众多，且难以从银行获得融资，融资需求旺盛。随着金融业的发展，征信行业越来越举足轻重，然而印尼征信行业覆盖人群极少，第三方征信公司和大数据公司仍处于起步阶段。

截至2018年1月，共有235家互联网金融企业在印尼互联网金融协会（AFTECH）登记，其中，网络支付公司占39%，占主导地位，P2P网络借贷公司占24%，金融产品信息整合公司占11%，个人理财业务公司占7%，网络众筹占8%（见图8）。

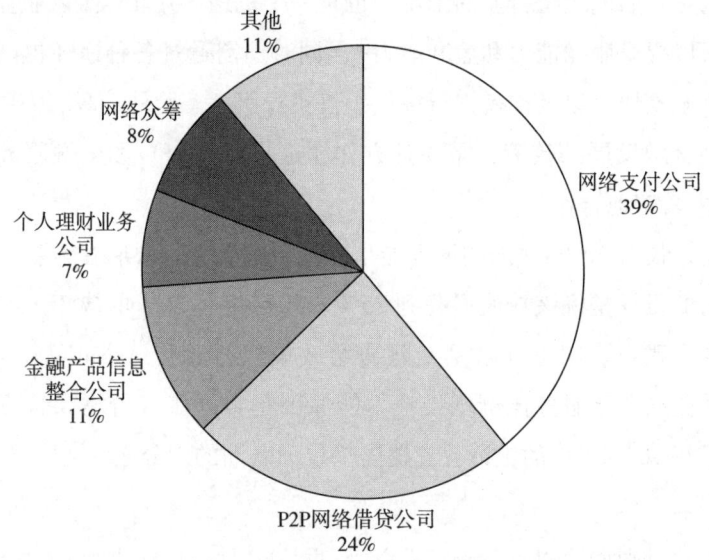

图8　2018年1月各类互联网金融公司占比

资料来源：www.cnbcindonesia.com。

网络支付在印尼互联网金融市场一直占据主导地位。网络支付公司占互联网金融业公司总数的39%。网络支付业的壮大与网络购物的发展密不可分，网络支付的发展反过来又推动了网络购物的发展。许多银行紧紧抓住了网络支付这一商机，陆续推出 Mandiri Clickpay、BCA Clickpay 和 CIMB Clicks 等网络支付工具。手机支付的快速发展，支付平台 Go-Pay 已成为 Go-Jek 最重要的业务。金融时报机密研究（FTCR）对1000名来自25个城市的成年人进行了调查，发现2017年7月至9月，使用过手机支付软件的人数占总人数的1/3。即便如此，网络支付的发展仍面临许多挑战。

P2P 网络借贷是印尼最受欢迎的互联网金融业务之一。2017年，网络借贷平台数量同比增长32%，占互联网金融企业总数的24%。截至2017年9月，P2P 网络借贷平台发放贷款累计达到1.6万亿印尼卢比，爪哇岛以外地区放贷人数同比增长784%，借款人数同比增长745%。其中 Modalku、Investree、Mekar 和 Koinworks 等平台备受关注，网络借贷创业企业也不断涌现。值得一提的是，印尼市场出现许多服务中小微企业的网络借贷平台，如 TUN 公司，目前印尼共有5800万家中小微企业，因而市场很广阔。2017年初，金融服务管理局（OJK）出台关于网络借贷的新规，提升了用户对网络借贷平台的信任度。

从长远看，印尼互联网金融市场极具潜力，中产阶级和互联网用户庞大，而金融业务覆盖率尚低，中小企业融资领域存在空白。印尼政策研究中心（CIPS）认为，印尼政府致力于在2020年之前将印尼打造成东南亚地区最大的数字经济体，政府势必会加大对互联网金融行业的扶持力度。根据2016年印尼统计局发布的信息，广义数字经济增加值已达到国家生产总值的3.61%，2017年，上升至4%。印尼银行公布数据显示，近年来印尼电子商务交易额持续上涨，这也带动了互联网金融的发展，越来越多的科技公司、初创企业加入互联网金融市场。根据 DailySocial 发布的2017年互联网金融报告，2017年全年，印尼共有40多家新成立的互联网金融公司以及140家初创企业加入印尼互联网金融市场。与此同时，包括本土与外国资本在内的约 32 家风投公司投资了印尼互联网金融公司，披露的投资金额已达到 4863 亿印尼卢比。

（二）主要互联网金融企业发展情况

1. DOKU

DOKU 成立于 2007 年，前身为 PT. Nusa Satu Inti Artha，是印尼首家提供电子支付和风险管理服务的公司，随着 DOKU 用户数量的不断增加，DOKU 风险管理体系趋于完善，分析能力不断提升。2012 年，DOKU 成功申请到印尼央行颁发的电子货币运营许可证，于 2013 年 4 月推出首款电子货币，目前，超过 100 万印尼消费者使用过这款电子货币。

DOKU 面向消费者和商家提供服务，面向消费者的服务主要包括网络支付、提现、话费充值、转账、水电费缴费、有线电视缴费、信用卡还款、保险购买等服务。为了方便转账，DOKU 设有"加好友"的功能，转账时只要选择好友，无须填写好友的 DOKU 账号。为了提升手机支付的便利度，DOKU 增加了扫码支付的功能，许多线下商店均可使用，包括耐克、冰雪皇后等知名品牌店。消费者需要完成身份验证，上传身份证图像方可开通转账、提现等服务项目。

DOKU 平台还与众多公司开展合作，用户在 DOKU 的理财专区即可购买 Bareksa 平台提供的理财产品；通过 DOKU 在游戏平台 Steam 和 Megaxus 充值，可以获得不同程度的优惠，充值额度越大，优惠越多；在 DOKU 平台还可以购买餐饮及娱乐产品代金券，折扣最高可达到 70%；在 Alfamart、罗森等便利店购物，消费者只需提供付款验证码即可完成支付；还可在 DOKU 平台通过网络借贷平台 Ulo Ulo 申请贷款等。

DOKU 为商家提供一系列特色功能。支付链接可以通过社交媒体、论坛和电子邮件发送，方便与买家进行即时交易。商家可以在手机上确认收款，高效便捷的同时，交易信息仍然受到保护。根据商家的需求，DOKU 提供一站式服务。DOKU 后台不仅提供实时交易数据，还提供分析报告，映射客户支付行为，帮助商家制定战略。DOKU 提供全天候服务，如果商家使用过程中遇到障碍，可随时联系 DOKU 团队。DOKU 设置交易监控系统和威胁监测团队以加强商家账户交易的安全性。DOKU 支持多货币交易，方便跨境交易。DOKU 的公共账户能有效协调商家和消费者的业务资金，也有助于简化对账过程和退款流程。DOKU 不向商家收取开户费用或月费，只对每笔成功的交易收取一定费用，具体资费见表4。

表4　DOKU 收费标准

单位：印尼卢比

支付途径	资费
信用卡(VISA、MasterCard 和 JCB)	交易额×3% +2500
银行转账(PRIMA、ALTO、ATM BERSAMA、Mandiri、BCA、PermataBank 和 sinarmas 银行)	4500
网上银行(Mandiri clickpay、PermataNet 和 BCA klikPay)	银行扣费+2500
便利店(Alfamart 集团旗下)	5000
DOKU 钱包(DOKU Wallet)	交易额×2%
Mandiri 银行账单支付	5000

资料来源：doku.com。

2. CekAja

CekAja 是一个基于网络的金融信息服务商，于 2013 年成立，是马来西亚 C88 互联网金融集团的子公司，用户累计达到 2000 万人次。CekAja 坚持简便、安全和准确的原则，平台的服务包括对投资、保险和贷款等产品进行对比，让用户更方便地获得理财产品信息，选择适合自己的产品。对于用户，CekAja 不收取任何费用，消费者可以享受免费咨询服务。现阶段，CekAja 已经同花旗银行、Permata 银行和汇丰银行等多个银行建立合作关系，有效提高服务品质。

CekAja 的金融信息服务主要包括四个方面，即信用卡、贷款、保险、投资理财。在信用卡信息服务中，CekAja 根据各大银行不同种类信用卡优惠内容、返现模式、有价折扣、开卡奖励、旅游出行优惠、机票优惠以及消费优惠这七个方面对每款信用卡进行详细描述。

贷款主要包括无抵押贷款（KTA）、抵押贷款（KDA）、住房贷款（KPR）、流动资金贷款和车辆贷款（KKB）。在无抵押贷款信息服务中，用户可以直接在CekAja申请贷款，无须前往银行。与此同时，为了让用户选择适合自身情况的贷款服务，CekAja会对几十个供应商提供的优惠进行对比分析，用户还能获得贷款的详细信息以及银行适用条款。各个银行提供的无抵押贷款额度在500万印尼卢比到3亿印尼卢比之间，审核时间最快为3个工作日，最慢为21个工作日，而还款期限在3年至5年，这样方便快捷的获取方式以及宽松还款期限无疑会极大地刺激印尼用户贷款的欲望。然而，需要注意的是，无抵押贷款利息通常在10%到23%之间，相比于抵押贷款9%到12%的利息要高。无抵押贷款服务除利息外还会产生其他费用，包括印花税、预付费和保险费等。在中小微企业贷款服务中，印尼各地的中小微企业可以访问在线信用现金贷款申请平台，CekAja为支持中小微企业发展，只要中小企业家在CekAja上提交民企商业信用即可申请中小微企业贷款。在住房贷款服务中，用户可以通过CekAja找到各大银行住房贷款的对比分析。用户只需输入想购买房产的价格、理想的贷款比例和还款期限，CekAja就会罗列出符合条件的住房贷款选项。此外，CekAja还提供保险、投资理财、付费电视、网络电视和网络查询等服务。

3. Amartha

Amartha成立于2010年，是首个提供P2P借贷服务的互联网金融公司，主要为小微企业提供贷款，同时也十分关注乡村等偏远地区的创业人群。2017年3月，由印尼Mandiri银行的风险投资基金Mandiri Capital Indonesia（MCI）牵头，Beenext和Midplaza Holding参与，Amartha启动A轮融资，融资金额估计在200万美元至500万美元之间。Amartha平台对于放款方而言，有五大优势：第一，Amartha在小额融资中积累了可靠的声誉。Amartha已在金融服务管理局登记并接受监督，采用团体贷款方式以应对不良信用情况。为了减少投资风险，Amartha还与多家保险公司展开合作。第二，Amartha客户面广，包括偏远地区用户。第三，回报率高达15%，远高于传统投资理财产品。第四，资金流通以周为单位，现金流通更加高效。第五，注册过程高效便捷，用户只需提供银行账户、身份证复印件、税号和电话号码即可注册成为放款方。

Amartha 平台对于借款方而言，也有五大优势：第一，Amartha 根据借款人的还款能力为其提供可负担的还款模式。第二，Amartha 的利息是公开透明的，不存在任何隐藏费用。第三，偏远地区的用户也可利用 Amartha 客户端了解最新的贷款信息。第四，每周为借款人提供资金管理指导。第五，为无法在传统银行贷款的微型企业提供融资服务，包括小商业、家庭手工业、农业、畜牧业和服务业等行业的业主。

借贷方式是：首先，借款人需自行组成 15~20 人的团体，参加培训了解连带责任，当一名成员无法按时付款，团体其他成员必须提供帮助。其次，Amartha 根据借款人提供的业务规划和借款人信息，通过信用评分系统进行评估，评估通过后，Amartha 提供合同并发放贷款。最后，在贷款期间，团体每周召开例会，成员不得缺席且需要上交财务及业务规划等材料。

4. Bareksa

Bareksa 是投资理财类互联网金融企业。它拥有种类丰富的理财产品，包括基金、股票和债券等，并针对每一个潜在用户的需求推荐适合的投资经理。Bareksa 已在金融服务管理局登记注册，经金融服务管理局许可，成为投资基金经营代理。根据 Infovesta Utama 的数据，2017 年，印尼投资基金达到 440 万亿印尼卢比，同比增长 33.88%，且仍处于上升状态，预计 2018 年可增长至 500 万亿印尼卢比，发展前景广阔。

2016 年，Bareksa 与 DOKU 在技术、业务、教育项目和市场营销等领域开展合作，实现了理财市场的重大突破。Bareksa 在 DOKU 手机客户端出售理财产品，10 万印尼卢比起购，这一创新举措让人们更容易获取金融产品，因而得到了金融服务管理局的认可。2017 年 3 月，DOKU 几个大股东旗下的 Gemilang Dana Sentosa 公司正式注资 Bareksa。Bareksa 在 2017 年与 Mandiri e-Cash 和 Bukalapak 合作，在 2018 年与 Tokopedia 合作，允许用户通过上述平台购买证券投资基金。截至 2018 年 4 月 24 日，Bareksa 用户数量达到 11 万人次，与此同时，经由 Bareksa 流动的投资资金达到了 1 万亿印尼卢比，与4月9日的8500亿印尼卢比相比上涨了17.6%，与2017年12月的4500亿印尼卢比相比上涨了122%。

此外，Bareksa还提供基金筛选器，根据交易方式、基金类型（货币型、混合型、股票型等）、基金种类（伊斯兰型、普通型）、基金投资额和币种（印尼卢比、美元）筛选出用户需要的基金。Bareksa对每个基金的回报率、风险进行评估，从而对基金进行评级。同时，Bareksa也提供基金的基本信息、交易费用，用户还能通过图表直观地了解基金在某一段时间的走势，方便用户更好地了解意向基金。Bareksa的"模拟投资"功能预估理财收入，让潜在投资者有一个心理预期。在Bareksa，用户不仅能购买投资基金，也能购买债券、投资产品组合、储蓄套餐等。

（三）面临的挑战

1. 人才缺乏

互联网金融业在印尼属于新兴行业，业务本身具有复杂性，加之学校教育中缺乏对互联网金融行业的介绍，行业宣传力度不够，导致民众对该行业认知度不高。由于认知度不高，行业人才也相对较少，这将成为行业发展的巨大阻碍。

2. 缺乏公民信用数据

印尼并未建立完整的公民信用数据库，第三方征信机构也十分少见，因而互联网公司无法准确、快速地掌握潜在用户的个人信用数据，很大程度上增加了资金的风险，也存在滋生洗钱和恐怖主义融资等不法行为的可能。

3. 互联网金融法律法规不完善

金融服务管理局已经对P2P网络借贷做出规定，但对其他借贷模式没有规定，因而网络借贷领域仍然比较混乱。多个部门共同监管互联网金融行业，缺少统一规定，法律法规也较为冗杂。例如，根据规定，平台吸纳资金和放款必须通过托管账户，因此，资金的流通速度受到了一定程度的限制。

4. 居民偏好现金支付

印尼民众现金支付的习惯根深蒂固，短时间内也难以改变，实现无现金社会仍然任重道远。另外，根据 TunaiKita 所做的调查，印尼互联网金融用户大多数是"80后"和"90后"，这些用户中的大部分对品牌的忠诚度很低，并倾向于寻找新的互联网金融平台提供的服务。熟人推荐是互联网金融平台推广的主要形式，因而平台的用户体验十分重要。

5. 网络安全问题

随着互联网的发展，网络安全问题愈加重要，勒索软件大规模侵入电脑系统的事件仍让人心有余悸。网络安全一直是世界货币基金组织和世界银行大会中的重要议题。印尼财政部长 Sri Mulyani Indrawati 曾指出时常会有黑客攻击国家金融系统和其他电子系统，因而互联网金融平台系统也可能有安全隐患[1]。由于互联网金融行业涉及大量资金流动，具备良好的网络安全对发展互联网金融至关重要。

---

[1] Pramdia Arhando Julianto, *Sri Mulyani Akui Sistem Keuangan Digital di Indonesia Rawan Diretas.* 2018 – 3 – 3.

社会与人文篇

Social and Humanities

B.12
印尼基础教育发展问题比较研究

〔印尼〕Henry Wijaya 肖莉娴*

摘 要: 为了更深入、彻底地审视印尼基础教育发展情况,本文以中国教育质量作为参照,从三个方面分析了印尼基础教育的成就和不足。一是学生在国际标准化考试中的表现;二是入学率和师生比情况;三是教育投入情况。通过比较分析发现,印尼中小学入学率较高,师生比也比较理想,表明印尼政府为学龄人口提供了较充分的受教育机会,但以国际标准衡量,其教育质量并不高,处于国际排名靠后的位置。政府教育投入已占政府预算支出约20%的比重,但相对于社会需求仍明显不足,这是制约教育质量提高的重要原因。

---

* 〔印尼〕Henry Wijaya,广东外语外贸大学印尼语专业外籍教师;肖莉娴,广东外语外贸大学东语学院印尼语专业教师,印尼研究中心研究员。

关键词： 印尼 基础教育 教育质量 入学率 教育投入

一 引言

印尼教育体系中共有各类学校超过25万所，实行九年义务制教育，其中以公立学校为主，私立学校也占有重要份额。公立学校一般是非宗教性，不隶属于宗教团体，而私立学校则主要由宗教导向，主要隶属于印尼的两个主要伊斯兰组织穆罕默迪亚协会和伊斯兰教士联合会，也有少数由其他宗教教会例如基督教教会建立的私立学校及华人建立的三语学校。

在教育方面，人们可能会怀疑是否值得从印尼的经验中获得某种认识。毕竟，负面的报道、令人失望的消息和严厉的批评似乎都有损印尼教育的声誉。比萨尼（Pisani）是一位印尼的长期观察员、记者和作家，在2013年发表了两篇贬低印尼教育的文章，标题分别为《印尼儿童不知道他们是多么的愚蠢》（*Indonesian Kids Don't Know How Stupid They Are*）和《一个笨蛋的国家》（*A Nation of Dunces*）。2016年，她又撰写了一篇贬低性的文章，标题为《显然》（*Apparently*），在文章中她指出，42%的年轻印尼人一无所知。若引用印尼学生在标准化国际考试中令人失望的成绩，她的指责并非毫无根据。尽管如此，这些并非都对印尼的教育不利。虽然某些领域存在明显的缺点，但一些进展值得进一步研究。

为了更加全面地审视印尼的教育，并向中国读者简要介绍其总体情况，本文将列出印尼教育某些方面的情况。此外，将与中国的教育进行比较，但并非特别表明哪些方面表现更好，而是将印尼在这一领域已经取得或未取得的成就纳入其中。虽然教育领域的一些利益攸关方一直批评教育比较以及结果如何被使用，甚至被滥用，以促进预先制定的政策议程，但这种做法本身并非没有价值。当其结果被视为有助于教育系统或初步研究的产出的一个方面，可以促使进一步和更深入的调查，而不是政策制定的唯一决定因素，教育比较可以带来显著的作用。

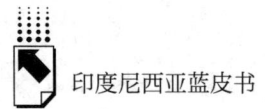

根据上述前提,本文将对印尼与中国的教育进行简要比较,希望这项研究能为我们提供一些可吸取的教训。由于其局限性,本文将重点研究三个方面,即:(1)两国学生在不同国际标准化考试中的表现;(2)两国在提供基础教育和保证教师在课堂教学中的两个指标衡量,即参与率和师生比;(3)通过对教育领域的投入反映两国对教育事业的重视程度。

为了显示比较结果,每次比较都将展示最近十年的数据。中国的数据包括四个地区,即中国内地、香港、澳门和台湾地区,因为中国这四个地区通常分别参加国际测试,并且还独立统计测量。

二 基于国际标准的基础教育质量评估

将一个国家的学生在国际标准化考试中的表现与其他国家进行比较是衡量其国民教育状况的直接而简单的方法。由于印尼学生更多参加的是国际学生评估计划(Program for International Student Assessment, PISA)[①] 和国际数学与科学研究趋势(Trends in International Mathematics and Science Study, TIMSS)[②] 这两项测试,因此本文仅讨论这两项测试的结果。

(一)2015年国际学生评估(PISA)表现

国际学生评估计划(PISA)每三年举办一次,由经济合作与发展组织(Organization for Economic Copoperation and Development, OECD, 以下简称"经合组织")管理。经合组织旨在促进改善全世界人民经济和社会福祉的政策,目前有35个成员国。为了实现其目标,经合组织分析和比较数据以预测未来趋势,并在广泛的领域制定国际标准,其中之一是教育。

[①] PISA 是由经济合作与发展组织(Organization for Economic Co-operation and Development, OECD)统筹的学生能力国际评估计划,主要对接近完成基础教育的 15 岁学生进行评估,测试学生能否掌握参与社会所需要的知识与技能。

[②] TIMSS 是国际教育成就评价协会(The International Association for the Evaluation of Educational Achievement)发起和组织的国际教育评价研究和评测活动。

最近的一次国际学生评估计划（PISA）于2015年进行测试，其结果于2016年12月公布。下一次国际学生评估计划（PISA）测试预计于2018年进行。经合组织（2016年）PISA主要评估那些义务教育将要结束的15岁学生，已经掌握了对充分参与现代社会至关重要的关键知识和技能。因此，可以确定国际学生评估计划（PISA）不仅检查学生是否可以学习到知识，而且还可以从他们学到的知识中推断并在多种环境中应用这些知识。国际学生评估计划（PISA）通常会检查三个核心科目，即阅读、数学和科学，但最新的2015年国际学生评估计划（PISA）也评估"协作解决问题的能力"。

从表1可以看出，在2015年PISA测试中，印尼学生在三个核心科目中的表现均低于国际标准。阅读分数为397分，数学分数为386分，科学分数为403分，这三门科目成绩，印尼学生的成绩分别排在第64位、第63位和第62位。

同时，中国只有几个选定的地区参加了2015年PISA测试，即中国内地的四个省和直辖市（北京、上海、江苏和广东），以及中国香港、中国澳门和中国台湾。本文将它们的成绩全部呈现出来，以便为中国提供完整的代表性。从表1可以看出，中国整体上表现非常好。最令人瞩目的是中国香港学生的成绩，他们在阅读中排名第二，得分为527分，在数学方面排名第二，得分为548分，来自中国内地的学生也表现良好，所有成绩得分均高于PISA三个核心科目的平均分。中国内地四省市除了阅读成绩外，所有其他成绩均位于前十名。中国澳门和中国台湾这两个地区的学生在三个核心科目中也取得了不错的成绩。

表1 2015年印尼和中国学生在国际学生评估计划（PISA）的成绩

单位：分，位

项目	阅读	数学	科学
全球评估最高分	535	564	556
全球评估最低分	347	328	332
中国香港	527（2）	548（2）	523（9）
中国澳门	509（12）	544（3）	529（6）
中国台湾	497（23）	542（4）	532（4）

续表

项目	阅读	数学	科学
中国内地四省市	494(27)	531(6)	518(10)
平均分	493	490	493
印尼	397(64)	386(63)	403(62)

注：括号中的数字表示该地区学生的成绩在全球所有参评地区中学生成绩的排名，共有70个参评地区。中国内地四省市指北京、上海、江苏和广东。

资料来源：经合组织，2016。

从上述比较结果中可以看出，印尼学生在2015年PISA测试中的表现确实令人失望。尽管本文未提供，但与之前PISA测试的结果并没有太大差异。事实上，印尼学生在PISA中的表现一直平庸，这是比萨尼（Pisani）用来严厉批评印尼教育质量的依据。

（二）2015年国际数学和科学研究趋势（TIMSS）中的成绩

另一项可用于评估学生表现的国际标准化考试是国际数学和科学研究趋势（TIMSS）。该测试由国际教育成就评估协会（International Association for the Evaluation of Educational Achievement，IEA）主办，该协会是一个由国家研究机构、政府研究机构、学者和分析师组成的非营利和独立组织，它们作为国际合作社共同合作，以评估、理解、并改善全球教育。超过60个国家积极参与该测试，而100多个教育系统参与了其研究。TIMSS在四年级和八年级时使用准纵向设计来衡量学生的数学和科学成绩。最近的一次TIMSS测试于2015年进行，而下一次将于2019年进行。

如表2所示，印尼学生在国际数学和科学研究趋势（TIMSS）测试中的表现也不令人满意。49名参加数学测试和47名参加科学测试的学生成绩，均排名第44位。与此同时，中国香港学生的数学成绩为615，科学成绩为557，分别排名第二和第五。此外，来自中国台湾的学生成绩与之也不相上下，他们在数学方面排名第四，在科学方面排名第六。由于中国只有香港和台湾地区的学生参加这项测试，中国内地的学生没有参加，因此印尼学生未能与人数更多的中国学生做比较。

表 2　2015 年印尼和中国四年级学生参加 TIMSS 的成绩

单位：分，位，个

项目	数学	科学
最高分(新加坡)	618	590
中国香港	615(2/49)	557(5/47)
中国台北	597(4/49)	555(6/47)
印尼	397(44/49)	397(44/47)
最低分(科威特)	353	337

注：印尼只有四年级学生参加了 2015 年 TIMSS 测试。括号中的数字表示该地区学生的成绩排名及参评地区数。

资料来源：Mullis、Martin 和 Hooper，2016。

由于印尼八年级的学生没有参加，因此无法比较八年级学生的成绩。然而，来自中国香港和中国台湾的学生们取得了理想的成绩。在数学方面，来自中国台湾的八年级学生得分为 599 分，排名第四，而来自中国香港的八年级学生得分为 594 分，排名第五。而在科学测试中，来自中国台湾的八年级学生得分为 569 分，排名第三，而来自中国香港的八年级学生得分为 546 分，排名第六。

从以上比较中可以得出结论，印尼学生在国际数学和科学研究趋势（TIMSS）测试中取得的成绩也远远不能令人满意。总而言之，印尼与中国学生在国际标准化考试中的表现做比较，进一步强调，如果印尼政府希望提高他们的教育水平，仍然需要继续在这方面做出巨大的努力。

三　入学率与师生比情况

然而，并非所有印尼的教育都令人失望。自 1945 年独立以来，印尼政府通过其教育和文化部（印尼文为 Kementerian Pendidikan dan Kebudayaan）的努力，实际上已取得了一些显著进展，具体反映在下面提及的两个教育指标中。本文特别选择研究印尼在提供基础教育和提供教学人员方面的表现，也将在该背景下与中国获得的成绩进行比较。与上一节相对应，本节还将介绍中国不同地区的数据，包括中国内地、香港和澳门的数据。由于

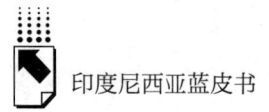

有关台湾地区学生参加测试的数据在撰写本文时尚未获得,因此不包括该地区。

(一)入学率

教育参与率(入学率)是评估一个国家提供国家教育服务成功与否的基准之一。我们可以检查的第一个衡量指标是毛入学率①。联合国教科文组织统计研究所认为,毛入学率反映了"在特定教育水平上注册的学生人数,不论年龄,表示为与同等教育水平相对应的官方学龄人口的百分比",并表示"教育系统招收特定年龄组学生的能力"。毛入学率高通常表示高参与度,当一个国家的毛入学率接近或超过100%时,则表示这个国家原则上能够容纳其所有学龄人口。

然而,仅通过毛入学率来测量参与率实际上是不够的,因为它包括所有年龄段的学生,即年龄超过官方年龄组的学生也包含在内。延迟入学、提前入学或重读将使毛入学率超过正式对应于教育水平的年龄组人口,导致毛入学率大于100%。为补充毛入学率的数据,我们还应检测净入学率(NER)②。

净入学率是"参与该级别的特定教育水平的理论年龄组的学生总数,表示为该年龄组占总人口的百分比",净入学率高表示"对官方学龄人口的高度覆盖"。联合国教科文组织统计研究所解释说,当将毛入学率与净入学率进行比较时,它们的差异可以显示未入学和超龄入学的情况,显示未入读相应教育水平的儿童的比例。

因此,本节将通过考察毛入学率和净入学率,介绍两国在中小学教育参与率方面的成就。

1. 小学教育的参与率

从图1中可以看出,印尼在小学教育参与率方面表现良好。在过去十年

---

① GER 即 Gross Enrollment Rate。
② NER 即 Net Enrollment Rate。

中，印尼的毛入学率一直超过100%。事实上，它在过去十年中一直与中国内地相当，甚至自2009年以来略微超过中国内地。除2016年外，它也超过了中国澳门。同时，虽然中国香港自2012年才开始有这些数据，但香港表现良好，在过去的五年中，中国香港学生的成绩优于印尼。

图1中的另外两点值得注意。首先，虽然显示印尼的毛入学率在过去十年中稳步下降，但并不一定意味着其提供的基础教育机会已经恶化。由于这些数字仍然超过100%，其下降可解释为低龄提前入学人数的减少，这是一个积极的表现。同样，关于中国内地的毛入学率下降也是同样的情况。2014年和2015年这一数字低于100%，应与其净入学率相比较。其次，在2008~2013年，中国澳门的毛入学率低于100%，有必要指出，自2010年以来，这一趋势一直在上升，这意味着政府不断改善其基础教育服务。

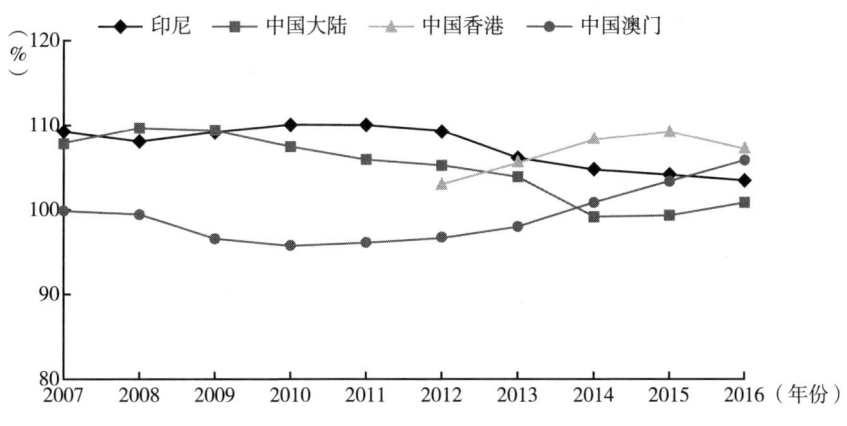

图1 印尼与中国小学教育毛入学率

资料来源：世界银行，2018。

同时，如图2所示，印尼的净入学率也取得了相对显著的成绩。在过去十年中，除2013年和2014年外，印尼的净入学率一般达到甚至高于90%（2015年数据不详）。2010年，这一比率甚至达到了95%。尽管从那时起该比率略有下降，但2016年最新的已知数据仍高达90.88%。

与中国相比，印尼的净入学率表现也相对较好。自2007年至2013年，

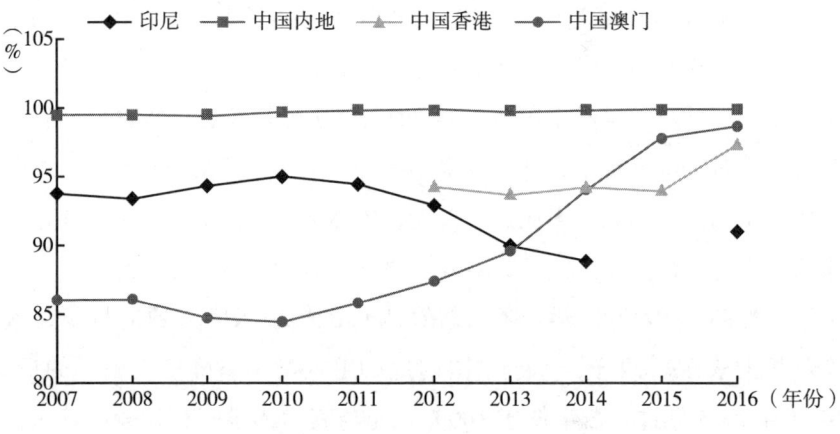

图 2 印尼与中国小学教育净入学率

资料来源:中国国家统计局,2018;世界银行,2018。

印尼的净入学率一直高于中国澳门。然而,自2014年开始,澳门已成功超越印尼,因为过去十年来,澳门的比率稳步上升。同时,自2012年以来,中国香港的净入学率一直高于印尼。

中国内地的净入学率实际上可以解释其毛入学率的下降率。由于中国内地的净入学率在过去十年中一直保持在100%左右,因此可以得出结论,年龄不合适的入学人数多年来一直在减少。

总之,在基础教育方面,两国都能令大部分学龄儿童接受基础教育。

2. 中学教育的参与率

中学教育呈持续积极的趋势。从图3中可以看出,印尼政府在扩大中学教育方面表现良好。

自2006年至2016年,印尼中学教育水平的毛入学率一直在90%左右。最低的是2014年为88.87%,而最高的是2011年为94.44%。过去印尼的毛入学率高于中国,包括中国内地、澳门和香港。然而,虽然中国内地的毛入学率(GER)在2006~2011年低于印尼,但它一直在上升,2012年赶上印尼并在2013年超过。同时,中国澳门毛入学率自2013年以来超越印尼。2012年,中国香港的毛入学率(GER)显著提升,并已经超越了印尼和中

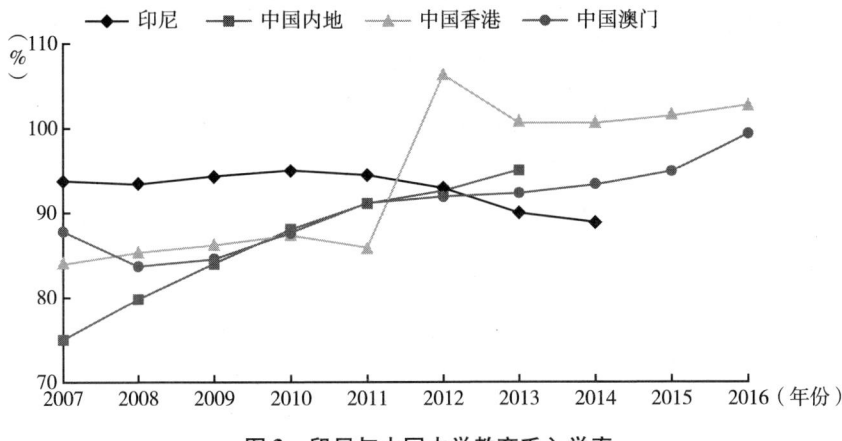

图 3　印尼与中国中学教育毛入学率

资料来源：世界银行，2018。

国其他地区。

但是印尼中学教育的净入学率表现不如小学教育（见图 4）。虽然净入学率在过去十年总体上不断上升，甚至达到 2015 年的最高点，为 76.8%，但几乎都低于中国香港和中国澳门。因缺乏中国内地的数据，故不能在这里进行比较。

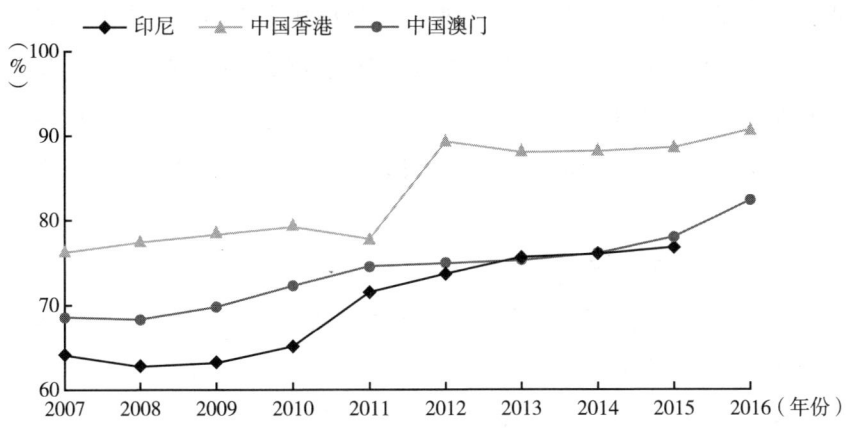

图 4　印尼与中国中学教育净入学率

资料来源：世界银行，2018。

从上述所有比较中可以看出，平均而言，印尼政府在提供小学和中学教育方面做得非常出色。值得注意的是，上述两个指标中中国的比率不断上升，有时是飞跃式上升，反映了中国在教育领域的巨大投入，特别是在为其儿童提供基本教育途径方面。本文不讨论高等教育的参与率，因为印尼的教育水平不是强制性的，因此政府在向学生提供服务方面几乎没有发挥什么作用。总而言之，这两个国家在提供基础教育方面取得了相当大的成就。

（二）师生比

除了研究两国在提供基础教育方面所做的努力外，本文还将通过研究师生比例，研究它们在保证教师在教学中付出的努力。对于这个特定比率，通常越小越好，因为比率表明教师与他/她负责教导的学生人数的比例。

1. 小学教育中的师生比例

如图5所示，印尼小学教育中的师生比例几乎总是低于1∶20，这意味着每位教师大约需要教导20名学生。该比率不断上升，在2016年达到最低，只有1∶14。相比之下，中国在保持师生低比率方面也有良好表现，甚至高于印尼比率。在过去十年中，中国所有地区的比率一直低于1∶20，而且一直在上升，十年来这种持续下降是一项出色成就，这意味着两国在小学教育师资队伍建设方面不断取得进步，相对于学生规模，教师人数在不断增加。

2. 中学教育中的师生比例

在中学教育领域，两国师生比也在不断改善。如图6所示，印尼和中国不同地区的师生比例从未超过1∶20，自2007年以来，中国的师生比一直在上升，这意味着中学教师人数在持续增长。同期，印尼的比率波动较大，在2008年达到最高，为1∶12，在2012年达到最低，为1∶16.6。尽管如此，这两个国家的师生比都处于较低水平。

需要注意的是，上述数据是师生比例的平均值，反映的是全国教师和学

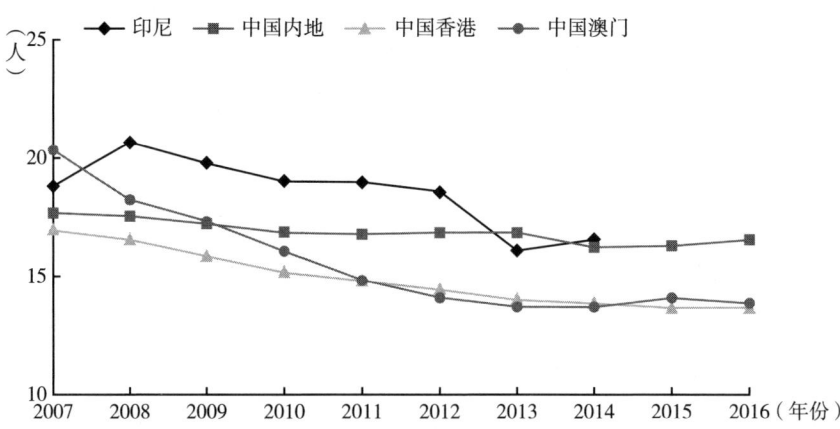

图 5　印尼与中国小学教育师生比例

资料来源：世界银行，2018。

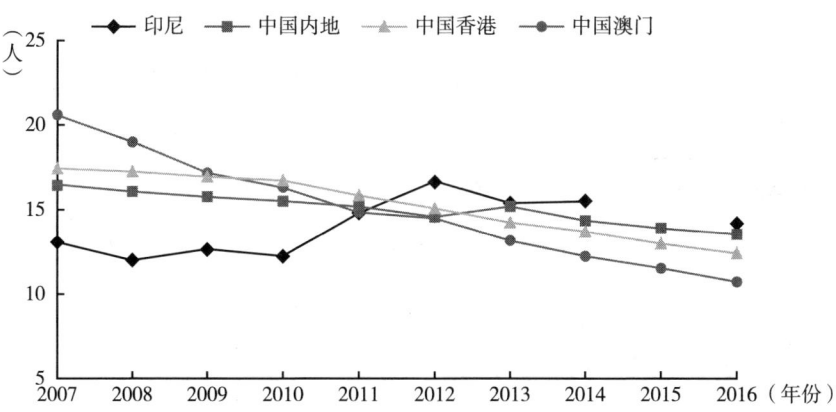

图 6　印尼与中国中学教育师生比例

资料来源：世界银行，2018。

生总数的比较，并不能反映每个班级的情况。师资的地区分布不均衡情况始终突出，在边远和落后地区教师仍然比较缺乏。另外，教师数量增多并不一定带来教育质量的提高，因为数量不一定能转化为质量。

四 政府教育投入情况

政府教育投入是基础教育发展的主要资金来源,而政府投入力度是基础教育发展的关键动力。图7显示了印尼和中国政府教育投入的对比情况,从图中可以看出,中国内地教育投入比重较高,2012年为5.3%,2015年为5.24%。财政投入的教育经费达到26271亿元人民币,2017年更是达到30153亿元人民币。中国其他地区都没有达到5%。中国香港有史以来最高的是2009年的4.39%,而中国澳门的最高纪录仅为2012年的3.34%。

在过去十年中,印尼的教育经费一直低于中国香港和中国内地,但一直高于中国澳门。印尼政府的教育投入不断增加,在2013年,政府教育支出预算增加21万亿印尼卢比(相当于22亿美元),在2015年达到最高,占国内生产总值的3.59%。虽然教育的大量资金并不能自动转化为教育质量的提高,但通常投入越大,教育发展的后劲就越足,从上述比较来看,印尼政府对教育的投入还有很大提升空间。

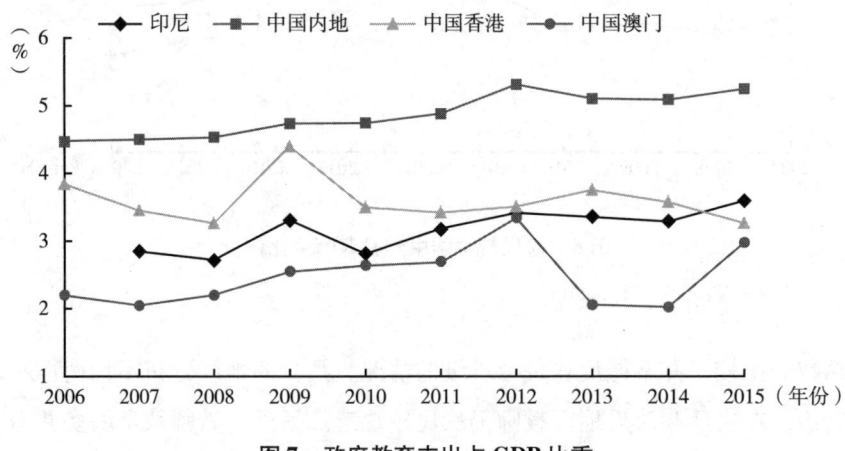

图7 政府教育支出占GDP比重

资料来源:世界银行,2018。

近7年来印尼文盲率的持续下降也体现出印尼政府在教育方面做出的努力。至2017年，占人口多数的15~44岁年龄段，其文盲率仅为0.94%。

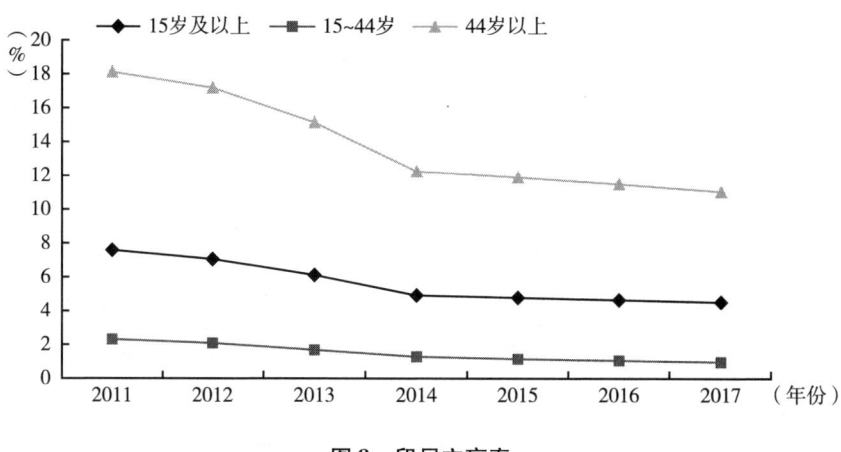

图8　印尼文盲率

资料来源：印尼国家统计局（BPS）。

印尼的中小学教育，并未实行如新加坡、中国、日本、韩国等地的"全日制"教育。2016年，印尼教育和文化部部长Muhajir Effendy提议在小学和中学实行8小时制，即"全日制"模式，目的是提高学生的品格教育，拓宽知识面，提高教育质量，但未能广泛推广。主要原因有：①教师薪酬普遍不高，延长教师工作时间，但教师工资并没有相应提高，很多教师通过其他渠道谋取收入以维持生计，这是教师出勤率不高的原因之一；②中小学教师在城乡之间、不同地区之间分布不均，难以有足够的有资格的师资提供"全日制"课程；③农村的学生放学后要帮助家庭务农，是家庭劳动力的其中一部分，若实行"全日制"模式，则减少家庭劳动力，增加农民负担；④大部分学校没有能力解决学生的午餐。

尽管如此，印尼教育与文化部部长提出分阶段实现"全日制"模式，计划至2018年，全国有3000所学校实行"全日制"教育，至2020年，所有学校实行"全日制"教育。该提议刚提出时，只有少数学校愿意自筹经费，把自己学校办成示范性"全日制"学校。

五 结语

从这项分析可以看出印尼基础教育的一些情况。比较积极的一面是政府已经加大投入,在为学龄儿童提供基础教育方面做了积极的工作,中小学毛入学率和净入学率都趋向乐观,入学人数增加,学龄人口入学率指标表现优异。面临的问题是教育质量欠佳。印尼学生多次未能在国际学生评估项目(PISA)和国际数学与科学趋势研究(TIMSS)测试中取得令人满意的成绩,包括2015年的最新成绩,他们排名都接近底部。由于印尼国内教育质量欠佳,因此越来越多有经济能力的家庭倾向于送子女出国留学,留学目的地主要有澳大利亚、美国、马来西亚、中国等国家和地区。这种现象除了导致人才流失外,也导致印尼国内教育消费的减少,未能刺激教育经济的发展。"全日制"教育是提高教育质量的其中一个方式,但需要有相应的投入以增加教学设备,提高师资素质,培养足够多的师资力量,除了需要足够的资金投入,还需相当长一段时间才可实现。教育质量欠佳主要原因是未有足够的经费投入和缺乏公开透明的管理体制。教育经费投入的不足,后果是学校硬件建设、教材投入、科研投入等方面都受到明显制约,教师福利缺乏吸引力,教师为增加收入,并未在教学工作中尽心尽力,缺乏良性循环。因此,需要印尼政府继续加大教育方面的投入,包括硬件设施的建设、师资的继续教育和福利的提高,以吸引更多人加入教师这一行列中,提高教育质量。

B.13
旅游业对经济社会的双向影响
——以巴厘岛旅游业为例

〔印尼〕I Ketut Budarma*

摘　要： 本文以印尼巴厘岛旅游业为案例，采用社会经济学视角考察了旅游业发展对当地经济、社会的多维影响。巴厘岛的经验表明，旅游业发展为当地经济注入了活力，成为当地支柱产业。但由于旅游企业大部分是由岛外资本控股，相关管理岗位也主要由外岛籍人员担任，导致当地部分居民在旅游业发展中的获得感不强。旅游收入的分配格局问题也导致旅游经济的发展未能充分发挥改善当地民生的作用。在环境方面，旅游开发已经对宗教环境、自然环境和人文环境产生负面影响，引起了地方政府和社区的重视，已开始采取一些措施，但在一定程度上面临开发与保护之间的两难选择。

关键词： 旅游业　经济影响　环境影响　巴厘岛

旅游业不仅是一个经济产业，也是一种社会文化现象，对经济社会有多重影响。本文以巴厘岛为例，对这种多重影响进行探讨。在经济上，巴厘岛旅游业在为巴厘岛人提供就业机会方面具有巨大潜力。而在社会文化上，游客的大量涌入，是本岛岛人将巴厘岛文化融入旅游文化、进行文化传播的重

---

* I Ketut Budarma，博士，国立巴厘理工学院（PNB）旅游系主任，教授。

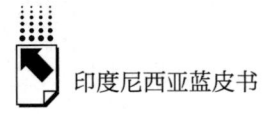

要渠道，但也会由此产生文化冲突，还会带来其他社会问题。本文即从双向影响角度探讨了旅游业发展对印尼经济社会的价值和挑战。

一 对经济的影响

（一）旅游业的经济贡献

2017年的一份调查显示，巴厘岛人认为巴厘岛旅游业发展对经济社会的重要性，关注经济影响的为89%，关注环境影响的为5%，关注文化和社会影响的为1%。此项调查表明，巴厘岛人对旅游业的关注主要集中在经济回报上，忽略了旅游业带来的其他影响。

巴厘岛现有551家星级酒店，拥有66277间客房，其中443家位于巴厘岛南部巴东区。全部酒店中30家为五星级酒店，有22家位于巴东区。整个岛上另有4323家非星级酒店，共有58617间客房，因而巴厘岛总共有124894间客房。巴厘岛南部已成为巴厘岛的旅游经济中心，巴厘岛旅游主要门户位于巴东区，此处有Ngurah Rai国际机场和贝奴亚港。政府正计划在巴厘岛北部的布莱伦再建一座机场，以促进巴厘岛北部旅游业的发展。赴巴厘岛旅游的人数持续增长（见表1），旅游业成为当地经济的主要支撑。旅游经济对巴厘岛GDP的贡献在2010年达到27.82%，2014年升至31.35%。在巴厘岛第三产业中，旅游业的贡献率在2010年为65.28%，2014年升至68.28%[①]。

过去五年，巴厘岛旅游的客源国已发生明显变化，中国、印度等新兴市场已经占据巴厘岛非常重要的旅游市场份额，其中中国内地已飙升至游客来源地首位，在2017年第一季度，中国内地共有394360名游客前往巴厘岛，同比增长58.6%，这已占到所有国际游客的30%左右。澳大利亚过去一直是巴厘岛最大客源市场，如今已被挤到了第二位，澳大利亚拥有19.5%的市场份额，加上中国，两者合计占到巴厘岛所有国际游客中的一半。日本也

---

① Made Antara Made & Sri Sumarniasih Made, 2017.

曾是巴厘岛一个极其重要的客源市场，但在 2017 年第一季度，日本游客数量仅为 57725 人，较 2016 年同期减少 5.2%，排在第三位。预计日本的排名仍将进一步下滑。作为巴厘岛第四大客源市场的印度，2017 年第一季度实现了两位数的强劲增长（增长 29.9%，人数达到 52225 人）。印尼亚洲航空公司在巴厘岛和孟买之间新开通的每日航班可能会加快这一进程。

表 1　印尼游客数量

单位：人，%

年度	印尼	增长率	巴厘岛	增长率
2013	8802129	9.42	3278598	11.16
2014	9435411	7.19	3766638	14.89
2015	10406291	10.29	4001835	6.24
2016	11519275	10.70	4927937	23.14
2017	14039799	21.88	5697739	15.62

资料来源：BPS。

总体而言，旅游经济解决了相当比例的巴厘岛人的就业问题，提高了巴厘岛人的生活质量。在 2017 年，巴厘岛 2398307 名劳动适龄人口中有 760093 人从事与旅游相关的服务。自 2011 年以来，旅游业一直是巴厘岛人就业的主要渠道，之前农业是其最大渠道，目前农业就业人口只有 466307 人，居第二位。

（二）当地居民对旅游经济的质疑

对于旅游业在巴厘岛经济中的作用，巴厘岛本地居民也存在一些质疑和负面评价。比较突出的是以下两个方面。

1. 旅游业控制权和实际受益程度的质疑

印尼旅游业总体规划和相关法律的推出是在 1971 年，而巴厘岛自 20 世纪 20 年代就开始发展旅游业，这意味着在相当长一段时间内巴厘岛旅游业处于自发发展状态。20 世纪 70 年代以后，巴厘岛旅游业有了大的发展，成为巴厘岛经济增长的主要驱动力。但问题是，巴厘岛本地社区是否在经济上受益于岛上大规模的旅游业发展,有质疑认为,外地资本家掌握着巴厘岛旅游业,巴厘岛本地居民并不是旅游业受益的主体。换言之,岛上旅游业发展的收入并未在资本和社区间公平分配,巴厘岛旅游业并未最大限度地提高当地居民福利。

2011年的一项调查显示,当巴厘岛人被问及他们是否在巴厘岛的旅游业中扮演主要角色时,93%的人回答否。这意味着当地居民未显著感受到旅游产业增长带来的福利。其原因主要是,大多数旅游企业由来自雅加达的资本或与国企合作的外国投资者所拥有。如图1所示,巴厘岛的大多数旅游企业都属于外地资本控股,约40%的调查样本企业为外资控股,33%的样本企业为巴厘岛人和外资合作控股(见图1)。

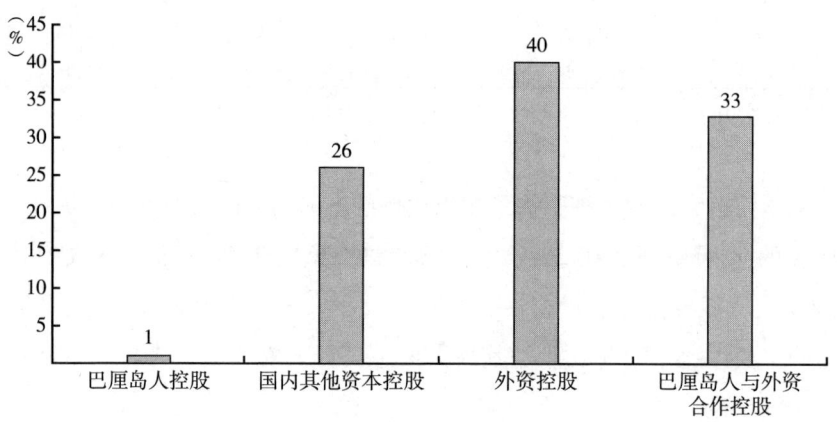

图1 巴厘岛旅游企业控股权分布情况

资料来源:Burma Ketut,2011。

从旅游企业雇员的来源分布情况看,岛外人员也是占据着主导地位。调查显示,只有20%的管理岗位由巴厘岛人担任,46.6%为外国人担任,26%为非巴厘岛籍印尼人(见图2)。

另外,游客消费结构特征也是导致巴厘岛当地居民对旅游业发展的获得感较低的原因。巴厘岛游客消费的第一大支出是付给旅行公司和导游的费用,其次是酒店和餐馆,再次是艺术品商店,最后是工匠,而恰好多数巴厘岛原

旅游业对经济社会的双向影响

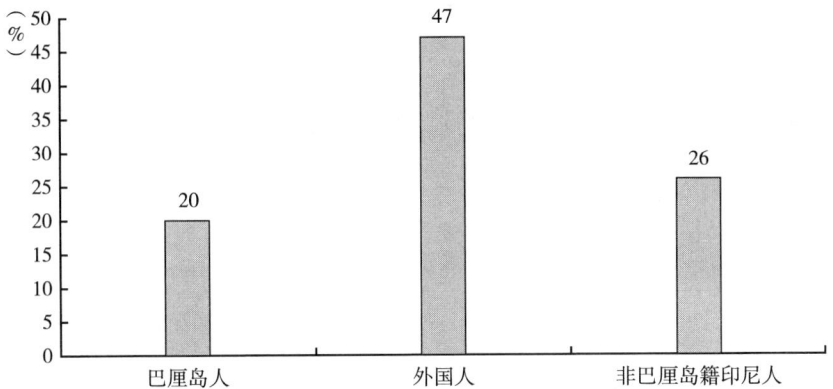

图2　巴厘岛旅游企业的管理职位人员类别分布

资料来源：Burma Ketut，2011。

住民从事工匠工作，如木雕、石雕、画家、金银匠、裁缝和其他与旅游相关的家居服务。据一份调查显示，为游客制作纪念品的工匠阶层只能从艺术品市场销售总额中分享约20%的利益，相关企业占据35%的利益，导游等中间商则占据45%（见图3）。

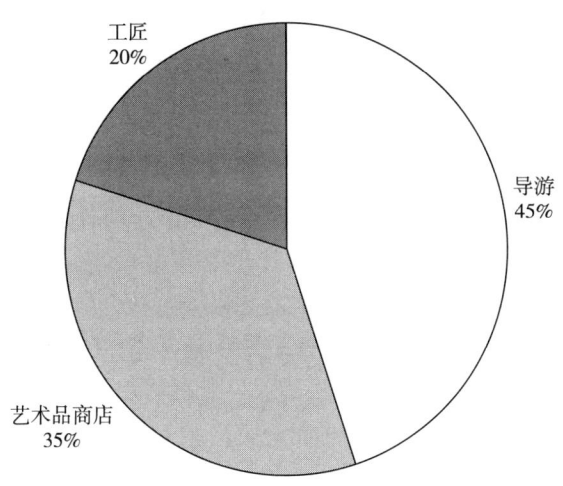

图3　巴厘岛艺术品市场收入分配格局

资料来源：Catherine Basset et Michel Picard，1993。

2. 旅游业发展对缓解贫困作用有限

1991年颁布的印尼旅游法规定了旅游业发展的基本目标，前三个基本目标是促进经济增长、增强人民福利和减轻贫困问题。由于旅游业在巴厘岛经济中具有突出重要的作用，因此本地居民期望旅游业的发展能够在解决低收入人群就业问题发挥主力作用。

表4显示了巴厘岛游客人数、贫困和失业人口对比的三个历史数据，可以看出赴巴厘岛游客人数增长与岛内贫困率下降同时出现，2008~2010年三年内游客人数年均增加14.52%，2008~2009年贫困人口减少34000人，贫困率下降1.04个百分点，2009~2010年减少贫困人口6800人，贫困率下降0.25个百分点，大体上说明了游客人数增多带来了一定的减贫效应。

表2　巴厘岛游客人数、贫困和失业人口对比

单位：人，%

年份	游客人数		贫困人数		失业人数	
	数量	增长率	数量	贫困率	数量	失业率
2008	1968892	18.5	215700	6.17	95512	2.56
2009	2229945	13.26	181700	5.13	69495	2.95
2010	2493058	11.80	174900	4.88	75635	3.37

资料来源：BPS。

但同时应注意到，失业率并未相应减少。正常情况下，游客增加会为巴厘岛创造更多就业机会，从而降低失业率。上述统计数据的矛盾，实际上是因为巴厘岛劳动适龄人口增长高于就业需求的缘故。据巴厘岛失业率统计数据显示，2009年和2010年，劳动适龄人口分别增加1.05万人和3.38万人。新增劳动人口绝对数量并不高，同期失业率的增加从侧面反映旅游业吸纳新增劳动人口的能力偏弱。

另外，由于贫困和失业人口主要分布在乡村地区，他们往往缺乏从事旅游服务的知识和技能，由此也导致旅游业对减贫工作的作用有限。再加上前

述的巴厘岛旅游企业多数由岛外资本所有，企业盈利回馈社区的机制不足。巴厘岛的一些度假村开发是由外国公司如希尔顿、喜来登和海特等酒店连锁企业主导，并且印尼政府支持这类飞地发展模式，非常依赖跨国公司开发度假村，例如 Nusa Dua 度假区的开发。飞地模式实质上并不是一个与缓解贫困问题相协调的发展模式，它使本地居民从旅游发展中的获益比例较少[①]。

二 对环境的影响

巴厘岛人具有自己特有的传统和观念，这些观念使人们能与自然和谐相处。环境感知是人们生活中不可或缺的一部分，是旅游业发展问题中的重要元素，本文将从环境角度考量旅游业发展的影响。

（一）对宗教环境的影响

巴厘岛旅游业自出现以来，就以巴厘岛宗教文化作为其特色之一，旅游设施开发也强调融入宗教文化元素，例如建造具有寺庙景观的酒店、餐馆和别墅。从酒店出发，游客可以在礼拜场所体验寺庙节日和其他宗教活动。但宗教区域内的旅游经营活动，导致企业与当地居民的关系紧张，尤其是与靠近景点的寺庙教众之间的关系。最典型的案例是位于巴厘岛西南海岸的海神庙，这座寺庙建于15世纪，被认为是岛上最美丽的寺庙，以其壮观的日落景观而闻名。来自雅加达的投资者在此区域开发了巴厘岛娜湾度假村和高尔夫球场，开发过程中，居民抱怨酒店建筑离寺庙太近，其游泳池甚至利用寺庙作为景观。居民反对的主要理由是度假村及其相关设施影响了寺庙的神圣性，降低了寺庙的精神价值。

巴厘岛知识分子协会和巴厘岛印度教宗教理事会随后颁布了 Bishama，即 No.11/Kep/I/PHDIP/1994 关于寺庙的宗教公约。作为一种公约，要求所有团体及个人尊重和遵守。公约限定了寺庙周边特定范围内的商业活动，例

---

① Shaw, 1999.

如，对于巴厘岛的六个主要寺庙，居民房屋或其他类型的建筑物和寺庙的距离必须超过5公里，对于较小的寺庙则须超过2公里。海神庙被列为主要的六座寺庙之一，因此酒店的位置距离寺庙至少需要5公里。但娜湾度假村酒店已经投入运营，它们已正式获得了政府的经营许可，并且bishama不是法律，无法通过法律途径强制执行。这就使得酒店经营与宗教文化之间的冲突难以解决。

政府虽然有义务协助宗教公约的执行，但政府在宗教诉求、旅游企业投资者、当地旅游从业者之间左右为难。在娜湾度假村事件后，政府曾出台政策要求巴厘岛所有地区对不尊重宗教公约的企业家采取严厉措施，将违规的酒店或别墅关闭，但相关利益方强烈反对政府的举措，酒店和餐馆协会、巴厘岛导游协会也反对关闭酒店。另外，由于这些酒店是合法开业，政府强制关闭涉及经济补偿问题，政府并不能拿出足够资金来补偿关闭企业。

目前的状况是，前述公约并未得到充分执行，许多宗教场所附近分布着数量不等的旅游经营单位。例如，在巴厘岛南部半岛金巴兰地区，乌鲁瓦图寺的宗教区域内已经建起了25座建筑物，其中一些建筑物是酒店和精英别墅。它们在为当地经济做出贡献的同时，也引发了教众的抱怨和反对，政府、宗教团体、社区和旅游业者仍在此问题上争议不断。

（二）对自然环境的影响

在巴厘岛人的观念中，人类与大自然同源，他们相信人类和大自然两者都是由神创造的，巴厘岛人尊重土地、尊重大自然，因为尊重大自然就是尊重神①。但旅游业的发展带来了更多的经济利益诱惑，使人们变得更功利化，居民为了经济利益而出售或出租自己土地给投资者从事旅游经营活动。巴厘岛旅游业的高速发展已经征用了该岛的大量绿地，将其开发成酒店、别墅、高尔夫球场等经营场所。闻名于世的巴厘岛水稻梯田，曾经可以在巴厘岛所

---

① 在印度教中，地球被称为"Bhuana Agung"，即宏观世界；人类被称为"Bhuana Alit"，即微观世界。这两者都是由上帝创造而成，上帝是两个世界的精神。这意味着两个世界的任何一部分都不存在神力；（Wiana I Ketut, 2007: 30）。

有地方见到，但现在这种景观已经濒临消失。巴厘岛水稻梯田面积在1980~1989年，减少了8225公顷，相当于巴厘岛总面积的1.46%[1]，毗邻海神庙的Bakrie集团高尔夫球场就是由水稻梯田开发而来。据巴厘岛政府估算，2000~2005年，每年减少的稻田在1005公顷左右。

森林面积也受到岛上旅游业开发的影响，巴厘岛森林覆盖率已由30%下降到2005年的23.2%，随后还在继续下降。由于潜水、冲浪、巡航和其他相关海洋旅游项目的开发，珊瑚礁面积也大幅减少，2009年调查的情况是20.8%处于危急状态，大多数星级海滩度假酒店所在区域都处于危急状态[2]。

旅游业发展也影响到岛上淡水供应。一间酒店客房的平均耗水量为每天450升，其中星级酒店为每天500升，非星级酒店为每天400升。酒店供水主要来自市政供水和地下水，在巴厘岛南部，每年地下水采用量为3225720立方米，岛上四个湖泊水量不断减少，一些河流出现干涸[3]。旅游企业大量用水已使该岛的一些灌溉稻田干枯，海水也受到了严重污染，特别是在雨季，大量垃圾被冲到了海里。

（三）对社会人文环境的影响

在旅游大开发之前，巴厘岛社会文化同质性较强，人们都分属于三大群体，由三大团体组织将人们团结在一起，人们普遍遵守组织的传统习俗。这三大组织分别是Banjar、Subak和Pemaksan，它们都是传统的村庄组织，其成员是印度裔巴厘岛人，加入组织必须是村庄成员。旅游业的发展使大量非巴厘岛人涌入，一些外来人口也居住在传统村庄中。

传统社区组织有自己的治理机制，习惯法（印尼语awig-awig）就是这种治理机制中的重要部分。在群体内部，习惯法具有国家法律相同的作用，

---

[1] Drysdale, 1995.
[2] 巴厘省政府, 2009.
[3] Bali Province's Regional Regulation Number 6/2009, "on long term regional development of Bali Province year 2005 – 2025", 2009.

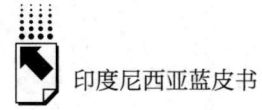

习惯法是群体在长期历史中共同协商、演化而来，所有成员都明确这些习惯法赋予他们的权利、义务和违反的后果。外来人口的涌入使社区成员异质性急剧增加，价值观冲突问题不可避免地出现，社区生活的文化基础变得脆弱，群体内合作价值观转向个人和商业价值观。村庄中也出现原住民和移民之间的二分法。

当社会出现大的变革或动荡时，同质文化被打破的负面后果就会显现。例如，2002年巴厘岛第一次炸弹爆炸案后，巴厘岛社会关系就出现紧张，社会上出现对移民社区的质疑声音，当局人口管理政策也出现新的动向，有些地区甚至要求没有当地有效居民身份证的人离开村庄，并在某些情况下还会被罚款。政府建议巴厘岛居民保持对新来者的警惕，收留他们的家庭必须在24小时内向当局报告，否则会被罚款。

随后，由当局推动，巴厘岛出现一项名为"Ajeg Bali（意为保持巴厘本色）"的文化运动，提倡以"Ajeg"理念作为巴厘建设的总体指南。该理念的内涵并不明确，官方的解释是："制定Ajeg Bali原则，是为了捍卫我们的传统和习俗，以及开始消失的巴厘岛价值观。"[1]该运动对保护文化显然有积极作用，但在旅游开发的环境下，它也不可避免地提倡了一种排外的情绪。

另外，由于旅游业的发展，岛上土地等自然资源变得越来越有经济价值，经济利益的冲突在某些情况下也影响到当地居民之间的团结和和谐。例如，之前土地经济价值不高，在用地问题上，无论是私有土地、集体所有土地，还是墓地用地，人们可以通过在传统习惯下友好地解决冲突，但现在由于涉及各种利益冲突，问题变得更加复杂。

---

[1] Allen P M, Carmencita Palermo, "Ajeg Bali: Multiple Meanings, Diverse Agendas." *Indonesia and The Malay World*, 2005, 33 (97): 239 - 255.

Contents

I General Report

B. 1　General Report on the Dynamics of Indonesia Economic and Social Development　　　　　　　　　　　　　　*Zuo Zhigang* / 001

Abstract: This report systematically analyzes Indonesia's development achievements and challenges from 2017 to the first half of 2018, from the aspects of macro-economy, business and industry, social humanities and international relations. Overall, Indonesia's economy has made achievement in continued growth, improved infrastructure, stable employment and income growth, and enhanced government economic functions. However, it also faces major challenges such as weakening currencies, widening current account deficits, increasing difficulties in attracting investments and downward pressure on the economy. In the industrial and commercial sector, the "Making Indonesia 4.0" plan, the revitalization of oil and gas industry, and vigorously improve logistics efficiency have come into the spotlight. In the field of social humanities, the major achievements are the deepening of anti-corruption, the increase of education investment, and the alleviation of poverty. But there are still some main challenges, such as low education quality, the lack of long-term mechanism for poverty alleviation, increasing resistance to anti-corruption and increasingly politicizing tendency of Islamic power. In the international economic and trade relations, trade frictions with Europe and the United States have increased, and its economic and trade relations with China have become closer, as is seen when Indonesian government's commitment to ease the crisis of palm oil export was helped by China. The mainland China and Hong Kong together have become the second largest source of FDI, and Indonesia is also actively expanding its markets in South and Central Asia and Africa. In the international political area, Indonesia's efforts to be elected as non-permanent members of the Security Council for the fourth time, to maintain close military cooperation with the United States and maritime cooperation with India, could be seen as the strategic actions of Joko's pursuit of becoming a regional and marine power. The Sino-Indonesian relations on the contrary, continue to strengthen driven by pragmatism.

Keywords: Macroeconomic; Industrial and Business; Social and Humanities; International Relations

II Politics and Law

B.2 Trends of Indonesian Islamic Politicization and Its Impact on the 2019 Election   *Zhang Yan* / 056

Abstract: Indonesia established a secular regime but has the world's largest Muslim population. Politicization of Islam refers to the phenomenon of political mobilization by taking advantage of Muslim's religious belief. Once a time, the political influence of Islam was marginalized. Along with the democratization, political Islam gradually grows up, showing a tendency of moving to the political center, in the form of moderate political participation or radical political movements. Under current representative political system, it is undeniable that Islamic voters have become key targets during political campaigns, despite the declining trend of the numbers of votes obtained by Islamist parties in the past years. Various political forces actively cater to the demands of Islamic ethnic groups for the sake of election interests, which further deepens the politicization of Islam. Understanding the dynamics of Islamic politicization in Indonesia is of great significance to maintaining stable cooperation between China and Indonesia.

Keywords: Indonesian; Islam; Politicization; Election

B. 3　Characteristics of Indonesian Labor Law and its Impact on FDI

Deng Yingtong / 105

Abstract: In recent years, foreign investment in Indonesia has gradually increased, and foreign companies' labor disputes, relating to issues of salary, labor hour, etc., have increased correspondingly. Through systematic analysis on Indonesian labor law and regulation, the paper finds that Indonesian labor laws and regulations tend to promote long-term labor relations and emphasis on worker protection. The laws and regulations impose restrictions on foreign labors. As a result, the number of foreign labors in Indonesia is significantly low, covering only 0.07% of the overall labor amount. Labor issues also arise in local enterprises, but foreign enterprises more possibly fall into an improper deal with these issues, due to the unfamiliarity with local labor law and culture, which often leads to disputes, sometime even strikes, leaving negative corporate image in local society. This report provides some suggestions for the foreign enterprises to deal with such issues.

Keywords: Indonesia; Labor Laws; Foreign Investment; Adaptations

B. 4　Land Law Reforms and Its Remaining Problems in Indonesia

Zuo Zhigang / 130

Abstract: China is Indonesia's largest trading partner and the second largest source of foreign investments. For a long time, the issue of land rights has been a tough problem hindering Chinese companies' investment in Indonesia. Based on the analysis on the institutional evolution of Indonesian land law and management, this report analyzes the current characteristics and risks of Indonesian land rights, including the overlapping of ownership sources, diverse basis for determining the land rights, and inefficient multi-headed management and judicial protection.

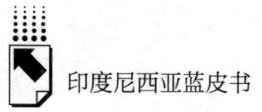

Keywords: Indonesian Land Law; Risk of Property Rights; Foreign Land Ownership

Ⅲ　Macro－Economic

B.5　Analysis of Indonesia's macroeconomic trends

Zuo Zhigang / 139

Abstract: In this chapter, Indonesian macro-economy performance, economic and policy trends from 2017-2018 are analyzed from the following aspects: economic aggregate, industrial structure, foreign trade and investment, and monetary and financial stability. The study shows that the overall economy of Indonesia has maintained stable growth and price stability from 2017 to the first half of 2018. Government budget balance has also improved. Sectors such as Information communication, transportation and warehousing are developing at a relative high speed. On the other hand, the economy is also facing some major problems, such as growth rate lagging behind other major ASEAN countries, trade balances falling to deficits, current-account deficits expanding to 3% of GDP, as well as substantial currency devaluation. These trends indicate increasing economic downward pressure, capital outflow, and increasing financial market risks. Yet the business environment is still relatively stable.

Keywords: Macroeconomic; Economic Performance; Trend Analysis; Policy Orientation

B.6　An Analysis on the Trend of Indonesian Trade Policy

Liu Sheng / 166

Abstract: This report analyzes the position and policies of Indonesian foreign trade and economy. Currently, Indonesian government has adopted an active trade policy. Actions showing this policy attitude include adjusting import tariffs, implementing preferential tariffs in special economic zones, implementing export preferential policies, simplifying export examination and approval procedures, attracting export-oriented foreign investment, and relaxing foreign-invested areas. Meanwhile, it should also be noted that some long-standing trade barriers still existed, such as tariff barriers to impose 20% export tax on some commodities, restricting the import of fresh fruits and vegetables. In terms of non-tariff barriers, Indonesia mainly employs import quota and religious and technical means to set some barriers. As for China-Indonesian bilateral trade, the import of poultry and poultry products from China is prohibited, and there are also some underlying obstacles to Chinese enterprises for obtaining tax relief in the FTA. Nevertheless, recent effort of Indonesian government to strengthen foreign trade and economy shows it determination to construct a more opened economy. This trend is in line with Chinese "Maritime Silk Road" initiative, which indicates opportunities and great strategic significance to expand bilateral trade and investment collaboration. To achieve this goal, Indonesia government need to make more efforts to coordinate policies among foreign trade and domestic development, among different government departments, among central and local governments. Foreign investor and trader also need to make more communication efforts at different levels.

Keywords: Indonesia; Foreign Trade; Bilateral Cooperation

B.7 China-Indonesia Economic Cooperation and Spillover Effects of China-US Trade War

[Indonesian] Bambang Suprayitno, [Indonesian] Kiromim Baroroh / 201

Abstract: The first part of this chapter analyzes the status and trend of China-Indonesia economic cooperation. The main findings are: First, the trade relation between the two countries is intensified, as bilateral trade value maintains relative stable growth, especially the proportions of export to China and import from China increased significantly, although under a fluctuating global trade environment. Second, FDI from China has grown rapidly. China mainland and Hong Kong SAR together ranks the second largest source of FDI. Third, along with the growth trend of bilateral trade and FDI, however, some negative perceptions of Chinese investment in Indonesian society should be paid attention to and deal with.

The second part analyzes the spillover effects of the Sino-US trade war on the Indonesian economy and related countermeasures. The main categories of goods affected by the trade war are rubber, palm oil, footwear, coal, aluminum and steel. Countermeasures that can be taken to alleviate the spillover effect include using flexible diplomatic advantages to promote multilateral trade cooperation, actively expanding new markets to replace export markets squeezed by US policies, encouraging exports and expanding domestic demand. In the long run, Indonesian enterprises should grasp favorable opportunities that may arise in the trade war, strengthen the national industry, especially the sectors of manufacturing, agriculture, fisheries, tourism, automobile and creative industries, in order to enhance the long-term competitiveness.

Keywords: China; Indonesia; Economic Relations; Sino-US Trade War; Spillover Effect

Ⅳ Industry and Business

B.8 Indonesia's Transport Infrastructure Development and Opportunities for Cooperation *Chen He, Liu Xiaoyang* / 227

Abstract: The development lag of transportation infrastructure is the main bottleneck restricting Indonesia's economic growth. This paper firstly analyzes the overall situation of Indonesia's transportation development. Road transportation occupies the major proportion of transportation sector, but aviation has been the major growing parts among transportation system in the past six years. Firm-level analysis shows the return rate on assets of representative road companies is decreasing, and operating income of representative maritime and aviation transport companies is growing notably. The analysis also points out that some shortages of fund, experience and technology lead to insufficiency and relatively low efficiency of Indonesia's transportation infrastructure construction. Considering the determination of Indonesian government to develop transportation infrastructure and the abundance of experience China enterprises have in this area, two countries should do more cooperation in transportation infrastructure development.

Keywords: Indonesia; Transportation Infrastructure; China-Indonesia cooperation

B. 9   Indonesia energy industry and Sino-Indonesia Energy cooperation

Chang Liang / 265

Abstract: This chapter analyzes Indonesian energy industry development situation, policies and cooperation between China and Indonesia. The study finds that Indonesia has great potential of oil and gas resources, but due to insufficient investment, the proved workable reserves and actual production capacity are declining. The oil reserve-production ratio is 9.2, far lower than the world average ratio of 50.2. Indonesia's electricity supply is relatively constrained, and new energy resources are abundant but under-developed. There are huge space for energy cooperation between China and Indonesia, but it also faces some challenges from so-called "resource nationalism". The report suggests strengthening bilateral energy cooperation by following ways: First, to build a better external environment for energy cooperation, including enhancing political mutual trust, developing an efficient mutually beneficial cooperation model, and carefully handling relations with other major countries; Second, to utilize the mechanism of the East Asia Summit and the China-ASEAN cooperation forum to intensify energy cooperation. Third, to facilitate cooperation from the technical aspect, such as building information platforms, expanding financing supports, extending the energy industrial chain. Fourth, to strengthen cooperation in new energy area, such as establishing dialogue mechanism for new energy development, encouraging technology innovation and related human capital cooperation.

Keywords: Energy Industry; Energy Cooperation; Cooperative Effect

B. 10 Making Indonesia 4. 0 and digital-tech application

[*Indonesian*] *Sukirno* / 294

Abstract: Digital technology is the focus area of Making Indonesia's 4. 0 Plan, also a key support for the entire plan. This paper discusses the significance, status and problems of digital technology from the aspects of digital technology application in government area (i. e. e-government) and in commercial area (i. e. e-commerce). Indonesia's e-government has been developing for more than 10 years. The government has attached great importance to the construction of electronic service systems, and already made some achievements in the fields of finance, public works, education and community management. Meanwhile, some problems in e-government development should be paid attention to, such as insufficient data disclosure, low reusability, and poor mobile access. In the area of e-commerce development, thanks to the young population and improvement of the internet infrastructure, we have recently witnessed a rapid growth of e-commerce in Indonesia and believe it will have a continuous growth in future. The main obstacles to the further development of e-commerce are those issues like inadequate regulatory coordination, requirements of data localization, inefficiency of electronic payment system.

Keywords: Making Indonesia's 4. 0; Digital Technology; E-government; E-commerce

B. 11   Research on Indonesian E-commerce and Online Finance
        Development   *Huang Shasha* / 310

Abstract: Digital economy in Indonesia is booming, both e-commerce and online finance are growing rapidly. This report analyzes the recent status, issues, policies and regulation of e-commerce and online finance development in Indonesia. As for the opportunities, there are several driven force stimulating further advancement of e-commerce and online finance in Indonesia, such as high mobile-internet penetration, demographic characteristic of dispersion which creates huge potential demands. Furthermore, Indonesian Government attaches great importance to e-commerce and online finance development, and introduces policy momentums, and helps accelerate digital infrastructure to facilitate the development of e-commerce and online finance. On the other hand, there are also some challenges needed to be deal with, such as the bottleneck of logistics efficiency, shortage of technology resources and talents, inconsistencies in regulatory system, weakness of consumption protection, and Internet security issues.

Keywords: E-commerce; Online Finance; The Policy Environment

V   Social and Humanities

B. 12   A Comparative Analysis on Indonesian basic Education
        Development   [*Indonesia*] *Henry Wijaya, Xiao Lixian* / 338

Abstract: In order to examine the development of basic education in Indonesia in a more in-depth and thorough way, this paper takes the quality of Chinese education as a reference and analyzes the achievements and shortcomings of basic education in Indonesia from the following three aspects: the performance of students in the international standardized test; the enrollment rate and teacher-student ratio; the propensity of public investment in education. A comparative analysis shows that the enrollment rate of primary and secondary schools in Indonesia is relatively high, and the teacher-student ratio is also at an ideal level, indicating that Indonesia provides relatively adequate educational opportunities for school-age children. Howerver, on the other hand, the quality of education is not satisfactory. Measured by international standards, it ranks at a rear position among countries participated the OECD PISA assessment program. Furthermore, the public investment in education is still insufficient despite it already account for around 20% of government spending budget, which shows a financial constraint to expand pubic educational investment. This is an important factor hindering the improvement of education quality.

Keywords: Indonesia; Basic Education; Education Quality; Enrollment Rate; Education Investment

B.13 Two-way Influence of Tourism on Economy and Society
—A Case study of Bali tourism

[Indonesia] I Ketut Budarma / 353

Abstract: This paper examines the effects of tourism development on economy and society, by a case study of Bali tourism. The experience of Bali shows that the development of tourism has injected vitality into the local economy and has become a local pillar industry. In recent years, the number of tourists has been growing at a two-digit speed, and China has become the largest tourist source country. On the other hand, since the most of tourism enterprises are controlled by outsiders of Bali Island, and the majority of management positions in tourism enterprises has been taken by outsider people, resulting that local residents have a low level sense of gain with the tourism development. Furthermore, the tourism economy has not made a due contribution to reducing poverty in local society, due to the characteristic of tourism income distribution. In the aspect of environmental issue, tourism development has already had some negative impact on religious environment, natural environment and humanity environment. These issues have attracted local attention, which has taken countermeasures but still faces some dilemmas between development and protection.

Keywords: Tourism; Economic Impact; Environmental Impact; Bali

社会科学文献出版社　　　　　　　　　　　　　　　皮书系列

❖ 皮书起源 ❖

"皮书"起源于十七、十八世纪的英国，主要指官方或社会组织正式发表的重要文件或报告，多以"白皮书"命名。在中国，"皮书"这一概念被社会广泛接受，并被成功运作、发展成为一种全新的出版形态，则源于中国社会科学院社会科学文献出版社。

❖ 皮书定义 ❖

皮书是对中国与世界发展状况和热点问题进行年度监测，以专业的角度、专家的视野和实证研究方法，针对某一领域或区域现状与发展态势展开分析和预测，具备原创性、实证性、专业性、连续性、前沿性、时效性等特点的公开出版物，由一系列权威研究报告组成。

❖ 皮书作者 ❖

皮书系列的作者以中国社会科学院、著名高校、地方社会科学院的研究人员为主，多为国内一流研究机构的权威专家学者，他们的看法和观点代表了学界对中国与世界的现实和未来最高水平的解读与分析。

❖ 皮书荣誉 ❖

皮书系列已成为社会科学文献出版社的著名图书品牌和中国社会科学院的知名学术品牌。2016年，皮书系列正式列入"十三五"国家重点出版规划项目；2013~2018年，重点皮书列入中国社会科学院承担的国家哲学社会科学创新工程项目；2018年，59种院外皮书使用"中国社会科学院创新工程学术出版项目"标识。

中国皮书网

（网址：www.pishu.cn）

发布皮书研创资讯，传播皮书精彩内容
引领皮书出版潮流，打造皮书服务平台

栏目设置

关于皮书：何谓皮书、皮书分类、皮书大事记、皮书荣誉、
皮书出版第一人、皮书编辑部

最新资讯：通知公告、新闻动态、媒体聚焦、网站专题、视频直播、下载专区

皮书研创：皮书规范、皮书选题、皮书出版、皮书研究、研创团队

皮书评奖评价：指标体系、皮书评价、皮书评奖

互动专区：皮书说、社科数托邦、皮书微博、留言板

所获荣誉

2008年、2011年，中国皮书网均在全国新闻出版业网站荣誉评选中获得"最具商业价值网站"称号；

2012年，获得"出版业网站百强"称号。

网库合一

2014年，中国皮书网与皮书数据库端口合一，实现资源共享。

权威报告·一手数据·特色资源

皮书数据库
ANNUAL REPORT(YEARBOOK) DATABASE

当代中国经济与社会发展高端智库平台

所获荣誉

- 2016年，入选"'十三五'国家重点电子出版物出版规划骨干工程"
- 2015年，荣获"搜索中国正能量 点赞2015""创新中国科技创新奖"
- 2013年，荣获"中国出版政府奖·网络出版物奖"提名奖
- 连续多年荣获中国数字出版博览会"数字出版·优秀品牌"奖

成为会员

通过网址www.pishu.com.cn访问皮书数据库网站或下载皮书数据库APP，进行手机号码验证或邮箱验证即可成为皮书数据库会员。

会员福利

- 使用手机号码首次注册的会员，账号自动充值100元体验金，可直接购买和查看数据库内容（仅限PC端）。
- 已注册用户购书后可免费获赠100元皮书数据库充值卡。刮开充值卡涂层获取充值密码，登录并进入"会员中心"—"在线充值"—"充值卡充值"，充值成功后即可购买和查看数据库内容（仅限PC端）。
- 会员福利最终解释权归社会科学文献出版社所有。

数据库服务热线：400-008-6695
数据库服务QQ：2475522410
数据库服务邮箱：database@ssap.cn
图书销售热线：010-59367070/7028
图书服务QQ：1265056568
图书服务邮箱：duzhe@ssap.cn

卡号：976194225118
密码：

中国社会发展数据库（下设12个子库）

全面整合国内外中国社会发展研究成果，汇聚独家统计数据、深度分析报告，涉及社会、人口、政治、教育、法律等12个领域，为了解中国社会发展动态、跟踪社会核心热点、分析社会发展趋势提供一站式资源搜索和数据分析与挖掘服务。

中国经济发展数据库（下设12个子库）

基于"皮书系列"中涉及中国经济发展的研究资料构建，内容涵盖宏观经济、农业经济、工业经济、产业经济等12个重点经济领域，为实时掌控经济运行态势、把握经济发展规律、洞察经济形势、进行经济决策提供参考和依据。

中国行业发展数据库（下设17个子库）

以中国国民经济行业分类为依据，覆盖金融业、旅游、医疗卫生、交通运输、能源矿产等100多个行业，跟踪分析国民经济相关行业市场运行状况和政策导向，汇集行业发展前沿资讯，为投资、从业及各种经济决策提供理论基础和实践指导。

中国区域发展数据库（下设6个子库）

对中国特定区域内的经济、社会、文化等领域现状与发展情况进行深度分析和预测，研究层级至县及县以下行政区，涉及地区、区域经济体、城市、农村等不同维度。为地方经济社会宏观态势研究、发展经验研究、案例分析提供数据服务。

中国文化传媒数据库（下设18个子库）

汇聚文化传媒领域专家观点、热点资讯，梳理国内外中国文化发展相关学术研究成果、一手统计数据，涵盖文化产业、新闻传播、电影娱乐、文学艺术、群众文化等18个重点研究领域。为文化传媒研究提供相关数据、研究报告和综合分析服务。

世界经济与国际关系数据库（下设6个子库）

立足"皮书系列"世界经济、国际关系相关学术资源，整合世界经济、国际政治、世界文化与科技、全球性问题、国际组织与国际法、区域研究6大领域研究成果，为世界经济与国际关系研究提供全方位数据分析，为决策和形势研判提供参考。

法律声明

"皮书系列"（含蓝皮书、绿皮书、黄皮书）之品牌由社会科学文献出版社最早使用并持续至今，现已被中国图书市场所熟知。"皮书系列"的相关商标已在中华人民共和国国家工商行政管理总局商标局注册，如LOGO（ ）、皮书、Pishu、经济蓝皮书、社会蓝皮书等。"皮书系列"图书的注册商标专用权及封面设计、版式设计的著作权均为社会科学文献出版社所有。未经社会科学文献出版社书面授权许可，任何使用与"皮书系列"图书注册商标、封面设计、版式设计相同或者近似的文字、图形或其组合的行为均系侵权行为。

经作者授权，本书的专有出版权及信息网络传播权等为社会科学文献出版社享有。未经社会科学文献出版社书面授权许可，任何就本书内容的复制、发行或以数字形式进行网络传播的行为均系侵权行为。

社会科学文献出版社将通过法律途径追究上述侵权行为的法律责任，维护自身合法权益。

欢迎社会各界人士对侵犯社会科学文献出版社上述权利的侵权行为进行举报。电话：010-59367121，电子邮箱：fawubu@ssap.cn。

社会科学文献出版社